CATIA Visual Basic for Application

```
Dim selObjType(1) As Variant
selObjType(0) = "HybridShape"
selObjType(1) = "Sketch"

Dim oPDoc As PartDocument, oSel 'As Selection
Dim strSelStatus As String

Set oPDoc = CATIA.ActiveDocument
Set oSel = oPDoc.Selection
oSel.Clear
strSelStatus = oSel.SelectElement2(selObjType, "Select a curve.", False)

If strSelStatus <> "Normal" Then Exit Sub

Dim oCurve As Object
Set oCurve = oSel.Item(1).Value
```

	A	B	C	D
1	Folder address	Variants	Variant1	Variant2
2	D:\AssemblyTest	Part1	1	
3		Part2		1
4		Part3	1	1

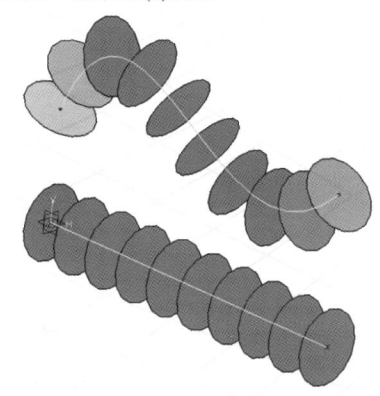

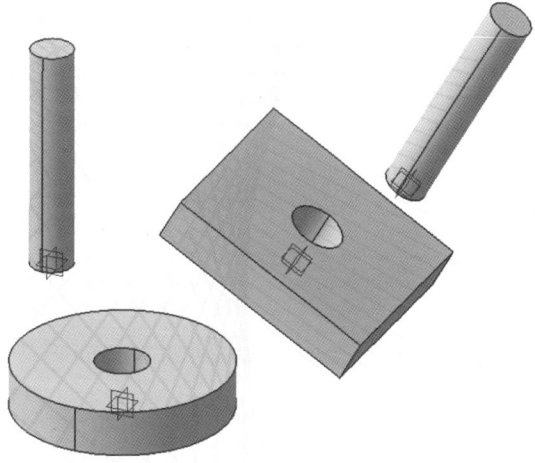

On Error Resume Next

```
Dim oExcel As Excel.Application
Set oExcel = GetObject(, "Excel.Application")
If Err.Number <> 0 Then
    MsgBox "The Excel application does not run.": End
End If

On Error GoTo 0
```

	A	B	C	D	E
1	Center X	Center Y	Center Z	Diameter	Depth
2	50	25	0	8	12
3	100	50	0	10	15
4	150	75	0	12	20

설계자를 위한

CATIA VBA
Visual Basic for Application
현업 적용 프로그램 만들기

청담북스

HEADER

CATIA 현업에서 반복적인 업무를 자동화하고자 하는 엔지니어 분들께

　이 책은 **코딩에 아무런 경험이 없는 CATIA 사용자가 흥미를 가지고 쉽게 배울 수 있도록 실전 사례를 중심으로 구성**하였으며, 중간중간에 배경 지식도 충분히 설명해 이론적인 부분도 놓치지 않으려 노력하였습니다. 단순 함수를 설명하여 나열하는 것이 아니라, **2장부터 10장까지 각각 하나의 프로그램을 완성**해 나가는 방식으로 구성하여, **성취감**을 느끼며 따라갈 수 있도록 하였습니다. 또한 CATIA 현업 경험과 Visual Basic 기반 코딩의 다양한 적용 사례를 통해 쌓아온 경험을 최대한 담아내고자 노력하였습니다.

2장~4장 : Infrastructure 관련 프로그램	3장, 8장 사용자 정의 폼 적용
5장~6장 : CATPart 형상 관련 프로그램	
7장~8장 : CATProduct 조립 관련 프로그램	6장, 7장, 10장 엑셀 연계 프로그램
9장~10장 : CATDrawing 도면 관련 프로그램	

　시중에 엑셀 VBA 활용에 관한 책은 많으나 CATIA VBA에 관한 책은 거의 없음을 확인하고 이 책을 만들 것을 결심하였습니다. 또한 이 책을 접하는 엔지니어 분들이 CATIA 활용에 있어서 **단순 반복적인 클릭에서 조금이라도 해방되어, 업무 시간을 좀 더 현명하게 쓸 수 있기를 기원**하는 마음으로 이 책을 만들었습니다. 일반 CATIA 사용자도 이 책을 경험한 이후에 실전에 사용할 수 있는 코딩 역량을 확보할 수 있기를 기대합니다.

보안, 강화된 요건, 심화된 경쟁으로 점점 업무 환경이 어려워지고 있고, 이럴 때 일수록 더욱 실력있는 엔지니어가 필요합니다. 이 책이 실력있는 엔지니어가 되는 데 도움이 되기를 희망합니다.

저의 경험을 위주로 한 이 책의 예제들은 최상의 솔루션이라고는 할 수 없습니다. 제가 제시한 방법보다 좀 더 나은 성능과 효율적인 방법은 분명히 존재하며 그 부분은 여러분의 몫입니다. 그리고 이 책을 학습하면 CATIA Object의 구조에 대해 이해하게 됨으로써 CATIA에 대한 깊이 있는 이해가 자동적으로 이루어질 것입니다. 그리고 CATIA 활용에도 어느 정도 도움이 될 것을 확신합니다.

마지막으로 제가 책을 내는 것에 대해 힘을 실어 주신 팀 동료들, 특히 먼저 본 책의 프로그램을 테스트해주신 김균열님께 감사드립니다. 그리고 항상 저를 지원하여 주는 사랑하는 제 아내와 아들에게 무한한 감사 드립니다.

CONTENTS

Chapter 01. 프로그램 만들기 연습 · · · · · · 13

1. 컴퓨터 준비 사항 · · · · · · 14
- 참고 CATIA VBA의 이해 · · · · · · 15

2. VBA 파일 생성하기 · · · · · · 15
- 참고 Library Type을 Directory로 설정할 경우 · · · · · · 16

3. Macro 기록하기 · · · · · · 17

4. Macro 변경하기 · · · · · · 18
- 1) Macro 편집기 실행 · · · · · · 18
- 2) Visual Basic Editor 창 이해 · · · · · · 18
  - 참고 Form과 Module의 이해 · · · · · · 19
  - 참고 코드 편집에 유용한 기능 · · · · · · 20
- 3) 들여쓰기 적용 · · · · · · 21
- 4) 코드 이해 및 수정 · · · · · · 22
  - 참고 프로시저(함수)의 이해 · · · · · · 22
  - 참고 도움말을 통한 개체 계층 구조 찾기 · · · · · · 23
  - 참고 개체의 수직 계층적 구조의 이해 · · · · · · 25
  - 참고 개체, 속성, 메서드 및 이벤트의 이해 · · · · · · 26
  - 참고 In Process와 Out Process의 이해 · · · · · · 29
  - 참고 메서드에 대한 도움말 이해 · · · · · · 31
- 5) 코드 요약 · · · · · · 32

5. Macro 실행하기 · · · · · · 33
- 1) Visual Basic Editor에서 실행 · · · · · · 33
- 2) 메뉴바 Tools / Macro / Macros… 활용하여 실행 · · · · · · 35
- 3) 메뉴바 Tools / Customize… 활용하여 실행 · · · · · · 35
  - 참고 매크로 환경 설정 · · · · · · 37
  - 참고 코드 작업에서 초보자가 자주 하는 실수 · · · · · · 38

Chapter 02. 프로그램 1. 이름 변경 · 39

    1. 새로운 프로그램 코드 시작 · 41

    2. 코드 작업 · 43

        참고 소문자로 코드 작업을 추천 · 43
        참고 Option Explicit의 의미 · 43
        참고 변수 이름의 추천 방식 · 44
        참고 Selection 개체의 이해 · 46
        참고 라이브러리 참조 · 48
        참고 배열 변수의 활용 · 49
        참고 코드의 행 연결자 · 50
        참고 문자열에 대한 팁 · 50
        참고 두 종류의 도움말 · 50
        참고 SelectElement2 메서드의 이해 · 51
        참고 SelectElement2 메서드의 Output 문자열 · 52
        참고 If문의 구조 · 52
        참고 조건식 연산자 · 52
        참고 Exit 구문 · 52
        참고 집합 개체의 공통 속성 · 53
        참고 Visual Basic Editor 내부창의 종류 · 60
        참고 SelectedElement 개체의 이해 · 61

    3. 디버깅 작업 · 63

       1) Case 1. CATIA에 아무런 문서가 열려 있지 않은 상태에서 사용자가
          매크로를 실행하는 경우 · 63
       2) Case 2. 요소 선택 시, Graphic Zone에서 Point를 선택할 경우 · 65
          참고 Boundary Representation (경계 표현) · 67

    4. 최종 코드 이해 · 69

Chapter 03. 프로그램 2. Show and Hide ······························ **71**

    1. CATIA에서 Search 기능에 대한 이해 ························· **73**

    2. 새로운 폼 생성 ··· **75**

        참고 폼의 주요 속성 ·· **77**

        참고 기본 변수 타입 ·· **78**

    3. 폼 내에 컨트롤 생성 ·· **79**

        1) Label 컨트롤 생성 ··· **79**

        2) TextBox 컨트롤 생성 ·· **80**

        3) CheckBox 컨트롤 생성 ······································ **81**

        4) OptionButton 컨트롤 생성 ·································· **82**

            참고 CheckBox와 OptionButton의 차이점 ···················· **83**

        5) CommandButton 컨트롤 생성 ······························· **84**

    4. 코드 작업 ·· **86**

        1) 폼 내의 변수 선언 ·· **86**

            참고 변수 선언 레벨 ·· **87**

        2) 폼 시작 이벤트 코딩 ·· **88**

        3) CheckBox 이벤트 코딩 ······································ **89**

            참고 Not 연산자 ·· **90**

        4) OptionButton 이벤트 코딩 ··································· **90**

        5) CommandButton 이벤트 코딩 ································ **92**

            참고 Selection 개체의 주요 구성원(속성 및 메서드) ············ **94**

            참고 VisPropertySet 개체의 주요 메서드 ······················ **94**

    5. 코드 실행 ·· **96**

    6. 코드 단순화 ·· **98**

        1) 1차 수정 코드 ·· **99**

            참고 프로시저 호출 사례 ···································· **100**

        2) 2차 수정 코드(최종 코드) ··································· **101**

Chapter 04. 프로그램 3. 배경색 변경 · · · · · · · 103

1. 관련 개체, 속성 및 메서드 찾기 · · · · · · · 105
1) 윈도 배경색 설정과 관련된 개체, 속성 및 메서드 찾기 · · · · · · · 105
2) CATIA 옵션 설정과 관련된 개체, 속성 및 메서드 찾기 · · · · · · · 110
3) Tools/Options… 메뉴에서 매크로 기록하기 · · · · · · · 112
  참고 CATScript, VBScript 및 VBA의 주요 특징 · · · · · · · 116

2. 코드 작업 · · · · · · · 117
1) 도입부의 에러 처리에 대한 코딩 · · · · · · · 119
  참고 VB의 문자열 관련 함수 · · · · · · · 121
2) 윈도 배경색 변경 작업 코딩 · · · · · · · 124
3) 디버깅 작업 · · · · · · · 125

3. 최종 코드 이해 · · · · · · · 128

Chapter 05. 프로그램 4. 단면 검토를 위한 기준면 생성 · · · · · · · 129

1. 관련 개체, 속성 및 메서드 찾기 · · · · · · · 132
1) HybridShape과 관련된 개체, 속성 및 메서드 찾기 · · · · · · · 132

2. 코드 작업 · · · · · · · 137
1) 도입부 코딩 · · · · · · · 138
  참고 IsNull vs. IsEmpty vs. IsNumeric · · · · · · · 139
2) InputBox를 활용한 필요 입력값 획득 · · · · · · · 140
  참고 InputBox 함수 · · · · · · · 140
3) 사용자의 Curve 선택 · · · · · · · 146
  참고 개체의 구조 관계도에서 삼각형의 의미 · · · · · · · 148
4) 선택된 Curve의 확인 · · · · · · · 149
5) 형상 생성 · · · · · · · 154

　　　　6) 후 공정을 위한 산출물 정리 ････････････････････････････ 157

　　　　7) Sketch의 입력이 가능하도록 수정 ･････････････････････････ 159

　　　　8) 오류 수정 ･･ 161

　　3. 최종 코드 이해 ･･ 163

Chapter 06. 프로그램 5. 엑셀을 활용한 홀 생성 ････････････････ 167

　　1. 관련 개체, 속성 및 메서드 찾기 ････････････････････････････ 170

　　　　1) Solid와 관련된 개체, 속성 및 메서드 찾기 ･････････････････ 170

　　2. CATPart 및 Excel Sheet 준비 ･･････････････････････････････ 174

　　3. 코드 작업 ･･･ 175

　　　　1) CATMain 및 PreProcess 프로시저 코딩 ･･････････････････ 177

　　　　　　참고 Call 구문으로 프로시저 호출 ･････････････････････ 177

　　　　　　참고 Excel 라이브러리 내의 개체 검색 (Object Browser 활용) ･････ 180

　　　　　　참고 Worksheet와 Range 개체 ･･････････････････････ 181

　　　　　　참고 외부 응용 프로그램 호출 ････････････････････････ 184

　　　　2) 엑셀 셀값 체크 ･･････････････････････････････････････ 185

　　　　3) Hole 작업을 위한 Face 선택 ･･･････････････････････････ 187

　　　　　　참고 BRep 개체 ････････････････････････････････ 188

　　　　4) 홀 생성 ･･ 191

　　4. 최종 코드 이해 ･･ 195

Chapter 07. 프로그램 6. 사양별 조립품 생성 ･･････････････････ 199

　　1. 관련 개체, 속성 및 메서드 찾기 ････････････････････････････ 202

　　　　1) 엑셀 관련 개체, 속성 및 메서드 ･････････････････････････ 202

　　　　　　참고 엑셀 Range 개체 호출 ･････････････････････････ 204

  2) FileSystem 관련 개체, 속성 및 메서드 · 207
  3) 프로덕트 관련 개체, 속성 및 메서드 · 209
    참고 신규 부품 구성 작업의 매크로 기록 · 211
2. CATIA 모델링 준비 · 212
3. Excel Sheet 준비 · 214
4. 코드 작업 · 215
  1) CATMain 및 PreProcess 프로시저 코딩 · 216
    참고 타 라이브러리에 동일 이름의 개체가 있을 경우 · · · · · · · · · · · · · · · · · 219
  2) 파트 넘버 중복 체크 · 220
    참고 이중 For문 · 223
  3) 프로덕트 생성 · 224
    참고 Excel 라이브러리의 상수 구성원 · 225
    참고 수학 연산 관련 함수 · 229
5. 최종 코드 이해 · 230

Chapter 08. 프로그램 7. 조립 구성품의 위치 이동 · 233

1. 관련 개체, 속성 및 메서드 찾기 · 236
2. CATIA 준비 · 238
3. 폼 및 코드 작업 · 238
  1) 모듈 및 폼 생성 · 238
  2) 이동에 대한 폼 구성 및 코드 작업 · 240
    참고 폼 내부 코드의 이해 · 244
  3) 회전에 대한 폼 구성 및 코드 작업 · 253
  4) 위치 초기화에 대한 폼 구성 및 코드 작업 · 257
    참고 재귀함수의 이해 · 260
  5) 종료 버튼 및 코드 작성 · 261

| 참고 구성품의 위치 이동을 수식으로 구현 · 262

    4. 최종 코드 이해 · 263

Chapter 09. 프로그램 8. 표제란 생성 · 267

    1. 관련 개체, 속성 및 메서드 찾기 · 269

    2. CATIA 준비 · 271

    3. 코드 작업 · 272

        1) 모듈 생성 · 272

        2) 프로그램 실행을 위한 사전 준비 단계 · 272

        3) 테두리 생성 작업 · 277

        4) 표제란 생성 작업 · 280

        5) 도면 크기의 변경에 대한 테두리 및 표제란 수정 · · · · · · · · · · · · · · · 291

    4. 최종 코드 이해 · 298

Chapter 10. 프로그램 9. 도면 테이블 생성 · 303

    1. 엑셀 파일 준비 · 305

    2. CATIA 준비 · 306

    3. 코드 작업 · 306

        1) 모듈 생성 · 306

        2) 프로그램 실행을 위한 사전 준비 단계 · 307

            참고 VB Editor 옵션 · 313

        3) 테이블 생성 작업 · 315

        4) 테이블 내 텍스트 생성 · 321

    4. 최종 코드 이해 · 326

Chapter 11. 기 타 · 329

1. ByRef. vs. ByVal. · 330
2. 직접 실행 창 활용 · 331
3. Parent 속성 활용 · 332
4. CATIA에서 선택하여 개체를 코드화하기 · 333
5. CATIA의 일반 명령 사용하기 · 334
6. VBA 기타 함수 · 335
7. PasteSpecial · 336
8. AddNewDatums · 337
9. RefreshDisplay · 338
10. DisplayFileAlerts · 338
11. 기타 Select 방법 · 339
12. HybridShapeFactory의 기타 메서드 · 340
13. 문제점 해결 방법의 검색 순서 · 341

INDEX · 343

Chapter 01
프로그램 만들기 연습

Chapter 01

프로그램 만들기 연습

① 컴퓨터 준비 사항

Ⓐ CATIA 설치 : 본 책은 V5R20을 기준으로 작성되었다.

Ⓑ CATIA VBA 설치

CATIA를 실행한 후에 메뉴바의 Tools / Macro / Visual Basic Editor… (단축키 '**Alt+F11**') 메뉴가 활성화되어 있으면, VBA가 올바르게 설치되어 있는 상태이다.

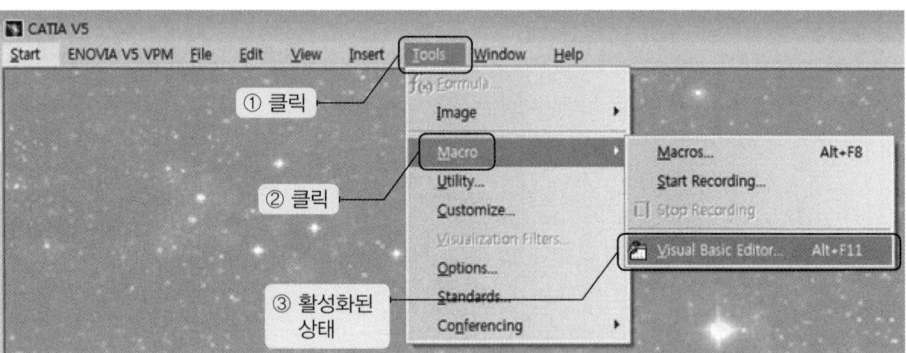

VBA가 올바르게 설치되어 있지 않으면, CATIA 설치 CD에서 VBA 폴더 내의 vba6 설치 파일을 실행하여 Visual Basic Editor의 실행에 필요한 프로그램을 추가로 설치하여야 한다.

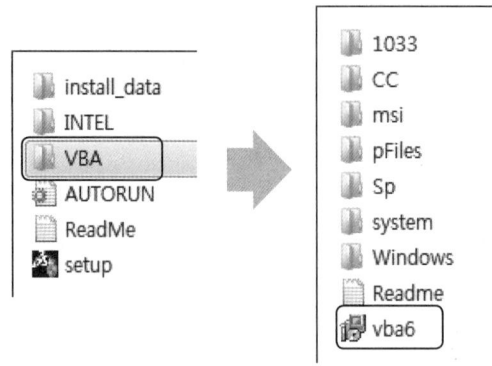

ⓒ Microsoft Excel 설치 : 본책에서의 실습 프로그램 중에는 엑셀 프로그램과 연동되어 실행되는 프로그램이 있다. 그러므로 엑셀 프로그램이 설치되어 있어야 한다.

 CATIA VBA의 이해

VBA는 **Visual Basic for Application**의 약어로 특정 응용프로그램 내에서 작동하는 Visual Basic 기반의 코드 저작 솔루션이다. 일반적으로 Microsoft Office 제품군의 응용 프로그램에서 Macro 기능으로 활용된다. CATIA V5에서는 초기에 CATScript 파일 형식으로 자동화 프로그램을 구현하였고, 현재는 catvba 파일 형식이 추가되었다. 이렇게 추가된 catvba 형식의 파일은 Visual Basic Editor 코딩 툴을 이용하여 편집할 수 있게 되어, Office 제품과 같은 편리함이 제공되고 있다.

또한 VBA는 **다른 라이선스가 필요 없고 사용자가 쉽게 접근할 수 있어서, 전문 프로그래머가 아니어도 업무 자동화를 구현**할 수 있는 솔루션이다. 이러한 VBA를 통한 자동화 프로그램은 많은 시간을 필요로 하는 **반복적인 형상의 생성**과 같은 업무를 **빠르고 오류 없이 실행**하게 한다. 또한 엑셀과 연동하여 프로그램을 개발하면 업무 처리에 대한 다양한 가능성이 생기게 되어, 업무에 대한 효율적인 프로그램을 개발할 수 있게 될 것이다.

② VBA 파일 생성하기

Ⓐ 메뉴바의 Tools / Macro / Macros… (단축키 'Alt+F8') 명령을 실행한다.

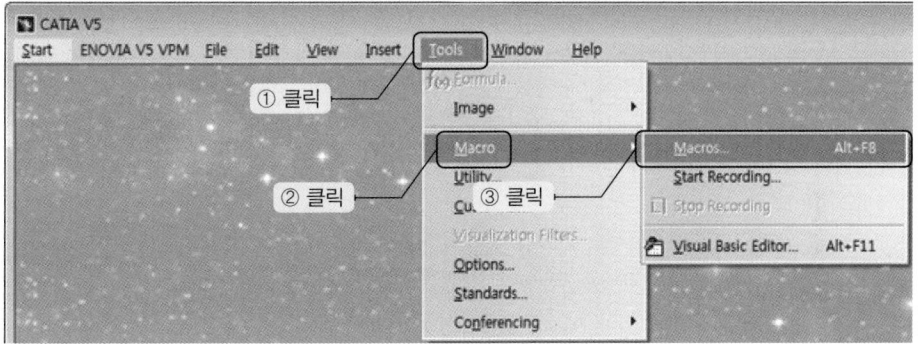

• 처음 Macros… 를 실행할 때, 기존에 설정된 catvba 파일이 없을 경우, 새로운 catvba 파일을 생성하는 것에 대한 메시지가 나타날 수 있다. 이때는 Yes, No 어느 쪽을 선택해도 무방하다.

Ⓑ Macro library에 catvba 신규 파일을 생성하고 등록한다.

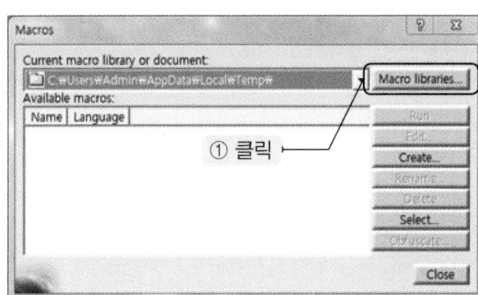

• 코드를 저장할 파일을 설정하는 단계이다.

- 코드를 저장하는 파일을 VBA Project로 설정하면, catvba 파일을 생성하는 단계로 이동한다.

② 콤보 박스 클릭

③ 클릭

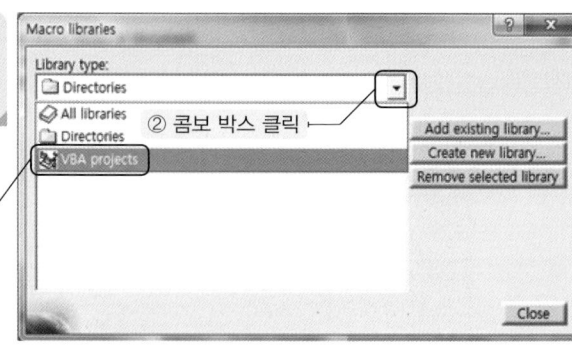

- 폴더 주소는 윈도 탐색기의 주소창에서 복사하여 입력할 수 있으며, catvba 확장자명으로 파일명까지 입력한다. 그러면 이 파일에 코드가 저장되게 된다.

④ 클릭

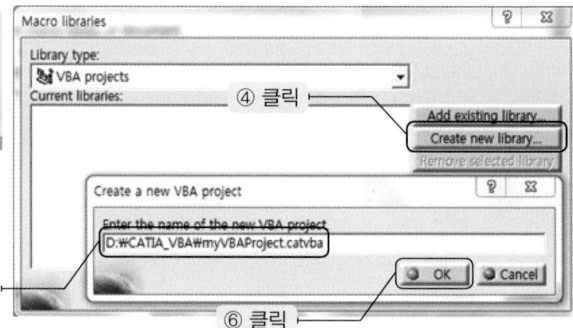

⑤ 폴더명과 파일명을 텍스트로 입력

⑥ 클릭

⑦ 이후 창에서 Close 버튼을 두 번 더 클릭

참고 Library Type을 Directory로 설정할 경우

앞의 실습에서는 매크로의 Library Type을 VBA Project로 설정하였다. 이와 다르게 **Directory로 설정하면**, 해당 폴더 내의 **CATScript 또는 catvba 형식의 파일을 동시에 활용**할 수 있다. 이렇게 생성한 파일에서 코딩을 하면, Macros Editor라는 텍스트 기반의 편집기를 활용하게 된다. Visual Basic Editor보다 코드 작업이 비효율적이므로 이 책에서는 더 이상 다루지 않는다.

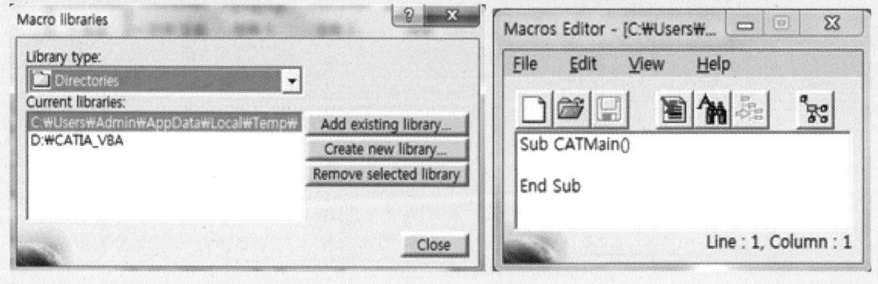

③ Macro 기록하기

Ⓐ 메뉴바의 Tools / Macro / Start Recording… 명령을 실행한다.

- Start Recording 명령을 실행하면 CATIA에서 사용자가 **작업한 내용이 코드로 자동 저장**된다.

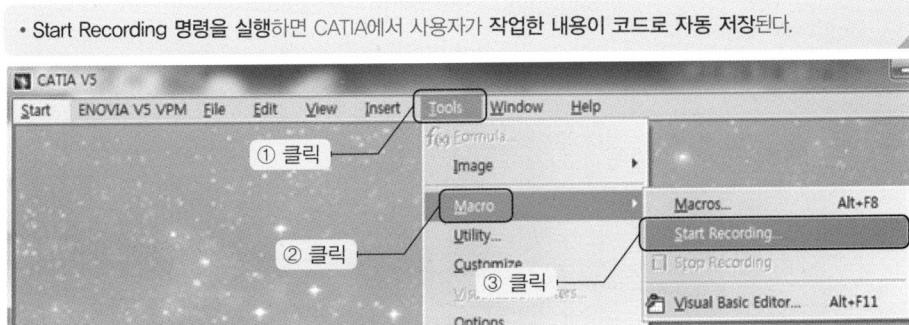

Ⓑ Macro 이름을 "a_RecordingTest"로 정하고, Start 버튼을 선택한다.

- 모듈 이름은 숫자로 시작할 수 없기 때문에 a로 시작한다.

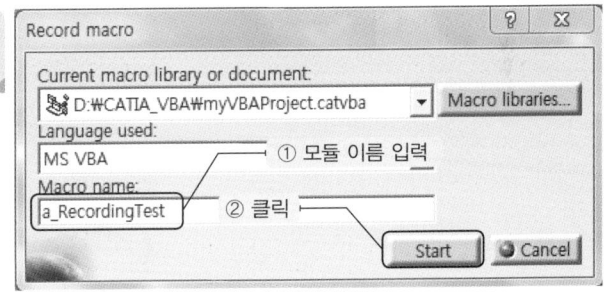

Ⓒ 매크로를 기록하기 위한 CATIA 작업을 아래의 순서대로 실행한다.

- 가능한 한 **동일한 작업만 수행해야** 이번 장에서 나오는 코드와 유사한 코드가 기록된다.

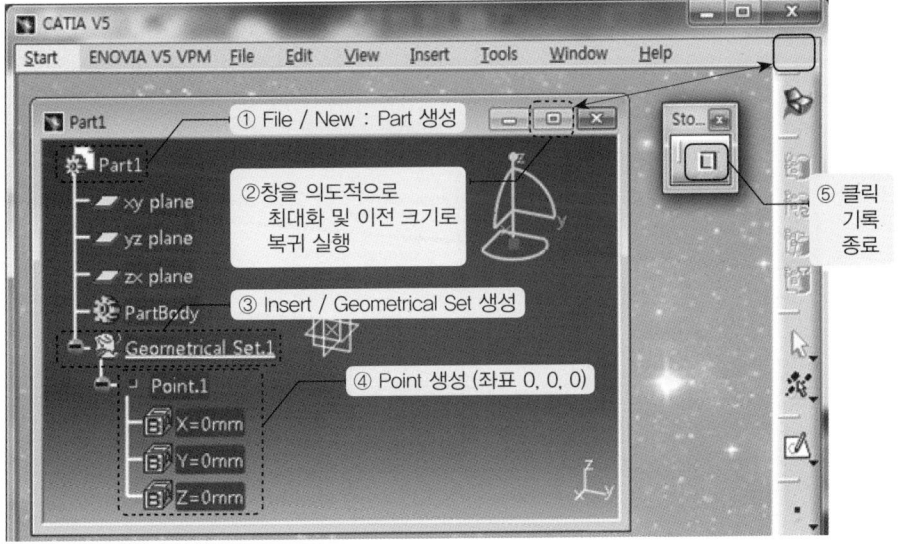

④ Macro 변경하기

앞에서 CATIA 작업 내용을 기록한 코드를 열어서 일부 수정하는 작업을 진행한다.

1) Macro 편집기 실행

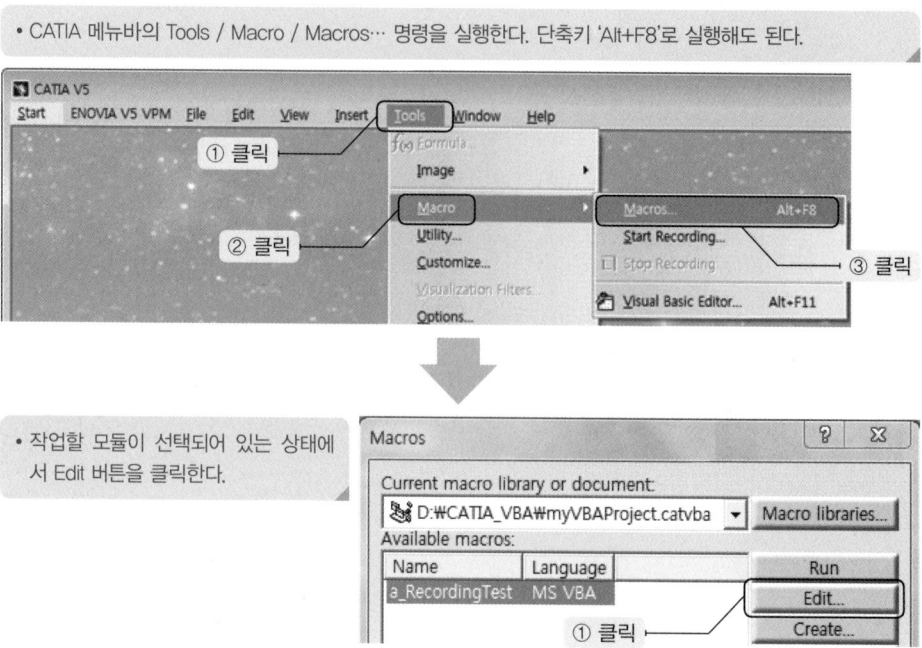

2) Visual Basic Editor 창 이해

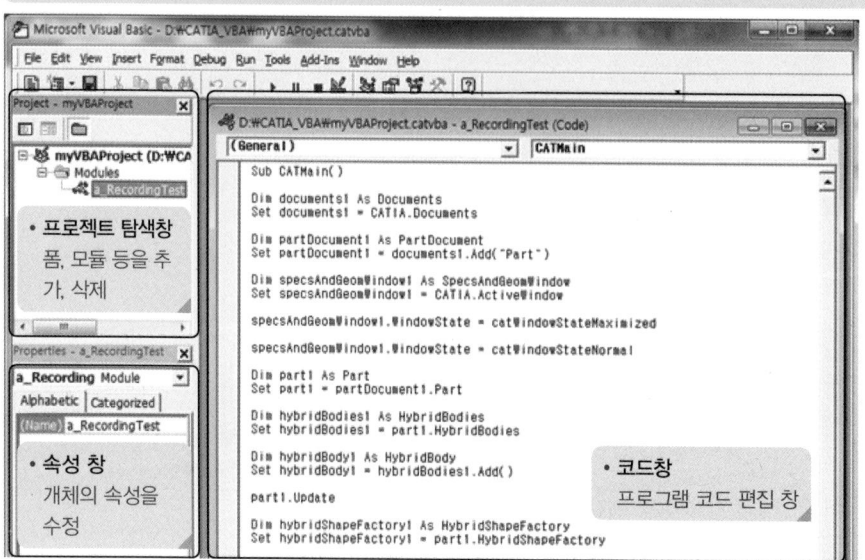

Form과 Module의 이해

- 폼은 프로그램 사용자와 상호 작용을 할 수 있는 Graphic User Interface(GUI)를 제공한다. 텍스트 박스, 레이블, 체크 박스, 옵션 버튼, 명령 버튼, 리스트 등을 구성할 수 있다. 그리고 폼은 그 자체의 코드도 가진다.

- 모듈을 코드만 있는 공간으로, 프로시저(함수)의 집합체로 이해하면 된다.

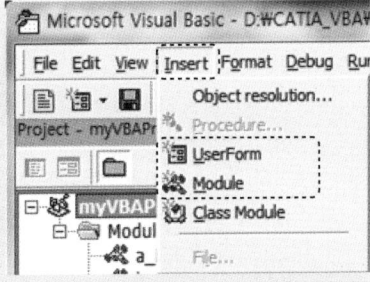

- 메뉴바 Insert의 하위 메뉴로 생성 가능하다.

폼 또는 모듈 생성 방법

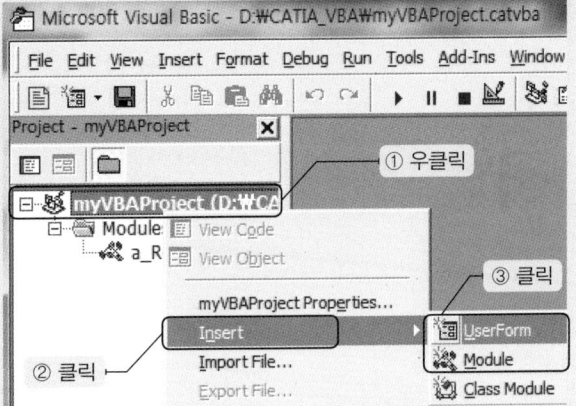

폼 또는 모듈 삭제 방법

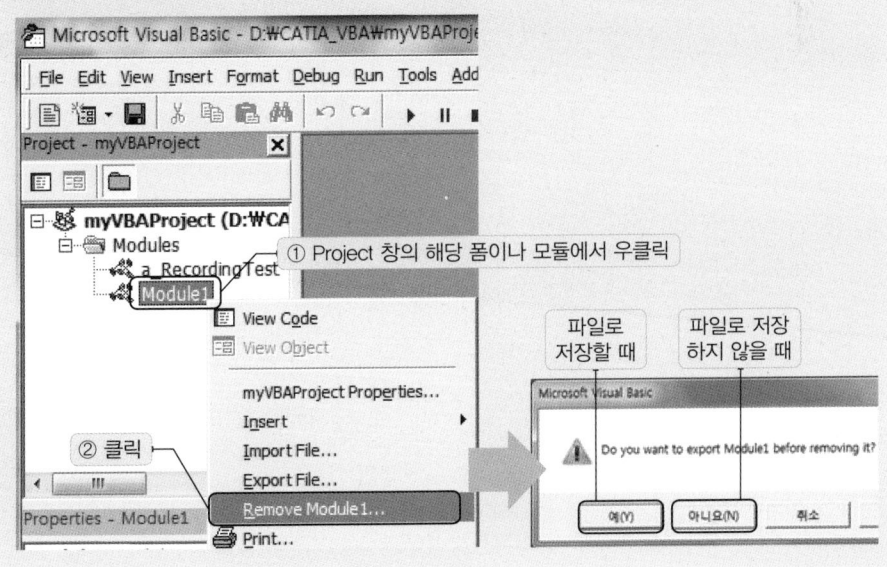

코드 편집에 유용한 기능

모듈이나 폼에서 코드 작업을 할 때, 아래의 편집에 도움이 되는 기능을 알아 두자.

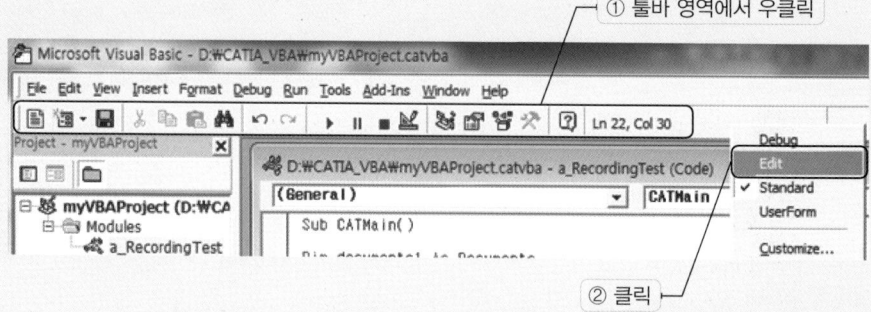

① 툴바 영역에서 우클릭
② 클릭

들여쓰기 / 내어쓰기
- 코드를 직관적으로 이해할 수 있도록 도움을 준다.

중단점 설정
- 실행 도중에 중단점 지정 위치에서 실행을 멈추게 한다.

주석 설정
- 여러 열을 한꺼번에 주석 처리 또는 해제를 할 수 있다.

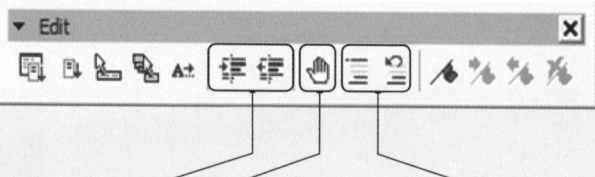

행 선택 영역
- 코드 행의 왼편에 글자가 없는 여백이 행 선택 영역이다.
- 마우스로 클릭 또는 드래그하면 행 전체가 한번에 선택된다. 그리고 이 영역에 마우스를 가져가면, 커서 모양이 바뀐다.
- 이렇게 여러 행을 선택한 후에 들여쓰기나 주석 설정을 적용할 수 있다.

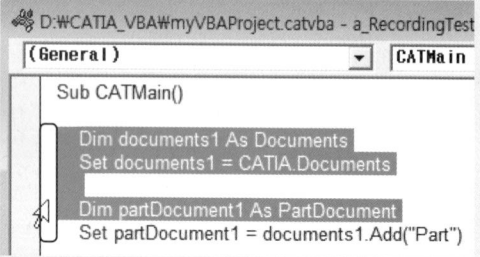

중단점 설정 영역
- 코드창의 왼편에 있는 회색 부분이 쉽게 중단점을 설정할 수 있는 영역이다. 실행 도중에 멈추고 싶은 행의 회색 영역에 마우스로 클릭해 주면 설정된다.
- 디버깅할 때, 유용하게 활용되는 기능이다.

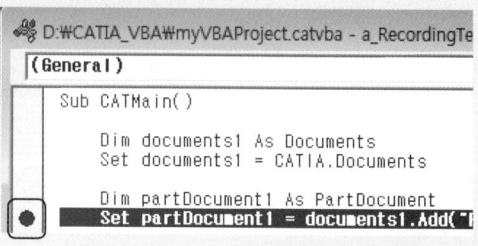

3) 들여쓰기 적용

코드에는 CATMain과 같은 프로시저(함수)나 IF~End IF문, For~Next문 등을 진행할 때 실행하는 레벨을 시각적으로 이해하기 쉽도록 들여쓰기를 적용할 것을 추천한다.

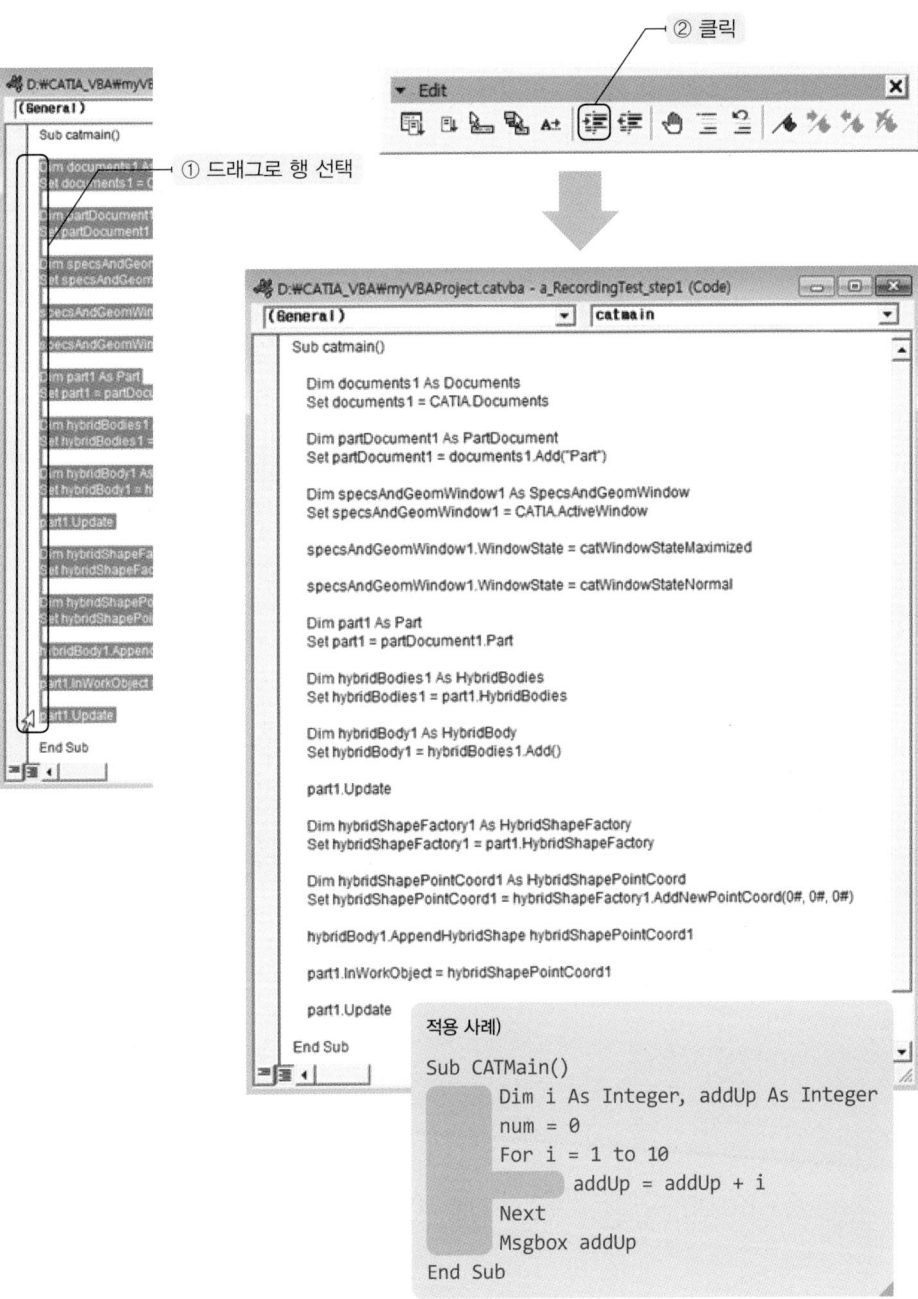

4) 코드 이해 및 수정

코드 해설에 들어가기 전에 몇 가지 기초적인 사항에 대해 알아보자.

> **프로시저(함수)의 이해**
>
> 프로그램에서 가장 기본이 되는 것으로서 어떤 **작업을 수행하기 위한 일련의 실행문의 집합**이다. Input - Operation - Output 으로 이루어지는 덩어리로 이해하면 된다. 일반적으로 함수라는 용어를 사용하나, Visual Basic에서는 **프로시저**라는 용어를 사용한다.

호출 되어지는 범위에 따른 종류
- Private : 존재하는 폼 또는 모듈 안에서만 호출되는 함수이다.
- Public : 다른 폼 또는 모듈에서 호출하여 사용할 수 있는 함수이다.
- 생략하면 Public으로 적용된다.

출력 인자의 유무에 따른 종류
- Sub : 출력 인자가 없는 함수이다.
- Function : 출력 인자가 있는 함수이다. 출력 인자는 프로시저 이름으로 반환된다.
- **둘 중에 하나는 꼭 사용**하여 프로시저를 선언하여야 한다.

Private Sub DoSomthing (A)
- 다른 모듈에서는 사용 불가
- 아래 그림과 같은 흐름

```
    A
  ↓
DoSomthing
```

Public Function TheResult (B, C)
- 다른 모듈에서는 사용 가능
- 아래 그림과 같은 흐름

```
  B and C
    ↓
         ↓
       TheResult
```

도움말을 통한 개체 계층 구조 찾기

도움말을 열람하는 방법은 여러 가지가 있으며, 그 중에서 Object browser를 활용하는 방법을 알아 본다.

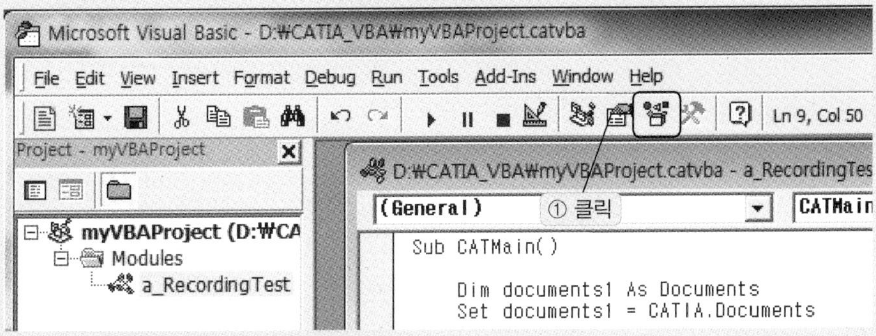

Object Browser 창에서 개체, 속성 및 메서드 등을 검색할 수 있다.

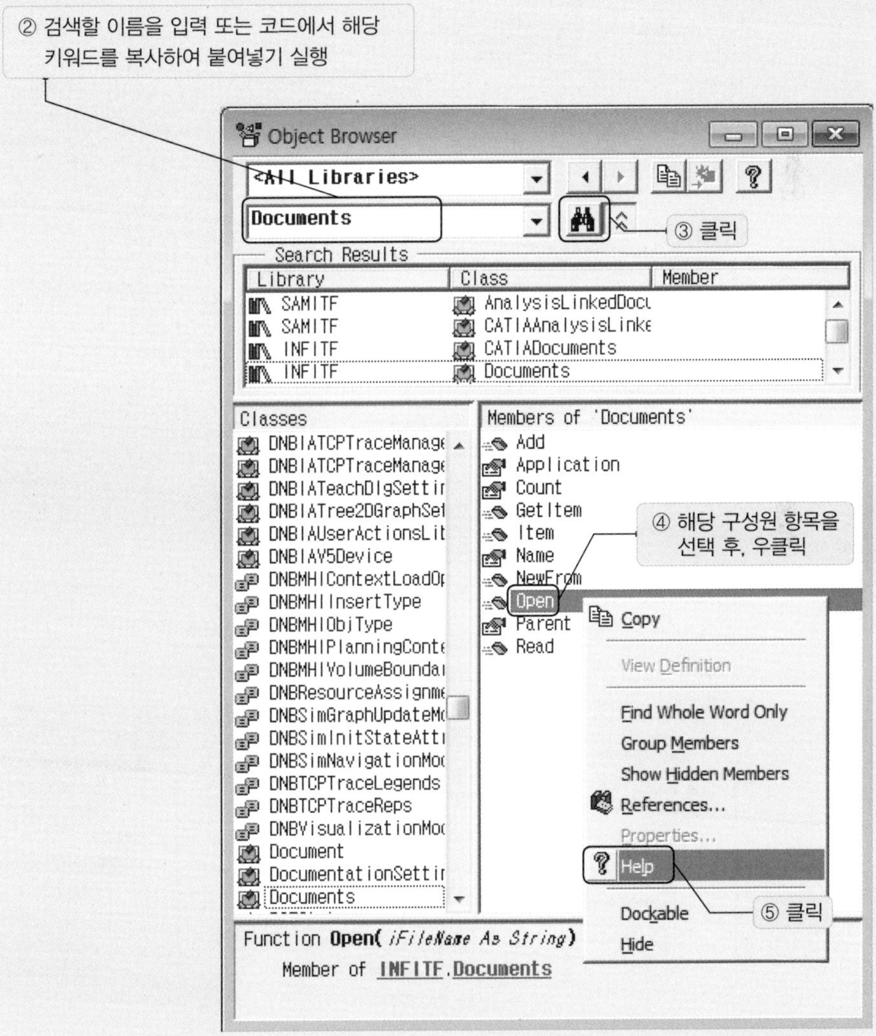

CAA V5 Visual Basic help 창이 열린다. 그리고 검색하고자 하는 해당 요소의 설명으로 이동된다. (**CAA** : Component Application Architecture, 프로그램 개발 환경)

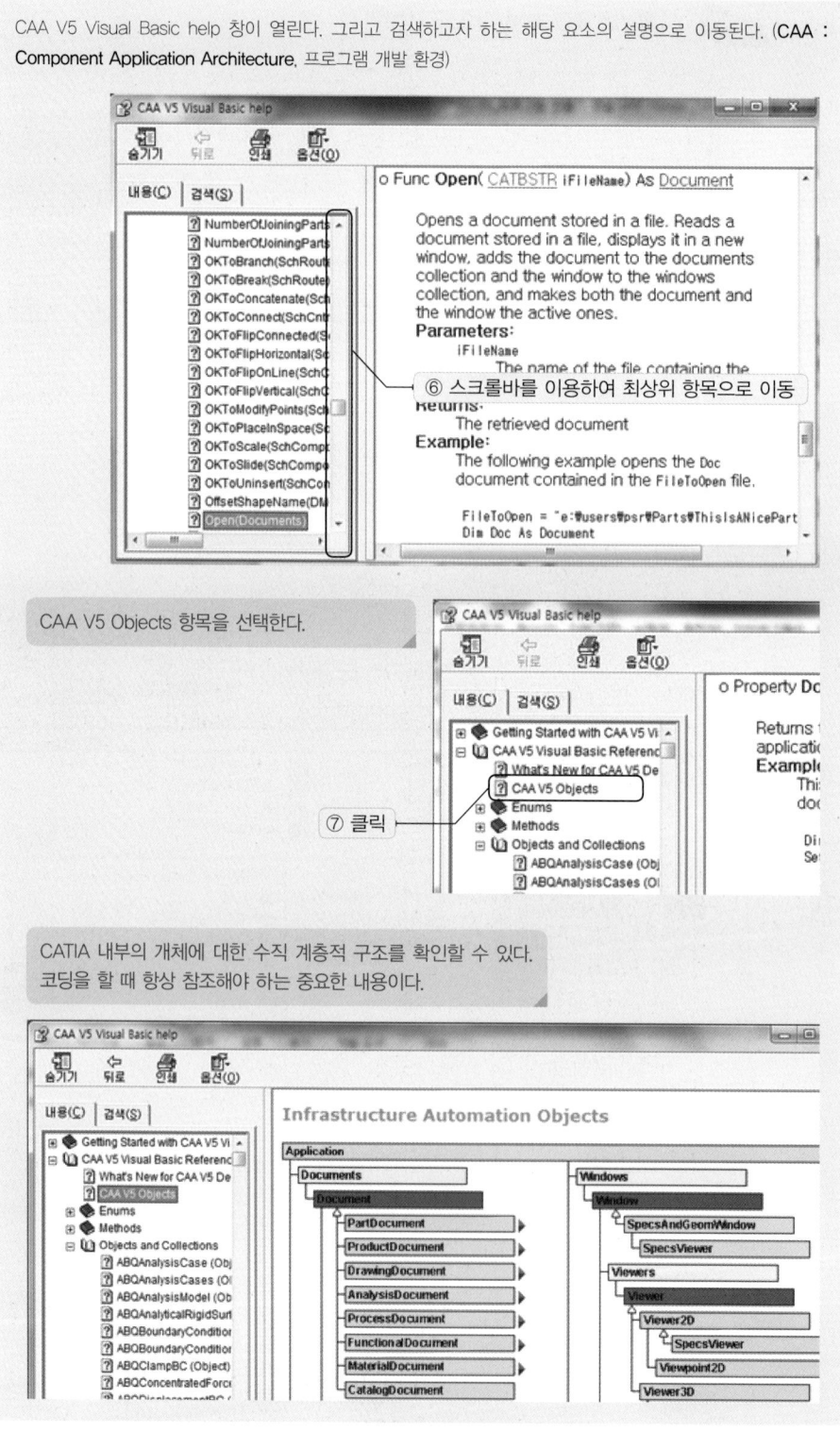

CAA V5 Objects 항목을 선택한다.

CATIA 내부의 개체에 대한 수직 계층적 구조를 확인할 수 있다.
코딩을 할 때 항상 참조해야 하는 중요한 내용이다.

 **개체의 수직 계층적 구조의 이해**

아래 그림은 개체의 부모-자식간의 종속적인 연계성을 설명하고 있다.

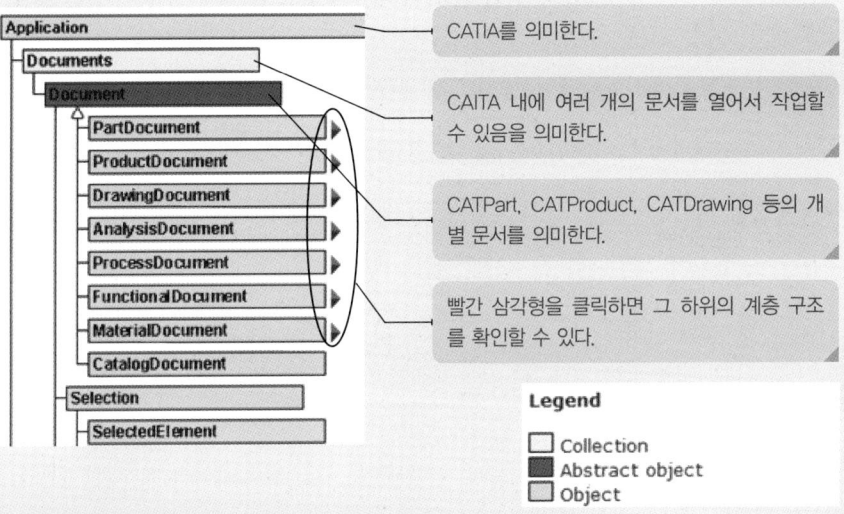

개체 종류 (색으로 구분)
1) Collection (노란색) : 집합 개체를 의미하며, 직접적인 속성과 메서드를 다양하게 가지기 보다는 바로 하위 개체를 집합하는 성격을 가진다. 중요한 속성으로는 Item, Count 등이 있다.
2) Abstract object (보라색) : 추상적인 개체를 의미하며, 실존하기 보다는 추상적인 개념만 있는 개체로서 동등 레벨의 구체적인 개체가 여러 개 따라온다.
3) Object (하늘색) : 일반 개체를 의미한다.

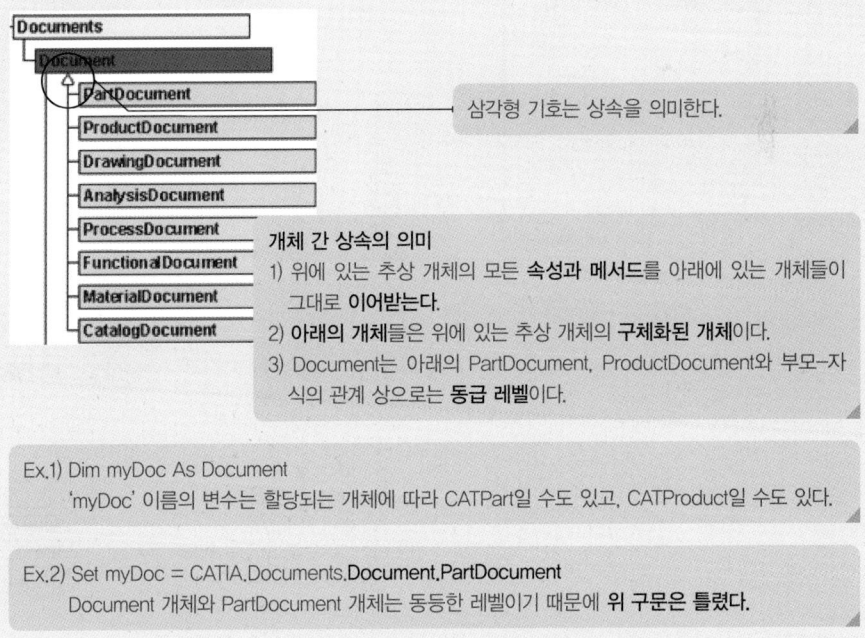

개체 간 상속의 의미
1) 위에 있는 추상 개체의 모든 **속성과 메서드**를 아래에 있는 개체들이 그대로 **이어받는다**.
2) 아래의 개체들은 위에 있는 추상 개체의 **구체화된 개체**이다.
3) Document는 아래의 PartDocument, ProductDocument와 부모-자식의 관계 상으로는 **동급 레벨**이다.

Ex.1) Dim myDoc As Document
  'myDoc' 이름의 변수는 할당되는 개체에 따라 CATPart일 수도 있고, CATProduct일 수도 있다.

Ex.2) Set myDoc = CATIA.Documents.**Document.PartDocument**
  Document 개체와 PartDocument 개체는 동등한 레벨이기 때문에 **위 구문은 틀렸다**.

참고 개체, 속성, 메서드 및 이벤트의 이해

윈도 운영 체계는 소위 **개체 지향 운영 체계**라고 한다. 개체는 각각 **독립성**을 부여받는다. 예를 들어, 우리가 사는 집을 생각해 보자. 집은 하나의 독립된 개체이다. 이 개체는 천장, 벽, 바닥이라는 개체를 가질 수 있다. 반대로 천장은 집을 소유할 수 없다. 이와 같이 개체는 주, 종이 정해지는 **수직 계층적인 관계**를 가진다.

한 단계 더 나아가, 천장은 형광등을 가질 수 있고, 형광등은 흰색, 노란색, 빨간색 등의 특성이 있다. 이러한 형광등의 색과 같은 **특성은 속성**이라 할 수 있다. 그리고, 벽에 있는 스위치를 누르는 것과 같은 **사용자의 행위는 이벤트**라고 하며, 이러한 이벤트가 발생할 때, 전기가 통하게 되어 형광등을 켜는 **내부적인 행위는 메서드**와 같다고 할 수 있다.

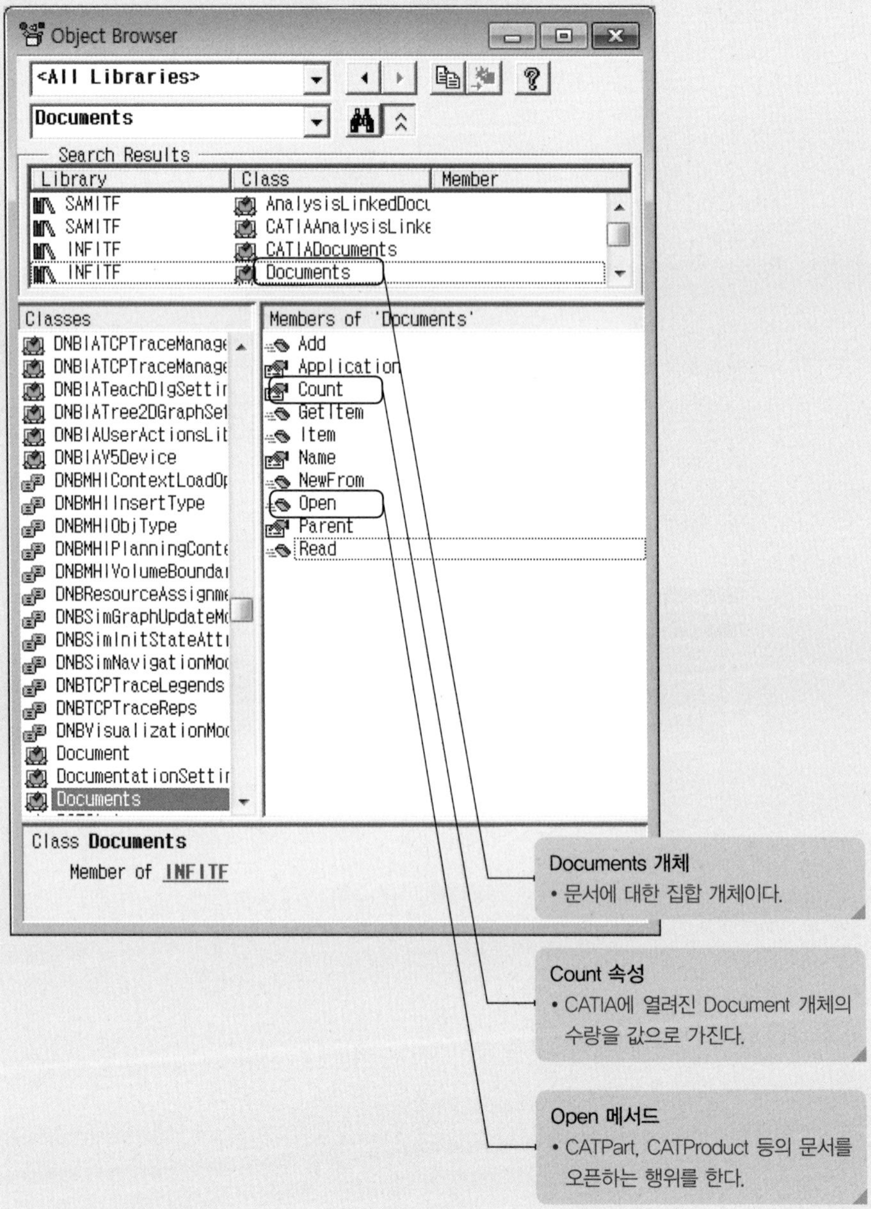
Object Browser
<All Libraries>
Documents
Search Results
Library
Class
Member
Classes
Members of 'Documents'
Add
Application
Count
GetItem
Item
Name
NewFrom
Open
Parent
Read
Class Documents
Member of INFITF
Documents 개체
• 문서에 대한 집합 개체이다.
Count 속성
• CATIA에 열려진 Document 개체의 수량을 값으로 가진다.
Open 메서드
• CATPart, CATProduct 등의 문서를 오픈하는 행위를 한다.

앞서 Macro 기록하기를 통해 생성된 코드에 대한 설명은 아래와 같다.

코딩 해설

Sub CATMain()
- CATIA VBA에서 **CATMain은 시작 프로시저의 이름**으로 정해져 있다. 항상 CATMain 프로시저에서 실행이 시작되는 것을 기억하자. ( ) 안에 아무런 요소가 없으므로 이 프로시저의 입력 인자는 없다.

  Dim documents1 As Documents
- **Dim문은 변수를 선언할 때 사용하는 구문이다.** As 이후는 그 변수의 종류 또는 개체의 타입을 나타낸다. As 이후를 생략하면 Variant 타입으로 선언되어 어떠한 타입도 적용이 가능해진다.
- 'documents1' 이름의 변수를 Documents 개체 타입으로 선언한다.

  Set documents1 = CATIA.Documents
- **Set 문은 선언한 변수에 구체적인 개체를 할당할 때 사용하는 구문이다.** 'documents1' 이름의 변수에 VBA가 실행 중인 CATIA의 Documents 개체를 할당한다. 여기서 Documents는 Application 개체의 속성이다.
- 여기서 **등호(=)의 뜻은 왼편의 내용을 오른쪽의 변수에 대입**한다는 것이다.

  Dim partDocument1 As PartDocument
- 'partDocument1' 이름의 변수를 PartDocument 타입으로 선언한다.

  Set partDocument1 = documents1.Add("Part")
- 'documents1' 변수에 할당된 개체의 Add 메서드를 이용하여 CATPart 타입의 문서를 생성한다. 그렇게 생성된 문서를 선언된 'partDocument1' 변수에 할당한다.

  Dim specsAndGeomWindow1 As SpecsAndGeomWindow
  Set specsAndGeomWindow1 = CATIA.ActiveWindow
- 'specsAndGeomWindow1' 이름의 변수를 선언하고, ActiveWindow 속성을 이용하여 CATIA에 활성화된 윈도를 할당한다.

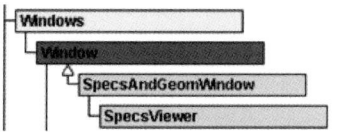

- SpecsAndGeomWindow는 Window 개체와 동등한 레벨이다.

  specsAndGeomWindow1.WindowState = catWindowStateMaximized
- 'specsAndGeomWindow1' 변수의 WindowState 속성의 값에 상수 catWindowStateMaximized 값을 대입한다. Object browser에서 catWindowStateMaximized를 검색하면 값이 0임을 알 수 있다.
- 이 실행문을 통하여 윈도 크기가 최대화된다.

  specsAndGeomWindow1.WindowState = catWindowStateNormal
- 윈도 크기를 일반적인 상태로 변경한다. 이러한 CATIA에 오픈된 문서의 윈도 크기를 코드로 변경할 수 있다는 것을 기억하자.

> *Dim part1 As Part*
> *Set part1 = partDocument1.Part*

- 'part1' 이름의 변수를 선언하고, 앞에서 생성된 CATPart 문서의 Part를 그 변수에 할당한다.

> *Dim hybridBodies1 As HybridBodies*
> *Set hybridBodies1 = part1.HybridBodies*

- 'hybridBodies1' 이름의 변수를 선언하고 HybridBodies 속성을 이용하여 HybridBodies 개체를 할당한다.

> *Dim hybridBody1 As HybridBody*
> *Set hybridBody1 = hybridBodies1.Add()*

- 'hybridBody1' 이름의 변수를 선언하고 HybridBodies 개체의 Add 메서드를 통해 새로 생성하는 Geomerical Set를 할당한다. CATPart에서 생성하는 Geometrical Set는 Hybridbody와 같다.

> *part1.Update*

- 'part1' 변수에 할당된 개체의 Update 메서드를 실행한다. Update 메서드보다는 UpdateObject 메서드를 이용하여 CATPart 전체가 아니라 부분적으로 업데이트를 실행하는 것이 유리한 경우가 많다.

> *Dim hybridShapeFactory1 As HybridShapeFactory*
> *Set hybridShapeFactory1 = part1.HybridShapeFactory*

- HybridShapeFactory 개체 타입의 변수를 선언하고, 작업 중인 Part의 HybridShapeFactory 속성을 이용하여 개체를 할당한다. **HybridShapeFactory 개체는 Wireframe이나 Surface 같은 형상을 생성하는 메서드를 가진 개체이다.**

> *Dim hybridShapePointCoord1 As HybridShapePointCoord*
> *Set hybridShapePointCoord1 = hybridShapeFactory1.AddNewPointCoord(0#, 0#, 0#)*

- HybridShapePointCoord 개체 타입의 변수를 선언하고, HybridShapeFactory의 AddNewPointCoord 메서드를 이용하여 포인트를 생성하고, 그 포인트를 선언한 변수에 할당한다. # 표시는 값이 정수형이 아니라 실수형(Double)이라는 의미이다.

> *hybridBody1.AppendHybridShape hybridShapePointCoord1*

- AddNewPointCoord 메서드로 포인트를 생성하였지만, 아직 CATIA의 Specification Tree에는 나타나지 않은 상태이며, 작업하는 HybridBody(Geometrical Set)의 **AppendHybridShape 메서드를 실행하면 Specification Tree의 해당 Geometrical Set에 포인트가 나타나게 된다.**

> *part1.InWorkObject = hybridShapePointCoord1*

- Part 개체의 **InWorkObject** 속성 값에 생성한 포인트를 대입한다. 이 실행문은 CATIA에서 **'Define in Work Object'** 기능을 수행하는 것과 같다. 여기서는 Specification Tree에서 새로 생성했던 Geometrical Set에 밑줄을 긋는 것과 같다.

> *part1.Update*

- Part 개체의 Update 메서드를 실행한다. 이 메서드는 입력 인자가 없다.

End Sub
- 프로시저를 종료한다.

 In Process와 Out Process의 이해

'Set oDocuments = CATIA.Documents' 실행문에서 CATIA는 따로 선언하고 할당받지 않고 바로 사용했다. 그렇게 적용할 수 있는 이유는 catvba 는 **CATIA 애플리케이션 개체 내에서 실행**되기 때문이다. 이러한 CATScript 및 catvba 의 경우를 **In Process**로 구현된다고 한다. 만약 Excel과 연동해서 작업을 해야 한다면, 제일 먼저 해야 될 일은 Excel 애플리케이션 개체를 내 프로시저 내에서 선언한 변수에 할당해서 가져오는 것이다.

이와는 다르게 **Excel의 VBA에서 CATIA를 연동해서 작업**하거나, 전문 애플리케이션 개발 툴인 Visual Studio의 Visual Basic에서 CATIA와 연동해 작업할 때를 **Out Process**로 이해하면 되고, 이 때 가장 기본적인 구문은 아래와 같다.

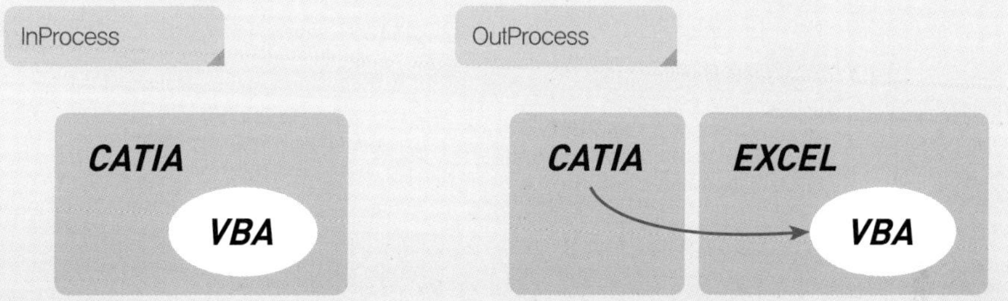

InProcess

OutProcess

CATIA
VBA

CATIA → EXCEL
VBA

엑셀 VBA에서 CATIA를 호출하는 예제

- 'myCATIA' 이름의 변수를 선언한다.
- As Application으로 개체 타입을 선언하면 오류가 발생하며, As 이하 구문을 생략하여 Variant로 선언해도 무방하다. INFITF는 CATIA 라이브러리에 해당한다.

```
Dim myCATIA As INFITF.Application
On Error Resume Next
Set myCATIA = GetObject(, "CATIA.Application")
If Err.Number <> 0 Then
Set myCATIA = CreateObject("CATIA.Application")
End If
On Error GoTo 0
```

- 이후 실행문에서 필연적으로 오류가 생길 수 있는 경우, **오류가 발생해도 강제적으로 계속 실행하게 설정**하는 실행문이다. 여기서는 윈도에 실행된 CATIA가 없는 경우에 다음 실행문에서 오류가 발생하는 것을 대응하기 위한 것이다.

- 'myCATIA' 변수에 윈도에 실행된 CATIA 애플리케이션을 할당한다. 실행된 CATIA가 없으면, VBA 기본 구성원 중 하나인 Err 개체의 Number 속성이 0이 아닌 다른 숫자가 지정된다.

- 윈도에 실행된 CATIA가 없어서, Err 개체의 Number 속성이 0이 아니면…

- 윈도에 새로운 CATIA를 실행하면서, 그 응용 프로그램을 'myCATIA' 변수에 할당한다.

- 에러가 발생해도 강제로 진행하도록 한 설정을 해제한다. 이 때 Err 개체의 Number 속성도 0으로 초기화된다.

코드 수정 1

윈도를 최대화하고, 다시 복귀하는 작업에 대한 코드를 주석 처리한다.

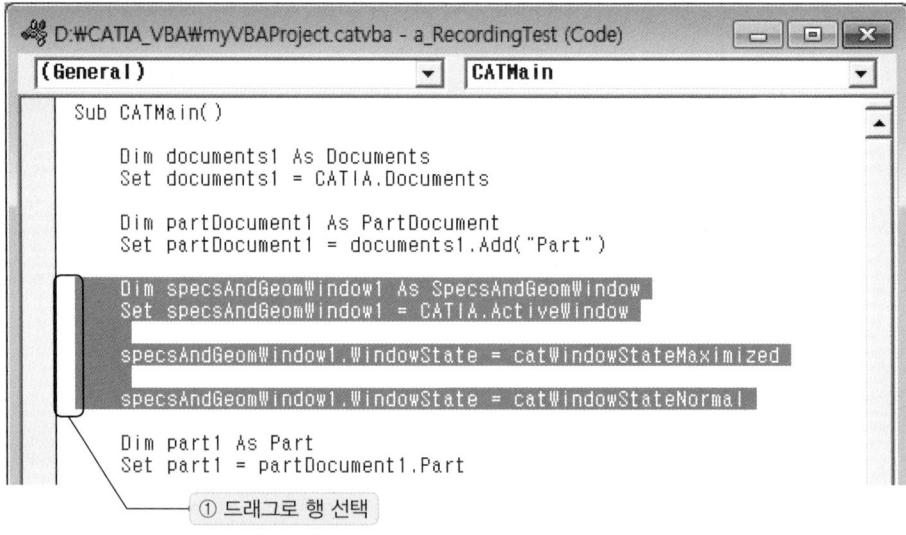

① 드래그로 행 선택

② 클릭

코드 수정 2

포인트 생성에 필요한 좌푯값을 수정한다.

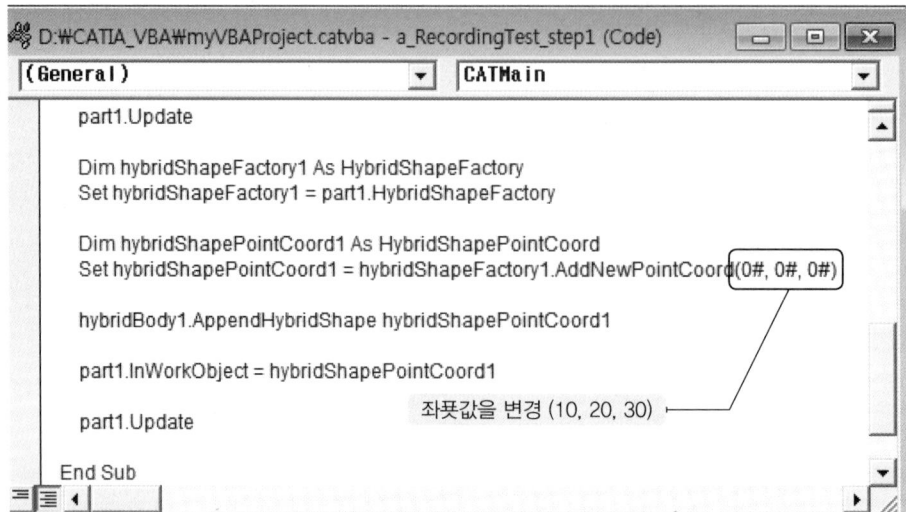

좌푯값을 변경 (10, 20, 30)

참고 | 메서드에 대한 도움말 이해

AddNewPointCoord 메서드에 대한 도움말의 내용을 알아 보자.

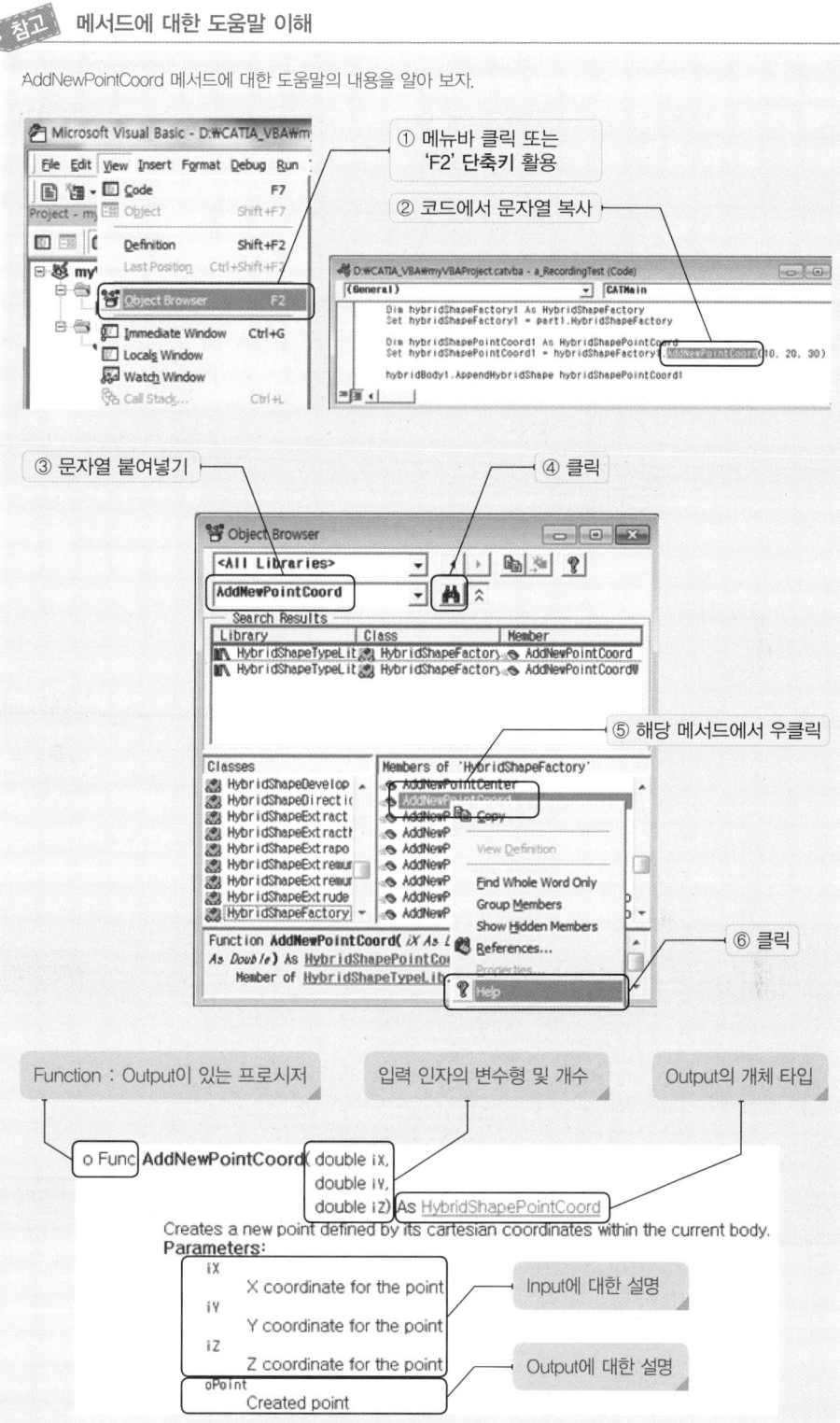

Chapter 01. 프로그램 만들기 연습

코드 수정 3

InWorkObject 속성 변경에 해당하는 실행문은 여기에서는 의미가 없다. 앞의 코드에서 Geometrical Set를 생성할 때, 자동적으로 생성되는 Geometrical Set에 Define in Work Object 기능이 수행되기 때문이다.

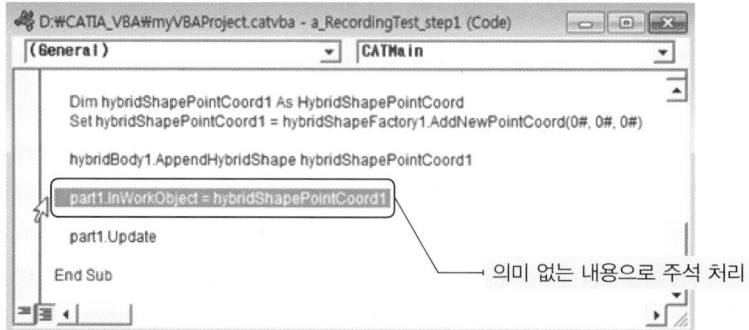

5) 코드 요약

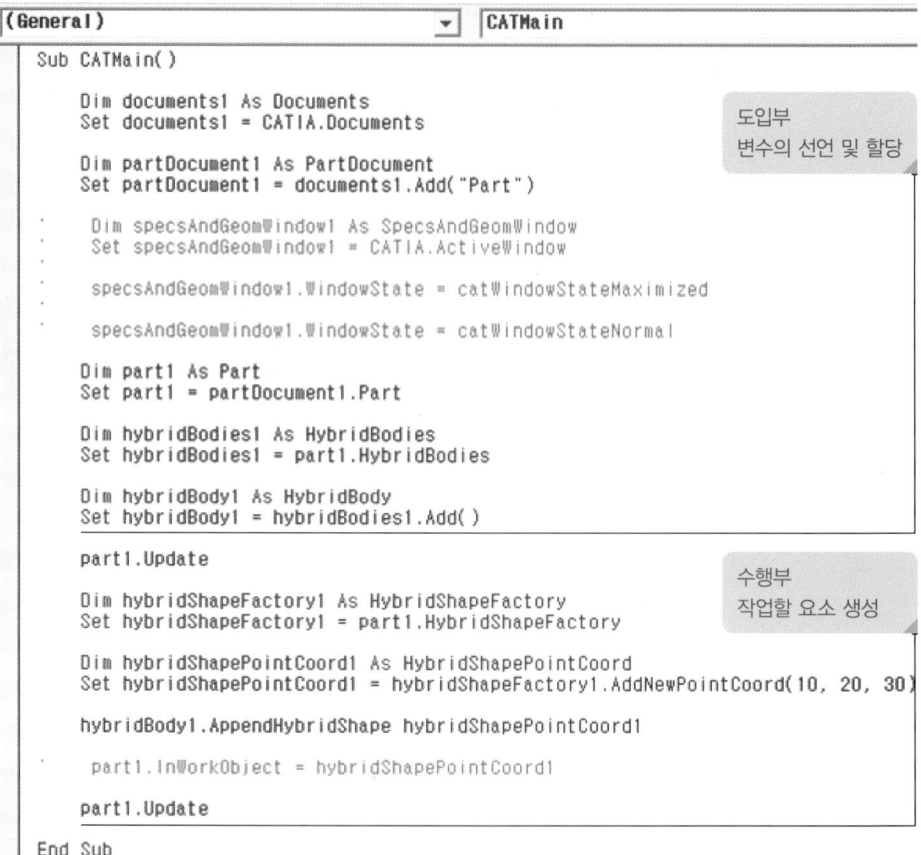

⑤ Macro 실행하기

작업한 코드를 실행하는 방법에는 다음 세 가지가 있다.

① VB Editor에서 실행, ② Macros 메뉴를 활용하여 실행, ③ Customize 메뉴를 활용하여 실행

1) Visual Basic Editor에서 실행

실행하려는 **프로시저 내부의 코드를 클릭하여 커서를 놓고 실행**한다.

1-1) 기본 실행

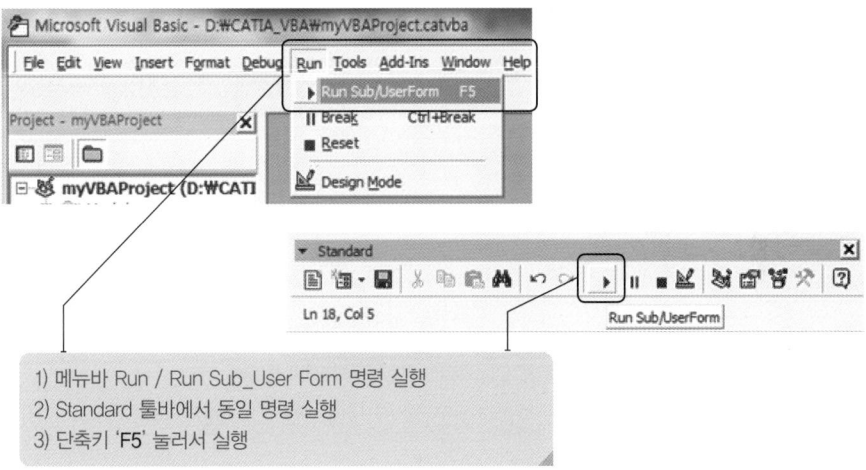

1) 메뉴바 Run / Run Sub_User Form 명령 실행
2) Standard 툴바에서 동일 명령 실행
3) 단축키 'F5' 눌러서 실행

1-2) 한 줄씩 실행

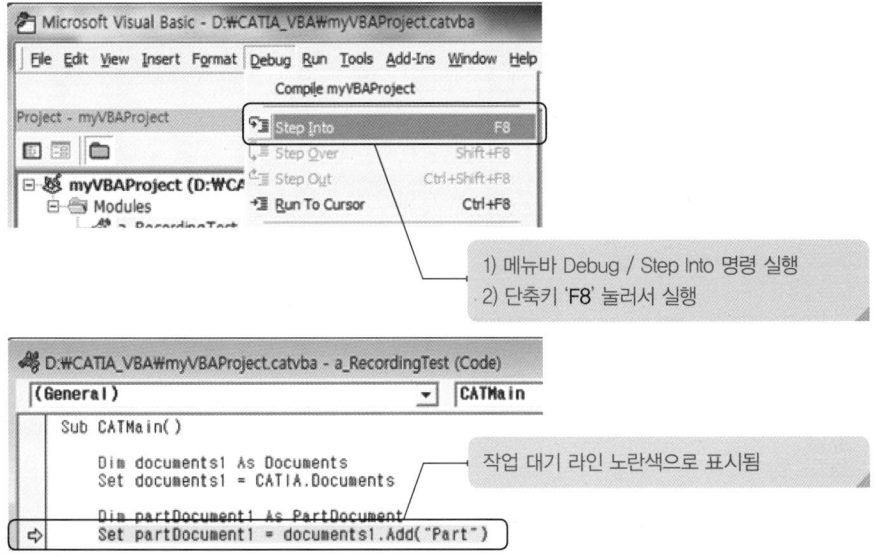

1) 메뉴바 Debug / Step Into 명령 실행
2) 단축키 'F8' 눌러서 실행

작업 대기 라인 노란색으로 표시됨

1-3) 중단점 활용

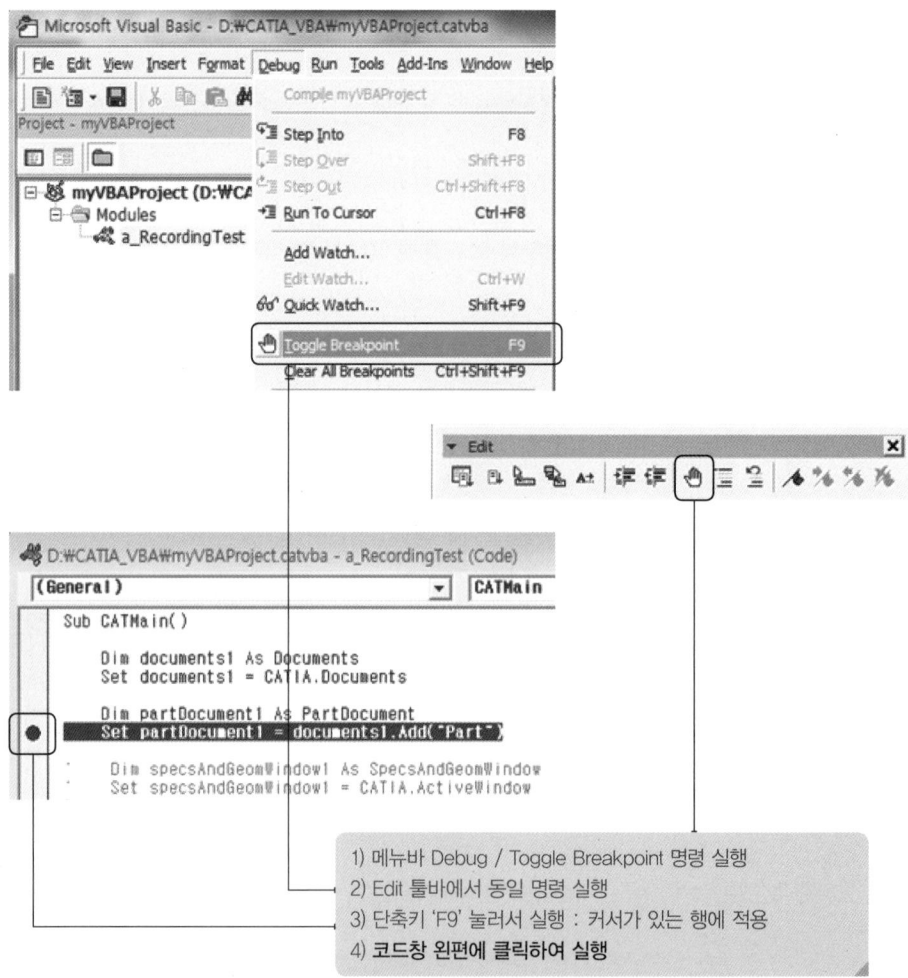

1-4) 종료하기 : Break와 Reset 두 종류의 명령이 있다.

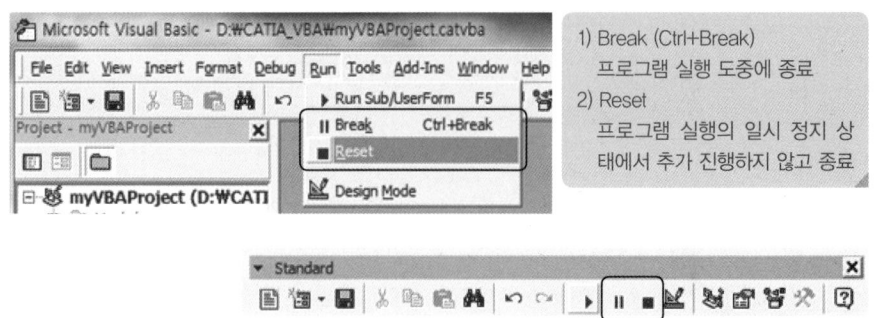

2) 메뉴바 Tools / Macro / Macros… 활용하여 실행

일반 사용자는 VB Editor를 실행하지 않고 CATIA의 메뉴를 통해서 모듈을 실행한다.

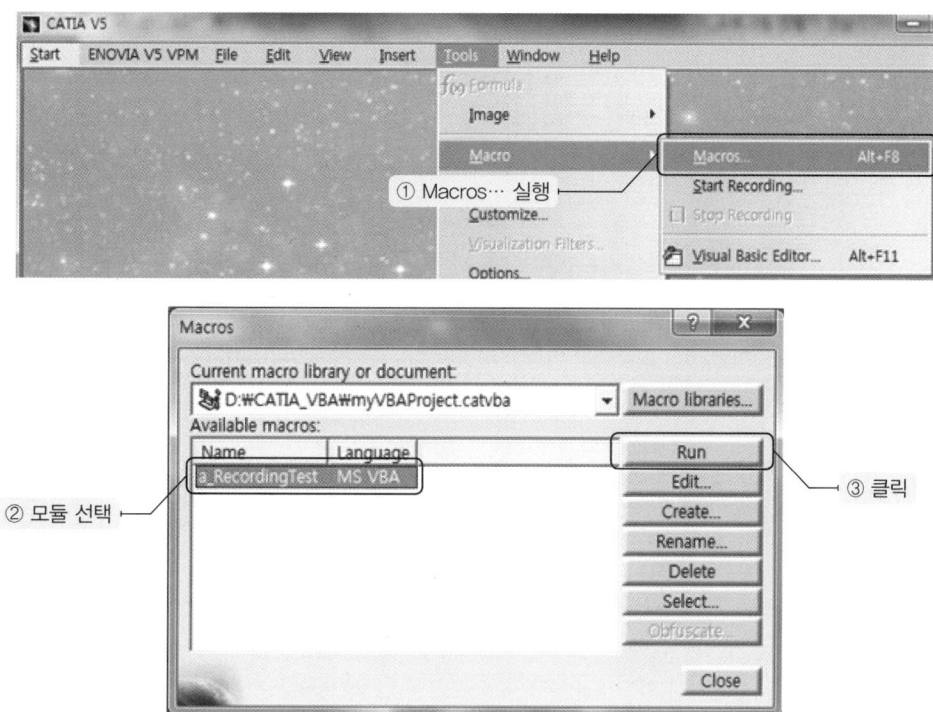

3) 메뉴바 Tools / Customize… 활용하여 실행

단축키나 아이콘을 설정하여 모듈을 실행할 수 있다.

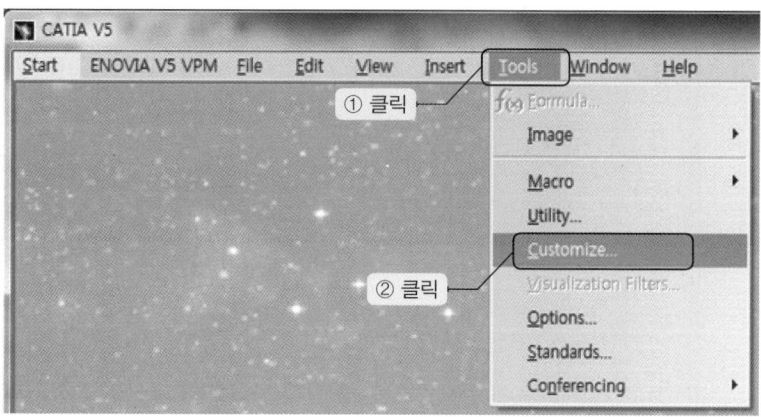

3-1) 단축키 설정

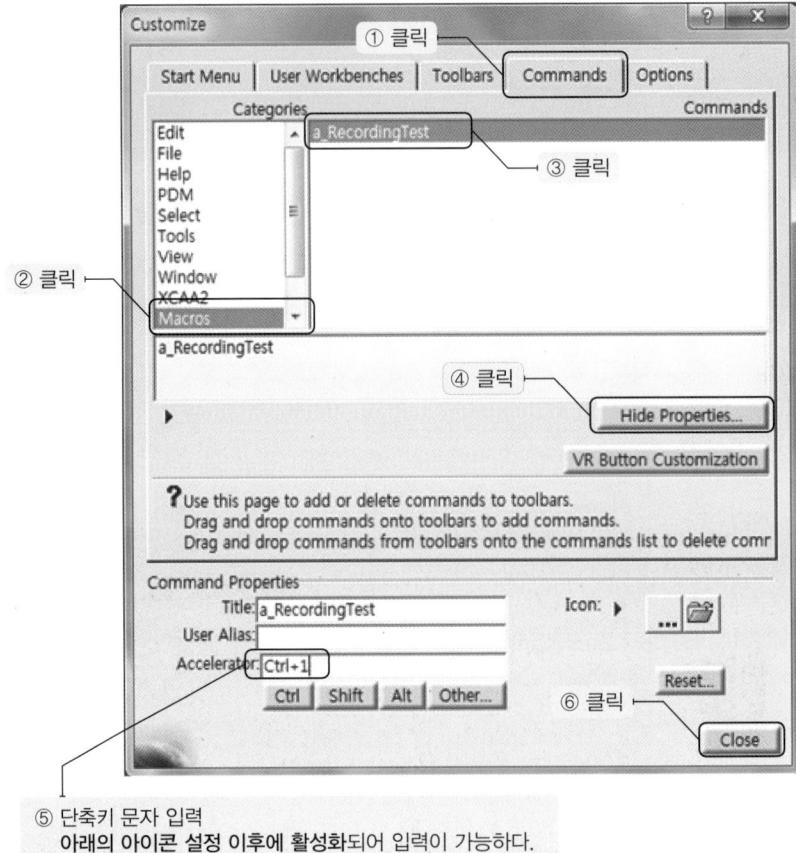

⑤ 단축키 문자 입력
아래의 아이콘 설정 이후에 활성화되어 입력이 가능하다.

3-2) 아이콘 설정 : 임의의 툴바에 매크로를 마우스로 끌어다 놓는다.

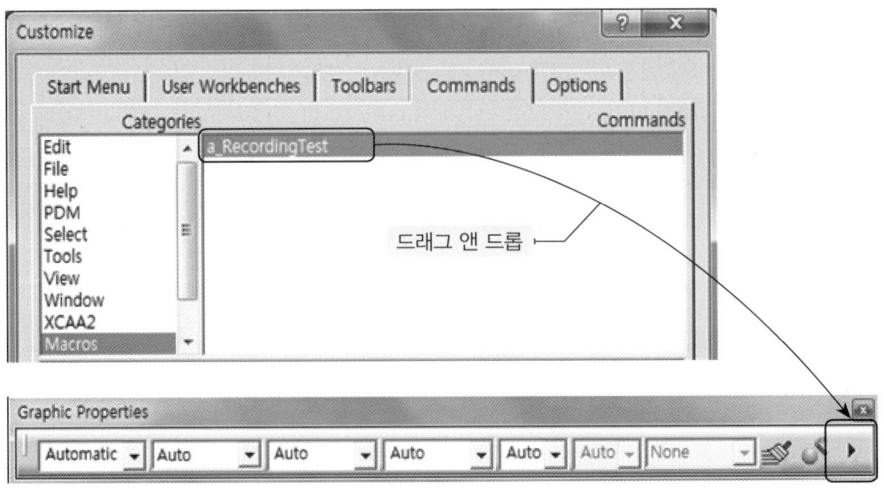

매크로 환경 설정

매크로 단축키 및 아이콘 설정은 CATIA 환경 파일 CATSettings에 저장된다. 주위 동료들에게 동일한 환경을 만들어 주기 위해서는 매크로 설정이 적용된 CATSettings 파일을 아래 폴더에 넣어야 한다.

"C:\Users\Admin\AppData\Roaming\DassaultSystemes\CATSettings"
(CATENV 환경 설정이나 윈도즈 OS에 따라 차이가 있음)

즉, 동일한 매크로 실행 환경을 위해서는, 첫째 일정하게 정해진 폴더에 **catvba 파일이 저장**되고, 둘째 CATIA 환경으로 정해진 폴더에 **CATSettings 파일이 저장**되어 있어야 한다. 매크로는 이런 환경 셋팅 부분에서 어려움이 있다.

이제, 기록하고 약간의 수정 작업을 한 매크로를 다양한 방법으로 실행하면 아래와 같은 결과가 나타난다.

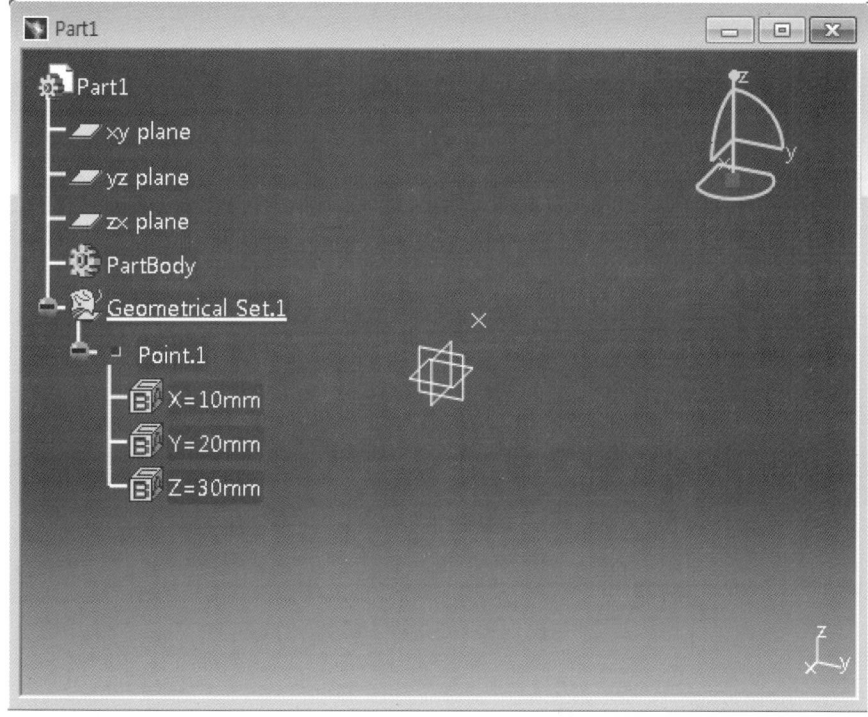

코드 작업에서 초보자가 자주 하는 실수

1) 철자 오류

한 자라도 틀리면 프로그램이 올바르게 작동되지 않는다. 그러므로, 변수를 선언할 때, 대소문자를 같이 쓰고, 그 외 코드를 작성할 때에는 소문자만으로 작업할 것을 추천한다. 'Enter' 키를 눌러 행이 바뀔 때 Visual Basic Editor에서 자동으로 대소문자를 변경해 주는데, 그렇게 하지 않은 부분은 철자가 틀렸을 경우가 많다.

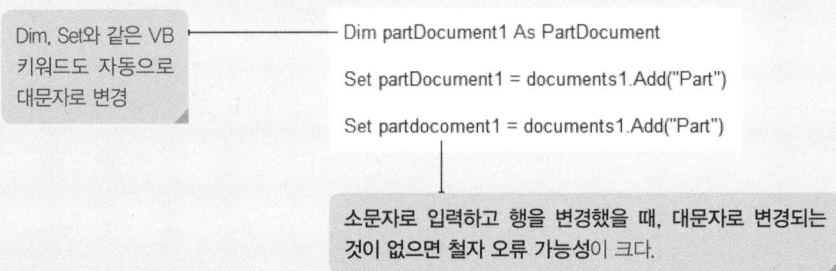

Dim, Set와 같은 VB 키워드도 자동으로 대문자로 변경

```
Dim partDocument1 As PartDocument
Set partDocument1 = documents1.Add("Part")
Set partdocoment1 = documents1.Add("Part")
```

소문자로 입력하고 행을 변경했을 때, 대문자로 변경되는 것이 없으면 철자 오류 가능성이 크다.

2) 괄호 수의 오류

수식이 들어가거나 함수의 입력 인자가 많은 경우, "(" 의 개수와 ")" 수가 동일해야 한다.

3) 띄어쓰기의 오류

+, -, = 같은 일반적인 연산자는 에디터에서 인식되어 띄어쓰기가 자동으로 이루어진다. 그러나 "_"(언더바) 행 연결 연산자는 그 앞에 띄어쓰기를 하지 않으면 오류가 발생한다.

```
Set oHole = oSF.AddNewHoleFromPoint(.Cells(i + 1, 1), .Cells(i + 1, 2) _
, .Cells(i + 1, 3), iFace, .Cells(i + 1, 5))
```

"(" 5개, ")" 5개   ")"와 "_" 사이에 빈칸 필요

4) 매크로 저장

작업한 매크로를 VB Editor에서 저장하지 않고 CATIA를 종료하면, 매크로가 저장되지 않는다.

코드 작업 중에 저장은 필수

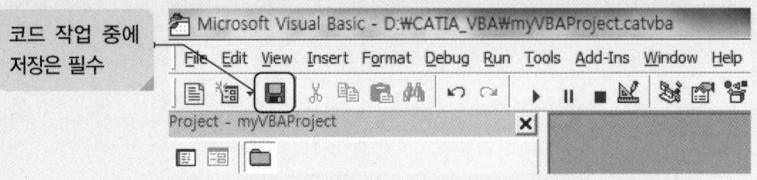

이번 장에서는 CATIA VBA에 대한 전반적인 흐름과 꼭 알아야 할 기본 배경 지식에 집중하였다.
다음 장부터는 현업에서 쓰일 수 있는 프로그램 개발을 진행한다.

Chapter 02
프로그램 1. 이름 변경

Chapter 02

프로그램 1. 이름 변경

● 업무 시나리오 ●

CATIA 모델링 작업을 할 때 중요한 형상은 의도적으로 이름을 수정한다. 예를 들면, Base Surface, Flange Surface, Mounting Boss와 같은 경우가 그러하다. 그리고 모델링을 수정하면서, 이러한 형상은 Replace 작업이 필요한 경우가 자주 있다. Replace 작업을 하기 전에, 새로운 요소에 동일한 이름을 부여하는 행위를 자동화하고 싶다.

● 프로그램 요건 ●

1) 변경할 새 요소에 기존 이름을 부여한다.
2) 기존 요소의 이름에는 접미어 " Old" 문자열을 추가한다.

시작하기 전에..

형상 요소나 Geometrical Set 또는 Body와 같은 요소의 이름 관리가 필요한 경우가 있다. 이번 장의 프로그램을 응용하면 다양한 이름 관리 프로그램을 개발할 수 있다. 그리고 필자가 초보자일 때 프로그램을 개발하면서 어려웠던 여러 가지 상황을 자연스럽게 경험할 수 있도록 재현하고자 노력하였다. 그런 부분은 수정하는 작업을 따라 하게 하여 간접 경험을 할 수 있도록 유도하였다.

순서도 구상

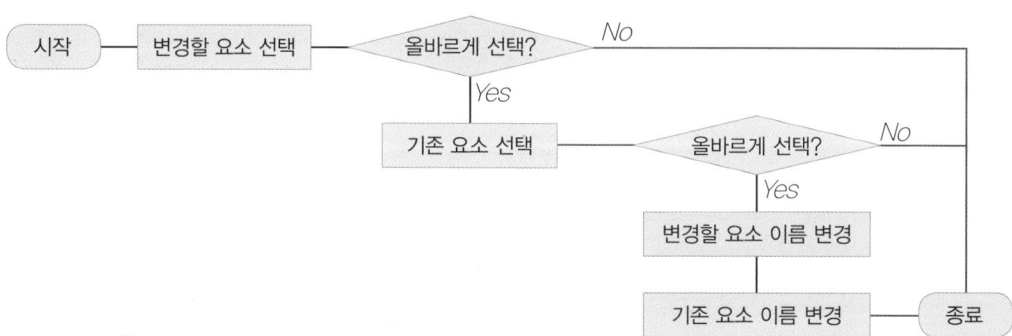

① 새로운 프로그램 코드 시작

새로운 모듈을 만들고 모듈의 이름 변경부터 시작한다.

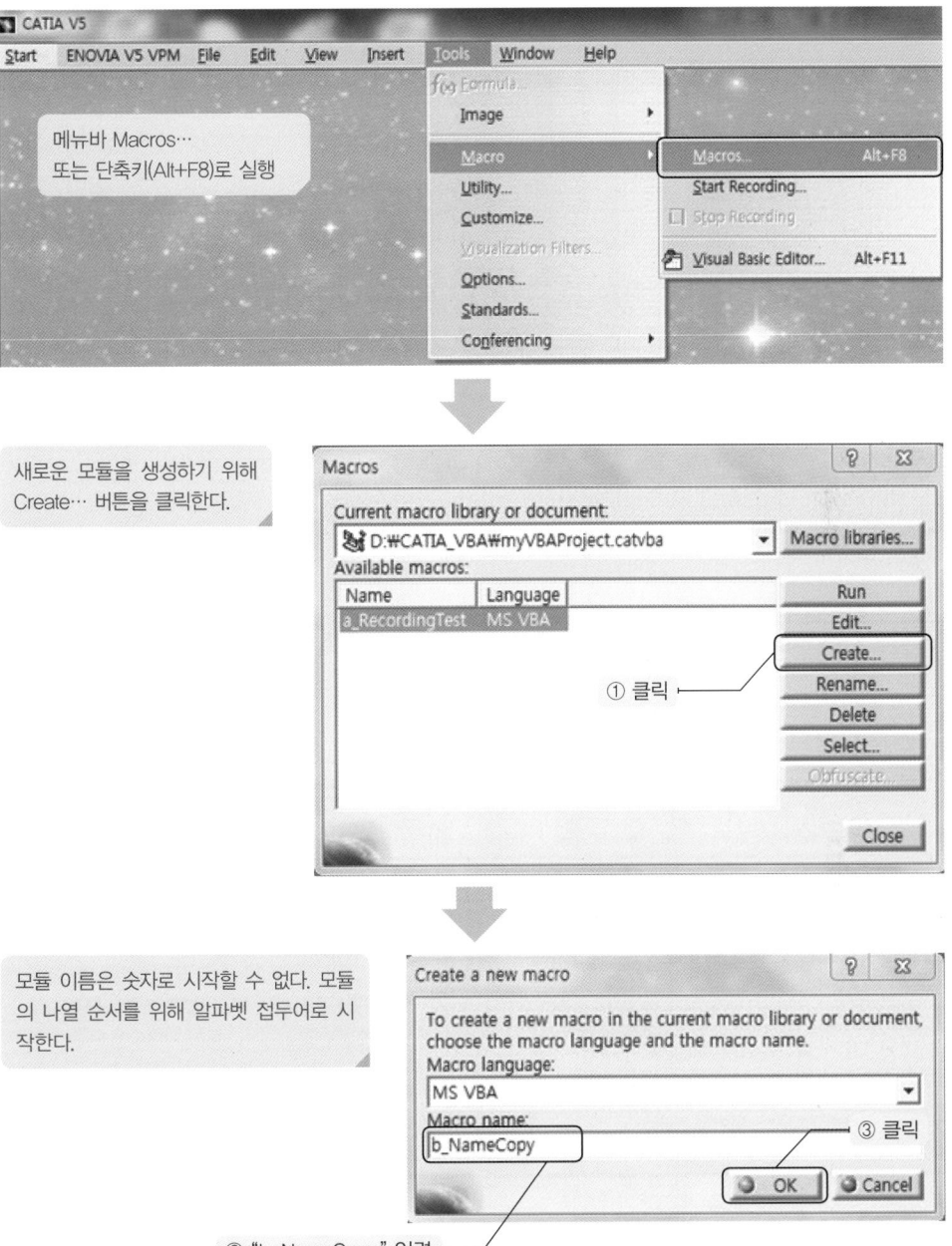

생성한 모듈의 코드 작업을 위해 Edit 버튼을 클릭한다.

④ 클릭

모듈의 코드 작업 창이 열린다. 그리고 자동으로 CATMain 프로시저의 선언에 해당하는 코드가 나타난다.

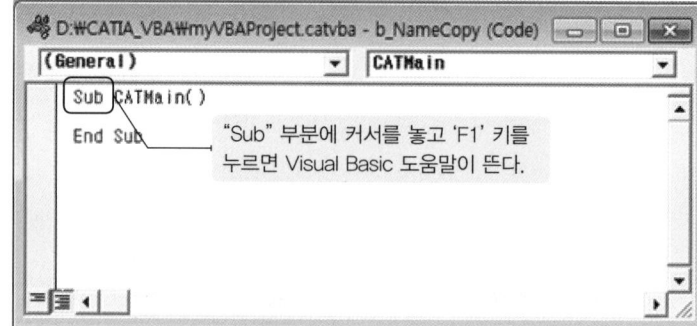

"Sub" 부분에 커서를 놓고 'F1' 키를 누르면 Visual Basic 도움말이 뜬다.

Visual Basic 도움말 창이 열린다. 여기에서 VB가 제공하는 키워드, 함수, 문법 등의 정보를 찾아볼 수 있다.

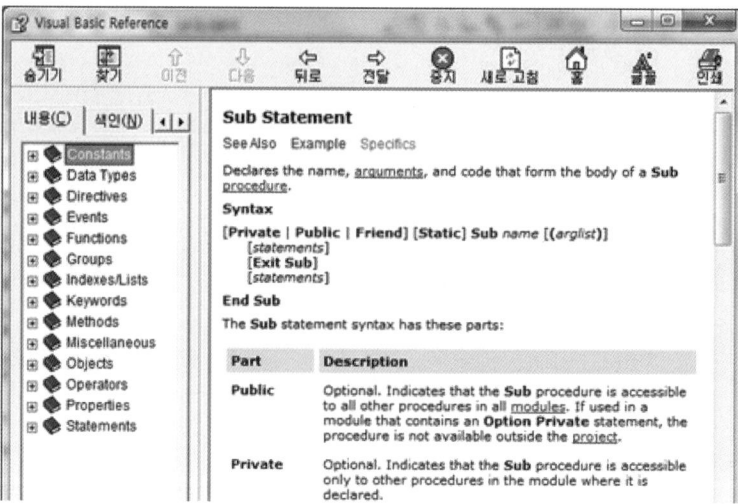

② 코드 작업

코딩 1

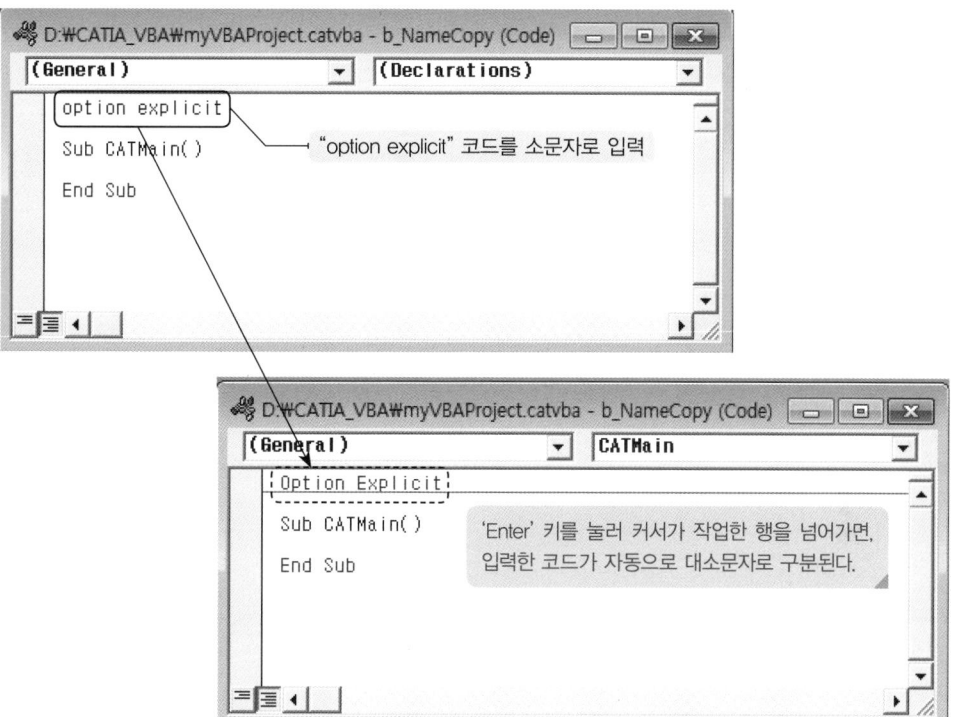

 소문자로 코드 작업을 추천

VB Editor는 기본적으로 대소문자를 구분하지 않는다. 하지만 의도적으로 변수의 이름에 대소문자를 함께 사용하여 변수 선언을 하고, 나머지 코드는 소문자로 작성하면 **오타를 방지하는 효과**가 있다.

"Option Explicit"는 VB가 기본적으로 제공하는 구문으로서 첫 자는 대문자로 선언되어 있기 때문에 자동으로 대문자로 변경되는 것을 확인할 수 있다.

 Option Explicit의 의미

Explicit : 노골적인, 명백한, 솔직한

변수를 명확히 하는 설정을 적용한다는 의미이다. 이 설정을 적용할 경우 **Dim, Public, Private, Static 등의 구문으로 선언된 변수만 사용할 수 있다.** 만약, 선언되지 않은 변수를 사용하면 프로그램이 실행되지 않는다. 프로그램이 복잡해지면, 예상치 못한 오류를 방지할 수 있기 때문에 이 설정은 **가능한 적용하는 것을 추천**한다.

코딩 2

① 'Tap' 키를 눌러서 들여쓰기

② "dim oDoc as docu"까지 입력
변하는 개체(변수) 이름인 'oDoc'를
제외한 나머지는 소문자로 적는다.

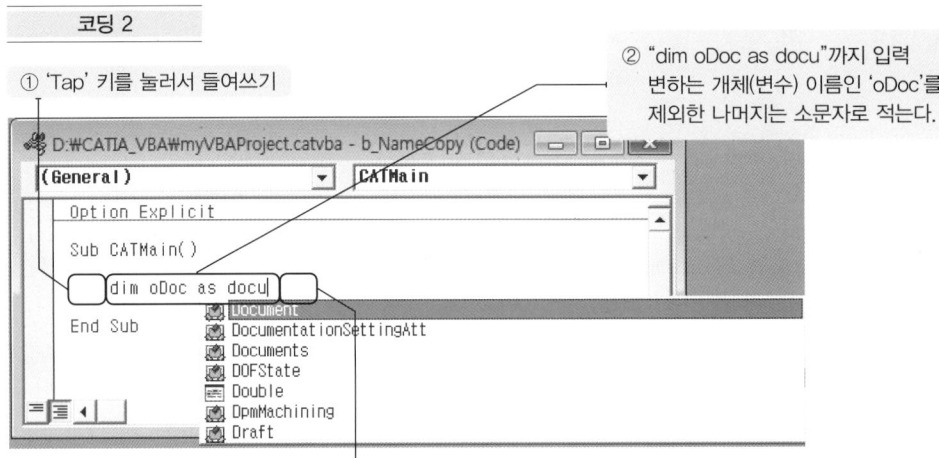

③ 'Tap' 키를 눌러서 Document 문자 입력 완성
As 구문 이후에 자동으로 사용 가능한 타입 명이 목록으로 표시된다. 이 때, '↑' 와 '↓' 화살표 키로 목록을 이동해 원하는 타입 명이 파란색으로 활성화되면 'Tap' 키로 적용 가능하다. 물론 마우스를 이용한 목록 선택도 가능하다.

 변수 이름의 추천 방식

첫 자는 **소문자로 시작**하고, 첫 부분은 가능한 한 **변수의 종류를 나타내는 약어**를 쓴다. 중간 이후에는 **의미 단위를 기준으로 대문자를 섞어 쓴다**. 소문자로 시작하는 이유는 이 이름이 VB에서의 키워드가 아니라 변수라는 의미이다.

- Dim oDoc As Document → Object Document (Document 타입의 개체)
- Dim strName as String → String Name (문자형 변수)

코딩 3

① "set odoc = catia.act" 입력
선언된 변수의 이름은 소문자로 작업하면 오타 방지에 도움이 된다.

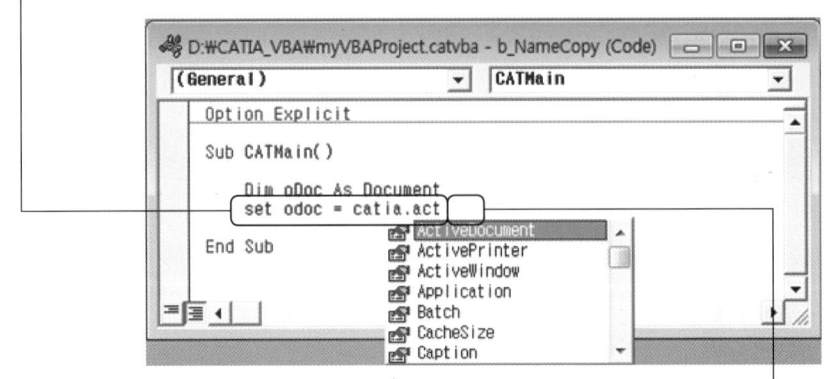

② ActiveDocument 항목이 선택된 상태에서 'Tap' 키를
눌러서 문자 완성

코딩 4

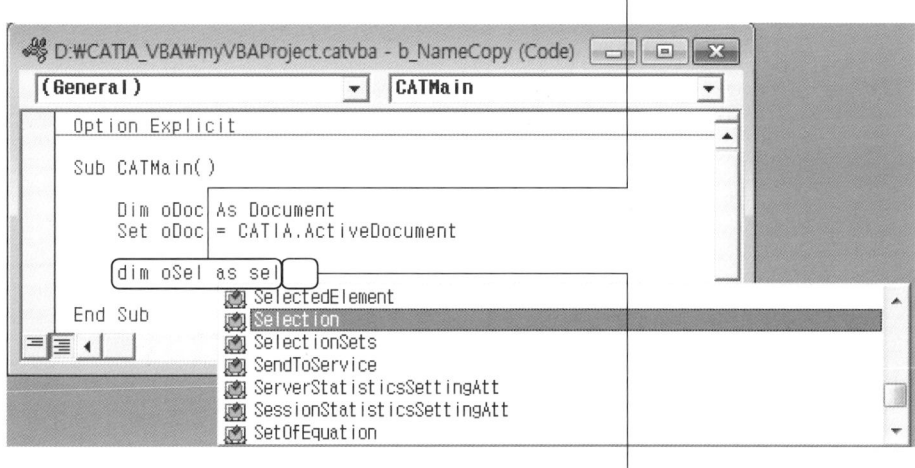

① "dim oSel as sel" 코드 입력

② '↓' 키를 누르고, 'Tap' 키를 눌러서 Selection 문자 완성

코딩 5

"set osel = odoc.sel" 코드 입력 후, 자동으로 뜨는 하위 속성 및 메서드 목록에서 'Selection' 속성을 선택

• Selection 타입으로 선언된 'oSel' 이름의 변하는 개체(변수)에 'oDoc' 개체 하위의 Selection 속성을 이용하여 개체를 할당하는 실행문이다. 'oDoc' 개체가 Document 타입으로 선언되어 있기 때문에 "odoc." 문자열을 입력하면 하위 구성원의 목록이 나타난다.

Selection 개체의 이해

윈도 탐색기에서 'C:\Program Files\Dassault Systemes\B20\intel_a\code\bin' 폴더 아래의 'V5Automation' 파일을 더블 클릭해서 실행해 보자. (CATIA의 설치 폴더에 따라 폴더 위치는 달라진다.)

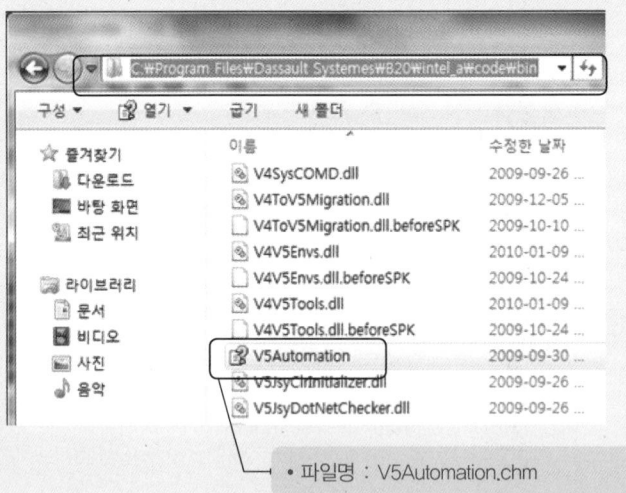

• 파일명 : V5Automation.chm

1장에서 개체 탐색기(Object Browser)를 통해 실행했던 도움말이 나타난다..
여기서 Selection 개체의 계층 구조를 확인하자.

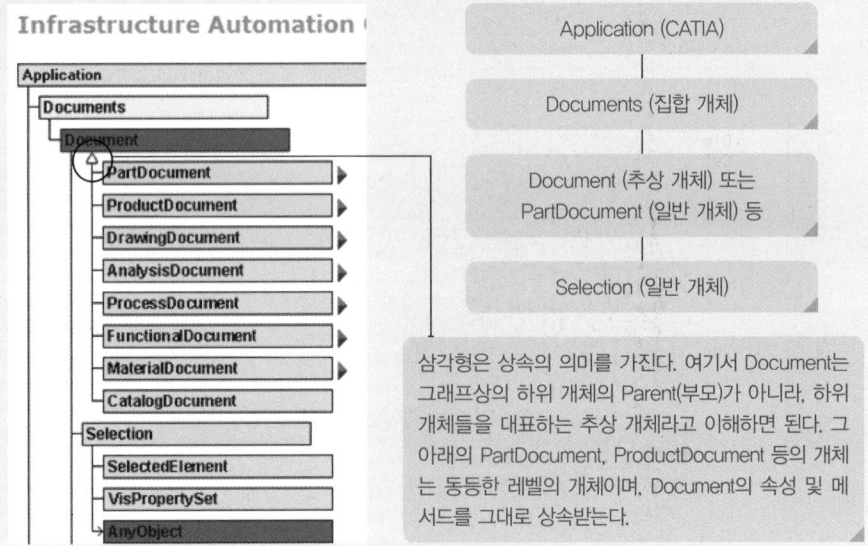

삼각형은 상속의 의미를 가진다. 여기서 Document는 그래프상의 하위 개체의 Parent(부모)가 아니라, 하위 개체들을 대표하는 추상 개체라고 이해하면 된다. 그 아래의 PartDocument, ProductDocument 등의 개체는 동등한 레벨의 개체이며, Document의 속성 및 메서드를 그대로 상속받는다.

Selection 개체는 Document 개체의 하위 레벨의 개체이며, CATIA 화면에서 사용자가 마우스로 어떤 요소를 선택하면 Selection 개체에 적용된다.

코딩 6

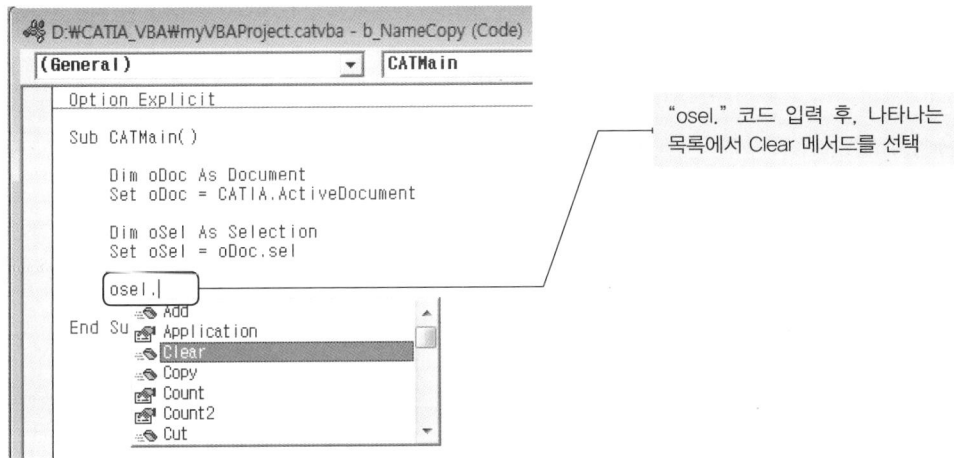

Selection 개체의 Clear 메서드는 CATIA에서 사용자에 의해 **선택된 모든 요소를 선택 해제**하는 작업에 해당한다. 이는 CATIA 내에서 띄워진 윈도에서 Graphic Zone의 빈 여백을 마우스로 클릭하는 것과 동등한 작업이다.

코딩 7

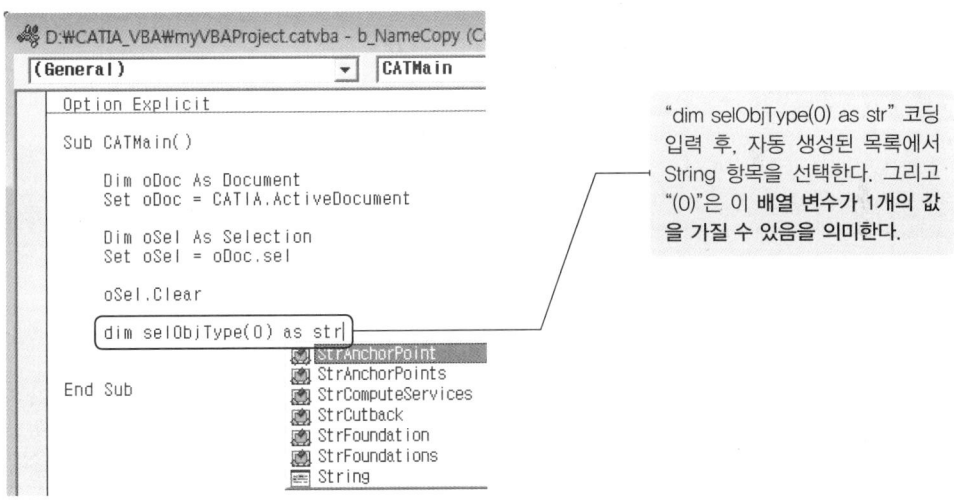

"str"까지 입력 후에 변수형으로 올라오는 목록이 상당히 많다. 이는 참조하는 라이브러리가 많기 때문이다. VB Editor에 기본적으로 "CATIA V5"로 시작되는 모든 라이브러리가 등록되어 있다.

라이브러리 참조

코드 작업 중 활용하게 되는 다양한 개체, 속성 및 메서드 등은 해당 개체를 포함하고 있는 라이브러리를 참조하고 있을 때만 가능하다. 참조 라이브러리의 등록 및 해제는 메뉴바의 Tools / References… 명령을 실행하여 작업할 수 있다.

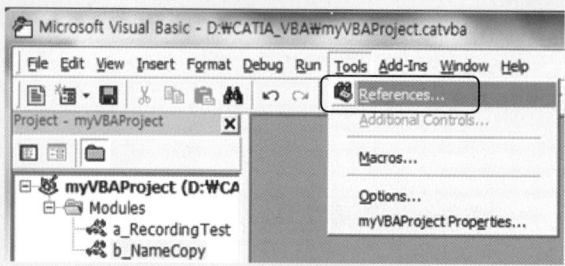

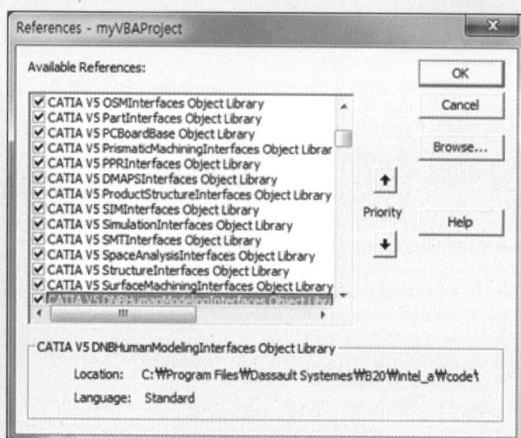

- 기본적으로 CATIA V5의 모든 라이브러리가 등록되어 있으나, 거의 사용할 일이 없는 라이브러리가 많다. 이러한 라이브러리는 불필요한 개체를 참조하게 되어 **자동으로 생성되는 목록의 항목이 많아지기 때문에 코드 작업이 불편할 수 있다.**

☑ Visual Basic For Applications
☑ CATIA V5 ApplicationFrame Object Library
☑ OLE Automation
☑ CATIA V5 CATAssemblyInterfaces Object Library
☑ CATIA V5 GSMInterfaces Object Library
☑ CATIA V5 DraftingInterfaces Object Library
☑ CATIA V5 InfInterfaces Object Library
☑ CATIA V5 KnowledgeInterfaces Object Library
☑ CATIA V5 Drafting2DLInterfaces Object Library
☑ CATIA V5 MecModInterfaces Object Library
☑ CATIA V5 PartInterfaces Object Library
☑ CATIA V5 ProductStructureInterfaces Object Library
☑ CATIA V5 SpaceAnalysisInterfaces Object Library

- 실질적으로 사용되는 라이브러리는 왼쪽에 보여지는 라이브러리 수준이다. 가능하면 다른 라이브러리는 선택 해제하고 작업하는 것이 코드 작업의 효율성을 위해 좋은 방법이다.

코딩 8

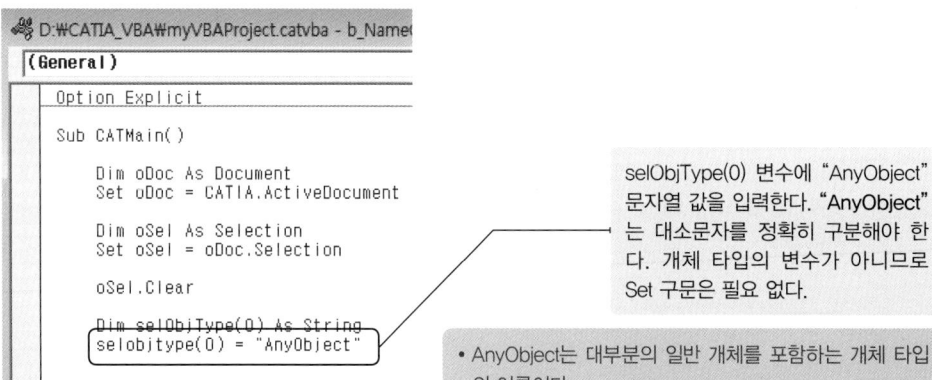

selObjType(0) 변수에 "AnyObject" 문자열 값을 입력한다. "AnyObject"는 대소문자를 정확히 구분해야 한다. 개체 타입의 변수가 아니므로 Set 구문은 필요 없다.

• AnyObject는 대부분의 일반 개체를 포함하는 개체 타입의 이름이다.

 배열 변수의 활용

배열을 사용하면 하나의 변수 이름으로 여러 개의 값을 가질 수 있고, 그 수량은 가변적으로 관리할 수 있다.

- Dim strArray() As String → 문자열 타입의 변수를 배열로 선언
- Dim strArray(1 To 10) As String → 배열 변수의 수량을 정하면서 선언
  배열의 시작을 의도적으로 1에서 시작하고, 10개의 수량을 가진다.
- ReDim strArray(10) → 이미 선언된 배열의 수량을 다시 선언
  주의할 점은 **0에서 시작**하기 때문에 이 변수의 수량은 11개가 된다.
- ReDim Preserve strArray(12) → **Preserve는 기존에 가지고 있는 값을 유지한다는 의미**이다.
  코드 중간에 수량이 변경되어도, 기존 입력값을 유지할 경우 유용하게 사용된다.

코딩 9

```
Sub CATMain()

    Dim oDoc As Document
    Set oDoc = CATIA.ActiveDocument

    Dim oSel As Selection
    Set oSel = oDoc.Selection

    oSel.Clear

    Dim selObjType(0) As String
    selObjType(0) = "AnyObject"

    Dim strSelStatus As String
    strSelStatus = oSel.SelectElement2(selObjType, "이름을 변경할 요소를 " _
        & "선택하십시오. ESC 키를 누르면 취소됩니다.", False)
```

• 'strSelStatus' 이름의 문자형 변수를 선언한다.
• 'oSel' 개체의 SelectElement2 메서드의 Output을 'strSelStatus' 변수에 대입한다.

• 주의) "_" 구분자 앞에 한 칸을 띄워야 한다.

코드의 행 연결자

VB에서는 하나의 행 단위로 실행된다. 하지만 행을 구분하기 싫은 경우와 행이 너무 길어져서 의도적으로 구분하고 싶은 경우에 다음 연결자를 사용한다.

- : (Colon) → 짧은 행이 반복될 때, 여러 행을 한 행에 같이 적어 시각적으로 보기 편하게 할 때 사용한다.
- _ (Under Bar) → 하나의 실행문이지만 행이 너무 길어 의도적으로 행을 나누려고 할 때 사용한다.

 문자열에 대한 팁

- "" (큰따옴표) → 문자열을 표시하는 기호이고, 열고 닫는 형식으로 두 개를 같이 사용해야 한다.
- & (and) → 문자열과 문자열을 연결하는 기호이다.
- Chr(13), vbCr → 줄 바꿈과 동등하며, Carriage return 문자에 해당하는 코드이다.
- Chr(9), vbTap → 'Tap' 문자에 해당하는 코드이다.

 두 종류의 도움말

어느 코드에 커서를 놓고 도움말을 실행하느냐에 따라 두 가지의 도움말이 나타난다.

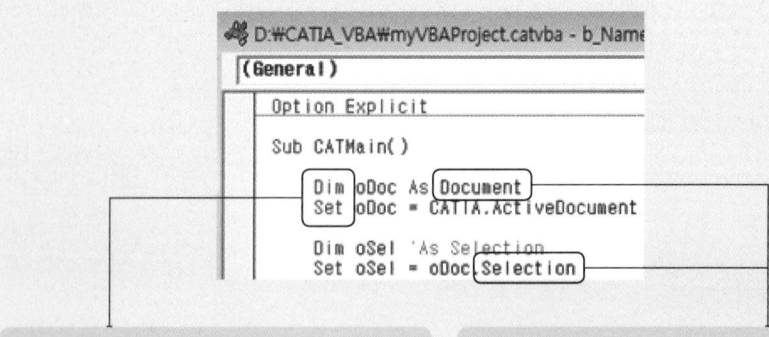

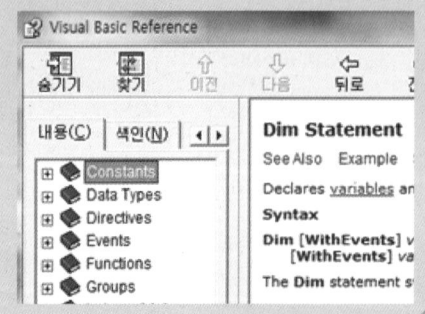

Visual Basic 도움말
- Dim, Set 등의 코드에 커서를 놓고 'F1' 키를 누르면 나타난다.

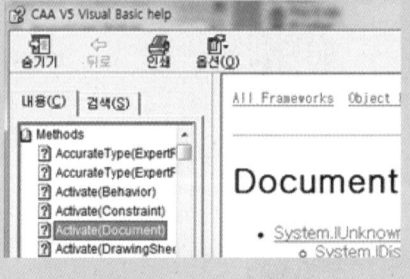

CATIA VBA 도움말
- Document, Selection 등의 코드에 커서를 놓고 'F1' 키를 누르면 나타난다.

SelectElement2 메서드의 이해

CATIA에 활성화된 Document에서 **하나의 요소를 선택**하고자 할 때, 사용하는 메서드이다.
아래 도움말 내용은 SelectElement2 코드에 커서를 놓고 'F1'을 누르면 나타난다.

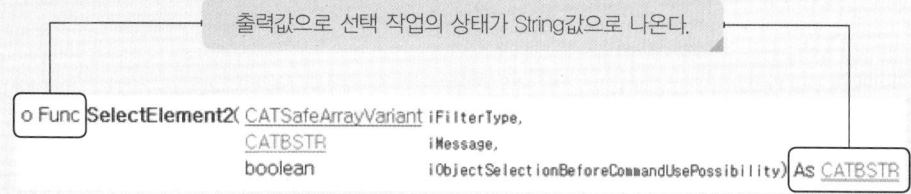
출력값으로 선택 작업의 상태가 String값으로 나온다.

Input 요소

1) CATSafeArrayVariant (iFilterType) : 하나 혹은 다수의 **선택 가능한 개체 타입의 이름**을 문자열 값으로 가진 Variant형의 배열 변수를 입력한다.
2) CATBSTR (iMessage) : CATIA 하단 **상태 표시줄에 나타날 문자열**이다.
3) Boolean (iObjectSelectionBeforeCommandUsePossibility) :
   - **True**이면 메서드 실행 이전에 선택된 요소가 자동으로 입력된다. 만약, 다수의 요소가 선택되어 있었다면 제일 처음 선택된 요소로 입력된다.
   - **False**이면 메서드 실행 **이전에 선택된 요소를 무시**한다.
   - 작업 중인 코드에서는 oSel.Clear 실행문을 적용했으므로, True 또는 False의 결과는 같다.

첫 번째 Input인 iFilterType의 예)

아래 코드는 Point와 Line의 요소만 선택하도록 제한하는 내용이다.

```
Sub CATMain()

    Set oSel = CATIA.ActiveDocument.Selection

    Dim selObjType(1)
    selObjType(0) = "Point"
    selObjType(1) = "Line"

    strSelStatus = oSel.SelectElement2(selObjType, "Select point or line.", False)
End Sub
```

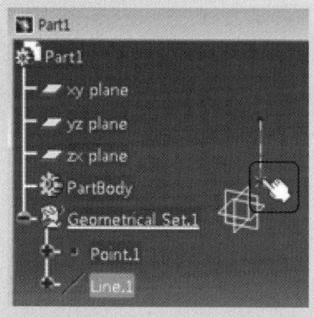

- 왼쪽 : 선택 가능 표시
- 오른쪽 : 선택 불가 표시

코딩 10

```
Sub CATMain()

    Dim oDoc As Document
    Set oDoc = CATIA.ActiveDocument

    Dim oSel As Selection
    Set oSel = oDoc.Selection

    oSel.Clear

    Dim selObjType(0) As String
    selObjType(0) = "AnyObject"

    Dim strSelStatus As String
    strSelStatus = oSel.SelectElement2(selObjType, "이름을 변경할 요소를 " _
        & "선택하십시오. ESC 키를 누르면 취소됩니다.", False)

    If strSelStatus <> "Normal" Then Exit Sub
```

> CATIA에서 올바르게 선택하지 않으면 CATMain 프로시저를 종료한다.

참고 SelectElement2 메서드의 Output 문자열

1) "Normal" : 요소 선택을 올바르게 했을 때
2) "Cancel" : ESC 키를 누르고 취소 했을 때
3) "Undo" : Undo를 실행했을 때
4) "Redo" : Redo를 실행했을 때

- SelectElement2 메서드가 실행 중에는 CATIA에서 요소를 선택하거나, 'ESC' 키를 눌러서 실행을 종료하지 않으면 다른 작업을 할 수 없다.

참고 If문의 구조

다음과 같은 다양한 형식으로 사용할 수 있다.

```
If  조건식  Then
        실행문
Else If  조건식  Then
        실행문
Else
        실행문
End If
```

만약 실행문이 하나이면 "End If"는 생략 가능하고, 대신 모두 한 행으로 표현한다.
   If 조건식 Then 실행문

만약 실행문이 두 행 이상이면 "End If"는 생략 할 수 없다.
   If 조건식 Then
        실행문
   End If

참고 조건식 연산자

If문에 들어가는 조건식에는 우측의 연산자로 비교하는 식이 있어야 한다.

= : 같다,   <> : 다르다   > : 크다
< : 작다   >= : 크거나 같다   <= : 작거나 같다

참고 Exit 구문

프로시저 또는 반복 구문에서 Exit 구문이 사용된다.

1) Exit Sub : Sub 프로시저를 빠져나감
2) Exit Function : Function 프로시저를 빠져나감
3) Exit For : For문을 빠져나감
4) Exit Do : Do문을 빠져나감

코딩 11

```
    Dim oSel As Selection
    Set oSel = oDoc.Selection

    oSel.Clear

    Dim selObjType(0) As String
    selObjType(0) = "AnyObject"

    Dim strSelStatus As String
    strSelStatus = oSel.SelectElement2(selObjType, "이름을 변경할 요소를 " _
        & "선택하십시오. ESC 키를 누르면 취소됩니다.", False)

    If strSelStatus <> "Normal" Then Exit Sub

    Dim oNameChanged As Object
    Set oNameChanged = oSel.Item(1)

End Sub
```

① 'oNameChanged' 이름의 변수를 선언하고, 선택된 요소 중에 첫 번째 아이템을 할당 함

② 클릭하여 중단점 적용

참고 : 집합 개체의 공통 속성

Documents, Windows, Bodies, HybridBodies와 같은 개체들은 아래의 공통적인 속성을 가진다.

1) **Item : 정수형 숫자 또는 문자형 이름**을 Input으로 받아 하위 개체를 호출할 때 쓰인다. 이 때 숫자는 1부터 시작한다.

   Ex. Set myDoc = CATIA.Documents.Item(1) → myDoc 개체에 첫 번째 Document 할당

2) **Count** : 하위 개체의 수량을 정수형 값으로 반환한다.

   Ex. For i = 1 To CATIA.Documents.Count → 현재 CATIA에 열린 모든 문서에 대해 실행

- 도움말에서 Documents 집합 개체를 찾아 보면 Item 메서드와 Count 속성을 찾을 수 있다.

Documents (Collection)

- System.IUnknown
  - System.IDispatch
    - System.CATBaseUnknown
      - System.CATBaseDispatch
        - **System.Collection** ← 클릭
          - Documents

A collection of all the Document objects currently ma
These documents belong to one of the following types: PartD

See also:
PartDocument, ProductDocument, DrawingDocument

Method Index

Add
  Creates a Document object and adds it to the documen
Item
  Returns a document using its index or its name from the

Collection (Collection)

- System.IUnknown
  - System.IDispatch
    - System.CATBaseUnknown
      - System.CATBaseDispatch
        - Collection

Represents the base object for collections.
As a base object, it provides properties and methods

Property Index

Application
  Returns the application.
Count
  Returns the number of objects in the collection.
Name
  Returns or sets the name of the object.
Parent
  Returns the parent object.

여기까지 작업한 코드를 실행하여 중간 점검을 해보자.

먼저 CATIA 모델링 파일을 아래와 같이 만든다.

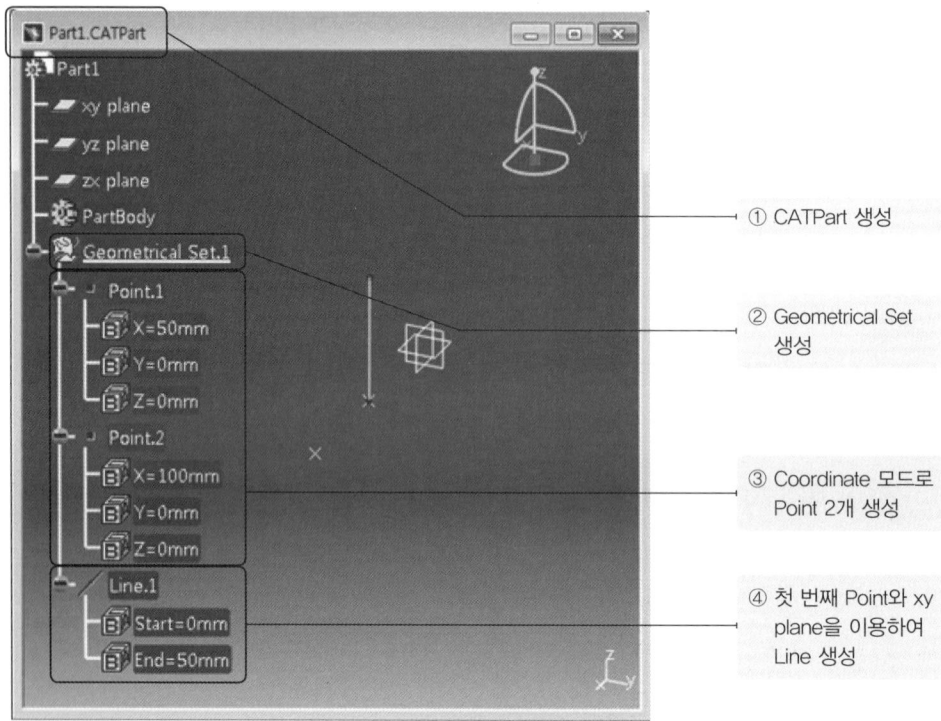

① CATPart 생성
② Geometrical Set 생성
③ Coordinate 모드로 Point 2개 생성
④ 첫 번째 Point와 xy plane을 이용하여 Line 생성

이제 Visual Basic Editor 창으로 돌아와서 CATMain 프로시저 내에 커서가 있는 상태에서 'F5' 키를 눌러 프로그램을 실행하자.

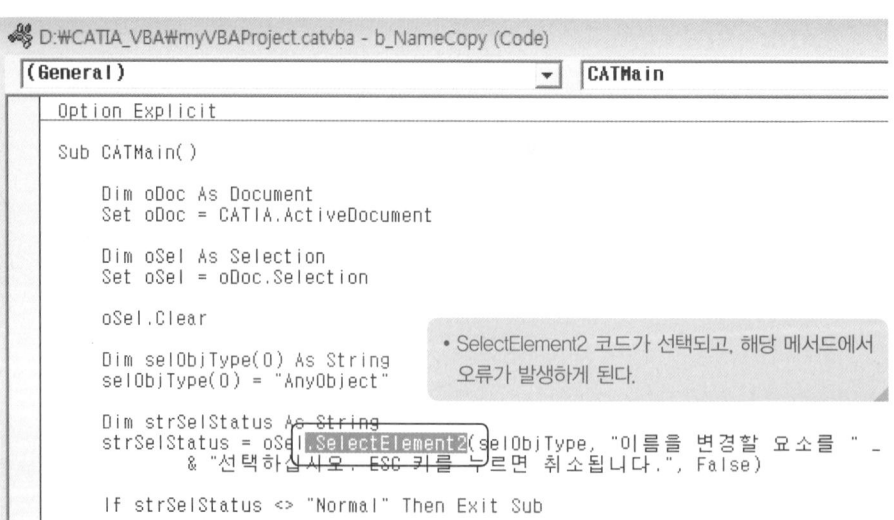

아래와 같이 오류 메시지가 나타난다. 변수를 선언할 때 개체 타입을 지정하면 오류가 발생하는 메서드가 종종 있다. 대표적인 사례가 SelectElement2 메서드이다.

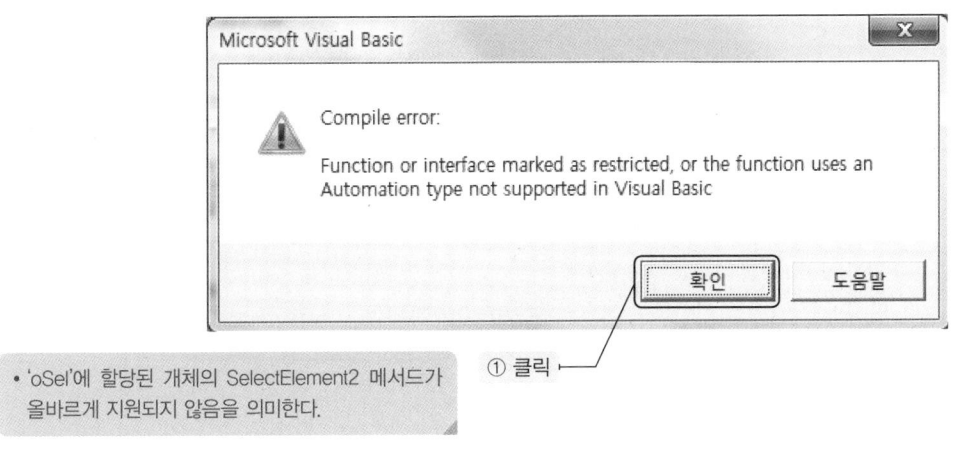

- 'oSel'에 할당된 개체의 SelectElement2 메서드가 올바르게 지원되지 않음을 의미한다.
- ① 클릭

코딩 12

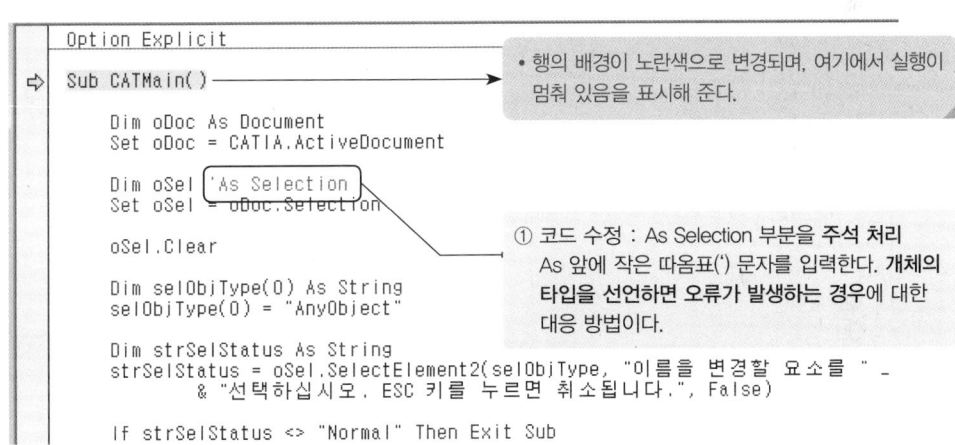

- 행의 배경이 노란색으로 변경되며, 여기에서 실행이 멈춰 있음을 표시해 준다.
- ① 코드 수정 : As Selection 부분을 주석 처리 As 앞에 작은 따옴표(') 문자를 입력한다. **개체의 타입을 선언하면 오류가 발생하는 경우에 대한 대응 방법이다.**

다시 'F5' 키를 눌러 프로그램 실행을 계속하면 또다시 아래의 오류 메시지가 나타난다.

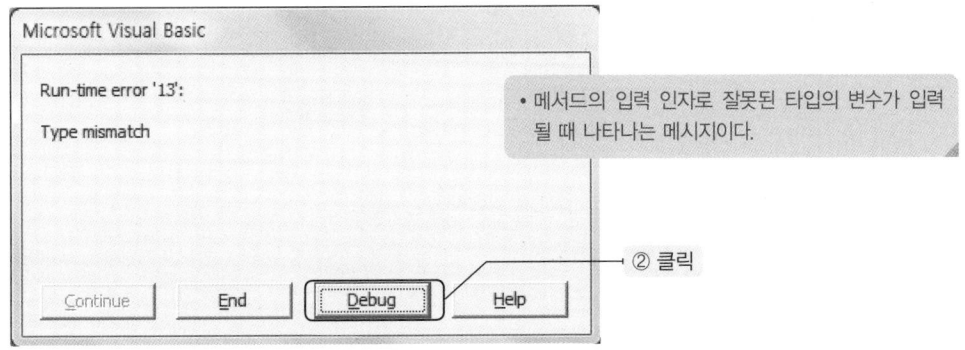

- 메서드의 입력 인자로 잘못된 타입의 변수가 입력될 때 나타나는 메시지이다.
- ② 클릭

오류가 나서 실행이 멈춘 행을 노란색으로 표시해 준다.

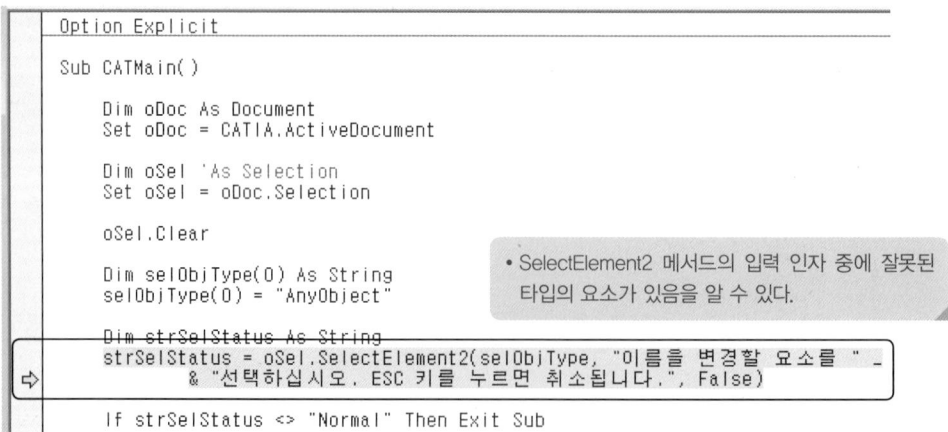

코딩 13

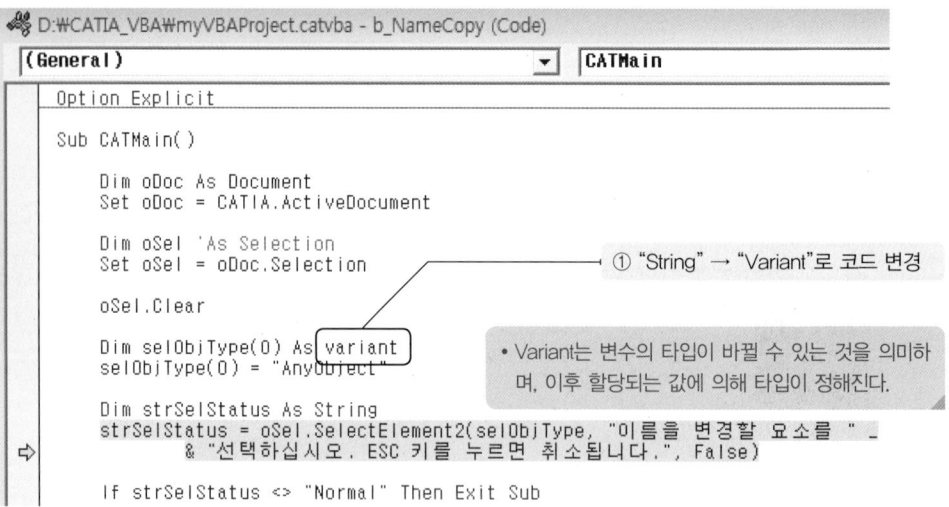

코드를 변경하면 아래의 메시지가 나타난다.

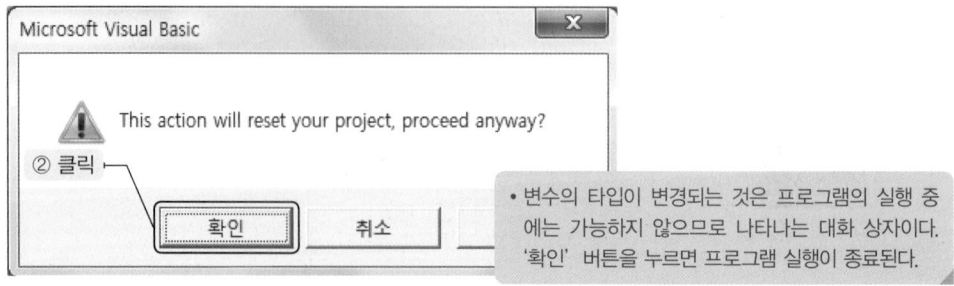

코드 수정은 완료되었으며, 다시 프로그램을 실행하자.

> • 실행하기를 원하는 코드가 있는 프로시저에 커서가 있어야 한다. 그리고, 'F5' 단축키나 아이콘을 이용하여 프로그램을 실행한다.

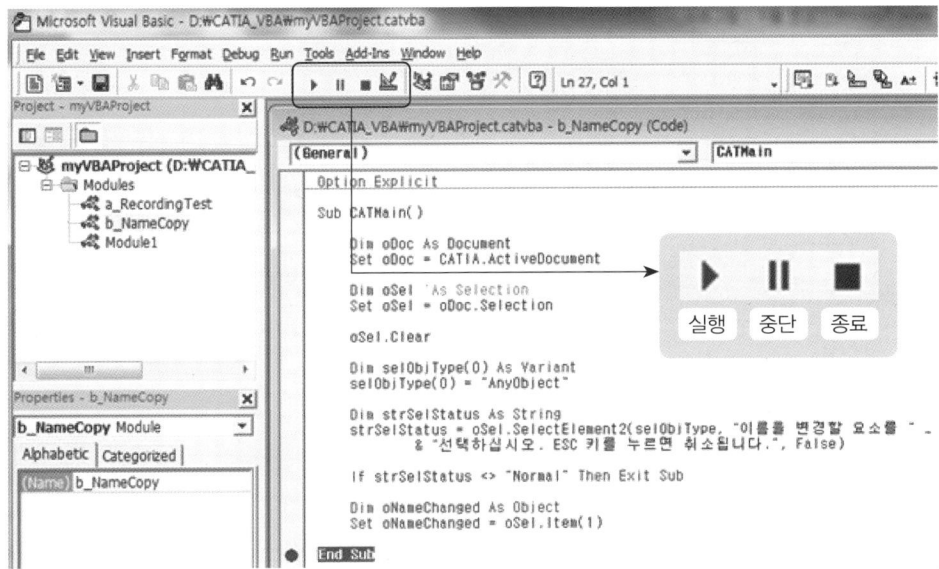

프로그램을 실행하면 SelectElement2 메서드에 의해 CATIA가 사용자의 선택을 대기한다.

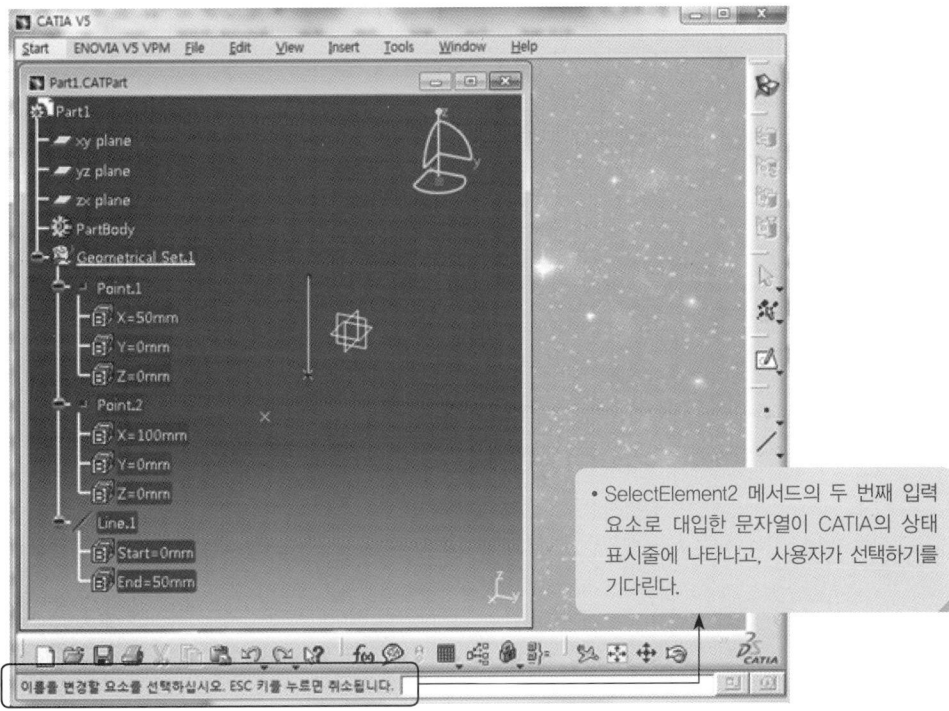

• SelectElement2 메서드의 두 번째 입력 요소로 대입한 문자열이 CATIA의 상태 표시줄에 나타나고, 사용자가 선택하기를 기다린다.

기존에 만들었던, CATPart 윈도우에서 한 개의 요소를 선택하자.

지금은 아직 SelectElement2 메서드를 실행하는 중이다.

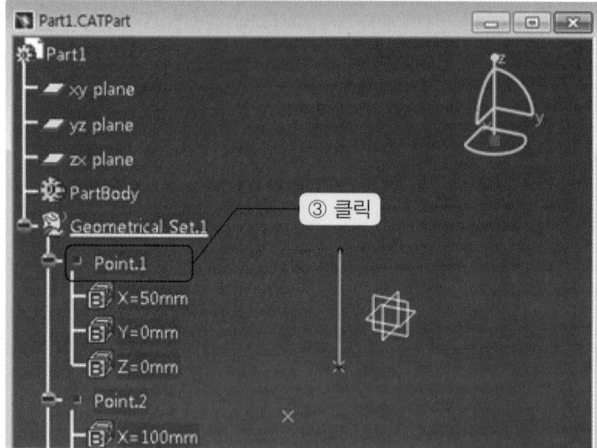

- Specification Tree에서 Point를 선택한다.
- Graphic Zone에서 선택하면 인식되는 개체가 다르게 적용되어 오류가 발생한다.

선택이 올바르게 되면 다음 실행문으로 넘어가게 된다.

"End Sub" 행에 중단점을 설정하였기 때문에 그 이전 행까지 실행하고 멈춘다.

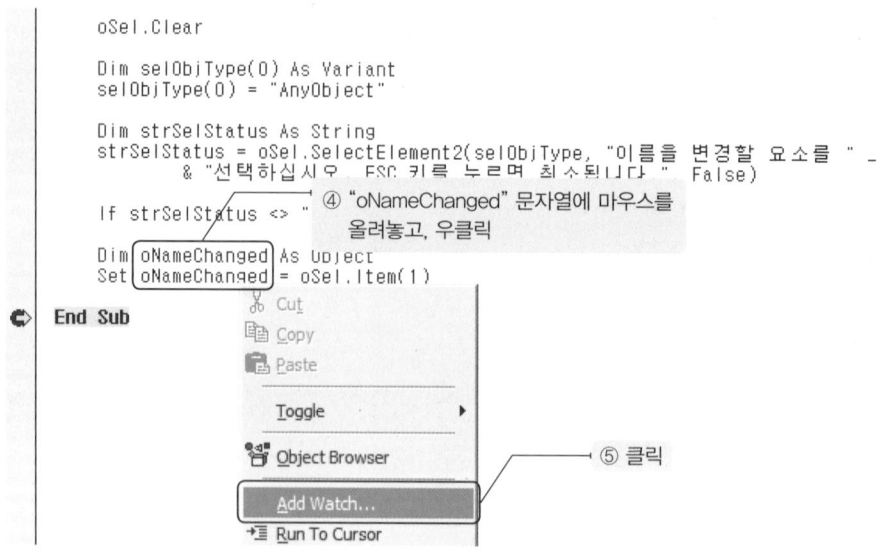

- "oNameChanged" 이름의 변수가 Set문을 통해 선택 요소가 할당된 이후에 그 변수에 할당된 개체의 내용을 확인하기 위해 'Add Watch…' 명령을 실행한다.

Add Watch창이 나타나고, 변수명이 자동으로 인식된다.

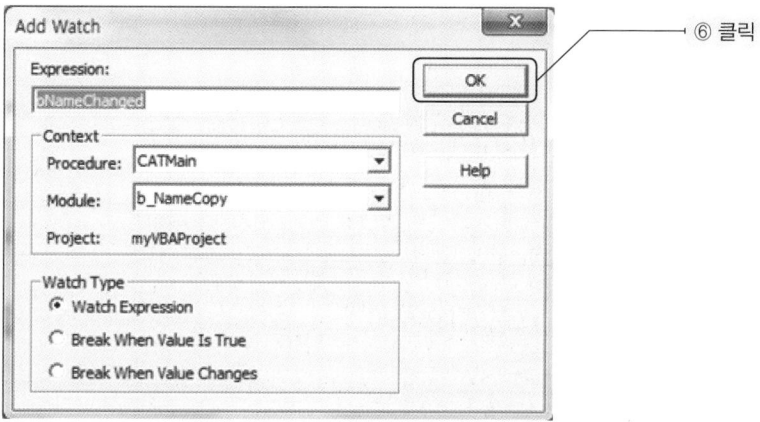

⑥ 클릭

VB Editor의 Watches창(조사창)에서 'oNameChanged' 개체의 내용을 확인할 수 있다.

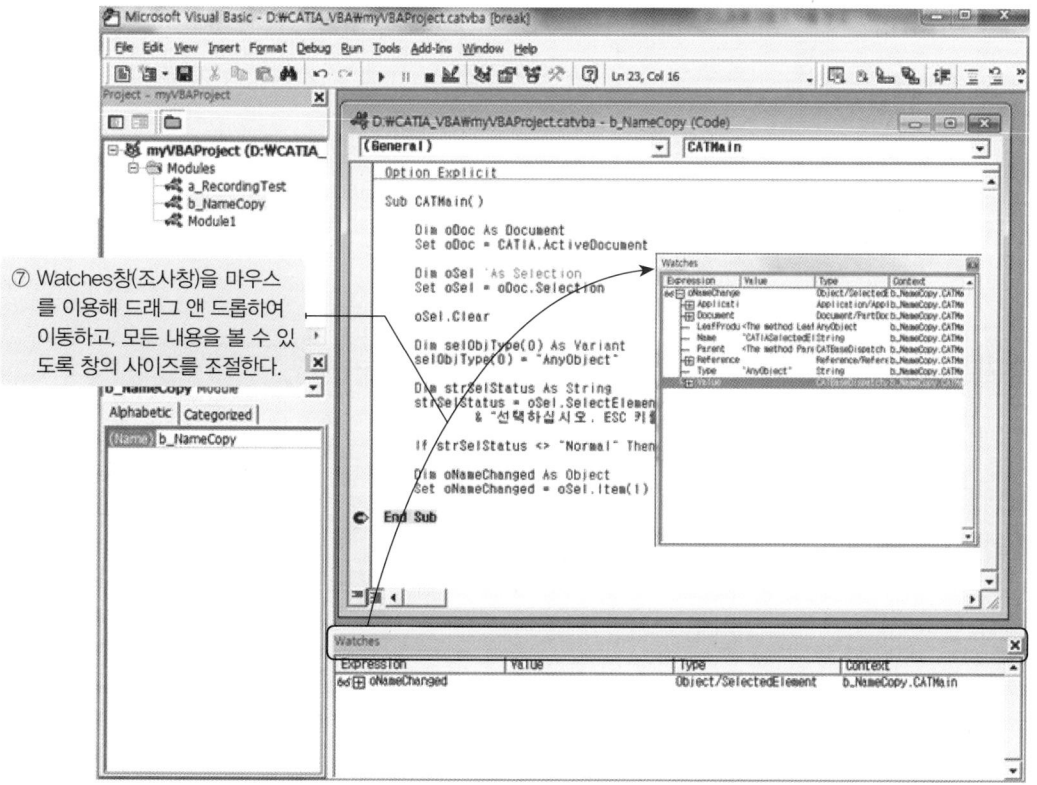

⑦ Watches창(조사창)을 마우스를 이용해 드래그 앤 드롭하여 이동하고, 모든 내용을 볼 수 있도록 창의 사이즈를 조절한다.

참고 | Visual Basic Editor 내부창의 종류

메뉴바의 View 항목의 하위에창을 관리하는 명령 중에서 자주 쓰이는 부분은 아래와 같다.

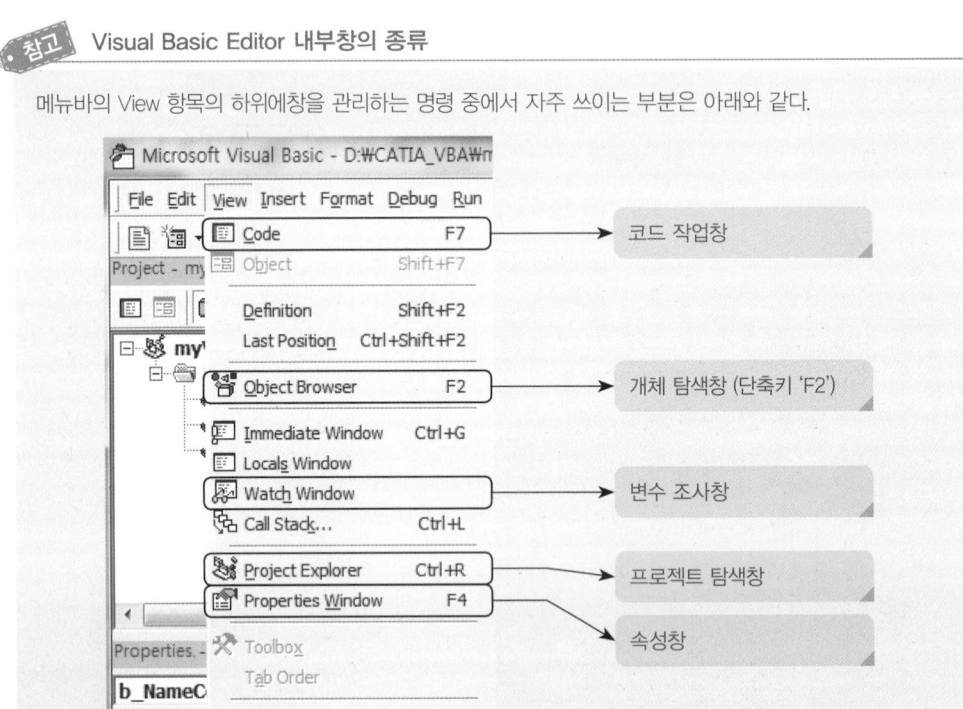

조사창에서 'oNameChanged' 변수의 내용을 확인한다.

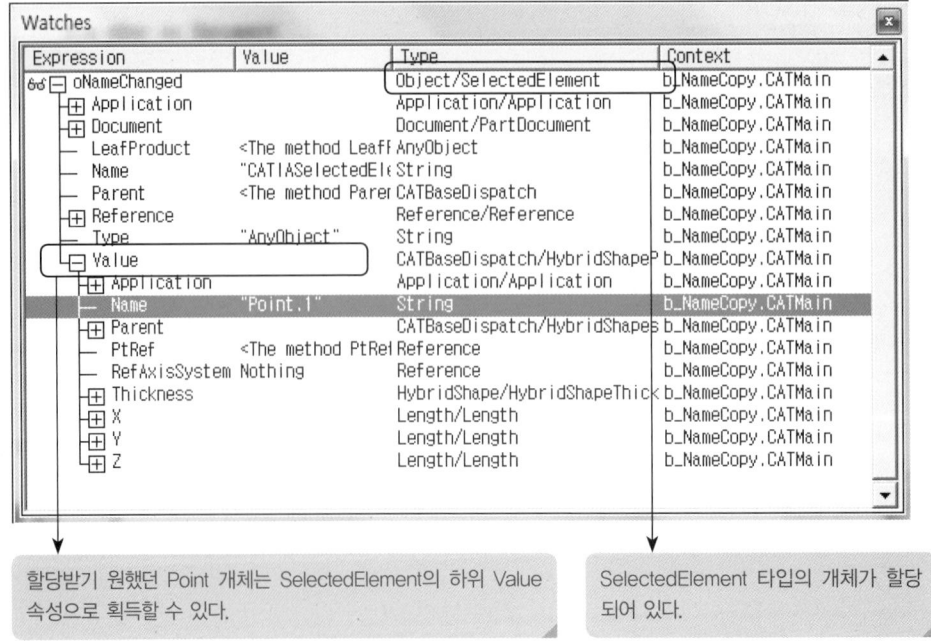

할당받기 원했던 Point 개체는 SelectedElement의 하위 Value 속성으로 획득할 수 있다.

SelectedElement 타입의 개체가 할당되어 있다.

SelectedElement 개체의 이해

CAA V5 Visual Basic Help 파일은
"C:\Program Files\Dassault Systemes\B20\intel_a\code\bin" 폴더에서
"V5Automation.chm" 파일이다. 이 파일을 실행하면 아래 그림이 나타난다.
(쉽게 접근할 수 있도록 바탕화면에 바로가기를 만들어 둘 것을 추천한다.)

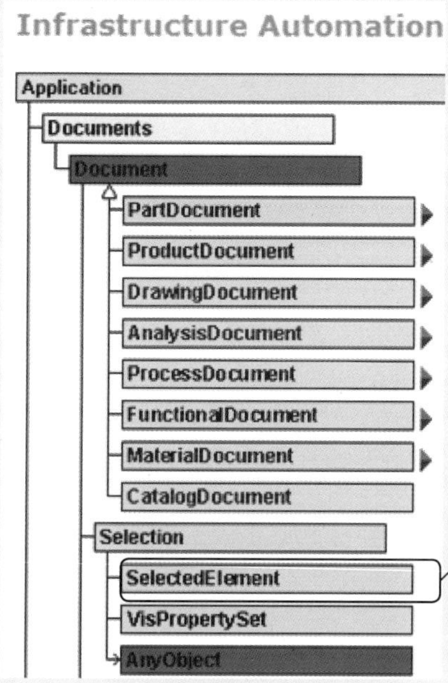

Infrastructure Automation

- Application
  - Documents
    - Document
      - PartDocument
      - ProductDocument
      - DrawingDocument
      - AnalysisDocument
      - ProcessDocument
      - FunctionalDocument
      - MaterialDocument
      - CatalogDocument
  - Selection
    - **SelectedElement**
    - VisPropertySet
    - AnyObject

① 클릭

- **Selection** 개체는 일반 개체이지만, 집합 개체의 성격을 가진다. 그래서 **Item과 Count**를 하위 구성원으로 가진다.

- **SelectedElement** 개체는 Selection의 하위 레벨이며, **개별 선택 요소**로 이해하면 된다.

Property Index

Document
　　Returns the document to which the selected element belongs.
LeafProduct
　　Returns the leaf product corresponding to the selection in the specification tree.
Reference
　　Returns a Reference version of the Value property.
Type
　　Returns the string constant which describes the selected element Automation type.
Value
　　Returns the actual selected automation object.

② 클릭

Method Index

GetCoordinates
　　Returns the coordinates of the pick point.

o Property **Value**( ) As CATBaseDispatch (Read Only)

　　Returns the actual selected automation object.

- Value 속성 : 선택된 실질적인 개체를 반환한다.

'Myselection.Item(1)'은 첫 번째 SelectedElement 이고, 'MySelection.Item(1).Value'는 실질적인 선택 요소이다.

정지한 프로그램의 실행을 Reset 명령으로 종료하고, 분석한 내용을 바탕으로 코드를 수정한다.

코딩 14

```
oSel.Clear

Dim selObjType(0) As Variant
selObjType(0) = "AnyObject"

Dim strSelStatus As String
strSelStatus = oSel.SelectElement2(selObjType, "이름을 변경할 요소를 " _
            & "선택하십시오. ESC 키를 누르면 취소됩니다.", False)

If strSelStatus <> "Normal" Then Exit Sub

Dim oNameChanged As Object
Set oNameChanged = oSel.Item(1).Value        ← ".Value" 코드를 추가 기입
End Sub
```

선택한 실질적인 형성 요소를 할당하기 위해 Value 속성을 활용해야 한다.

첫 번째 요소를 선택하는 부분의 코드를 완성하였다. 이제 두 번째 요소를 선택하는 코드를 아래와 같이 작성한다.

코딩 15

```
Dim selObjType(0) As Variant
selObjType(0) = "AnyObject"

Dim strSelStatus As String
strSelStatus = oSel.SelectElement2(selObjType, "이름을 변경할 요소를 " _
            & "선택하십시오. ESC 키를 누르면 취소됩니다.", False)

If strSelStatus <> "Normal" Then Exit Sub

Dim oNameChanged As Object
Set oNameChanged = oSel.Item(1).Value
```
→ • 이름을 참조할 요소 선택
• 동일 코드 반복

```
oSel.Clear

strSelStatus = oSel.SelectElement2(selObjType, "이름을 참조할 요소를 " _
            & "선택하십시오. ESC 키를 누르면 취소됩니다.", False)

If strSelStatus <> "Normal" Then Exit Sub

Dim oRef As Object
Set oRef = oSel.Item(1).Value

oSel.Clear                                  ← • 선택 요소 해제

oNameChanged.Name = oRef.Name
oRef.Name = oRef.Name & " Old"
End Sub
```

• 변경될 요소의 이름에 참조 요소의 이름을 대입
• 참조 요소 이름에 자기 이름과 "Old" 문자열을 연결해서 대입

다시 프로그램을 실행한다. 그리고 Point.2와 Point.1을 Specification Tree에서 차례로 선택한다.

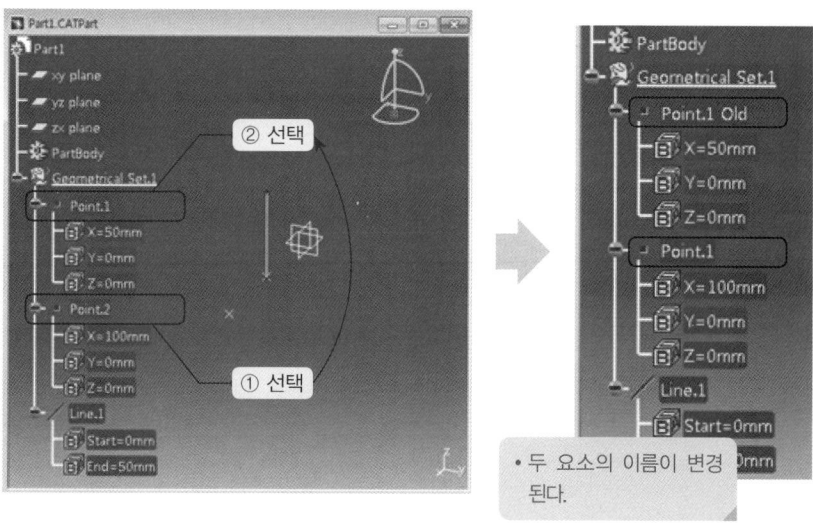

'Ctrl+Z'를 눌러 이름 변경을 취소하여 프로그램 재실행을 준비한다.

3 디버깅 작업

1) Case 1. CATIA에 아무런 문서가 열려 있지 않은 상태에서 사용자가 매크로를 실행하는 경우

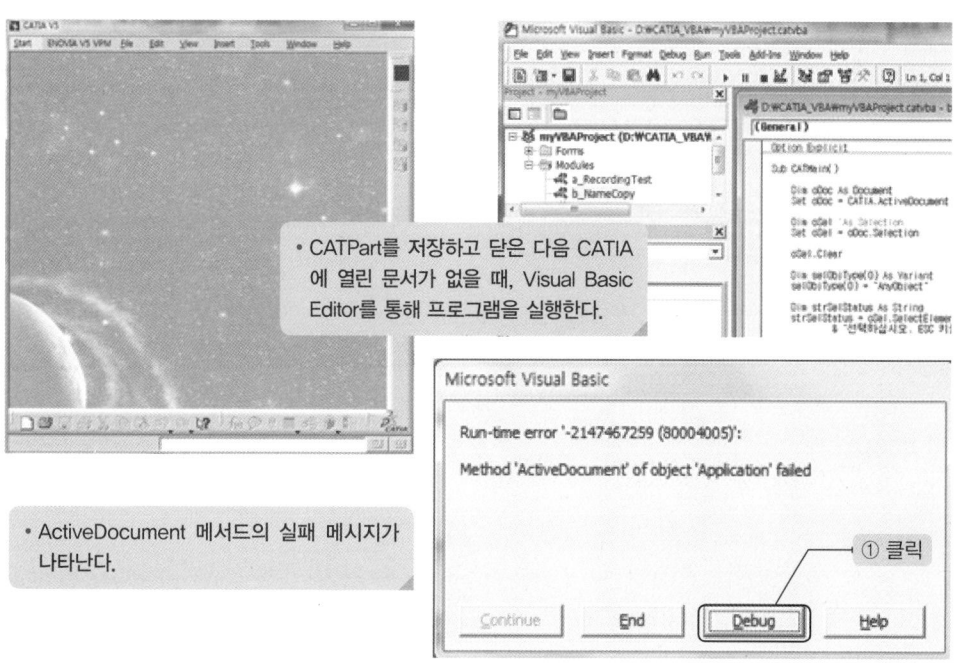

오류 메시지창을 닫고 나면, 오류가 있는 행이 노란색으로 표시된다.

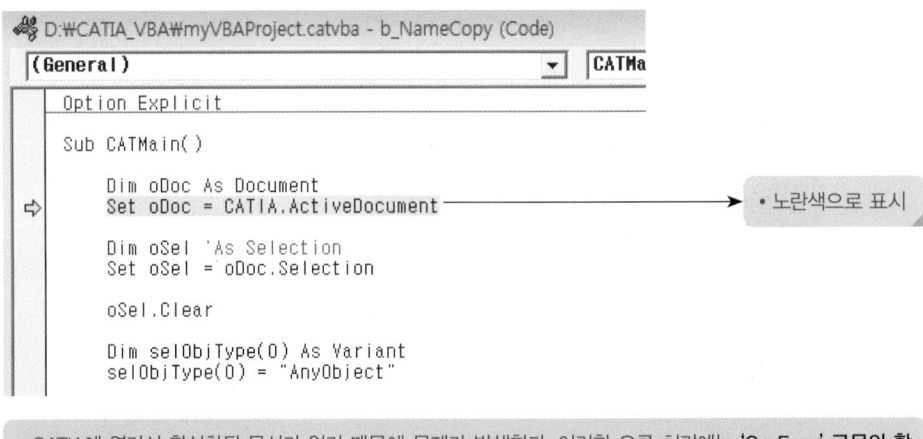

- CATIA에 열려서 활성화된 문서가 없기 때문에 문제가 발생한다. 이러한 오류 처리에는 'On Error' 구문의 활용이 필요하다.

프로그램 실행을 중단하고, 아래와 같이 코드를 수정한다.

코딩 16

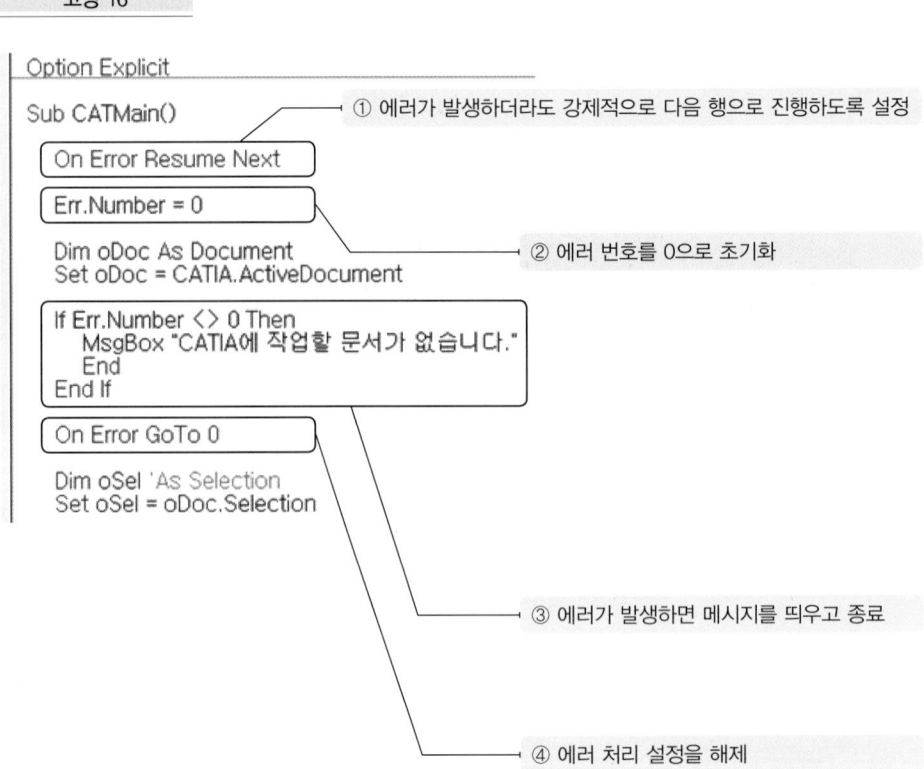

코드를 수정한 후 CATMain 프로시저를 다시 실행하면, 아래와 같이 메시지가 뜬다.

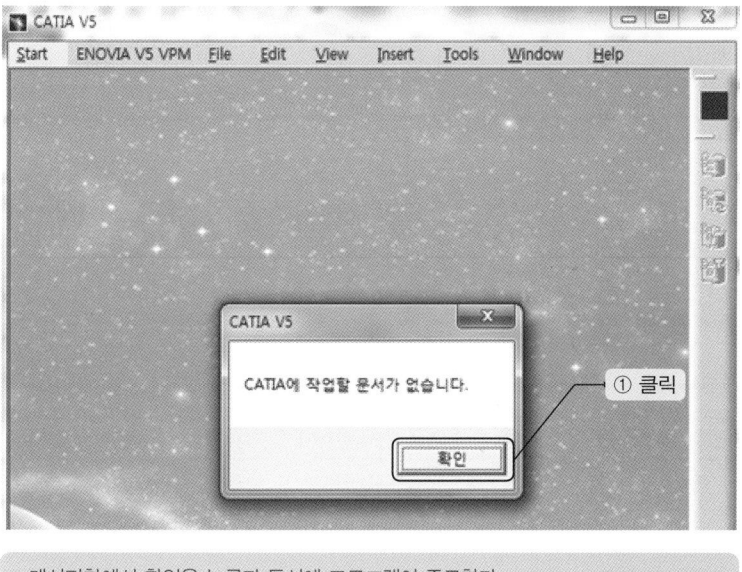

- 메시지창에서 확인을 누름과 동시에 프로그램이 종료한다.

2) Case 2. 요소 선택 시, Graphic Zone에서 Point를 선택할 경우

저장해 둔 CATPart 파일을 오픈한 후, 프로그램 실행한다.

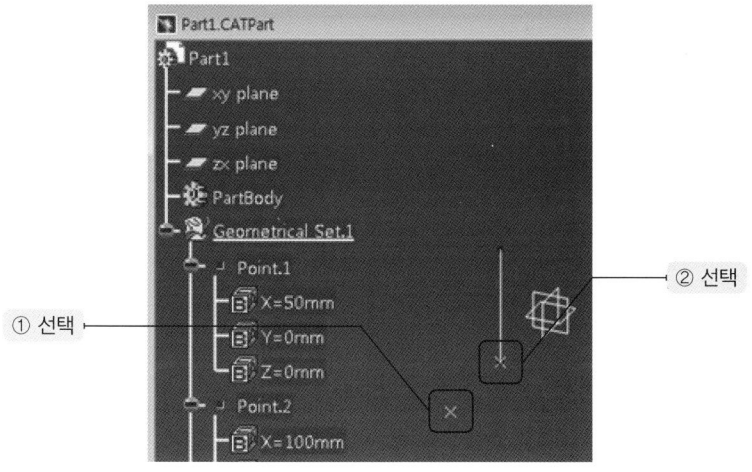

- 두 번의 SelectElement2 메서드를 실행할 때, **Graphic Zone에서 Point를** 선택한다.

아래 그림과 같은 오류 메시지가 나타난다.

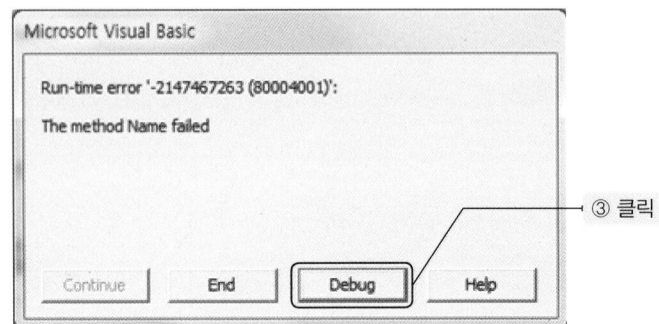

③ 클릭

오류가 발생한 행은 노란색으로 표시되고, 프로그램은 정지된다.

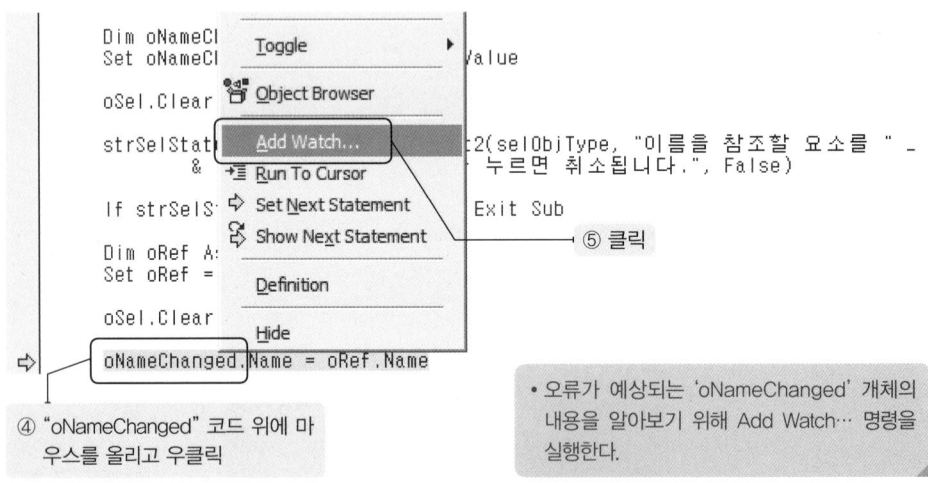

④ "oNameChanged" 코드 위에 마우스를 올리고 우클릭

⑤ 클릭

- 오류가 예상되는 'oNameChanged' 개체의 내용을 알아보기 위해 Add Watch… 명령을 실행한다.

조사창에 조사하려는 변수를 추가하기 위한 Add Watch창이 나타난다.

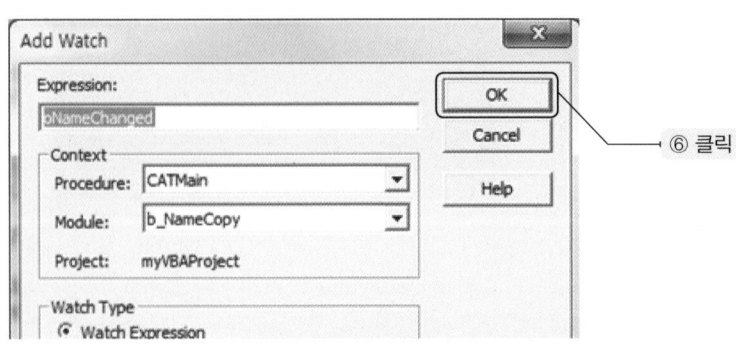

⑥ 클릭

조사창에서 'oNameChagned' 변수의 내용을 확인한다.

- Graphic Zone에서 형상을 선택하면 원래 원했던 개체가 선택되지 않고, **Boundary Representation 요소가 선택**된다.
- 이러한 BRep.은 세 종류가 있다. **Vertex, Edge, Face**로 구성되며 개체 타입 이름에 항상 이 세 단어가 들어간다.

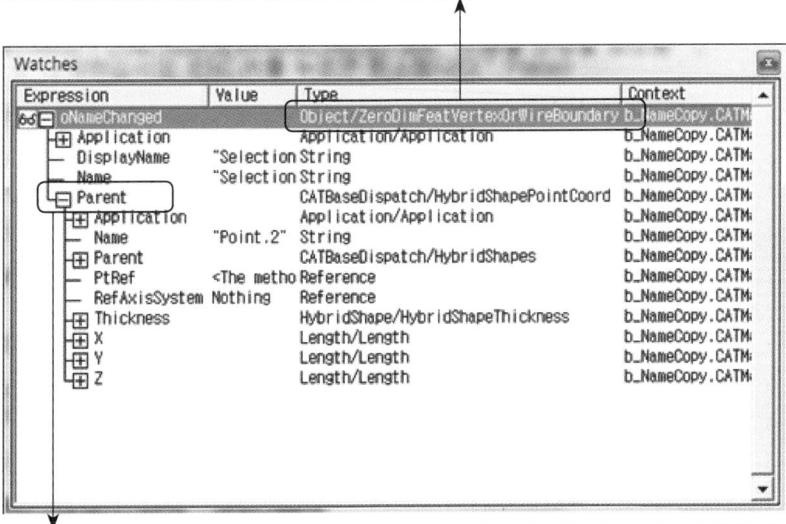

- 이런 경우 개체의 계층 구조상의 한 단계 위의 요소가 실질적인 작업의 대상이다. 이렇게 **한 단계 위의 개체는 Parent 속성으로 호출**할 수 있다.

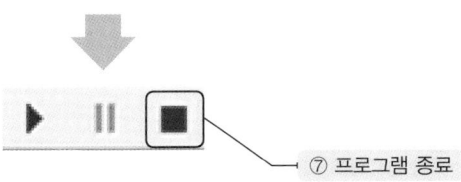

⑦ 프로그램 종료

참고   Boundary Representation (경계 표현)

Surface나 Solid 요소는 형상을 나타내는 외곽 요소인 점, 선, 면으로 이루어진다.
CATIA에서는 Specification Tree 상에 이름으로 규정되어 있는 요소의 **하위 형상을 Boundary Representation**이라고 한다. 이러한 BRep.을 **내부 요소**라고 한다.

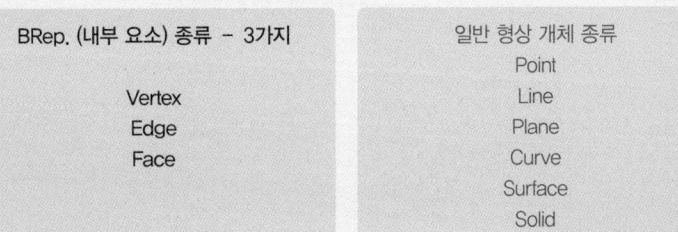

오류를 이해하였으면 아래와 같이 코드를 수정한다. 그리고 Vertex, Edge, Face 등의 Boundary Representation 요소들은 CATIA에서 사용자가 이름을 정할 수 없음을 알아 두자.

코딩 17

```
Dim oRef As Object
Set oRef = oSel.Item(1).Value

oSel.Clear

If InStr(TypeName(oNameChanged), "Vertex") > 0 Or InStr(TypeName(oNameChanged), "Edge") > 0 _
    Or InStr(TypeName(oNameChanged), "Face") > 0 Then Set oNameChanged = oNameChanged.Parent
If InStr(TypeName(oRef), "Vertex") > 0 Or InStr(TypeName(oRef), "Edge") > 0 _
    Or InStr(TypeName(oRef), "Face") > 0 Then Set oRef = oRef.Parent

oNameChanged.Name = oRef.Name

oRef.Name = oRef.Name & " Old"

End Sub
```

아래의 코드 삽입

```
If InStr(TypeName(oNameChanged), "Vertex") > 0 Or InStr(TypeName(oNameChanged), "Edge") > 0 _
  Or InStr(TypeName(oNameChanged), "Face") > 0 Then Set oNameChanged = oNameChanged.Parent

If InStr(TypeName(oRef), "Vertex") > 0 Or InStr(TypeName(oRef), "Edge") > 0 _
  Or InStr(TypeName(oRef), "Face") > 0 Then Set oRef = oRef.Parent
```

TypeName(object) → 변수나 개체의 **타입 이름을 반환한다.**
InStr(string1, string2) → string1 에서 string2 문자열을 찾아 위치를 정수로 반환
  Ex) InStr("ABCDEF", "CD") → Output은 정수 3

조건식에 자주 쓰이는 연결자
  ① 조건1 **And** 조건2 : 조건1과 조건2가 모두 참일 때
  ② 조건1 **Or** 조건2 : 조건1이 참이거나, 조건2가 참일 때

코드 해석
- 만약 'oNameChanged' 개체의 타입명 안에 "Vertex", "Edge" 또는 "Face" 문자열이 존재하면 'oNameChanged' 개체에 자기 자신의 Parent 속성으로 부모 개체를 다시 할당한다.
- 'oRef' 개체에 대해서도 동일한 실행을 적용한다.

이제 최종 코드 수정이 끝났다. 프로그램을 실행하면 문제 없이 실행된다.

④ 최종 코드 이해

```vb
Option Explicit
Sub CATMain()

    On Error Resume Next

    Err.Number = 0

    Dim oDoc As Document
    Set oDoc = CATIA.ActiveDocument

    If Err.Number <> 0 Then
        MsgBox "CATIA에 작업할 문서가 없습니다."
        End
    End If

    On Error GoTo 0

    Dim oSel 'As Selection
    Set oSel = oDoc.Selection

    oSel.Clear

    Dim selObjType(0) As Variant
    selObjType(0) = "AnyObject"

    Dim strSelStatus As String
    strSelStatus = oSel.SelectElement2(selObjType, "이름을 변경할 요소를 " _
        & "선택하십시오. ESC 키를 누르면 취소됩니다.", False)

    If strSelStatus <> "Normal" Then Exit Sub

    Dim oNameChanged As Object
    Set oNameChanged = oSel.Item(1).Value

    oSel.Clear

    strSelStatus = oSel.SelectElement2(selObjType, "이름을 참조할 요소를 " _
        & "선택하십시오. ESC 키를 누르면 취소됩니다.", False)

    If strSelStatus <> "Normal" Then Exit Sub

    Dim oRef As Object
    Set oRef = oSel.Item(1).Value

    oSel.Clear

    If InStr(TypeName(oNameChanged), "Vertex") > 0 Or InStr(TypeName(oNameChanged), "Edge") > 0 _
        Or InStr(TypeName(oNameChanged), "Face") > 0 Then Set oNameChanged = oNameChanged.Parent

    If InStr(TypeName(oRef), "Vertex") > 0 Or InStr(TypeName(oRef), "Edge") > 0 _
        Or InStr(TypeName(oRef), "Face") > 0 Then Set oRef = oRef.Parent

    oNameChanged.Name = oRef.Name

    oRef.Name = oRef.Name & "_Old"

End Sub
```

- 초기 도입부
- Document 개체 할당
- Error 처리

- 사용자의 선택을 통한 Input 요소 획득

- 내부 요소를 선택할 경우 처리

- 이름 변경 수행

선택하는 요소에 따라 최종 코드에서도 오류가 발생할 가능성이 있으며, 만약 오류가 발생하는 경우에는 유사한 방법으로 **개체를 추적하여 문제점을 해결**할 수 있을 것이다. 또한 완벽한 솔루션을 찾지 못하면 **'On Error' 구문을 이용해 문제점을 회피**할 수도 있다.

CATIA에서 형상의 Replace 작업을 할 경우, 이 프로그램을 이용하여 이름 관리를 편리하게 할 수 있다. 아래의 그림은 프로그램 수행 후의 결과 이미지이다.

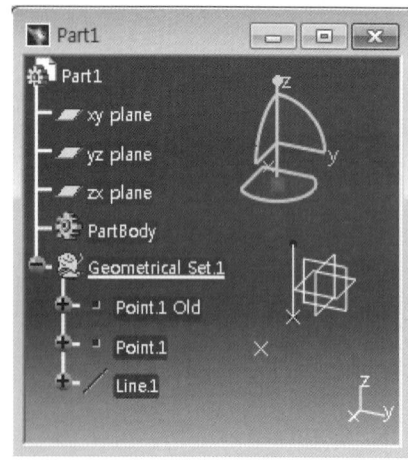

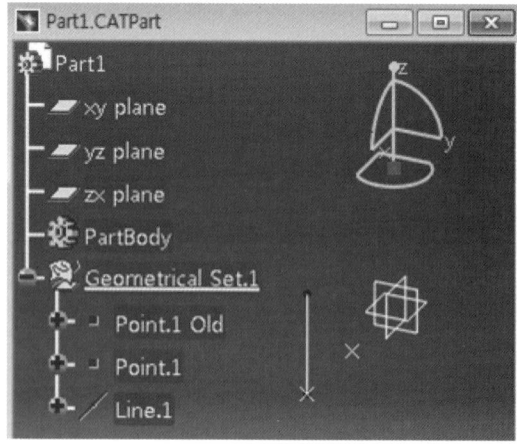

'Point.1 old'를 Replace 적용하여 Line이 변경되도록 작업한다.

Chapter 03

프로그램 2. Show and Hide

Chapter 03

프로그램 2. Show and Hide

● 업무 시나리오 ●

복잡한 모델링을 작업할 경우 노란색의 Sketch Axis가 너무 많아져서 시각적으로 작업에 불편을 줄 때가 있다. 이럴 때 Sketch Axis를 한꺼번에 Hide하고 싶다.

● 프로그램 요건 ●

1) 이름으로 검색하여 원하는 요소를 일괄 Show/Hide 한다.
2) 검색 조건을 부여할 수 있다.

CATIA에서 CATPart 준비

① 프로그램 실습용으로 CATPart를 생성한다.

② 각각 다른 평면에 두 개의 Sketch를 만들고, Sketch 내에서 임의의 Point를 만들어 Sketch가 없어지지 않도록 작업한다.

③ CATPart를 저장한다.

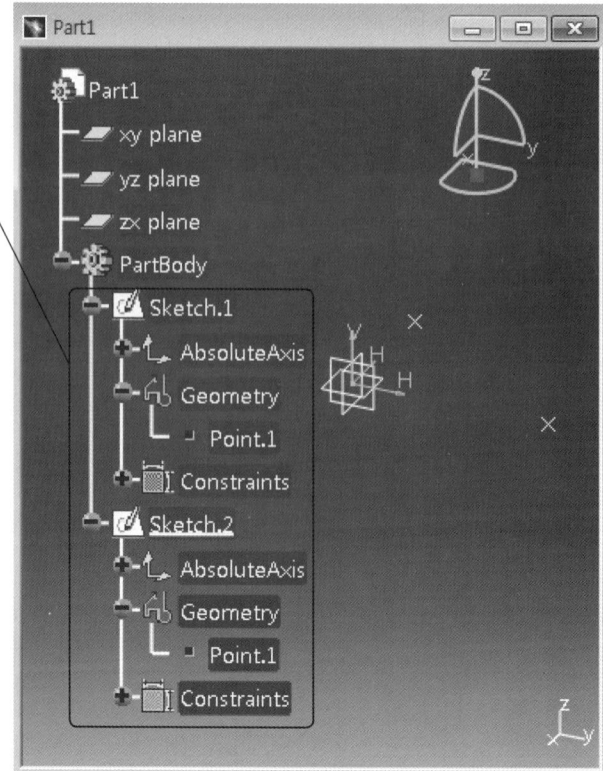

시작하기 전에..

이 장에서는 Visual Basic의 User Interface에 해당하는 폼을 다룬다. 그리고 폼 내에서의 다양한 컨트롤 사용을 경험할 수 있다. Visual Basic을 모르는 학습자도 따라올 수 있도록 최대한 자세히 설명하였다.

① CATIA에서 Search 기능에 대한 이해

메뉴바에서 Edit / Search… 명령을 실행한다.

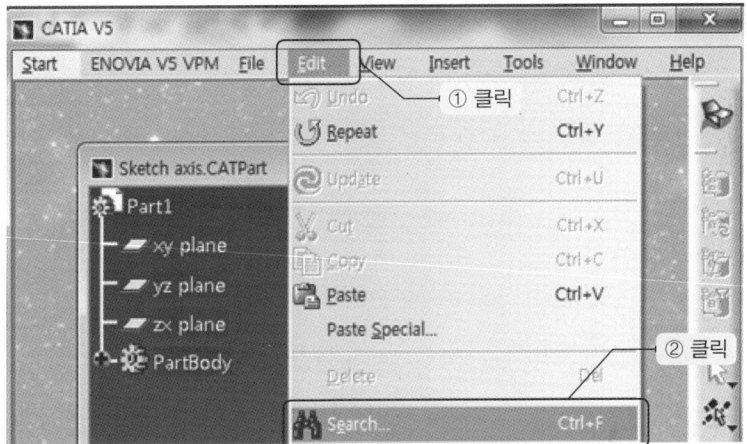

Search 대화창에서 검색 조건으로 Name 항목에 필요한 문자열을 입력하고 검색을 실행한다.

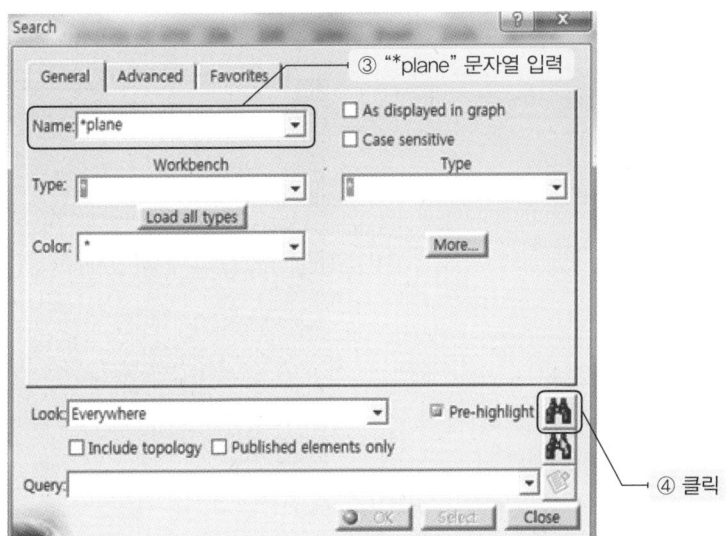

이름 이외의 추가 검색 조건을 부여했을 때 생성되는 Query 구문을 이해한다.

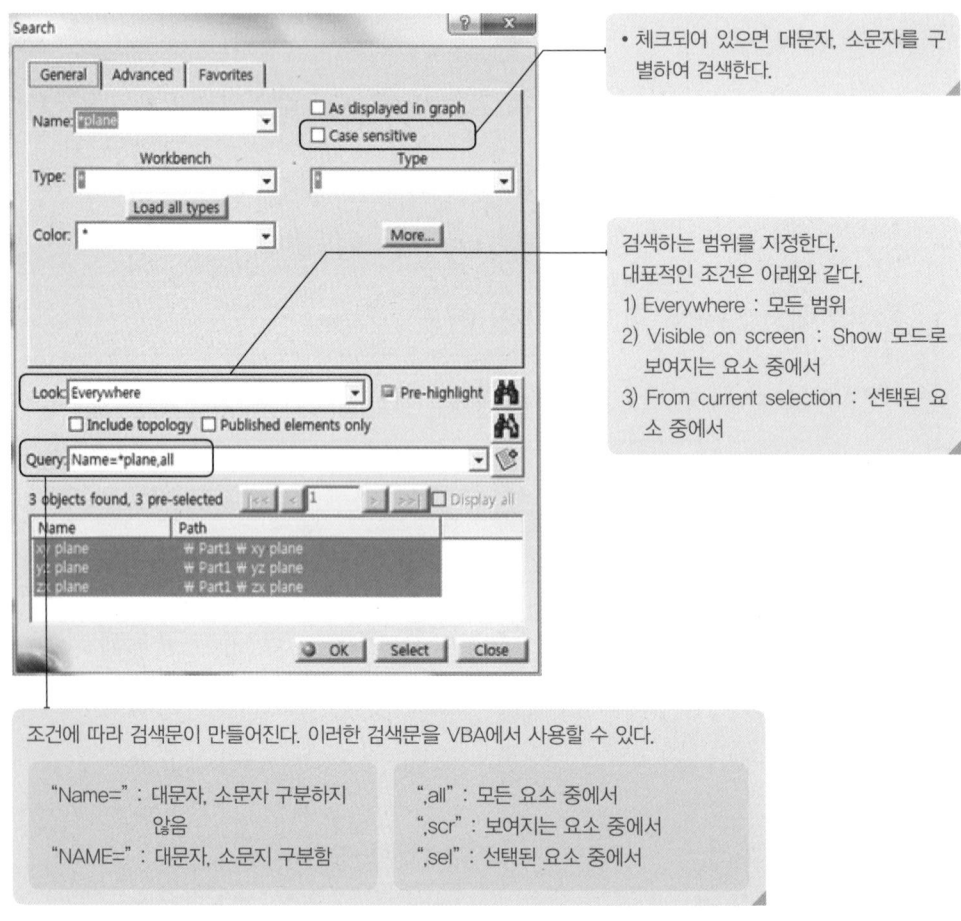

검색에 의해 선택된 요소를 확인한다.

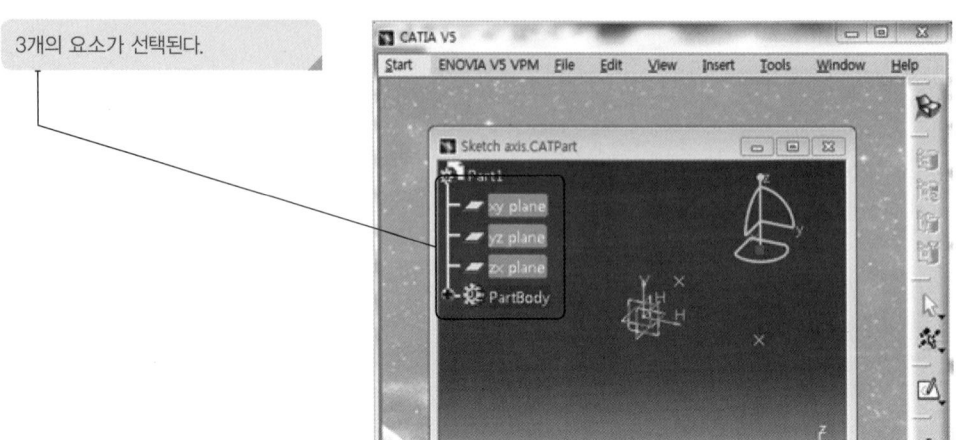

② 새로운 폼 생성

코드를 수정하기 위하여 Macros 메뉴를 실행한다.

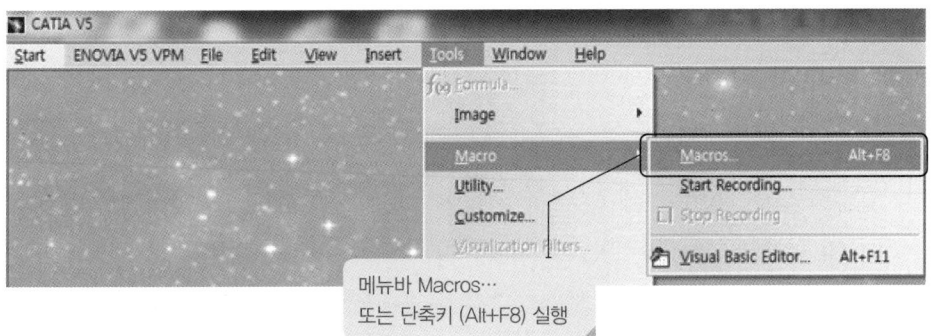

메뉴바 Macros…
또는 단축키 (Alt+F8) 실행

Macros창에서 새로운 모듈을 생성한다.

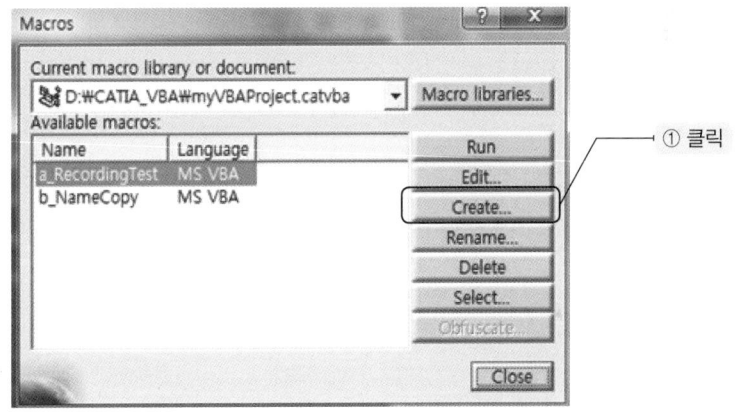

① 클릭

모듈의 이름을 정한다. 모듈의 이름은 숫자로 시작할 수 없다.

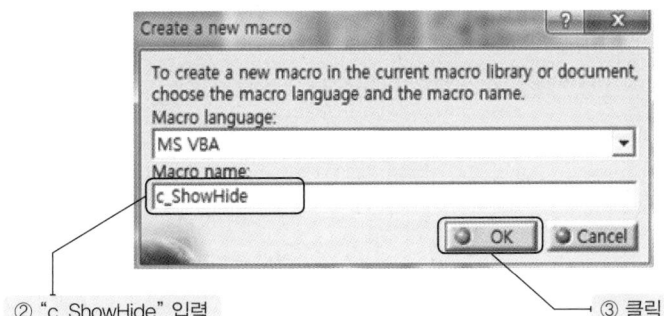

② "c_ShowHide" 입력

③ 클릭

코드 수정 작업을 시작한다.

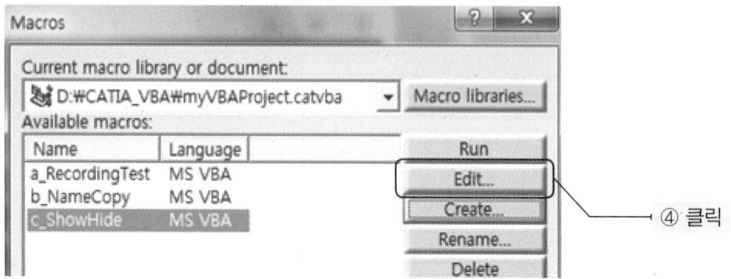

Visual Basic Editor가 실행되면서 해당 모듈의 코드창이 열린다.

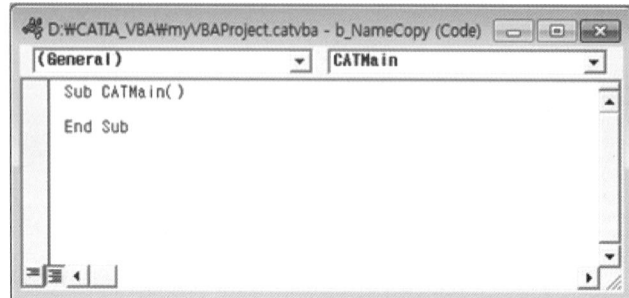

프로젝트 탐색창에서 새로운 폼을 생성한다.

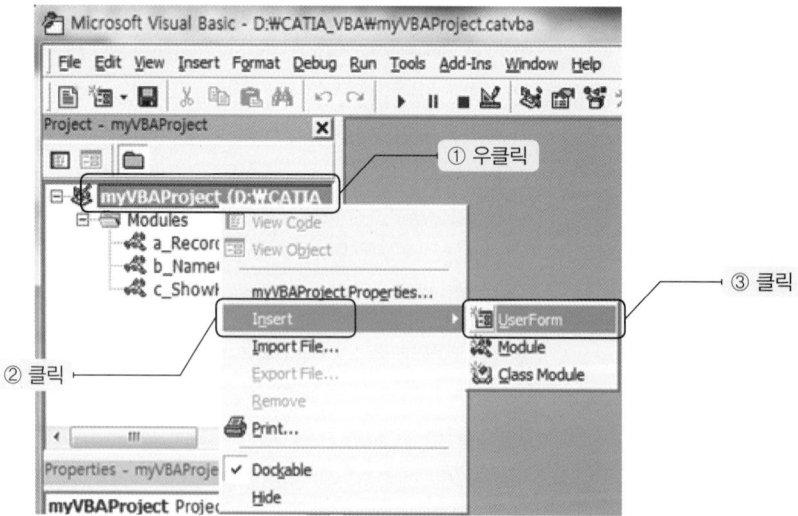

폼의 이름 속성과 캡션 속성을 수정한다.

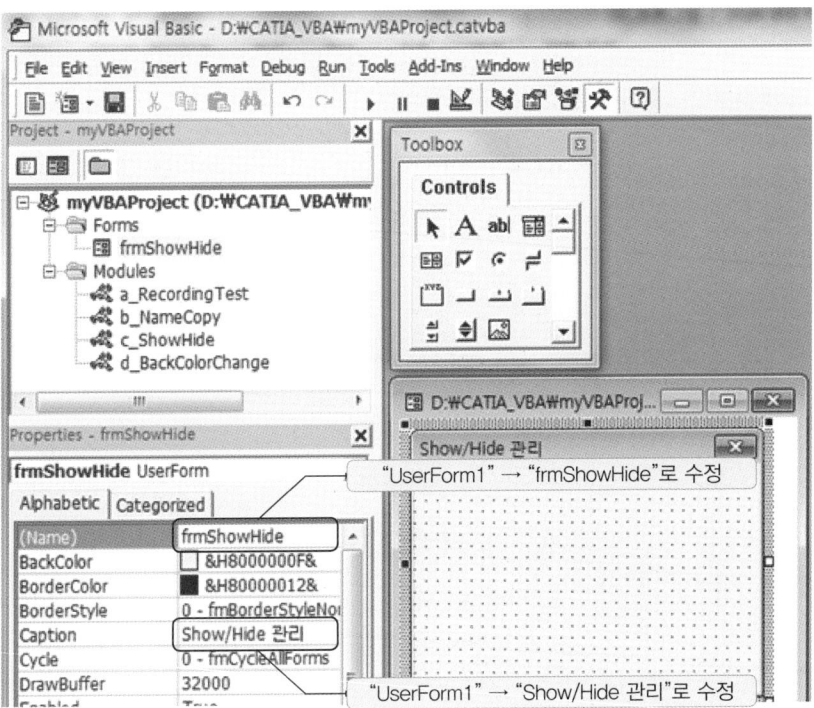

 폼의 주요 속성

1) **Name** : 폼의 이름, 문자열 타입
2) **BackColor** : 폼의 배경색을 설정
3) **Caption** : 화면에 표시되는 폼의 제목, 문자열 타입
4) **Enabled** : 사용자의 폼 사용 가능 여부 설정, Boolean 타입
   (False값이면 폼 위에서 마우스 클릭이 되지 않는다.)
5) **Height** : 폼의 높이, Single 타입
6) **StartUpPosition** : 폼의 시작 위치, 4가지 중 1을 추천
   (값이 1일 때 : CenterOwner - 폼이 CATIA에서 실행될 때, CATIA 화면 중앙에 나타난다.)
7) **Width** : 폼의 폭, Single 타입

> **참고** 기본 변수 타입

적합한 타입의 변수를 적용하면, 메모리 사용량을 최적화할 수 있다.
1) **Byte** – 1byte : 0~255 (8bit 이므로, 2의 8승 = 256의 값에 해당)
2) **Boolean** – 2bytes : True 또는 False
3) **Integer** – 2bytes : −32,768 ~ 32,767 (2의 16승에 해당)
4) **Long** – 4bytes : −2,147,483,648 ~ 2,147,483,647 (큰 범위의 정수형)
5) **Single** – 4bytes : 단 정밀도 부동 소수점 숫자 (실수형)
6) **Double** – 8bytes : 배 정밀도 부동 소수점 숫자 (범위가 넓은 실수형)
   * 부동 소수점 : 123.45로 입력하면, 실제로 1.2345E+3으로 저장된다.
7) **Decimal** – 14btes : 부동 소수점 숫자가 아니며, 최대 29개의 유효 자릿수를 지원
8) **String** – 문자열
9) **Variant** – 가변하는 요소. 대입되는 값에 따라 변수형이 변한다.

그 외에도 Date, Currency 등의 변수가 있다. 이러한 변수는 하나의 값을 가지고, 값을 대입할 때 Set 문을 사용하지 않고, "="(대입 연산자)를 사용한다.

Ex)　`Dim i As Integer`
　　　`i = 10`

반면에 개체형 변수는 Set문을 이용해서 개체를 대입(할당)한다.

Ex)　`Dim oDoc As Document`
　　　`Set oDoc = CATIA.Activedocument`

③ 폼 내에 컨트롤 생성

VB Editor의 ToolBox 툴바를 이용하여 폼 안에 컨트롤을 생성할 수 있다.

1) Label 컨트롤 생성

Label 컨트롤은 사용자에게 문자열로 정보를 주는 것으로 사용된다.

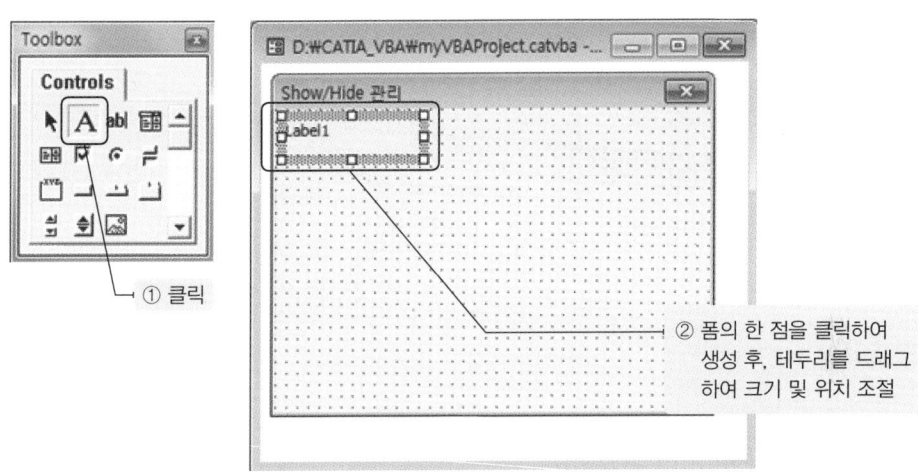

Label 개체의 이름 속성과 캡션 속성의 값을 수정한다.

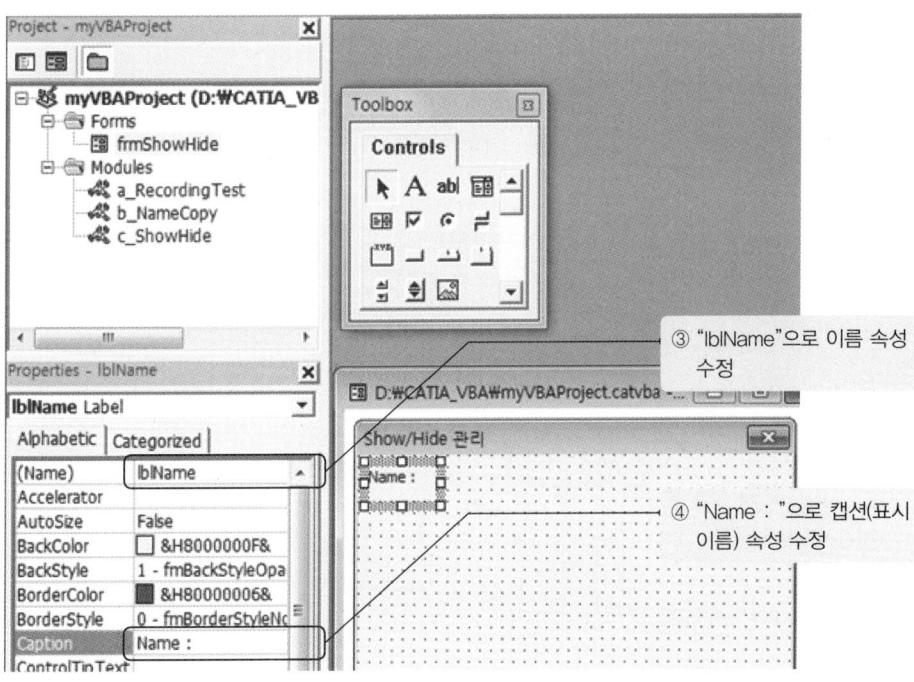

2) TextBox 컨트롤 생성

TextBox 컨트롤은 사용자로부터 **문자열을 입력받는 것**으로 주로 사용된다.

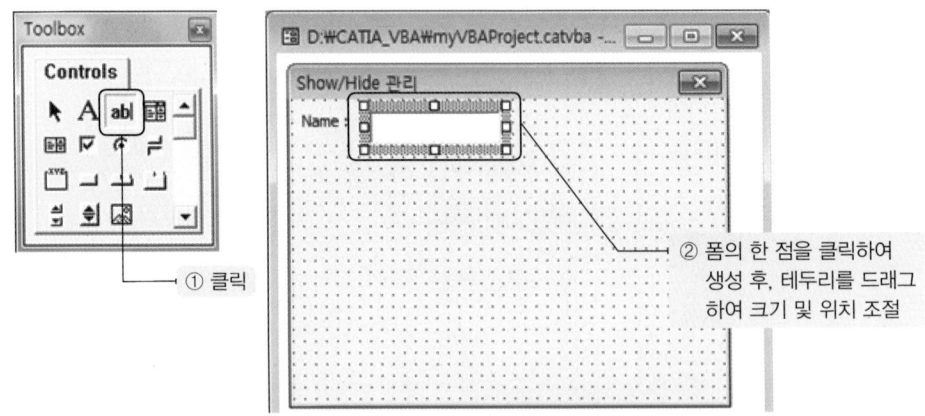

TextBox 개체의 이름 속성과 텍스트 속성을 수정한다.

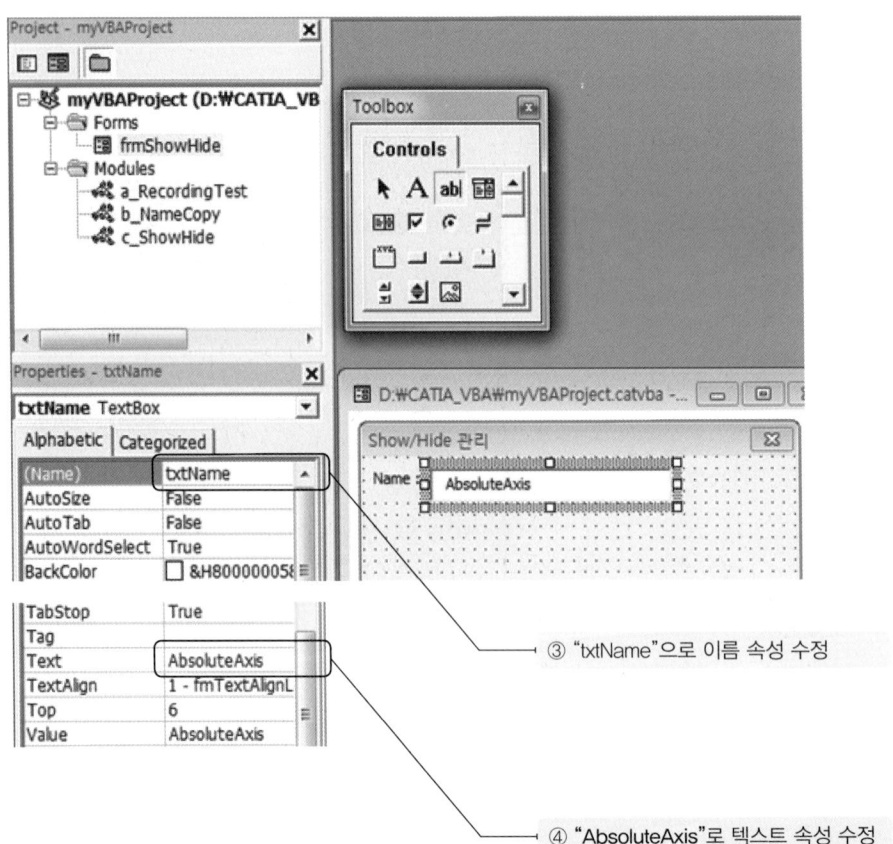

3) CheckBox 컨트롤 생성

CheckBox 컨트롤은 Value 속성으로 True, False, Null 세 가지를 가지며, 옵션 적용에 사용된다.

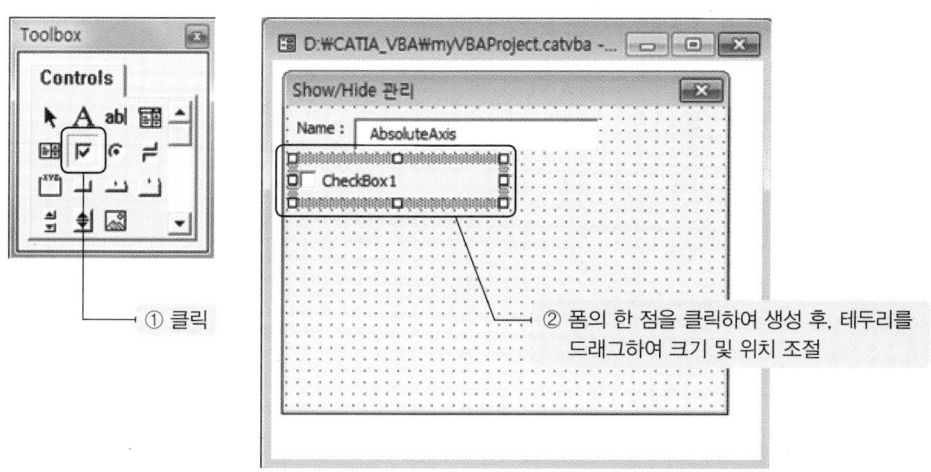

CheckBox 개체의 이름 속성과 캡션 속성을 수정한다.

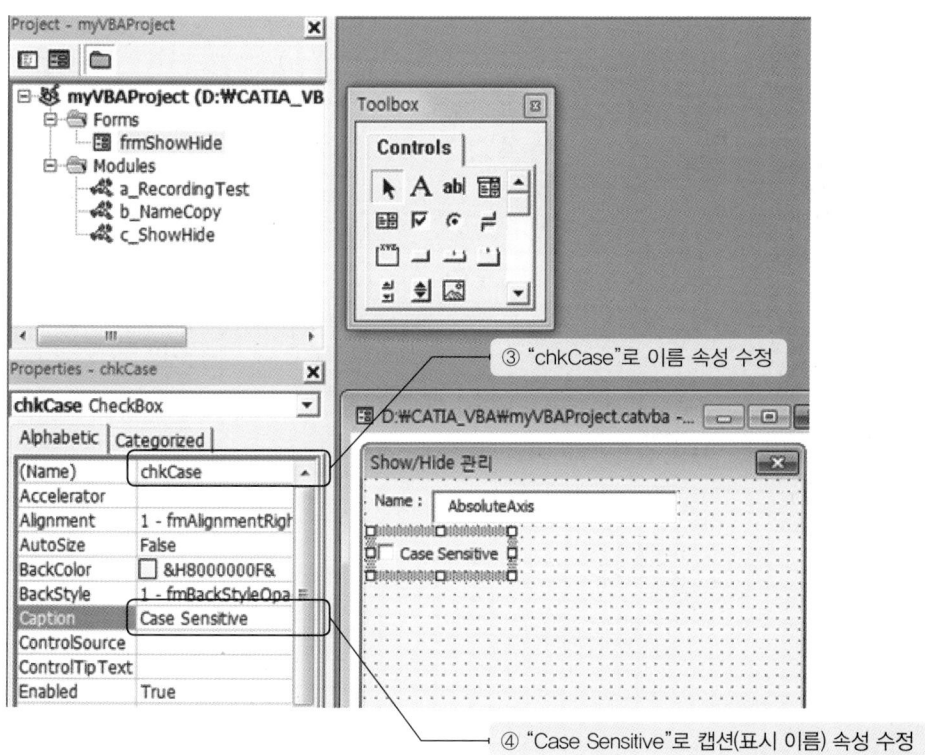

4) OptionButton 컨트롤 생성

OptionButton 컨트롤은 **CheckBox와 동일한 Value 속성**을 가지며, 옵션 적용에 사용된다.

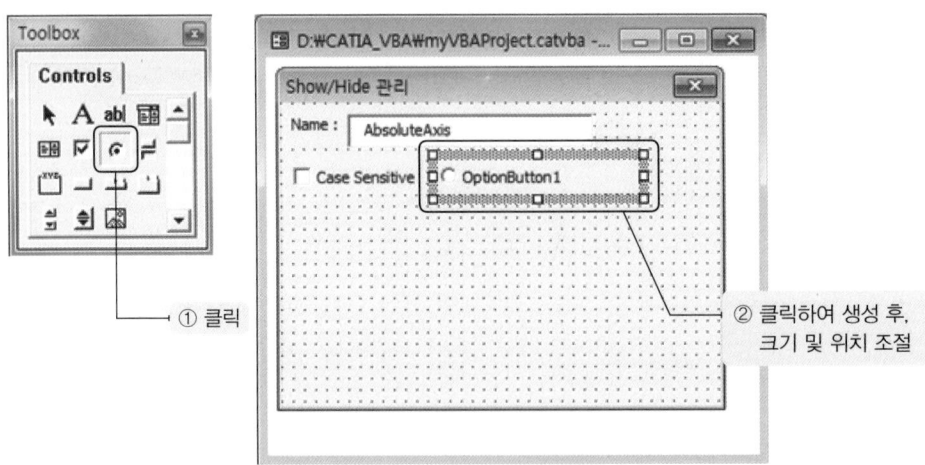

OptionButton 개체의 이름 속성, 캡션 속성 및 값(Value) 속성을 수정한다.

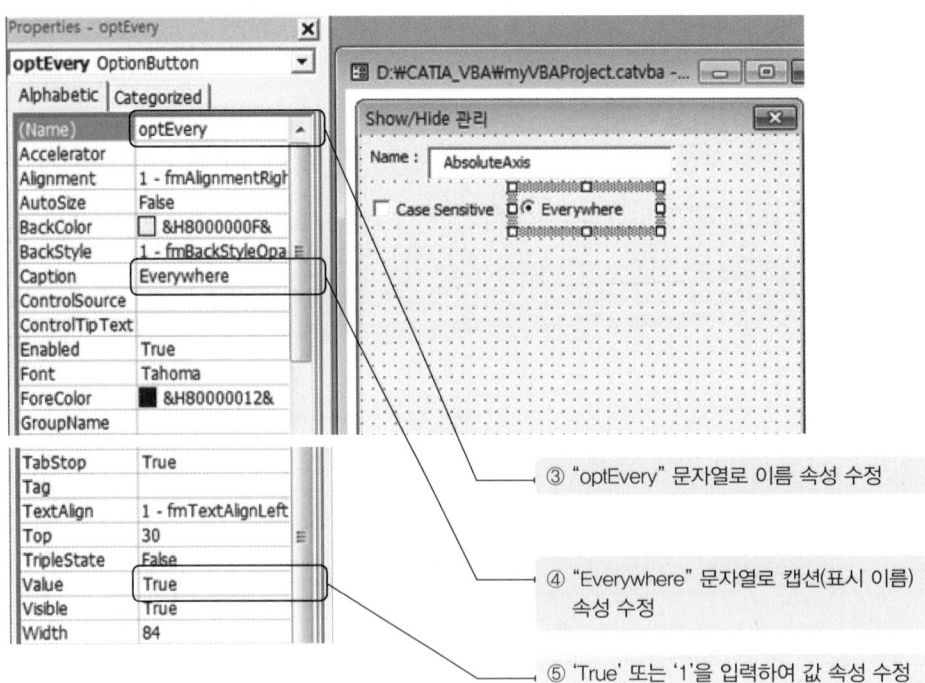

동일한 방식으로 두 개의 OptionButton을 추가한다. 이 때, 값(Value) 속성값은 수정하지 않는다.

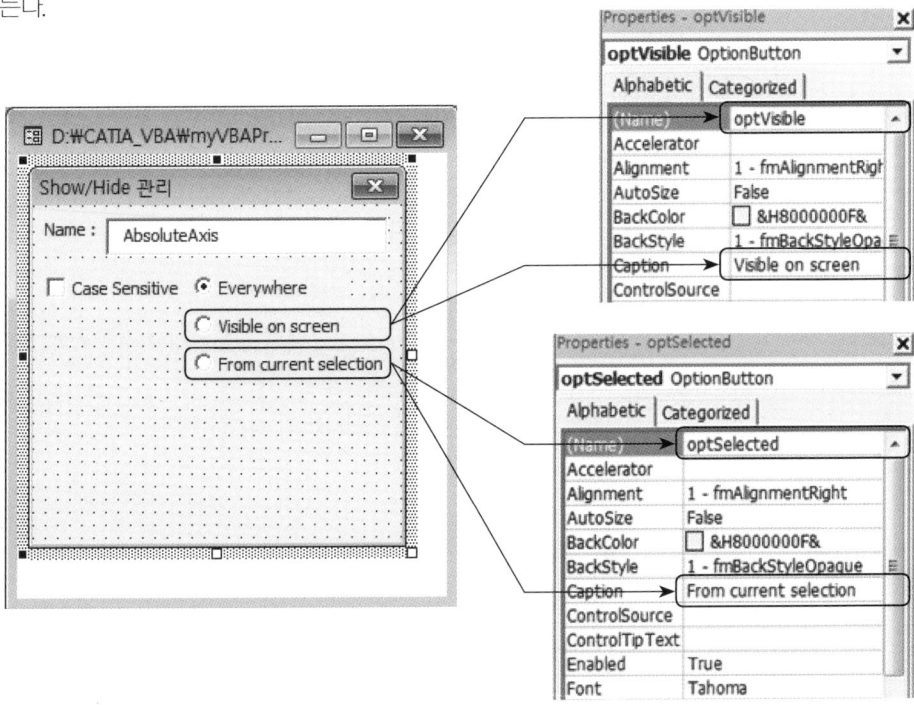

참고 | CheckBox와 OptionButton의 차이점

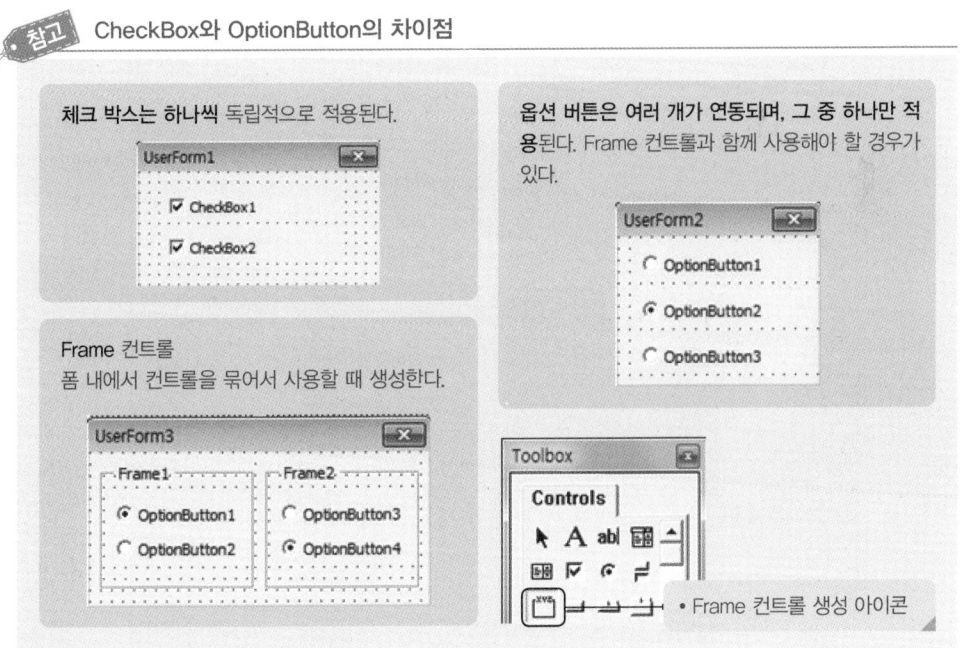

Chapter 03. 프로그램 2. Show and Hide

5) CommandButton 컨트롤 생성

CommandButton 컨트롤은 **Click** 이벤트로 **코드를 실행**할 때에 사용된다.

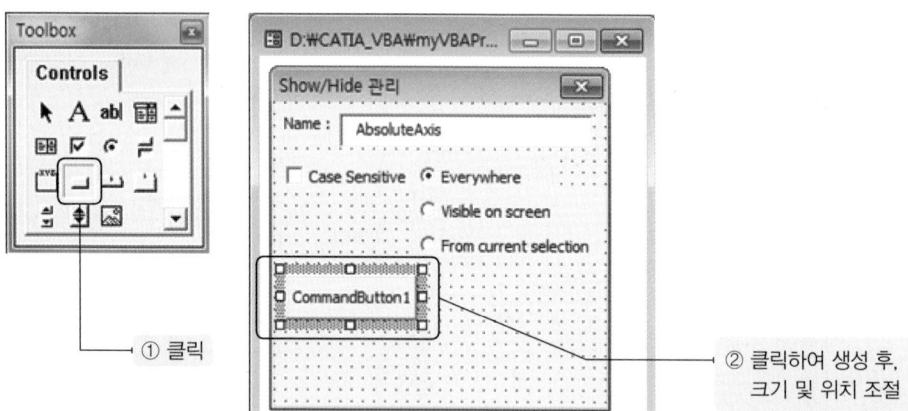

① 클릭
② 클릭하여 생성 후, 크기 및 위치 조절

CommandButton 개체의 이름 속성과 캡션 속성을 수정한다.

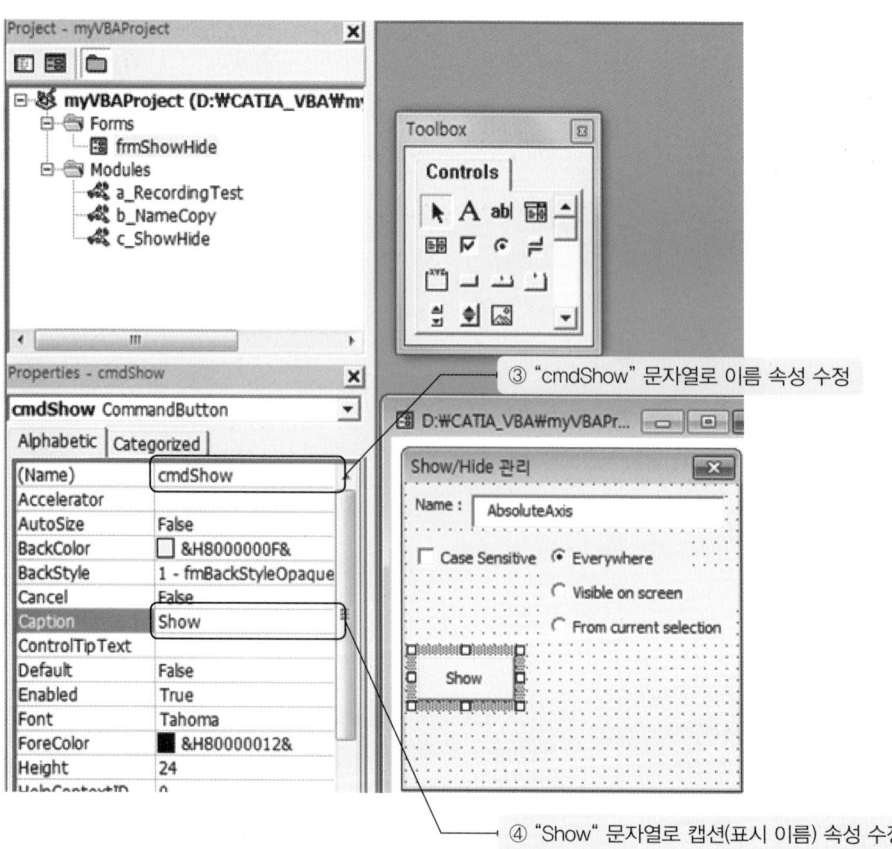

③ "cmdShow" 문자열로 이름 속성 수정
④ "Show" 문자열로 캡션(표시 이름) 속성 수정

동일한 방식으로 두 개의 CommandButton을 추가한다.

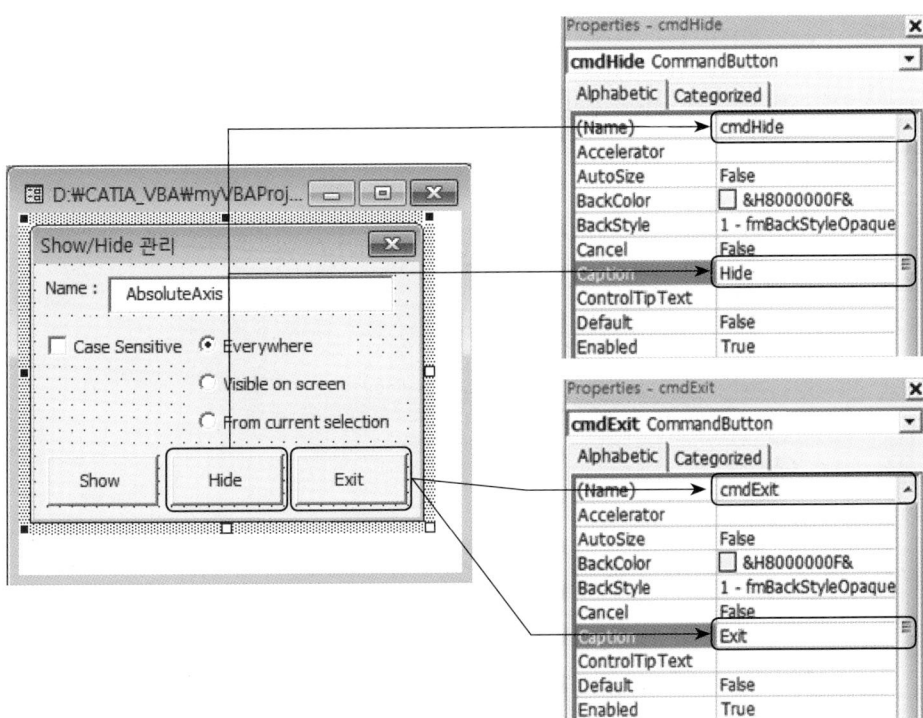

④ 코드 작업

폼은 자체적으로 코드를 가지고 있다. 폼의 코드창은 아래와 같은 방법으로 나타나게 할 수 있다.

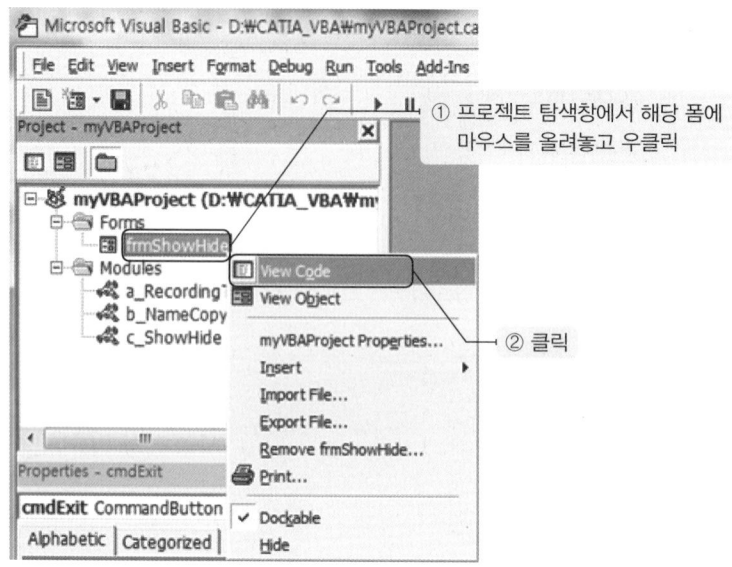

① 프로젝트 탐색창에서 해당 폼에 마우스를 올려놓고 우클릭
② 클릭

1) 폼 내의 변수 선언

폼 내의 여러 이벤트 프로시저에서 사용할 공용 변수를 선언한다.

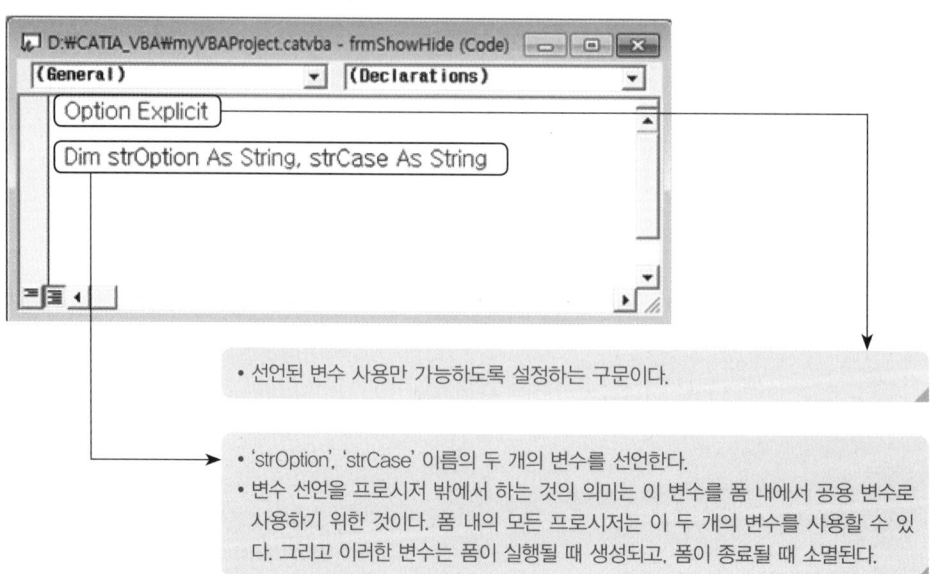

- 선언된 변수 사용만 가능하도록 설정하는 구문이다.

- 'strOption', 'strCase' 이름의 두 개의 변수를 선언한다.
- 변수 선언을 프로시저 밖에서 하는 것의 의미는 이 변수를 폼 내에서 공용 변수로 사용하기 위한 것이다. 폼 내의 모든 프로시저는 이 두 개의 변수를 사용할 수 있다. 그리고 이러한 변수는 폼이 실행될 때 생성되고, 폼이 종료될 때 소멸된다.

 **변수 선언 레벨**

변수를 함부로 선언하여 사용하면, 메모리에 올라오는 변수가 많아져서 **실행 속도가 느려질** 수 있다. 그러므로 변수 선언을 최적화하는 것이 필요하다.

```
Option Explicit

Dim intA As Integer
Private intB As Integer
Public intC As Integer

Sub catmain()
    Dim intD As Integer
    Static intE As Integer
End Sub
```

- 프로시저 시작 전을 일반선언부라 한다.
1) **일반선언부**의 **Dim문** : 모듈이나 폼을 실행할 때, 변수가 선언되면서 메모리가 할당된다. 해당 모듈이나 폼의 모든 프로시저에서 사용할 수 있다.
2) 일반선언부의 Private문 : 일반선언부의 Dim문과 같다
3) **일반선언부**의 **Public문** : 프로젝트를 실행할 때, 변수가 선언되면서 메모리가 할당되고, 다른 모듈이나 폼에서 호출하여 사용할 수 있다.
4) **프로시저 내의 Dim문** : 프로시저를 실행할 때, 변수가 생성되고, 프로시저를 종료하면 소멸된다.
5) 프로시저 내의 Static문 : 프로시저를 실행할 때, 변수가 생성되고, 프로시저를 종료하더라도 변수가 유지된다.

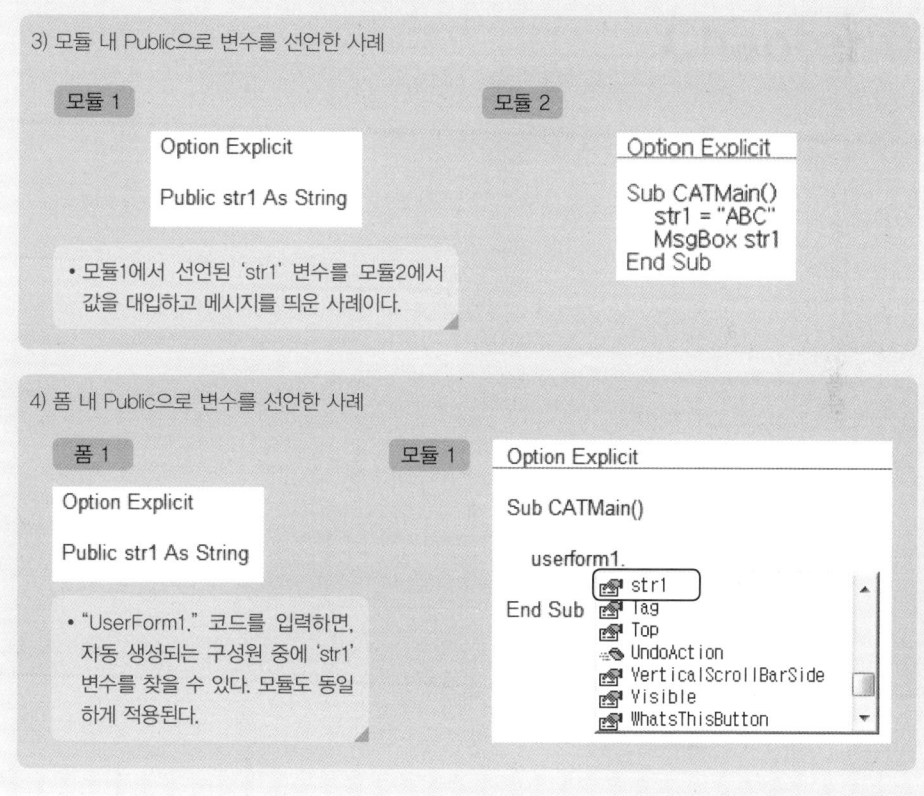

2) 폼 시작 이벤트 코딩

폼 코드창 상단에 있는 **왼쪽의 개체 콤보박스와 오른쪽의 이벤트 콤보박스를 이용**하여, 이벤트 프로시저를 시작한다. 먼저 왼쪽에서 UserForm 항목을 선택한다.

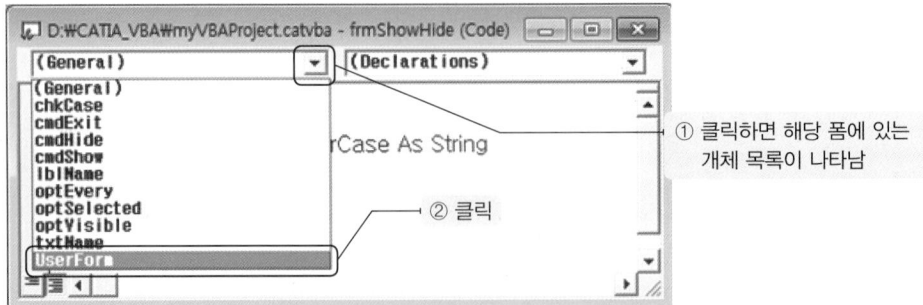

UserForm 개체가 선택되면 동시에 UserForm_Click 이벤트 프로시저를 선언하는 코드가 생성된다. 이 상태에서 Initialize 이벤트를 선택한다.

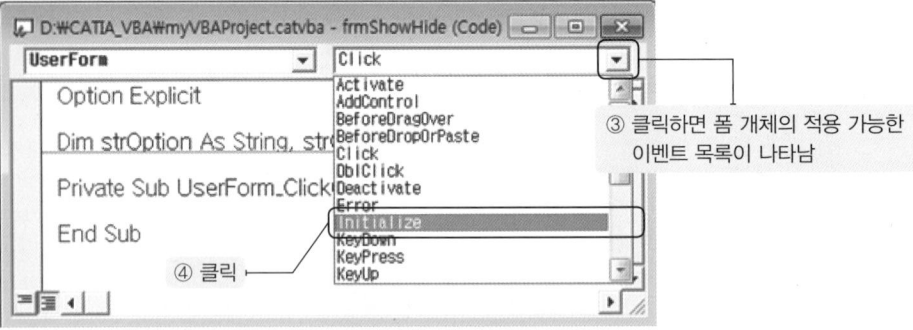

UserForm_Initialize 이벤트 프로시저가 선언된다. 그리고 앞에서 생성된 UserForm_Click 프로시저를 삭제한다.

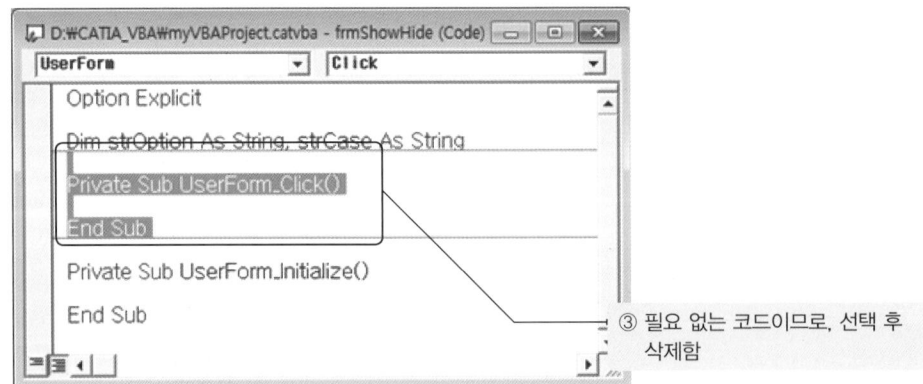

두 개의 문자열 타입의 변수에 대한 초기값을 대입한다. **초기 폼의 CheckBox와 OptionButton의 상태를 반영**한다.

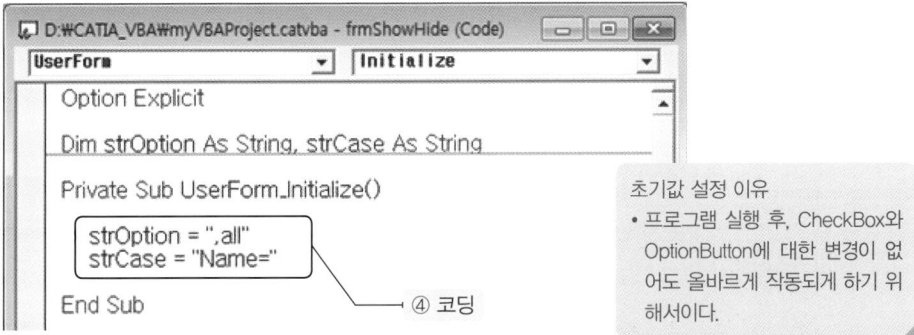

3) CheckBox 이벤트 코딩

왼쪽의 콤보 박스에서 'chkCase' 이름의 체크 박스 개체를 선택한다.

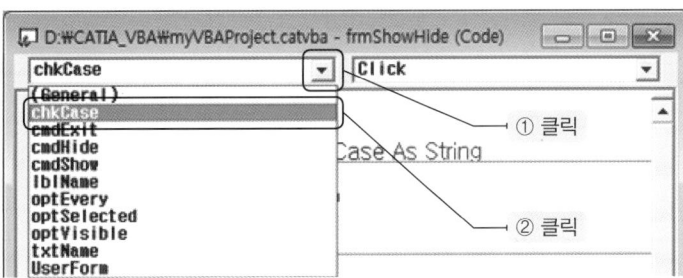

기본 이벤트인 Click 이벤트 프로시저의 선언에 대한 코드가 생성된다.

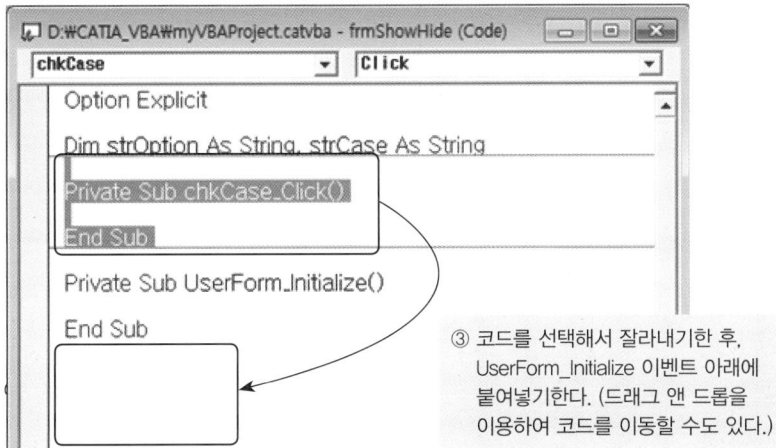

chkCase_Click 이벤트 프로시저 내의 코드를 작성한다.

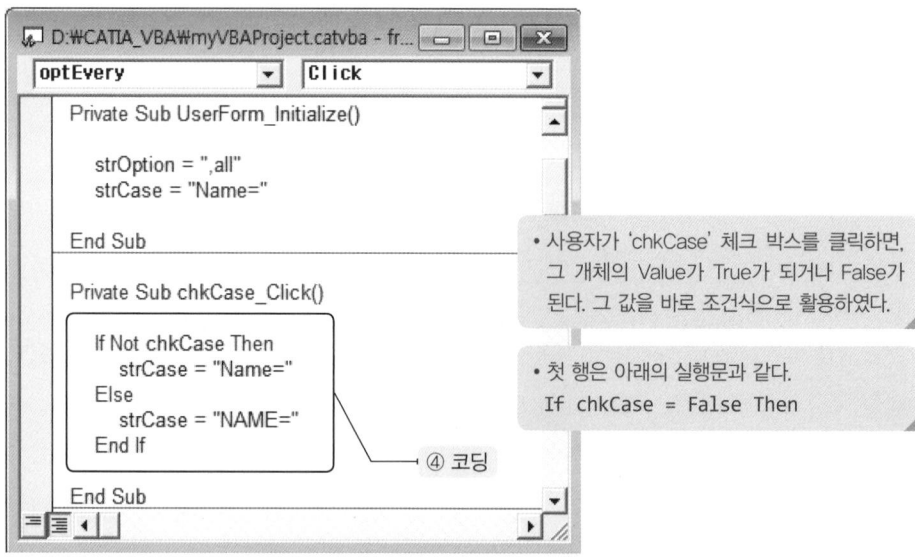

참고 Not 연산자

Not 연산자를 이용하여 조건식을 처리할 수 있다. 아래의 양쪽 코드는 동일하다.

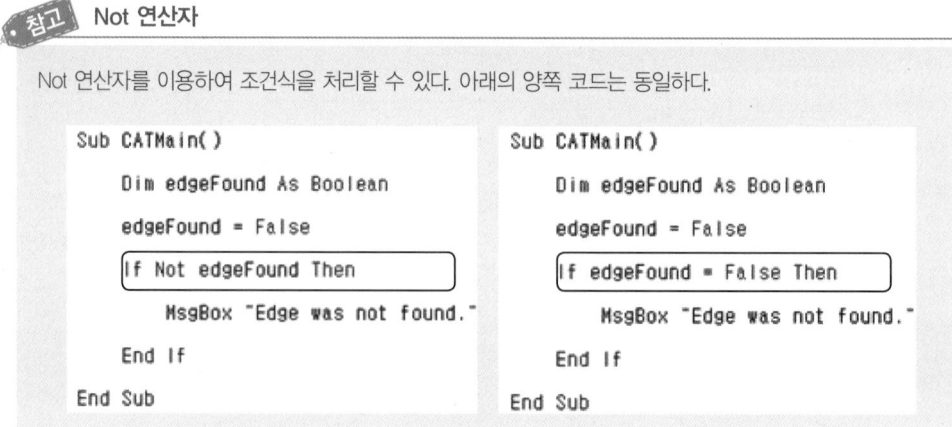

4) OptionButton 이벤트 코딩

'optEvery' 이름의 옵션 버튼 개체를 선택한다.

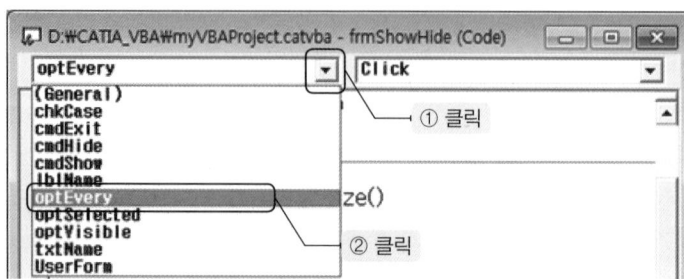

옵션 버튼의 기본 Click 이벤트에 대한 프로시저를 선언하는 코드가 자동으로 작성된다.

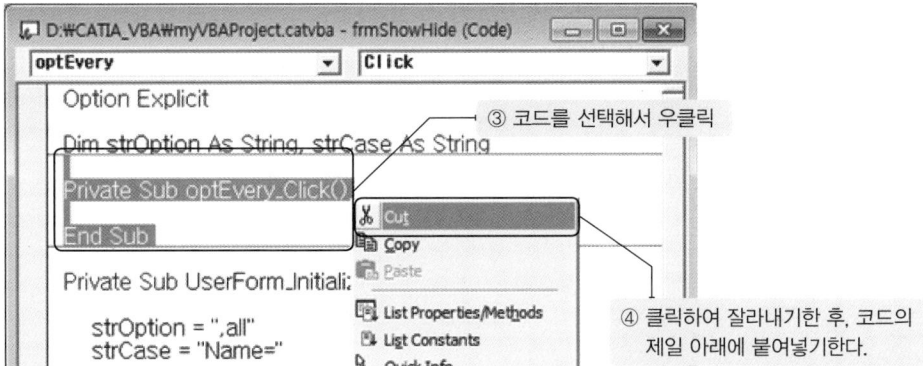

optEvery_Click 이벤트 프로시저에 대한 코드의 위치를 가장 아래쪽으로 옮긴 후, 프로시저 내에 코드를 작성한다.

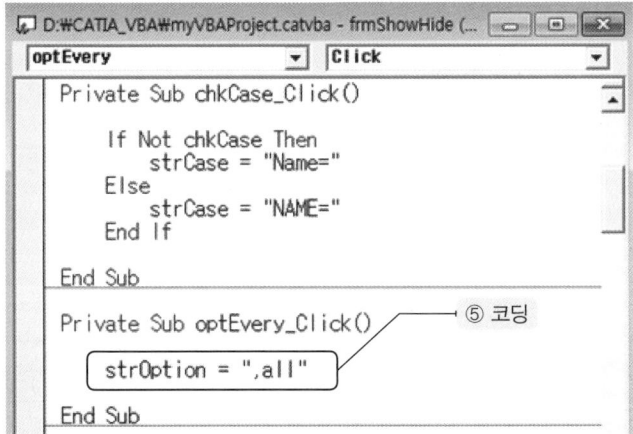

나머지 두 개의 옵션 버튼에도 동일한 작업을 수행한다.

```
Private Sub optEvery_Click()
    strOption = ",all"
End Sub
Private Sub optVisible_Click()          ⑥ 코딩
    strOption = ",scr"
End Sub
Private Sub optSelected_Click()
    strOption = ",sel"
End Sub
```

5) CommandButton 이벤트 코딩

프로젝트 탐색창에서 폼을 더블 클릭해서, 폼을 수정하는 창을 활성화하자.

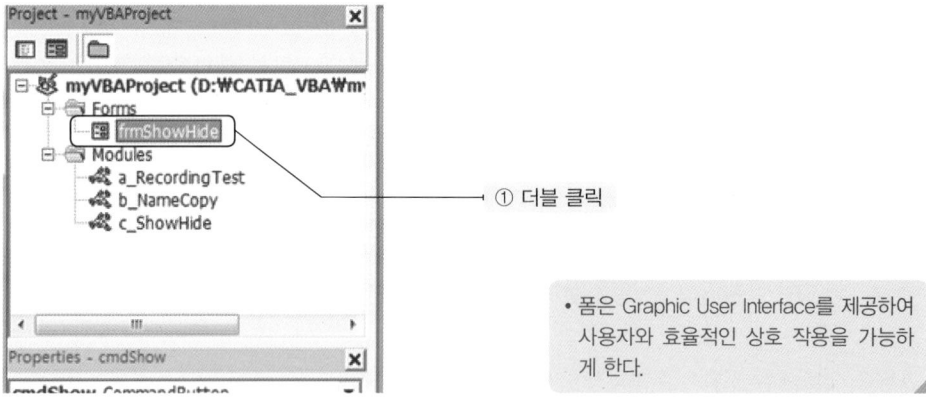

폼을 디자인하는 창이 열리면, Show 커멘드버튼의 Click 이벤트 프로시저를 생성한다.

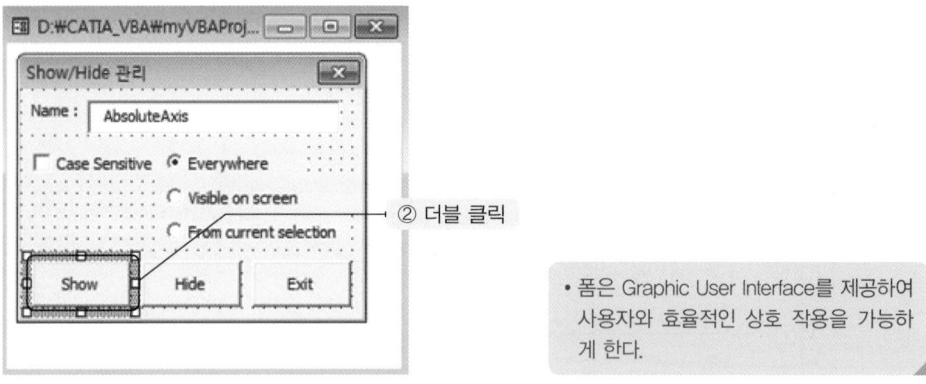

코드의 위치를 변경한다. 프로시저의 위치는 실행에는 중요하지 않으나, 프로시저를 작업 순서에 맞추어 작업하면 코드를 이해하기 쉽다.

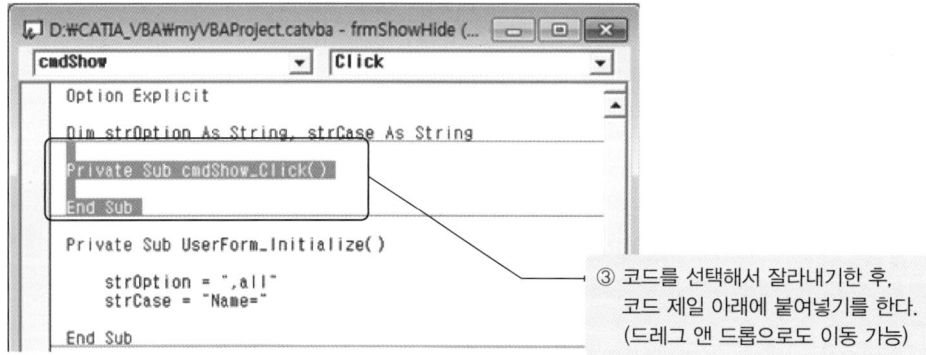

cmdShow_Click 이벤트 프로시저의 내부에 코드를 작성한다.

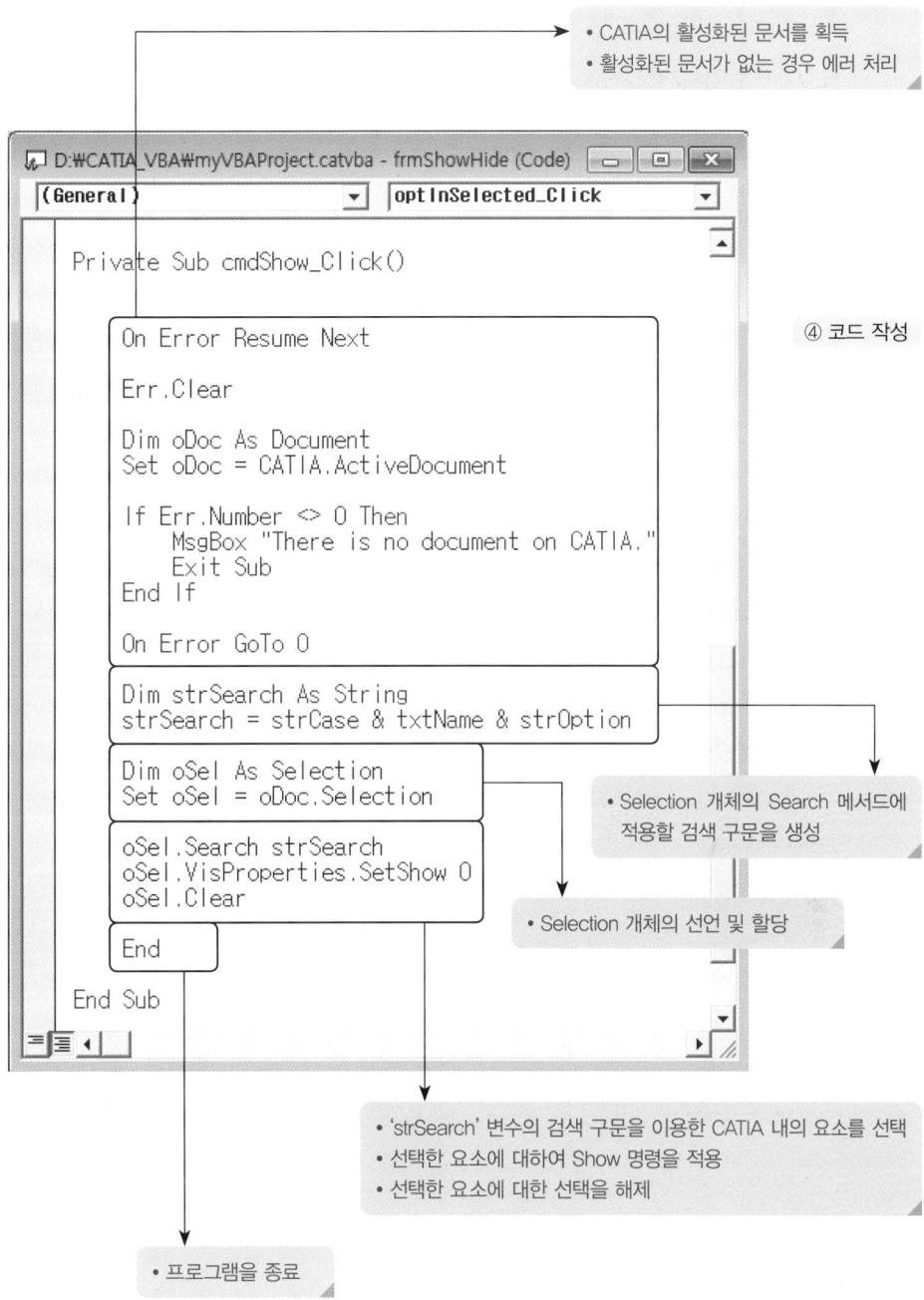

Selection 개체의 주요 구성원(속성 및 메서드)

Selection 개체는 매우 중요하면서도 사용하기 어려운 개체다. 일반적으로 Selection 개체를 활용할 때 어느 정도의 시행 착오를 겪는다. 그리고 Selection 개체는 일반 개체이나, 집합 개체의 성격을 가지고 있다.

Selection의 주요 속성
1) **Count** : 선택된 요소의 수량
2) **VisProperties** : VisPropertySet 개체를 호출하는 속성

```
Dim Selection,VisPropertySet
Set Selection = CATIA.ActiveDocument.Selection
Set VisPropertySet = Selection.VisProperties
VisPropertySet.SetShow catVisPropertiesNoShowAttr
```

→ 선택 요소를 Hide하는 사례

Selection의 주요 메서드
1) **Add** : 요소 선택을 추가
2) **Clear** : 모든 선택된 요소의 선택 해제
3) **Copy** : 선택 요소를 복사
4) **Cut** : 선택 요소를 잘라내기
5) **Delete** : 선택 요소를 삭제
6) **Item** : 선택 요소 중 한 요소를 호출
7) **Paste** : 복사 또는 잘라내기한 요소를 붙여넣기
8) **PasteSpecial** : 특정 옵션으로 붙여넣기 (As result, With link 등)
9) **Remove** : 선택된 요소의 선택 해제
10) **Search** : CATIA의 Search 기능을 통해 요소를 선택하는 작업 수행
11) **SelectElement2** : 사용자의 선택을 통해 한 개의 요소를 입력 받음
12) **SelectElement3** : 사용자의 선택을 통해 다수의 요소를 입력 받음

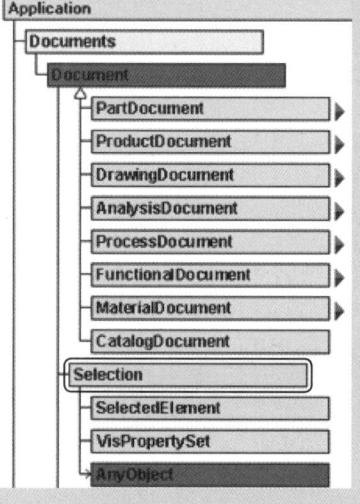

 VisPropertySet 개체의 주요 메서드

1) **GetRealColor** : 선택된 요소의 색깔을 RGB값으로 가져옴
2) **GetVisibleColor** : 선택된 요소가 화면에서 보여지는 색깔을 RGB값으로 가져옴
3) **GetShow** : 선택된 요소의 Show/Hide 상태를 읽어옴
4) **SetRealColor** : 선택된 요소의 색깔을 설정함
5) **SetShow** : 선택된 요소의 Show/Hide 상태를 설정함

cmdShow_Click 이벤트 프로시저의 코드를 복사하여 그 아래에 붙여넣고, 아래의 일부 코드를 수정한다.

⑤ 복사 후 코드 수정

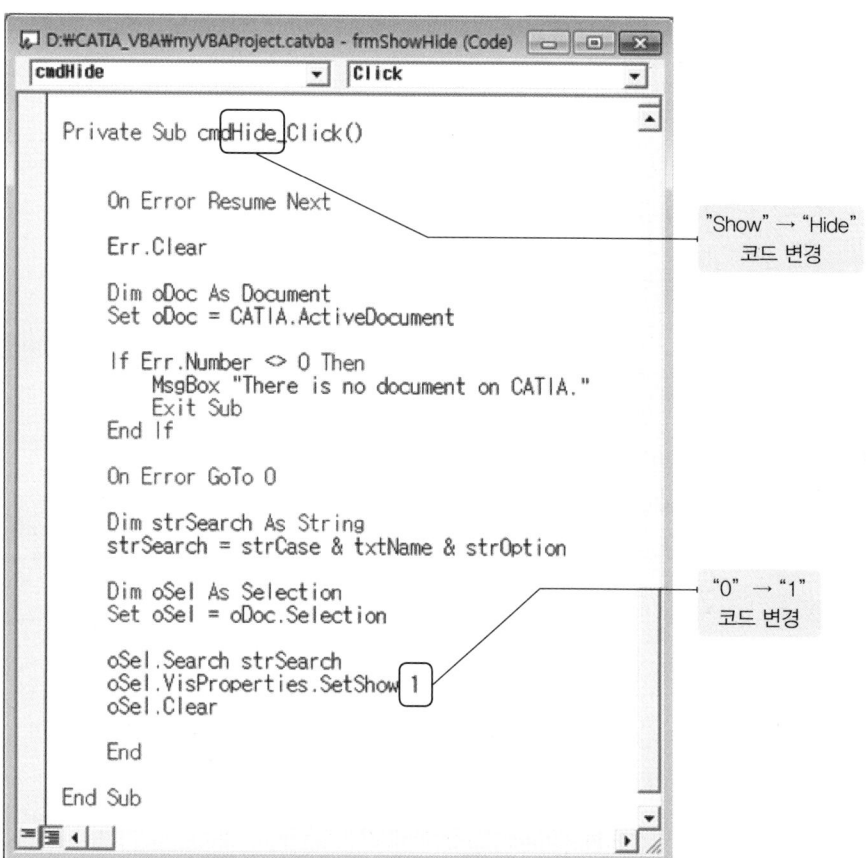

폼에서 'Exit' 커멘드버튼을 더블 클릭한 후, 코드를 작성한다.

⑥ cmdExit_Click 프로시저의 코드 작성

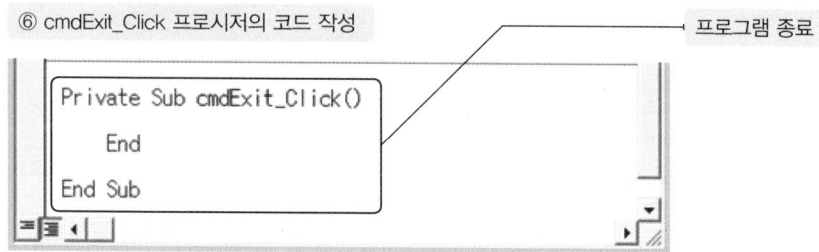

'c_ShowHide' 모듈의 코드창을 띄운다.

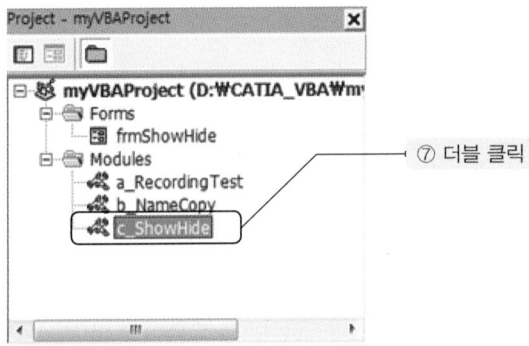

⑦ 더블 클릭

사용자가 모듈을 실행하면 폼이 나타나게 하는 코드를 작성한다.

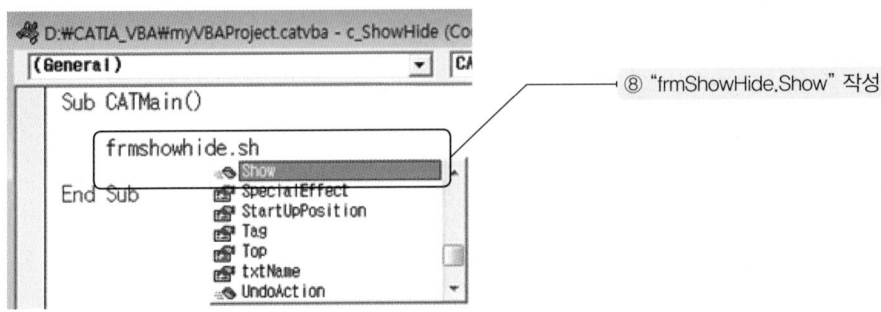

⑧ "frmShowHide.Show" 작성

⑤ 코드 실행

CATIA에서 'Alt+F8' 단축키를 이용하여 Macros창을 띄우고, 'c_ShowHide' 모듈을 실행한다.

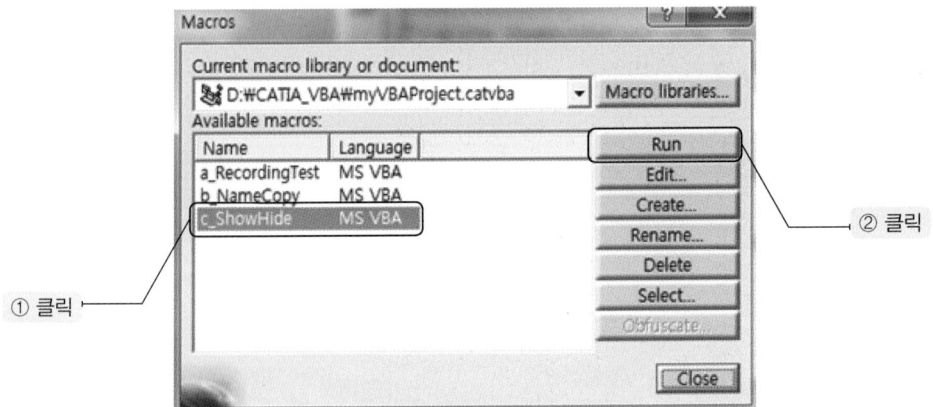

① 클릭

② 클릭

CATIA 화면 가운데에 'Show/Hide 관리' 제목의 사용자 정의 폼이 나타나고, "AbsoluteAxis" 문자열이 텍스트박스에 적혀 있다. 다른 작업을 하지 않고, 'Hide' 커멘드버튼을 선택한다.

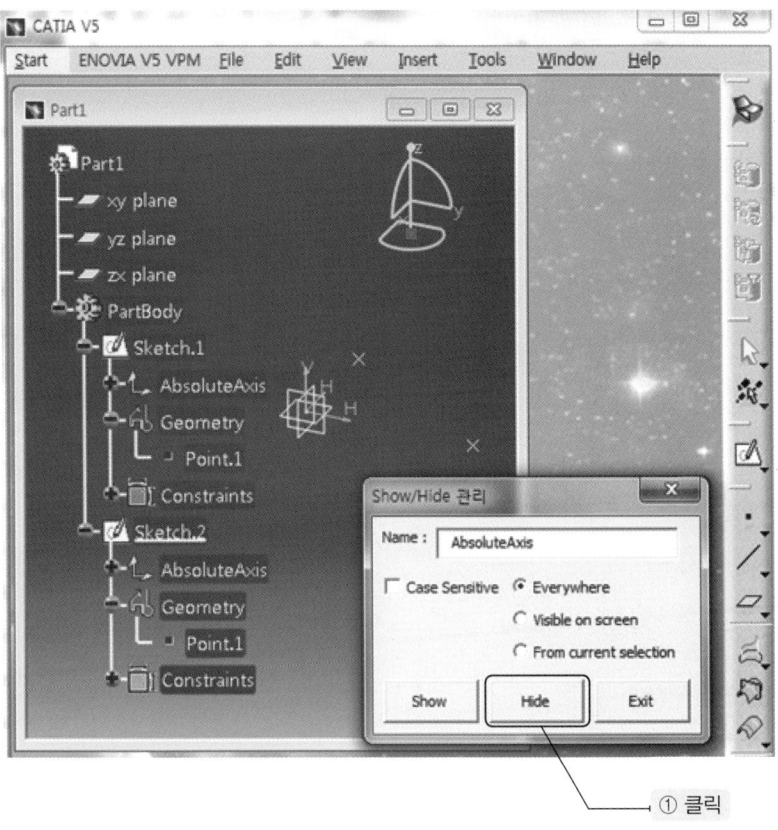

① 클릭

두 개의 Sketch의 AbsoluteAxis가 화면에서 숨겨지게 된다.

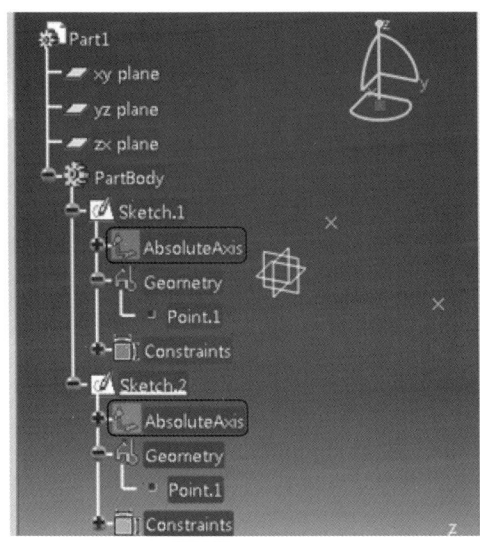

- 검색 구문에서 "*" 문자를 사용할 수 있다. 다양한 조건으로 Show와 Hide 명령을 실행한다.

6 코드 단순화

전체 코드는 아래와 같다.

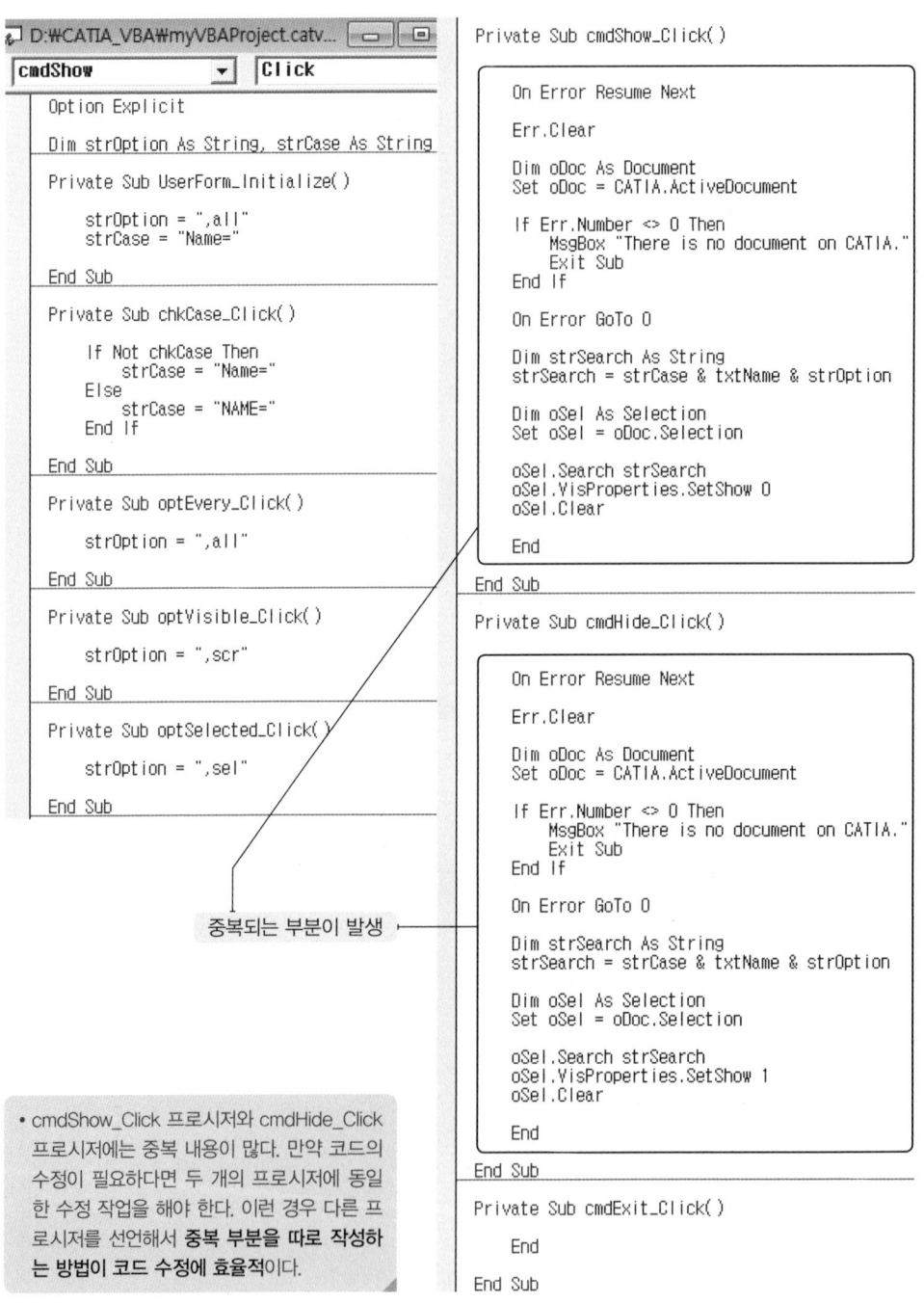

- cmdShow_Click 프로시저와 cmdHide_Click 프로시저에는 중복 내용이 많다. 만약 코드의 수정이 필요하다면 두 개의 프로시저에 동일한 수정 작업을 해야 한다. 이런 경우 다른 프로시저를 선언해서 **중복 부분을 따로 작성하는 방법**이 코드 수정에 효율적이다.

1) 1차 수정 코드

'CommonProcess' 이름의 새로운 프로시저를 선언한다. 그리고 그 프로시저에 cmdShow_Chlick과 cmdHide_Click의 프로시저 내의 공통적인 코드 부분을 작성한다.

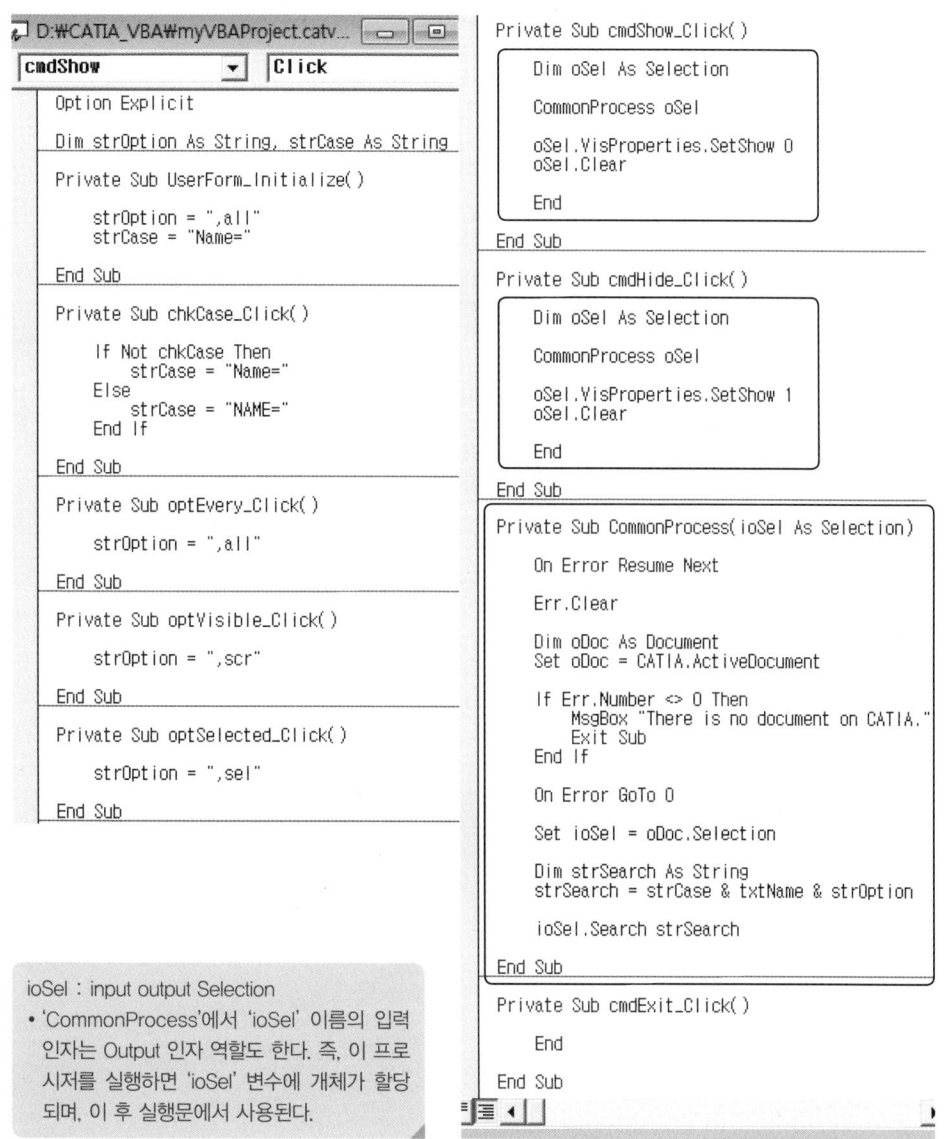

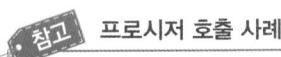 프로시저 호출 사례

아래의 Sub(Subroutine) 프로시저와 Function 프로시저의 호출에 대한 실행을 이해한다.

```
Sub CATMain()
    Dim strA As String, strB As String
    strA = "A"
    strB = "B"
    SubProcess strA, strB
End Sub

Sub SubProcess(iStr1 As String, istr2 As String)
    MsgBox iStr1 & istr2
End Sub
```

1) Subroutine 사례 1
- Input 인자 두 개로 실행하고, Output은 따로 없다.
- 실행 결과 : 메시지창에 "AB"가 나타난다.

```
Sub CATMain()
    Dim intA As Integer
    intA = 1
    If SubFunction(intA) Then MsgBox "True"
End Sub

Function SubFunction(iInt As Integer) As Boolean
    SubFunction = False
    If iInt > 0 Then SubFunction = True
End Function
```

2) Function 사례
- Input 인자 한 개로 실행하고, Output은 Boolean 타입의 값이 'SubFunction'이라는 프로시저 이름으로 반환된다.
- 실행 결과 : 메시지창에 "True"가 나타난다.

```
Sub CATMain()
    Dim intA As Integer, intB As Integer
    intA = 1
    SubProcess intA
    MsgBox intA
End Sub

Sub SubProcess(ioInt As Integer)
    ioInt = ioInt + 10
End Sub
```

3) Subroutine 사례 2
- Input 인자 한 개로 실행하고, 그 요소가 Sub 프로시저를 실행하면서 값이 갱신된다.
- 실행 결과 : 메시지창에 "11"이 나타난다.

2) 2차 수정 코드 (최종 코드)

폼 내 일반 선언부에 공용 변수를 선언하여 추가적으로 코드를 단순화한다.

D:\CATIA_VBA\myVBAProject.catv...

cmdShow | Click

```
Option Explicit

Dim strOption As String, strCase As String

Dim oSel As Selection

Private Sub UserForm_Initialize()

    strOption = ",all"
    strCase = "Name="

End Sub

Private Sub chkCase_Click()

    If Not chkCase Then
        strCase = "Name="
    Else
        strCase = "NAME="
    End If

End Sub

Private Sub optEvery_Click()

    strOption = ",all"

End Sub

Private Sub optVisible_Click()

    strOption = ",scr"

End Sub

Private Sub optSelected_Click()

    strOption = ",sel"

End Sub
```

```
Private Sub cmdShow_Click()

    CommonProcess

    oSel.VisProperties.SetShow 0
    oSel.Clear

    End

End Sub

Private Sub cmdHide_Click()

    CommonProcess

    oSel.VisProperties.SetShow 1
    oSel.Clear

    End

End Sub

Private Sub CommonProcess()

    On Error Resume Next

    Err.Clear

    Dim oDoc As Document
    Set oDoc = CATIA.ActiveDocument

    If Err.Number <> 0 Then
        MsgBox "There is no document on CATIA."
        Exit Sub
    End If

    On Error GoTo 0

    Set oSel = oDoc.Selection

    Dim strSearch As String
    strSearch = strCase & txtName & strOption

    oSel.Search strSearch

End Sub

Private Sub cmdExit_Click()

    End

End Sub
```

- 이번 장에서는 CATIA의 Search 기능을 구현하는 방법을 학습하였다. 그리고 폼 및 컨트롤 사용에 대한 방법과 코드를 단순화하는 부분을 학습하였다.

D:\CATIA_VBA\myVBAProjec

(General)

```
Sub CATMain()

    frmShowHide.Show

End Sub
```

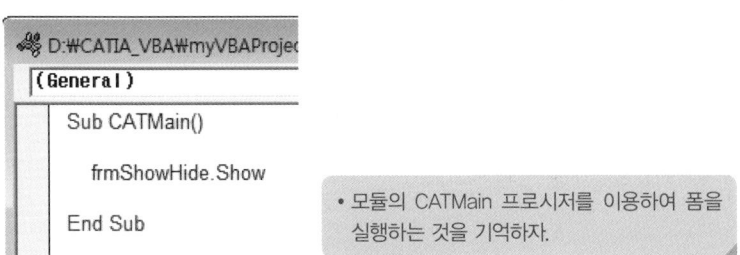

- 모듈의 CATMain 프로시저를 이용하여 폼을 실행하는 것을 기억하자.

Chapter 04

프로그램 3. 배경색 변경

Chapter 04

프로그램 3. 배경색 변경

● 업무 시나리오 ●

설계 업무를 진행하는 중에 의사 소통은 주로 파워포인트 등의 문서로 하게 된다. 이 때 CATIA에서 캡쳐한 이미지를 문서에 삽입하고 출력을 하는 경우, 출력물에 대한 잉크 사용을 최소화할 필요가 있다. 그러한 이유로 CATIA에 오픈된 문서의 **윈도 배경색을 흰색으로 변경하여 이미지를 캡쳐**해야 할 경우에, 배경색을 쉽게 변경할 수 있는 프로그램을 만들고자 한다.

● 프로그램 요건 ●

1) 윈도 배경색이 흰색이 아닌 경우 흰색으로 변경
2) 윈도 배경색이 흰색이면 CATIA 옵션 색으로 변경

시작하기 전에..

이 장에서는 CATIA 메뉴바의 'Tools/Options…' 명령을 통하여 설정하는 옵션에 대해 설명한다. VBA 코드에서 옵션값을 어떻게 읽어오고, 설정하는지에 대한 방법을 익힐 수 있다.

순서도 구상

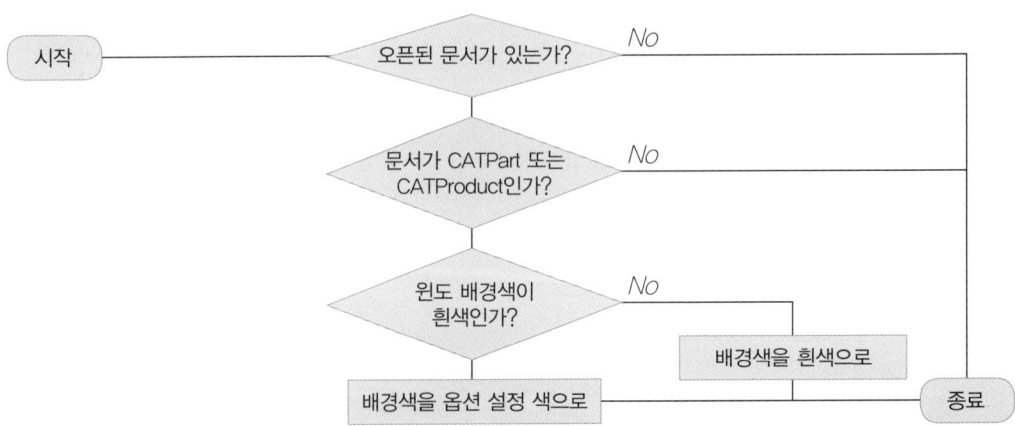

1) 관련 개체, 속성 및 메서드 찾기

1) 윈도 배경색 설정과 관련된 개체, 속성 및 메서드 찾기

아래 폴더의 'V5Automation.chm' 파일을 바탕화면에 바로가기를 만들어 실행한다.

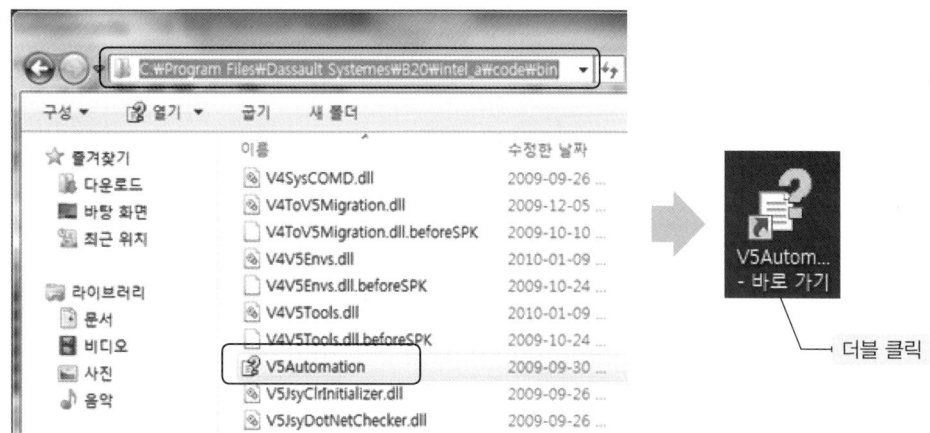

도움말이 실행되면 아래와 같은 전체 개체의 수직 계층적인 구조에 대한 그림이 나타난다.

먼저 Application 개체를 선택한다.

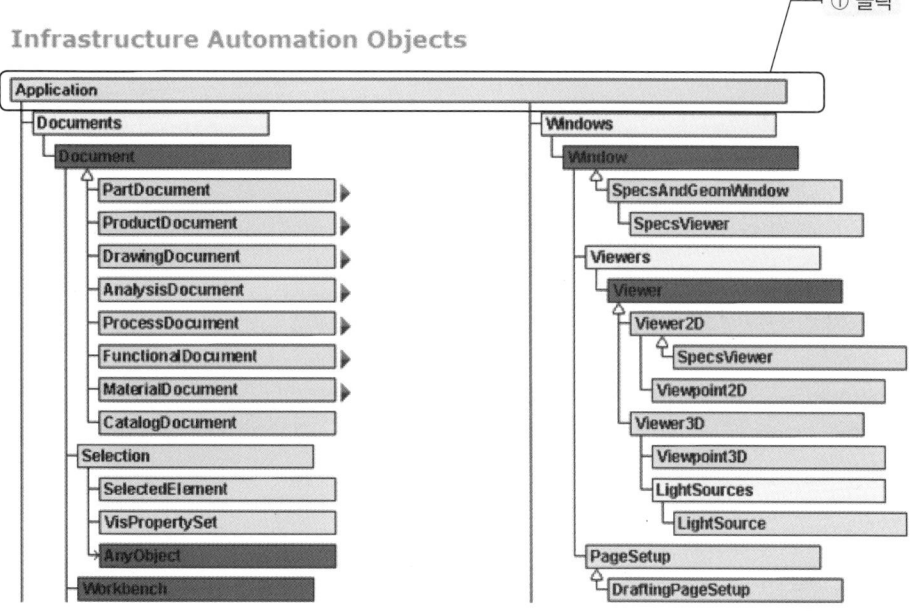

CATIA 응용 프로그램에 해당하는 Application 개체를 설명하는 페이지로 이동한다. Application 개체의 속성을 더 확인하기 위해 Properties를 선택한다.

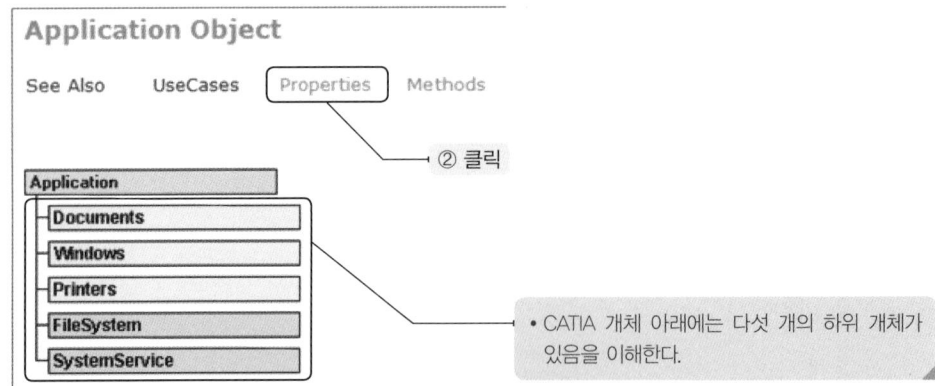

Application 개체의 속성을 설명하는 페이지가 나타난다.

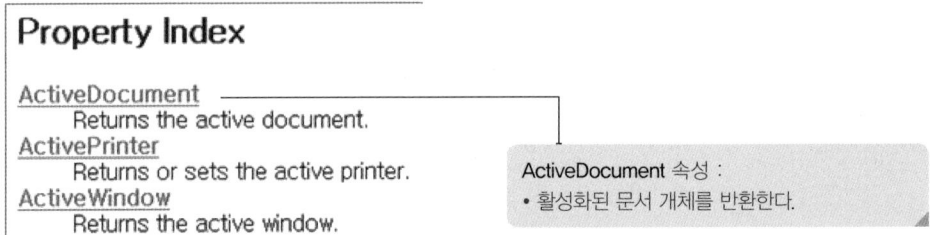

이전 페이지로 이동하기 위해 '뒤로' 아이콘을 두 번 선택한다.

이번에는 Window 개체를 살펴보기 위해 Window 항목을 선택한다.

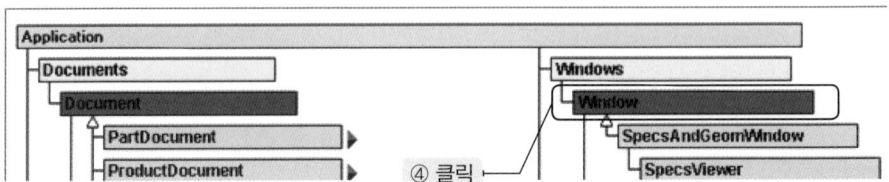

Window 개체를 설명하는 페이지로 이동한다.

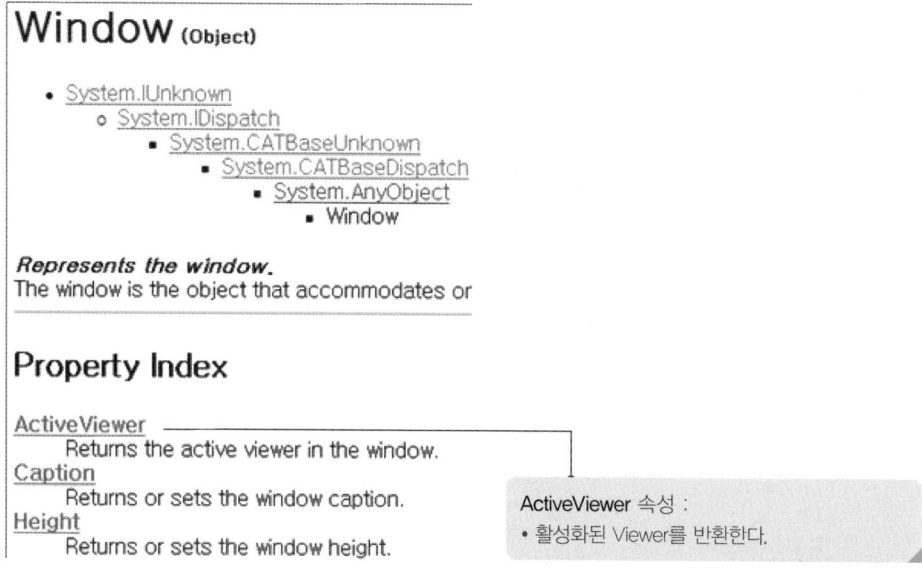

이전 페이지로 이동한다.

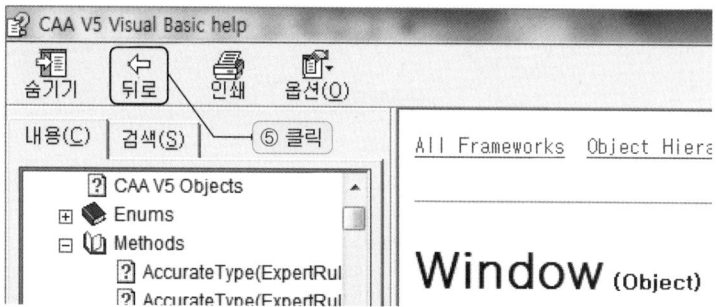

Window 개체의 하위에 Viewers 집합 개체가 있고, 그 하위에 Viewer 추상 개체가 있다. 이 개체를 선택한다.

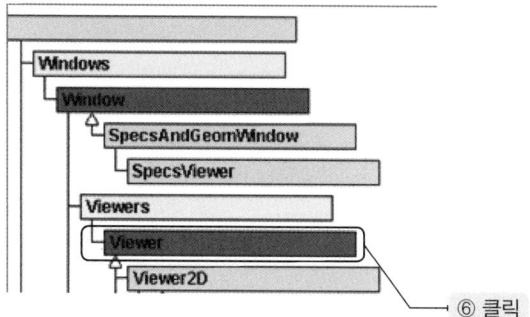

Viewer 개체를 선택했으나, Viewer2D 개체에 대한 설명이 나타난다. 도움말의 링크가 틀린 부분이 있다.

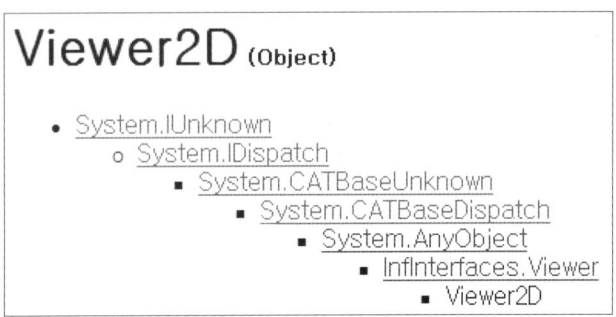

Viewer 개체를 다른 방법으로 찾을 수 있다. 도움말창 왼편의 내용 탭 페이지에서 먼저 'Objects and Collections'의 내부 항목을 펼친다.

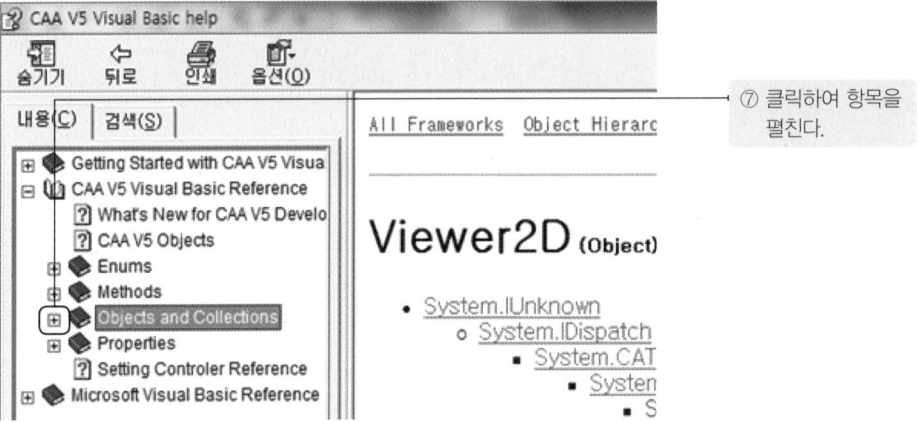

⑦ 클릭하여 항목을 펼친다.

항목이 펼쳐진 상태에서 키보드 입력을 진행한다.

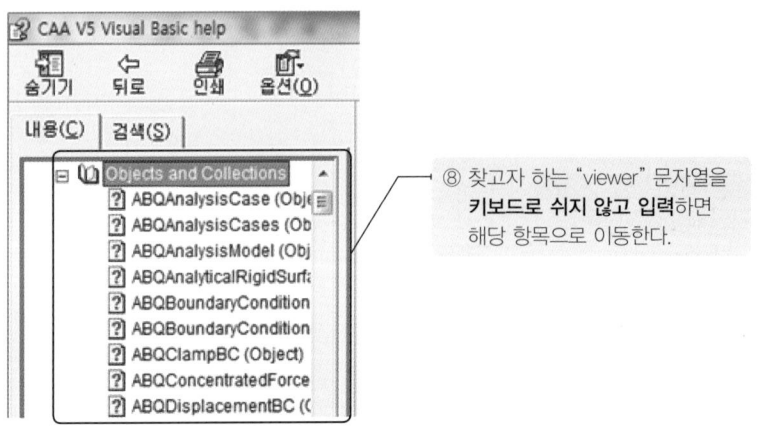

⑧ 찾고자 하는 "viewer" 문자열을 **키보드로 쉬지 않고 입력**하면 해당 항목으로 이동한다.

키보드 입력으로 Viewer 개체가 선택되면, 그 상태에서 'Enter' 키를 누르거나 Viewer 개체를 마우스로 선택하면, 개체를 설명하는 페이지를 열 수 있다.

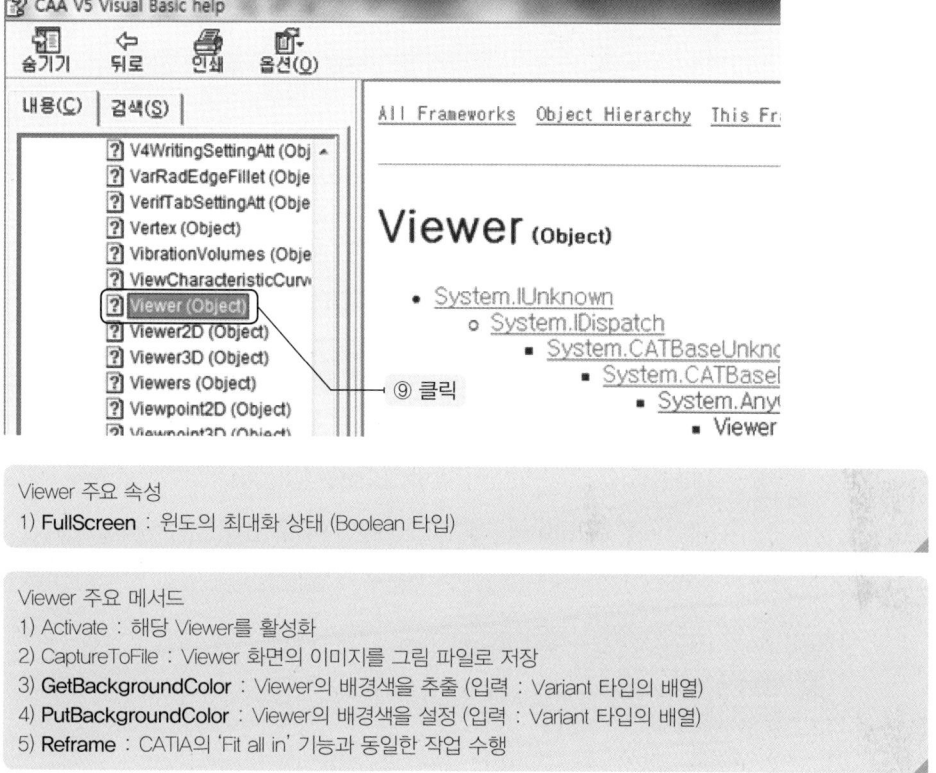

Viewer 주요 속성
1) **FullScreen** : 윈도의 최대화 상태 (Boolean 타입)

Viewer 주요 메서드
1) **Activate** : 해당 Viewer를 활성화
2) **CaptureToFile** : Viewer 화면의 이미지를 그림 파일로 저장
3) **GetBackgroundColor** : Viewer의 배경색을 추출 (입력 : Variant 타입의 배열)
4) **PutBackgroundColor** : Viewer의 배경색을 설정 (입력 : Variant 타입의 배열)
5) **Reframe** : CATIA의 'Fit all in' 기능과 동일한 작업 수행

윈도 화면의 배경색을 조절하기 위한 개체 구조를 정리하면 아래와 같다.

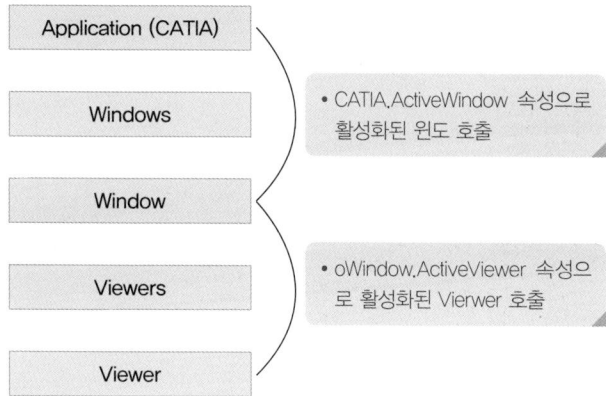

2) CATIA 옵션 설정과 관련된 개체, 속성 및 메서드 찾기

다시 도움말에서 'CAA V5 Objects' 항목을 선택하여, 전체 개체의 구조를 보여주는 페이지로 이동한다.

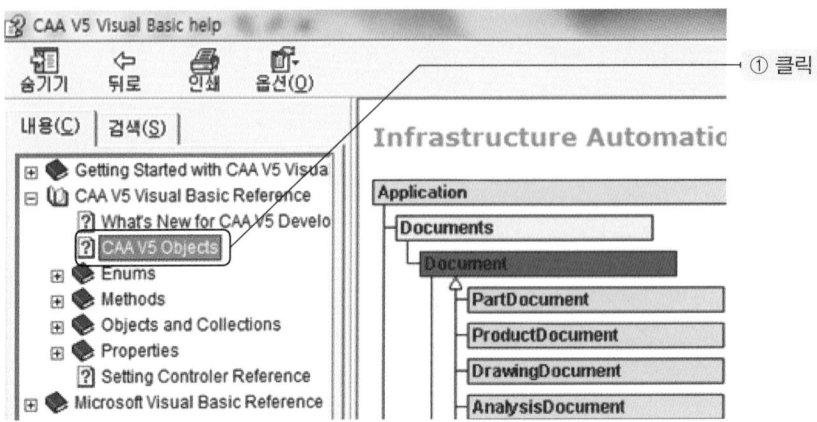

개체 구조 그림의 오른쪽 하단에 CATIA의 환경 옵션을 관리할 수 있는 SettingControllers 집합 개체와 SettingController 개체를 찾는다. 우선 SettingControllers 집합 개체를 선택한다.

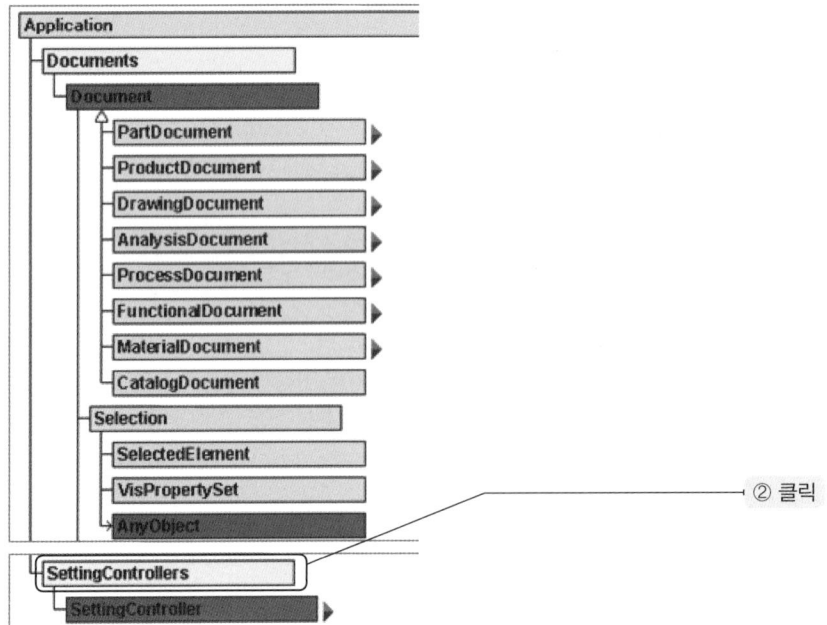

SettingControllers 집합 개체를 설명하는 페이지가 나타난다.

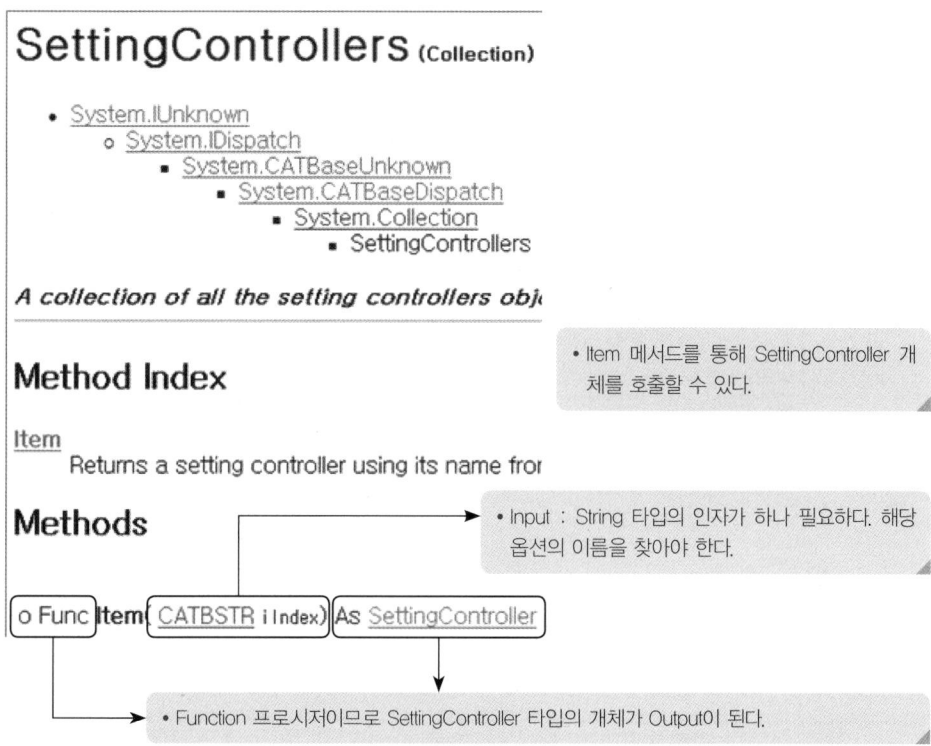

'뒤로' 아이콘을 선택하여 이전 페이지로 이동한다.

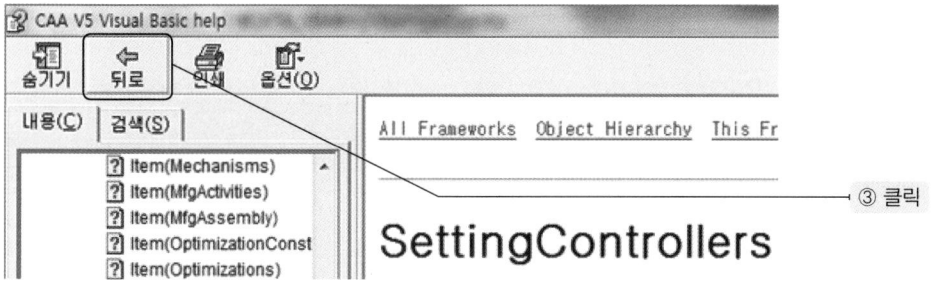

SettingController 항목 옆의 삼각형을 선택하여, 하위 개체 구조에 대한 그림이 있는 페이지로 이동한다.

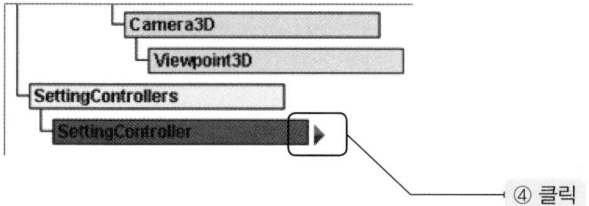

아래의 목록 중에 화면 배경색을 관리할 수 있는 SettingController 개체를 찾아야 한다.

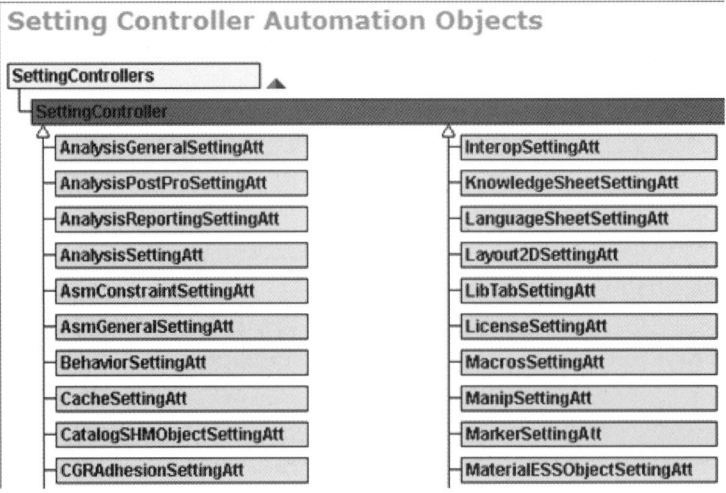

3) Tools/Options… 메뉴에서 매크로 기록하기

CATIA에서 Tools/Options… 메뉴를 실행한 후, 관리하고자 하는 설정이 있는 탭 페이지로 이동하여 **옵션 설정 상태를 매크로로 저장**할 수 있다. 이렇게 저장된 매크로를 이용하여 **필요한 개체의 이름을 파악**할 수 있다. 그러나, 안타깝게도 모든 옵션 설정을 VBA에서 코드로 관리할 수 있는 것은 아니다. VBA에서 관리할 수 없는 설정은 메시지로 사용자에게 정보를 주는 수준으로 우회해서 코드를 작성할 것을 추천한다.

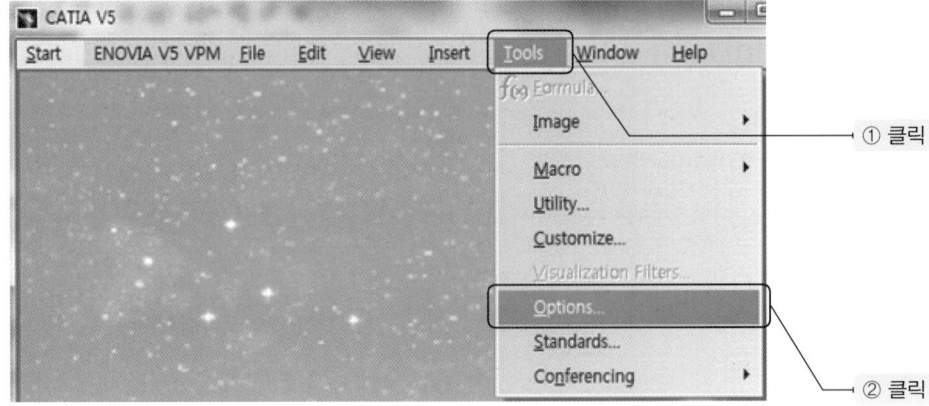

옵션 설정 대화창이 나타난다. 이 창 왼쪽의 탐색창에서 General / Display 항목을 선택한다. 그리고 오른쪽에서 Visualization 탭을 선택하고, 아래쪽의 'Dumps parameters values' 아이콘을 선택한다.

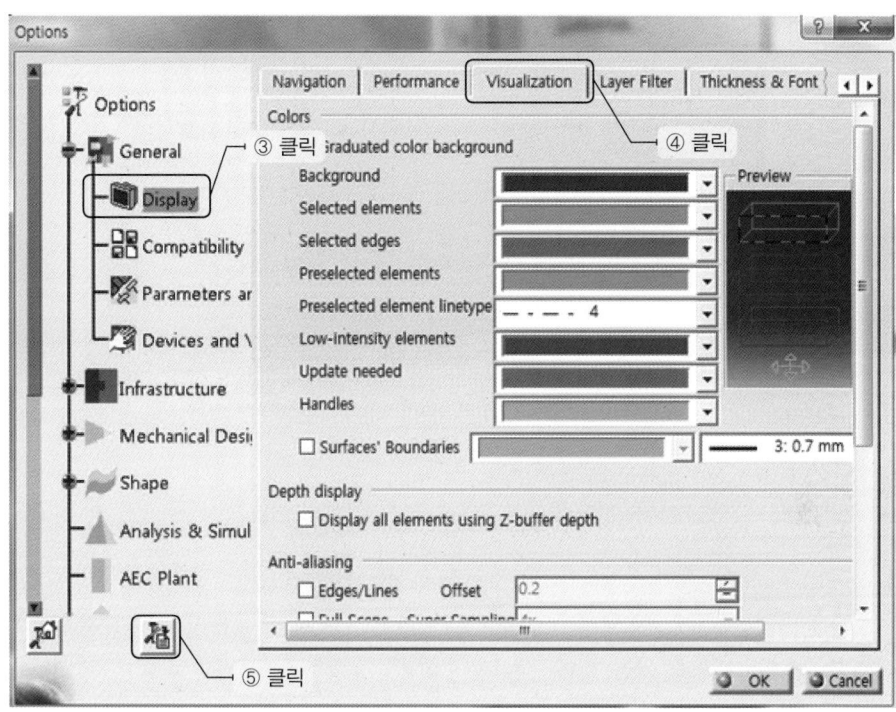

Dump of Parameters 창에서 매크로 파일을 저장할 위치를 설정하고 파일을 저장한다.

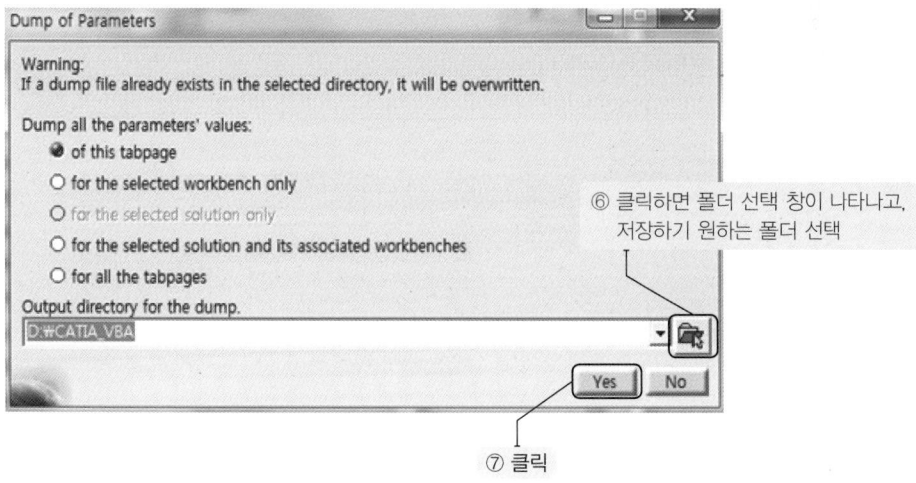

옵션 설정에 대한 매크로를 저장하였으며, Option창을 닫는다.

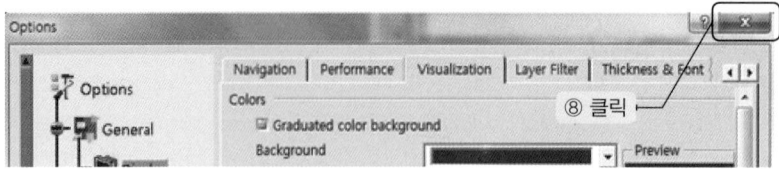

저장된 매크로의 코드를 확인하기 위해서 Macros… 메뉴를 실행한다.

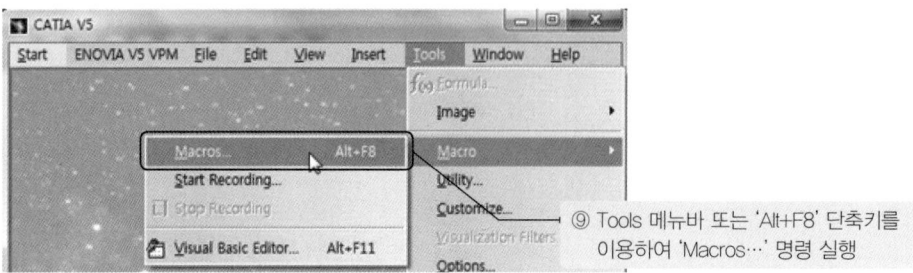

저장된 매크로는 VBScript 확장자 파일이므로, 매크로 라이브러리를 변경해야 열 수 있다.

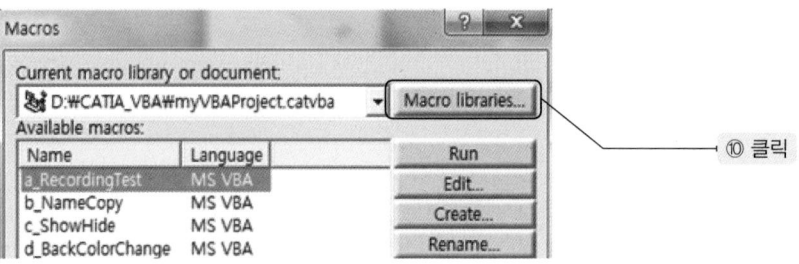

라이브러리 타입을 Directories로 변경하고, 매크로 파일을 추가하기 위해 'Add existing library…' 버튼을 선택한다.

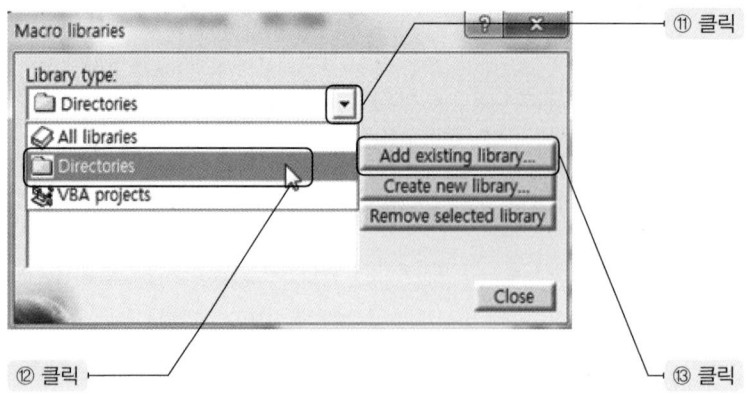

Open a directory of macros 대화창에서 매크로가 저장된 폴더를 선택한다.

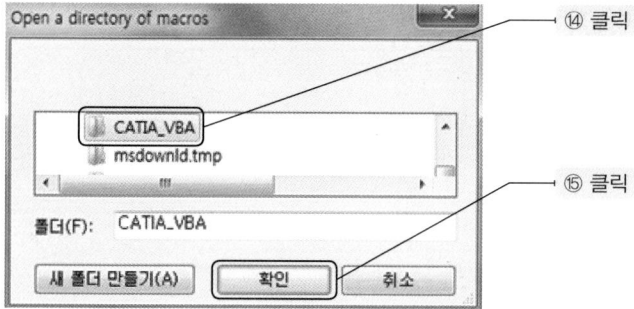

지정한 폴더가 선택된 상태에서 'Macro libraries'창을 닫는다.

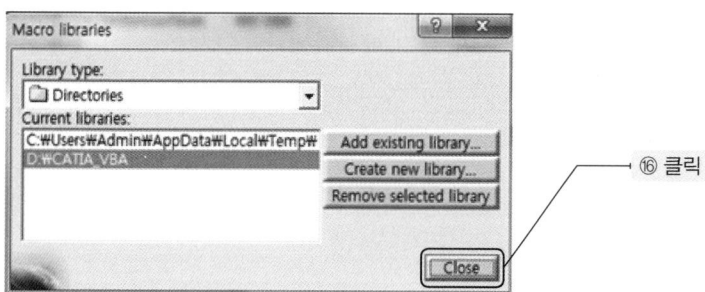

아래의 Macros 대화창에서 코드를 보기 위해 Edit 버튼을 선택한다.

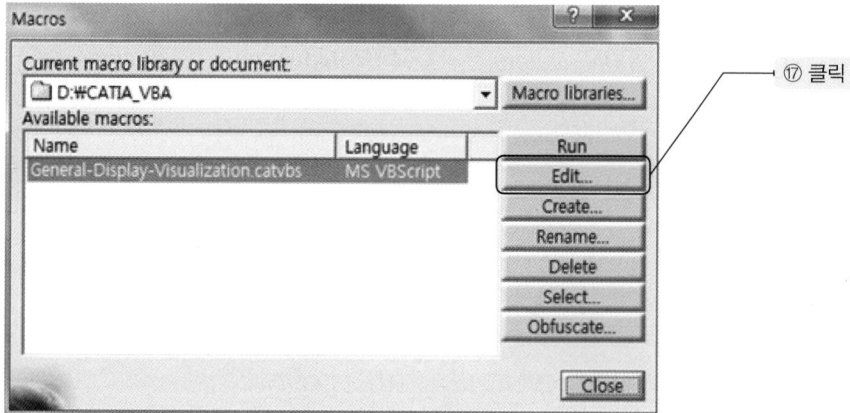

Macros Editor 창에 기록된 코드가 나타난다.

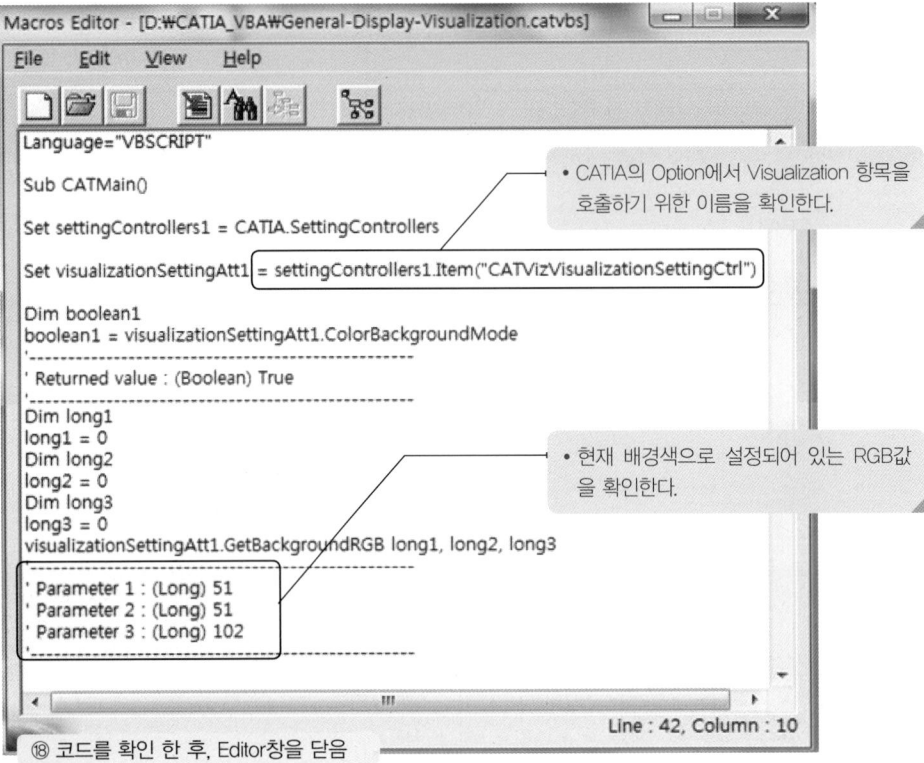

⑱ 코드를 확인 한 후, Editor창을 닫음

자동화하기 위한 작업을 구현하기 전에 관련 개체, 속성 및 메서드를 찾아 보는 것을 진행해 보았다. 때로는 코딩보다 더 많은 시간이 투자되어야 할 부분이기도 하다. 어떤 요소를 찾았느냐에 따라 코드 진행 방향이 완전히 달라질 수도 있다.

 CATScript, VBScript 및 VBA의 주요 특징

1) CATScript (.CATScript) : VBScript와 유사하며, Unix에서도 작동한다. Notepad와 같은 간단한 문서 편집기만 있으면, 작업이 가능하다. 그러나 코드 작업에 효율적인 그래픽 환경을 지원하지 않으며, 디버깅도 어렵다.

2) VBScript (.catvba) : Visual Basic 문법을 따르며, CATScript와 유사한 성격을 가진다. VBA의 구 버전이다.

3) **VBA** (.catvba) : VBScript와 파일 확장자명은 같으나, 문서 편집기에서 편집할 수 없으며, CATIA내의 **Visual Basic Editor를 이용해서 편집**할 수 있다. 다른 MS Office 계열의 VBA와 유사한 특징을 가진다.

세 번째의 VBA가 가장 효율적이며, 이 책에서는 VBA만 활용한다.

② 코드 작업

띄워져 있는 Macros 대화창에서 매크로 라이브러리를 기존에 작업하던 catvba 파일로 변경한다.

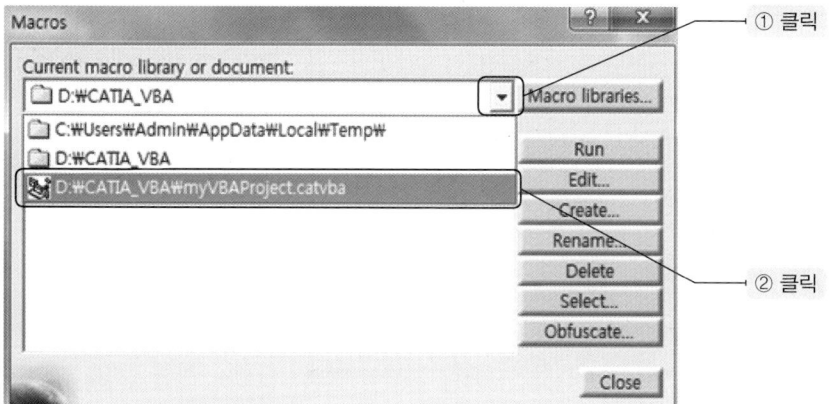

선택된 모듈과 상관없이 Edit 버튼을 선택해서 VB Editor 창을 띄운다.

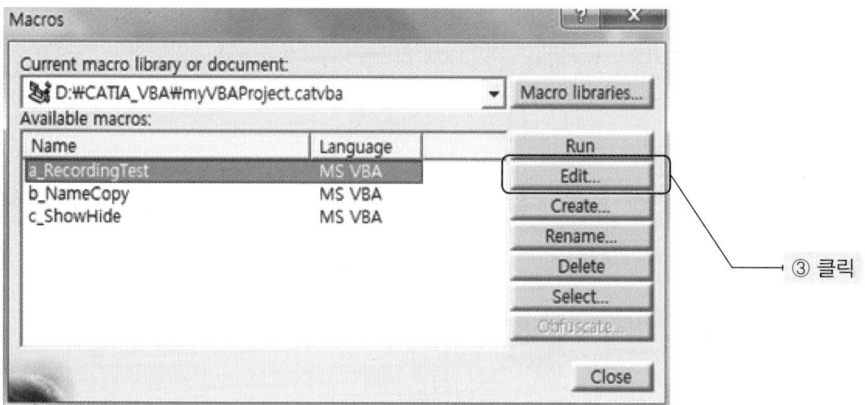

VB Editor의 환경 설정을 변경하기 위해 Tools / Options… 메뉴를 실행한다.

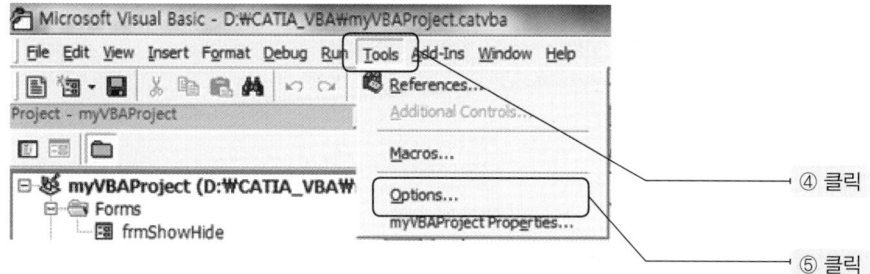

옵션 설정 창에서 'Require Variable Declaration' 항목을 체크한다.

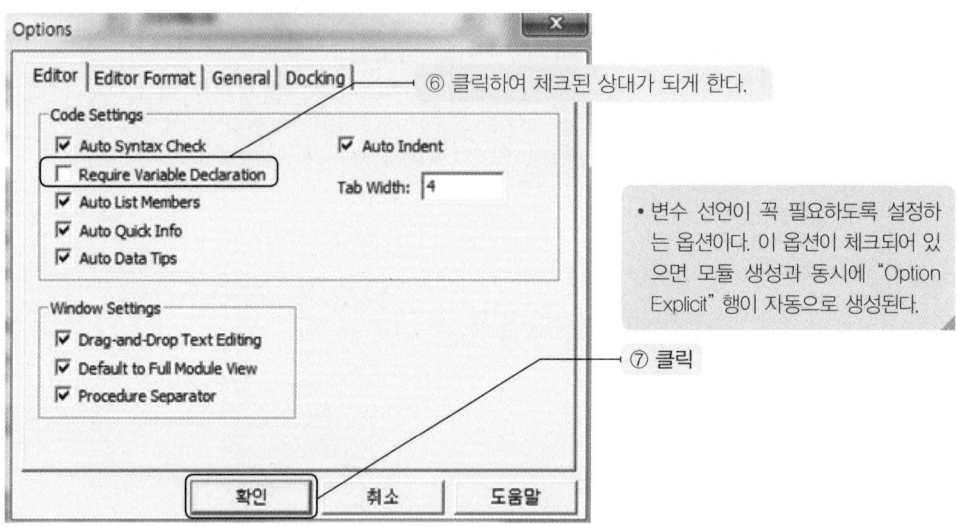

VB Editor의 환경 설정을 마치고, 새로운 모듈을 추가한다.

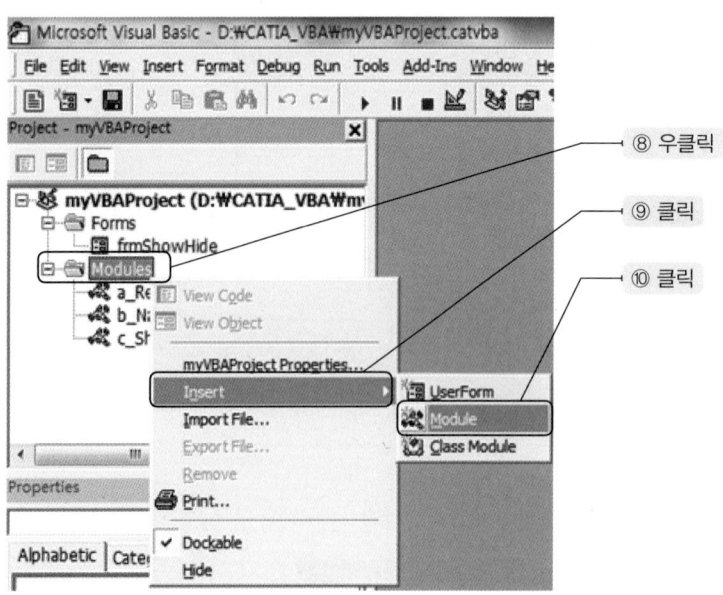

새로운 모듈의 코드 최상단에 'Option Explicit' 행이 자동으로 생성된다. 그리고 모듈의 이름을 'd_BackColorChange'로 변경한다.

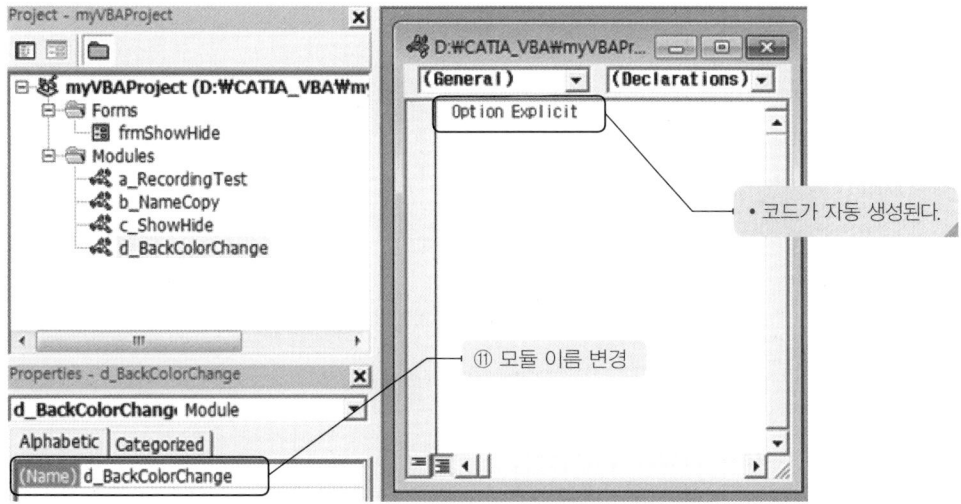

먼저 CATMain 프로시저를 선언하는 부분을 작성한다. (Sub CATMain( )~ End Sub)

1) 도입부의 에러 처리에 대한 코딩

'oViewer' 이름의 Viewer 개체 타입의 변수를 선언하고 ActiveWindow 속성과 ActiveViewer 속성을 이용하여 개체를 할당한다. 이 과정에서 CATIA에 아무런 문서가 열려 있지 않으면 에러가 발생한다. 이러한 에러 발생을 처리하는 코드를 아래와 같이 작성한다.

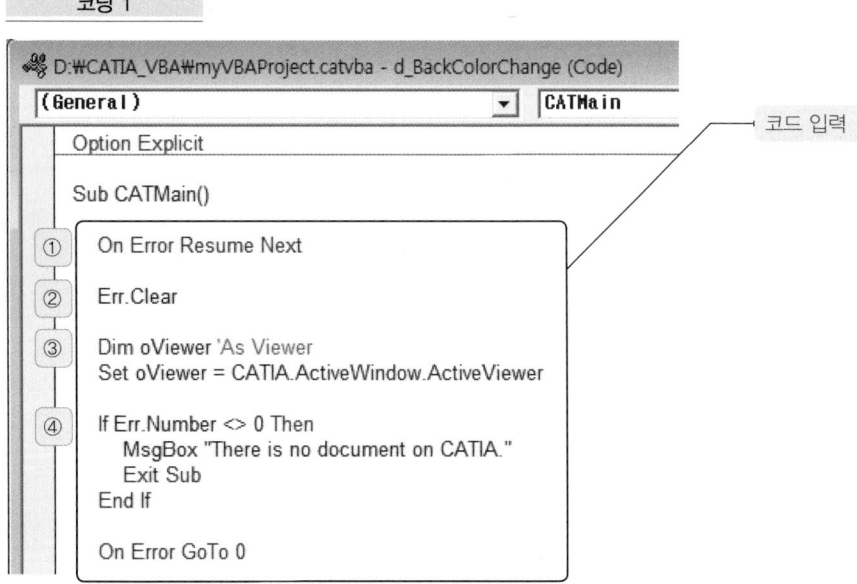

① On Error 구문 시작 : 에러가 발생해도 계속 실행하도록 설정한다.
② Err(ErrObject) 개체의 값을 초기화한다. → 'Err.Number = 0' 과 동등하다.
③ **'oViewer' 이름의 Variant 타입의 변수**를 선언하고, 활성화된 Viewer를 할당한다. 이 때 Viewer 개체 타입으로 선언하지 않는 이유는 **Viewer 개체의 GetBackgroundColor 메서드 적용에 오류를 방지**하기 위해서이다.
④ 에러 처리 구문 : 활성화된 Viewer 개체의 할당에 실패하면, 메시지를 띄우고 프로그램을 종료한다.

활성화된 문서의 종류를 파악하고, 문서의 종류가 적용 대상이 아니면 프로그램을 종료하게 되는 부분의 코드는 아래와 같다.

코딩 2 ─────────────────────────── 코드 입력

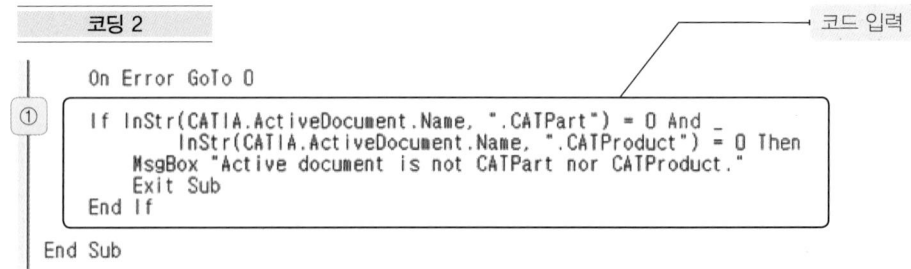

```
    On Error GoTo 0
①  If InStr(CATIA.ActiveDocument.Name, ".CATPart") = 0 And _
        InStr(CATIA.ActiveDocument.Name, ".CATProduct") = 0 Then
        MsgBox "Active document is not CATPart nor CATProduct."
        Exit Sub
    End If
End Sub
```

① 'InStr(CATIA.ActiveDocument.Name, ".CATPart") = 0' 조건식의 의미는 활성화된 문서의 이름에 ".CATPart" 문자열이 존재하지 않는 경우를 뜻한다.
조건식1 And 조건식2 : 조건식1을 만족하고 동시에 조건식2를 만족할 경우를 말한다.
따라서 If문 전체를 해석하면 다음과 같다.
활성화된 문서가 CATPart가 아니고 CATProduct도 아닐 경우, 메시지를 띄우고 프로그램을 종료한다.

 **VB의 문자열 관련 함수**

아래의 함수를 이해하면 거의 모든 문자열의 조합에 대한 대응이 가능하다.

1) **Left**("ABCD", 2) : 문자열 "AB"를 반환, 왼쪽에서 두 개의 문자열

2) **Right**("ABCD", 2) : 문자열 "CD"를 반환, 오른쪽에서 두 개의 문자열

3-1) **Mid**("ABCD", 2, 2) : 문자열 "BC"를 반환, 두 번째 문자열에서 시작해서 두 개의 문자열

3-2) **Mid**("ABCD", 2) : 문자열 "BCD"를 반환, 두 번째 문자열에서 시작해서 끝까지

4) **InStr**("ABCDEF", "CD") : 값 3을 반환, "CD" 문자열의 위치를 숫자로 반환

5) **InStr**(2, "ABCDEF", "CD") : 값 2를 반환, 두 번째 문자를 시작으로 "CD" 문자열의 위치를 숫자로 반환

6) **InStr**("ABCDEF", "GH") : 값 0을 반환, "GH" 문자열을 찾지 못함

7) **InStrRev**("C:\Windows\System32\calc.exe", "\") : 값 20을 반환, "\" 문자열을 뒤에서부터 찾음

8) **UCase**("ABCdef") : 문자열 "ABCDEF"를 반환, 모든 문자를 대문자로 변환

9) **LCase**("ABCdef") : 문자열 "abcdef"를 반환, 모든 문자를 소문자로 변환

10) **Str**(123) : 문자열 "123"을 반환, 숫자를 문자로 변환

11) **CStr**(123) : 문자열 "123"을 반환, 숫자를 문자로 변환 (Str 함수와 결과가 같다.)

12) **Len**("ABCDEF") : 값 6을 반환, 문자열의 길이를 숫자 값으로 반환

- Visual Basic 도움말의 검색 탭을 이용하면, 더 많은 예제를 확인할 수 있다.

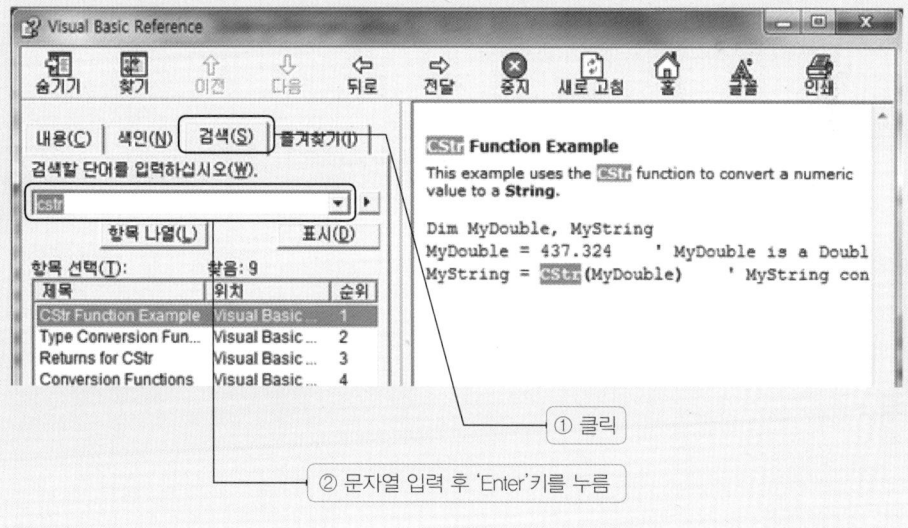

문자열 관련 함수를 조합하는 예제를 이해하자.

```vb
Sub CATMain()
    Dim myStr As String
    myStr = "Test modeling.CATPart"
①   If InStr(UCase(myStr), ".CATPART") > 0 Then
②       MsgBox Left(myStr, Len(myStr) - 8)
    End If
End Sub
```

① UCase(myStr) : "TEST MODELING.CATPART" 문자열을 반환
   InStr(UCase(myStr), ".CATPART") : 값 14를 반환
② Len(myStr) - 8 : 21 - 8 = 13
   Left(myStr, Len(myStr) - 8) : "Test modeling" 문자열을 반환

- 위의 코드를 실행하면, 확장자 이름을 제외한 파일 이름만 메시지에 나타난다.

InStrRev 함수를 이용하는 예제를 이해하자.

```vb
Sub Test()

    mystr = "C:\windows\System32\calc.exe"
    i = InStrRev(mystr, "\")
    MsgBox Right(mystr, Len(mystr) - i)

End Sub
```

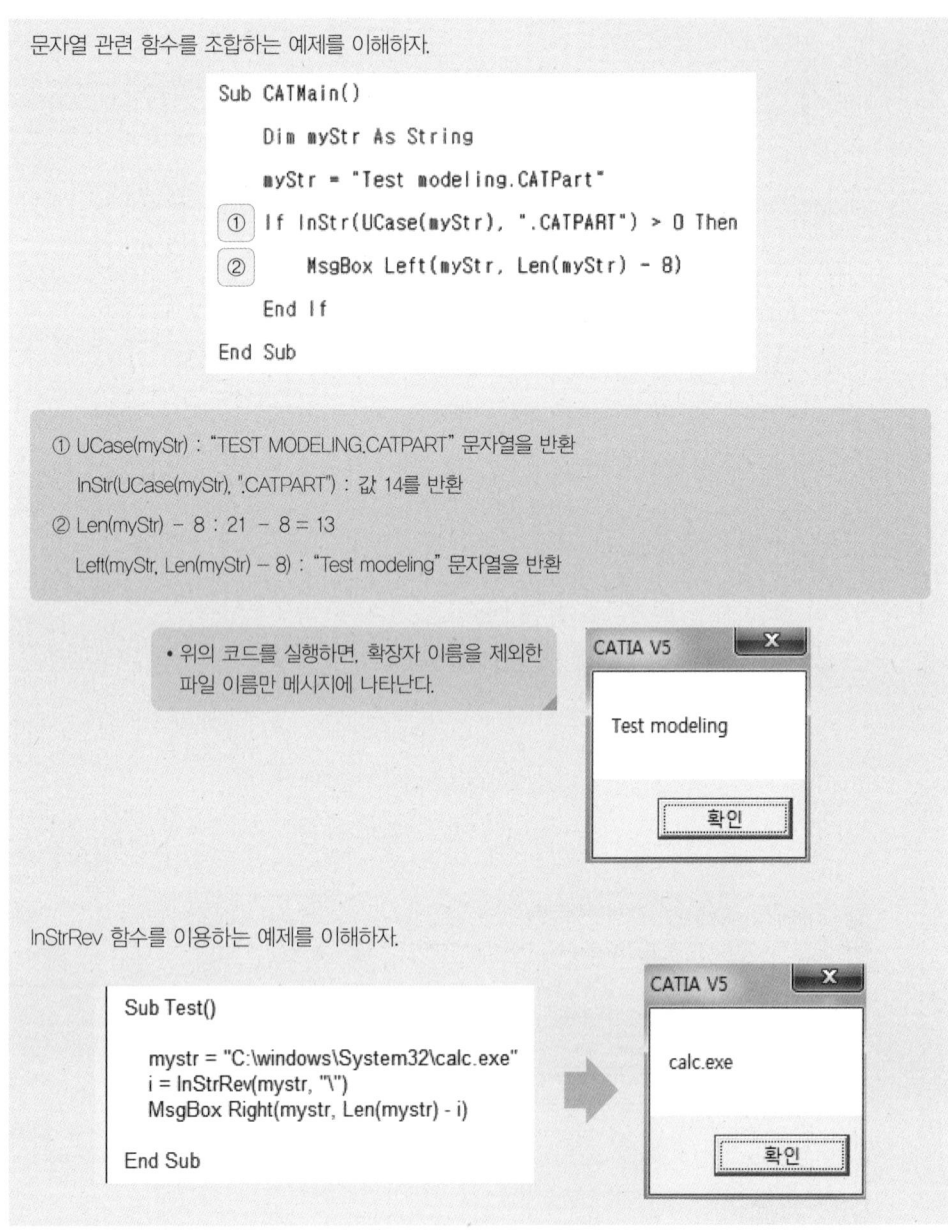

여기까지의 코드를 가지고, 두 가지 경우에 대하여 테스트해 보자.

• **Case 1)** CATIA에 문서가 열려 있지 않은 상태에서 Visual Basic Editor에서 프로그램을 실행하면, 아래 메시지가 뜨고, 프로그램이 종료된다..

클릭

• **Case 2)** CATIA에서 CATDrawing 문서를 오픈한 상태에서 Visual Basic Editor의 프로그램을 실행하면, 아래 메시지가 뜨고, 프로그램이 종료된다.

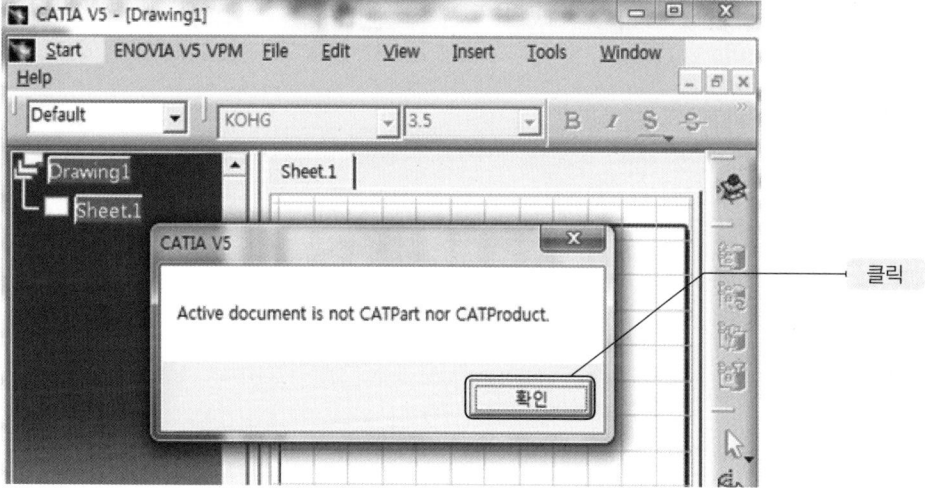

클릭

2) 윈도 배경색 변경 작업 코딩

코딩 3

```
    Dim oViewer 'As Viewer
    Set oViewer = CATIA.ActiveWindow.ActiveViewer

    If Err.Number <> 0 Then
        MsgBox "There is no document on CATIA."
        Exit Sub
    End If

    On Error GoTo 0

    If InStr(CATIA.ActiveDocument.Name, ".CATPart") = 0 And _
        InStr(CATIA.ActiveDocument.Name, ".CATProduct") = 0 Then
        MsgBox "Active document is not CATPart nor CATProduct."
        Exit Sub
    End If
```
（CATMain 프로시저 내에서 코드 입력）

```
①  Dim arrColor(2) As Variant
    oViewer.GetBackgroundColor arrColor

②  If arrColor(0) = 1 And arrColor(1) = 1 And arrColor(2) = 1 Then

③      Dim oVisSetCtrl As SettingController
        Set oVisSetCtrl = CATIA.SettingControllers.Item("CATVizVisualizationSettingCtrl")
        oVisSetCtrl.GetBackgroundRGB arrColor(0), arrColor(1), arrColor(2)

    Else

④      arrColor(0) = 1: arrColor(1) = 1: arrColor(2) = 1

    End If

⑤  oViewer.PutBackgroundColor arrColor

End Sub
```

① 'arrColor' 이름의 Variant 타입의 배열을 0~2까지 3개의 공간으로 선언한다.
  GetBackgroundColor 메서드를 통하여 'arrColor' 배열에 'oViewer' 이름의 Viewer 개체형 변수의 배경색을 RGB값으로 입력한다.
② 조건식 해석 : 만약 'arrColor'에 입력된 값이 모두 1인 경우, 즉 배경색이 흰색인 경우
③ 'oVisSetCtrl' 이름의 개체형 변수를 선언한다.
  CATIA의 환경 옵션에서 Visualization을 관리하는 항목에 해당하는 개체를 'oVisSetCtrl'에 할당한다.
  GatBackgroundRGB 메서드를 통하여 'arrColor' 배열에 CATIA의 윈도 배경색으로 설정된 RGB색의 값을 입력한다.
④ 윈도의 배경색이 흰색이 아닌 경우, 'arrColor'의 세 값을 모두 1로 입력한다.
⑤ PutBackgroundColor 메서드를 이용하여 윈도의 배경색을 변경한다.

| 부연 설명 | 배경색이 흰색이면, 'arrColor' 변수의 세 개의 값을 1로 변경한다. 만약 흰색이 아니면, 'arrColor' 변수의 세 개의 값을 CATIA의 옵션값으로 변경한다. 그리고 마지막에 윈도의 배경색을 'arrColor' 변수값으로 적용한다.

3) 디버깅 작업

CATIA에 CATPart를 하나 생성하고, VB Editor에서 'F5' 단축키로 코드를 실행한다.

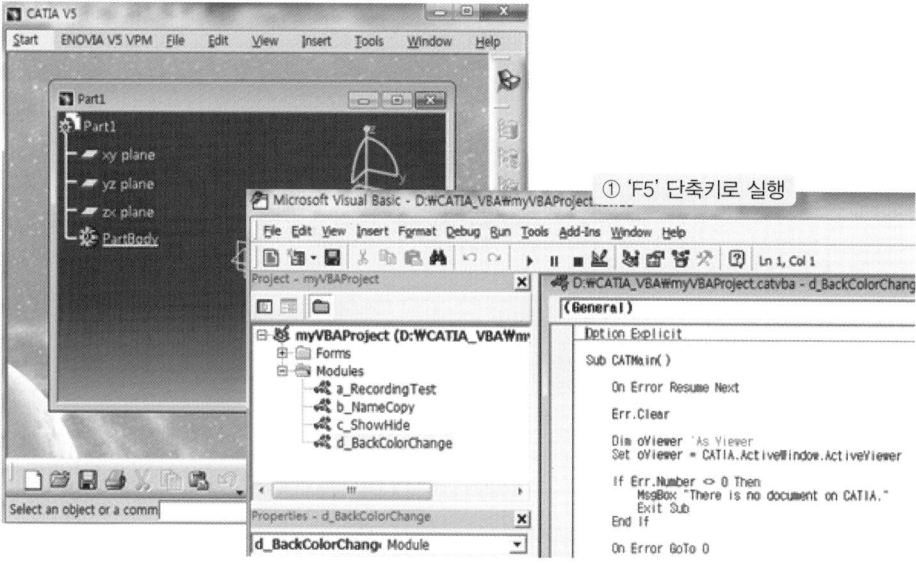

코드를 실행하면, Part1 문서의 윈도 배경색이 흰색으로 변경된다.

- 활성화된 윈도 배경색이 흰색으로 변경됨

흰색 바탕을 옵션에 설정된 색으로 변경하기 위해 프로그램을 재실행한다.

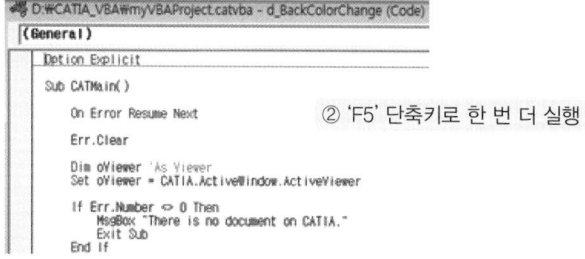

옵션의 설정 색으로 변경되지 않고 오류가 발생한다.

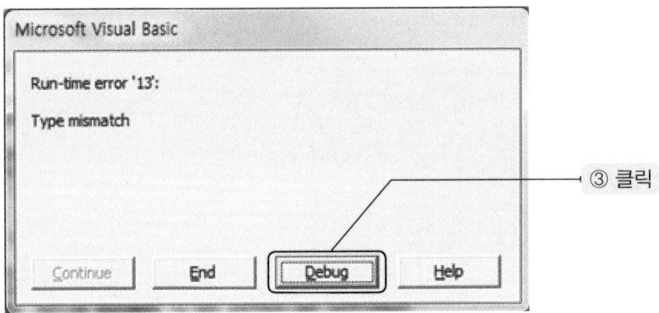

③ 클릭

If문 내의 GetBackgroundRGB 메서드에서 오류가 발생하고, 도움말을 이용해 원인을 파악한다.

```
Dim arrColor(2) As Variant
oViewer.GetBackgroundColor arrColor

If arrColor(0) = 1 And arrColor(1) = 1 And arrColor(2) = 1 Then

    Dim oVisSetCtrl As SettingController
    Set oVisSetCtrl = CATIA.SettingControllers.Item("CATVizVisualizationSettingCtrl")
    oVisSetCtrl.GetBackgroundRGB arrColor(0), arrColor(1), arrColor(2)
Else
                                                        • 오류가 발생한 행이 노란색으로 표시된다.
    arrColor(0) = 1: arrColor(1) = 1: arrColor(2) = 1

End If
oViewer.PutBackgroundColor arrColor
```

- GetBackgroundRGB 코드에 마우스를 클릭하여 커서를 놓고, 'F1' 단축키로 도움말창을 실행한다. 메서드의 **Input 인자는 정수형 Long 타입**이다.
- 도움말에는 값의 범위가 없으나, 테스트해 보면 **0에서 255 사이의 값**을 가지는 것을 알 수 있다.

o Sub **GetBackgroundRGB**(long ioR,
　　　　　　　　　　　　long ioG,
　　　　　　　　　　　　long ioB)

Returns the BackgroundRGB parameter.

- GetBackgroundColor 코드에 커서를 올려놓고 'F1' 단축키로 도움말창을 실행한다. 메서드의 **Input 인자는 Variant 타입의 배열 변수**이다.
- 도움말을 읽어 보면 **0에서 1 사이의 값**을 가지는 것을 알 수 있다.

o Sub **GetBackgroundColor**(CATSafeArrayVariant color)

Gets the viewer's background color. The color is expressed in the RGB color mode, as a triplet of coordinates ranging from 0 to 1 for the red, green, and blue colors respectively.

VB Editor의 Standard 툴바에서 Reset 아이콘을 클릭해서, 프로그램을 종료한다.

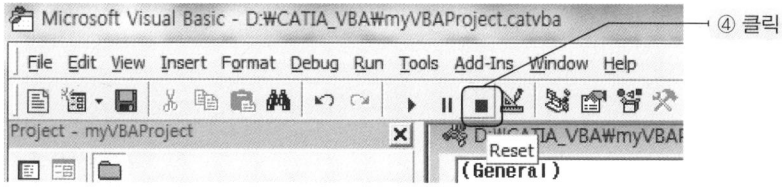
④ 클릭

오류 메서드의 Input 인자 타입을 고려하여 코드를 수정하자.

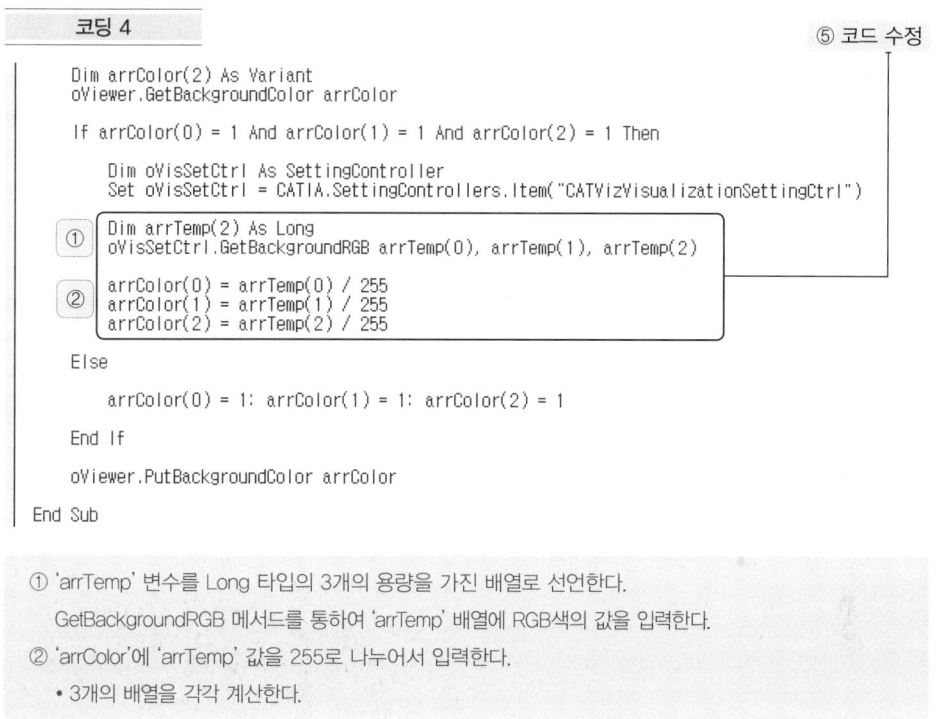

⑤ 코드 수정

① 'arrTemp' 변수를 Long 타입의 3개의 용량을 가진 배열로 선언한다.
   GetBackgroundRGB 메서드를 통하여 'arrTemp' 배열에 RGB색의 값을 입력한다.
② 'arrColor'에 'arrTemp' 값을 255로 나누어서 입력한다.
   • 3개의 배열을 각각 계산한다.

최종 코드를 실행하면, 흰색으로 바뀐 윈도 배경색이 다시 원상 복구된다.

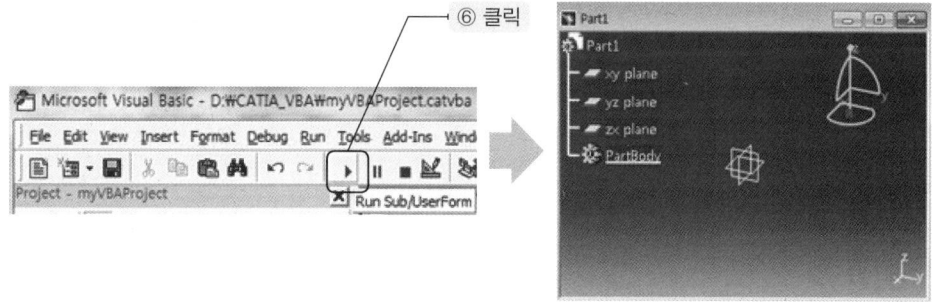
⑥ 클릭

③ 최종 코드 이해

```
Option Explicit

Sub CATMain()

    On Error Resume Next

    Err.Clear

    Dim oViewer 'As Viewer
    Set oViewer = CATIA.ActiveWindow.ActiveViewer

    If Err.Number <> 0 Then
        MsgBox "There is no document on CATIA."
        Exit Sub
    End If

    On Error GoTo 0

    If InStr(CATIA.ActiveDocument.Name, ".CATPart") = 0 And _
        InStr(CATIA.ActiveDocument.Name, ".CATProduct") = 0 Then
        MsgBox "Active document is not CATPart nor CATProduct."
        Exit Sub
    End If
```
- 초기 도입부
- Viewer 개체 할당
- Error 처리

```
    Dim arrColor(2) As Variant
    oViewer.GetBackgroundColor arrColor

    If arrColor(0) = 1 And arrColor(1) = 1 And arrColor(2) = 1 Then

        Dim oVisSetCtrl As SettingController
        Set oVisSetCtrl = CATIA.SettingControllers.Item("CATVizVisualizationSettingCtrl")

        Dim arrTemp(2) As Long
        oVisSetCtrl.GetBackgroundRGB arrTemp(0), arrTemp(1), arrTemp(2)

        arrColor(0) = arrTemp(0) / 255
        arrColor(1) = arrTemp(1) / 255
        arrColor(2) = arrTemp(2) / 255

    Else

        arrColor(0) = 1: arrColor(1) = 1: arrColor(2) = 1

    End If
```
- Viewer의 색을 획득하고, 변경할 색의 RGB값을 준비

```
    oViewer.PutBackgroundColor arrColor

End Sub
```
- 윈도 색 변경

Chapter 05
프로그램 5. 단면 검토를 위한 기준면 생성

Chapter 05

프로그램 4. 단면 검토를 위한 기준면 생성

● 업무 시나리오 ●

자동차 부문의 설계 업무를 진행하는 경우에는 담당하는 설계 파트와 주변 부품과의 갭이나 단차를 체크해야 한다. 이 때, 제품의 파팅 커브를 기준으로 단면 작업을 효율적으로 하기 위한 선수 작업으로, **파팅 커브에 수직인 다수의 면을 자동으로 만들고자 한다.**

● 프로그램 요건 ●

1) 커브를 기준으로 **다수의 수직이 되는 둥근 면**을 만든다.
2) **면의 개수**를 사용자가 정할 수 있다.
3) 둥근 **면의 반경**을 사용자가 정할 수 있다.

시작하기 전에..

이 장에서는 **Wireframe과 Surface 요소 생성**에 대해 작업할 것이다. CATIA 사용자 입장에서 형상 생성 부분에 Automation 프로그램의 활용이 많을 것이라 생각하겠지만, CATIA 내의 PowerCopy 나 UserFeature 등의 강력한 형상 재활용 기능이 있기 때문에 실질적으로 형상 생성 부분에 VBA 를 이용한 Automation 프로그램을 활용하는 사례가 많지 않은 듯 하다. 그러나 많은 반복이 필요한 경우에는 매우 효율적인 솔루션을 제공한다. 특히, 형상의 히스토리의 유지가 필요하지 않고, 결과 만 생성하면 되는 경우에 효율적으로 사용할 수 있다.

우선 사전에 기억해야 할 부분은 Wireframe 또는 Surface를 다루는 개체는 HybridShape에 해당하고, 이러한 요소를 **생성하는 개체는 HybridShapeFactory**이다. 그리고, Wireframe 또는 Surface가 생성되는 **Geometrical Set에 해당하는 개체는 HybridBody**이다. 이외에도 Ordered Geometrical Set에 해당하는 개체는 OrderedGeometricalSet이다. 다른 관련 요소는 도움말에서 찾을 수 있다.

순서도 구상

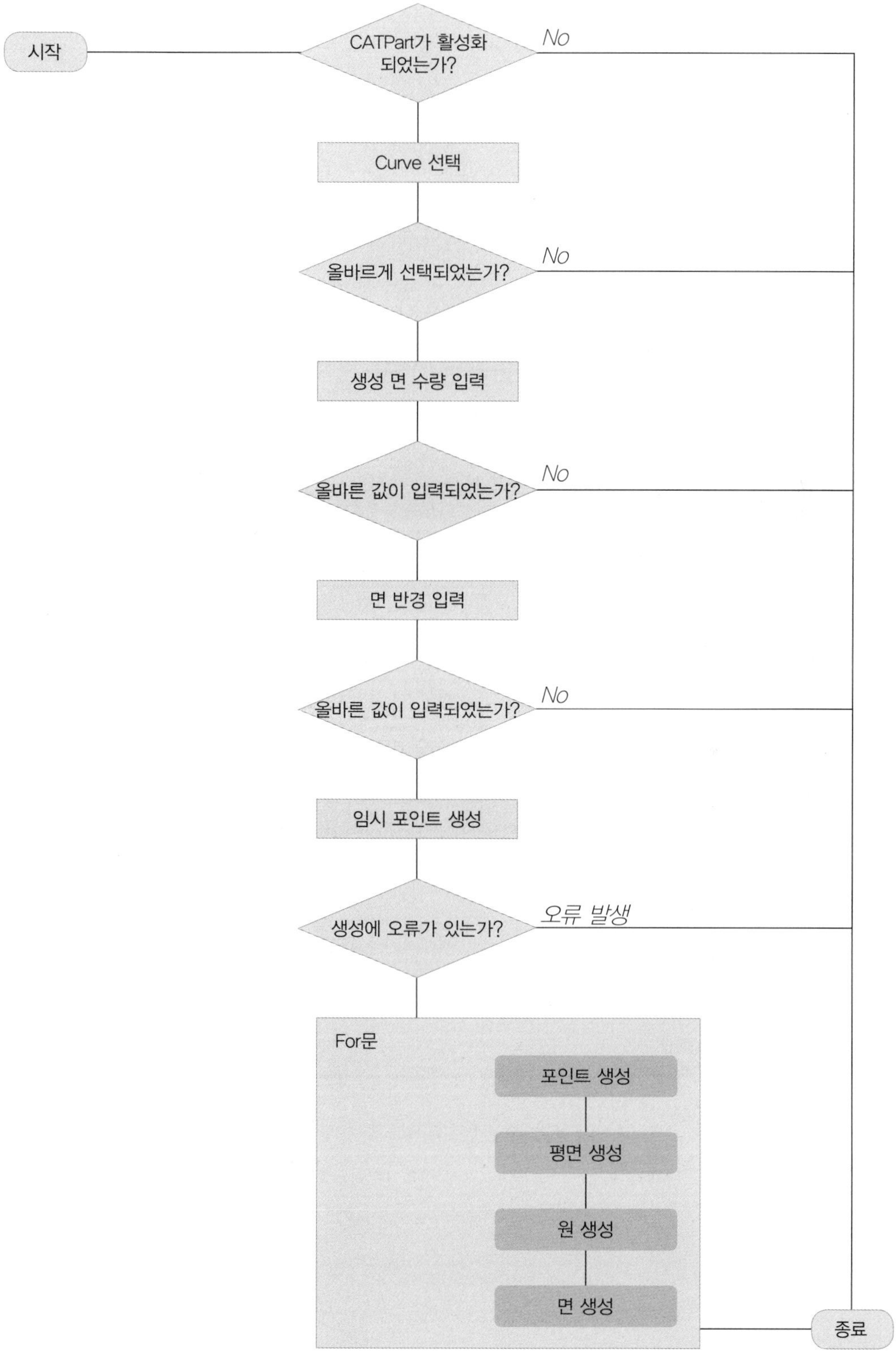

```
시작 → CATPart가 활성화 되었는가? → No → 종료
           ↓
       Curve 선택
           ↓
     올바르게 선택되었는가? → No → 종료
           ↓
     생성 면 수량 입력
           ↓
   올바른 값이 입력되었는가? → No → 종료
           ↓
       면 반경 입력
           ↓
   올바른 값이 입력되었는가? → No → 종료
           ↓
      임시 포인트 생성
           ↓
   생성에 오류가 있는가? → 오류 발생 → 종료
           ↓
     For문
       ├ 포인트 생성
       ├ 평면 생성
       ├ 원 생성
       └ 면 생성
           ↓
         종료
```

① 관련 개체, 속성 및 메서드 찾기

1) HybridShape과 관련된 개체, 속성 및 메서드 찾기

바탕화면에 만들어 둔 'V5Automation.chm' 도움말의 바로가기를 실행한다.

도움말을 실행하여 개체 구조에 대한 초기 페이지를 열고, PartDocument 개체의 하위 구조를 알아보기 위해 그림에서 삼각형을 선택한다.

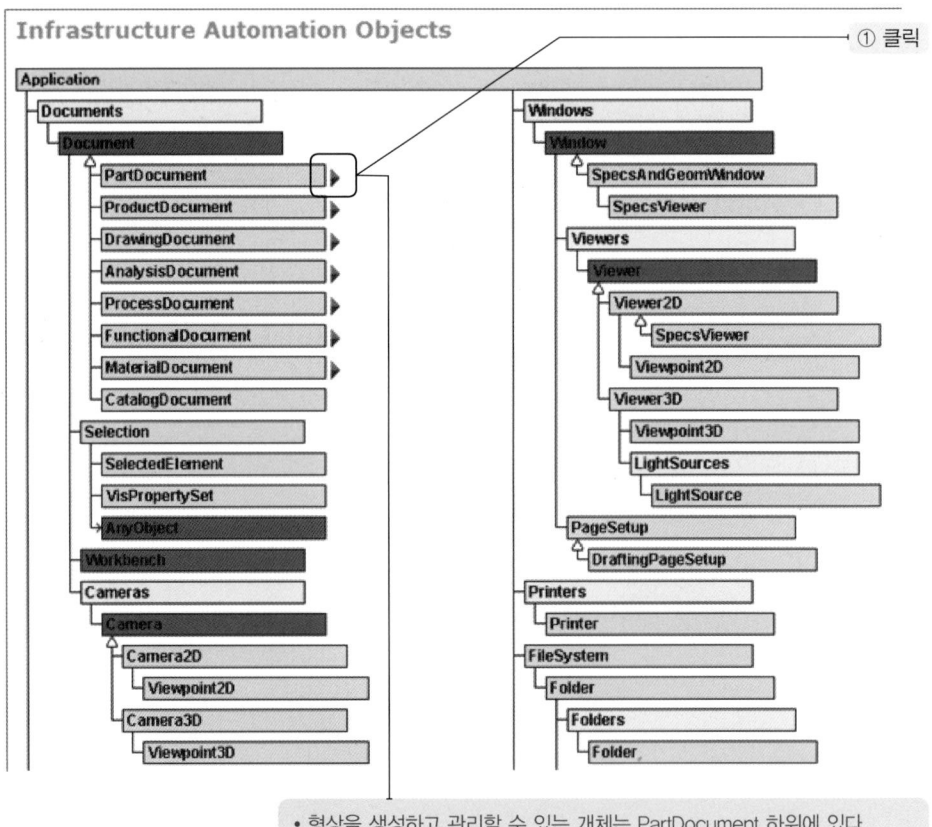

이름에 Factory가 있는 개체는 형상을 만들기 위한 개체이며, 그 중에서 HybridShape Factory는 Point, Wireframe 및 Surface 등을 만들 수 있는 개체이다.

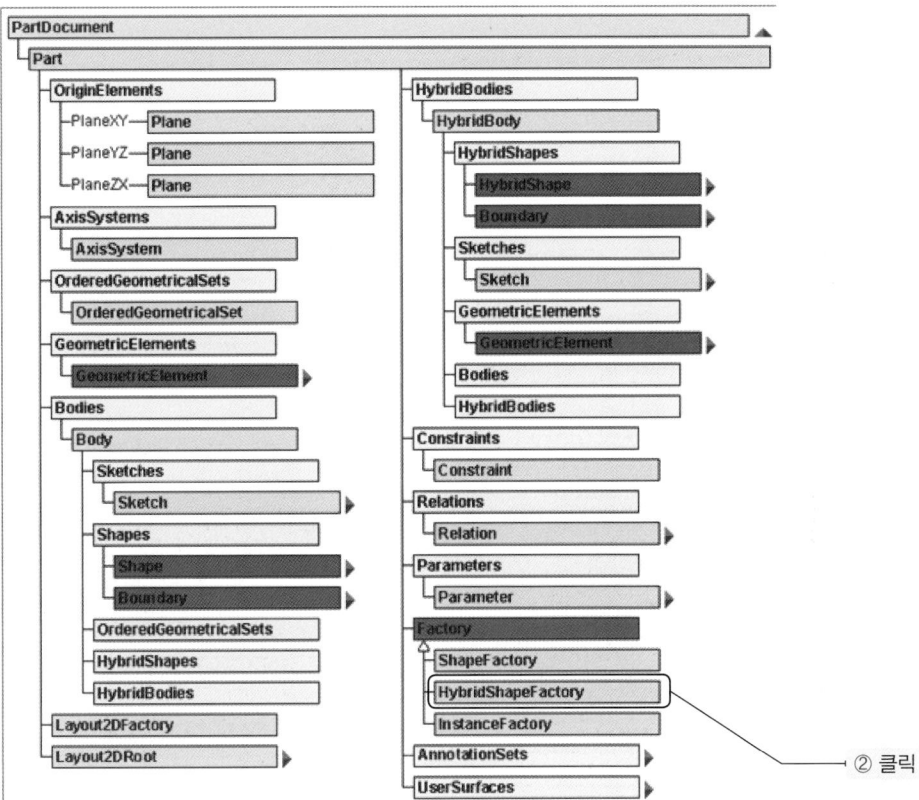

HybridShapeFactory 개체에 대한 설명이 나타난다.

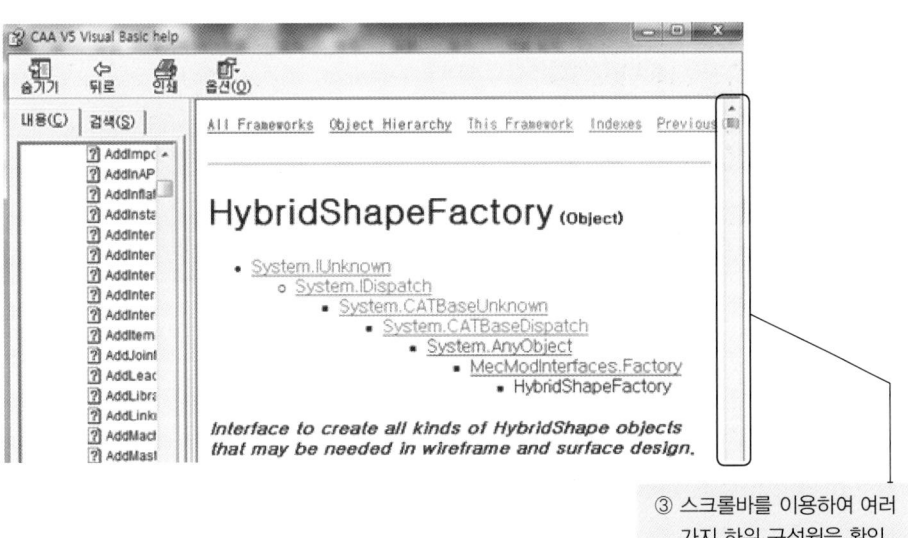

다양한 'AddNew~' 메서드를 확인하고, 뒤로 되돌아간다.

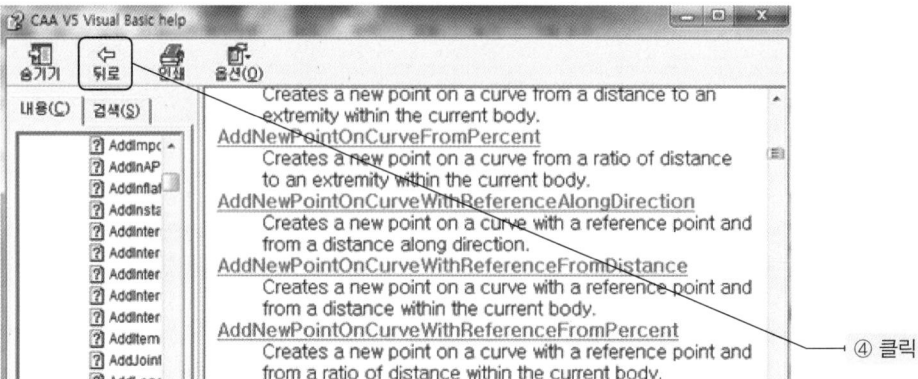

④ 클릭

HybridBodies 개체는 Geometrical Set에 대한 집합 개체이다.

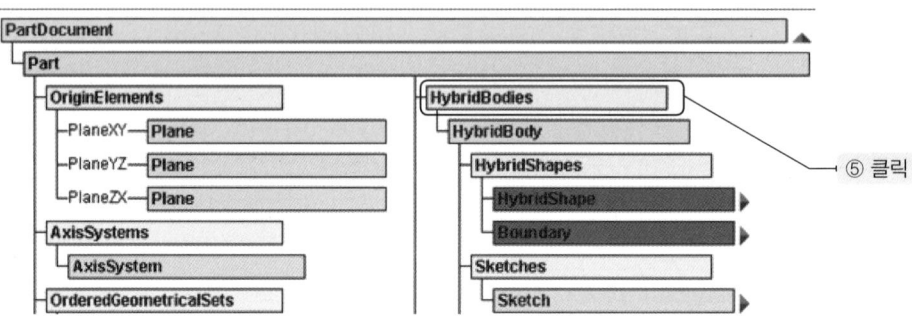

⑤ 클릭

HybridBodies 개체에 대한 설명을 확인하고, 뒤로 돌아간다.

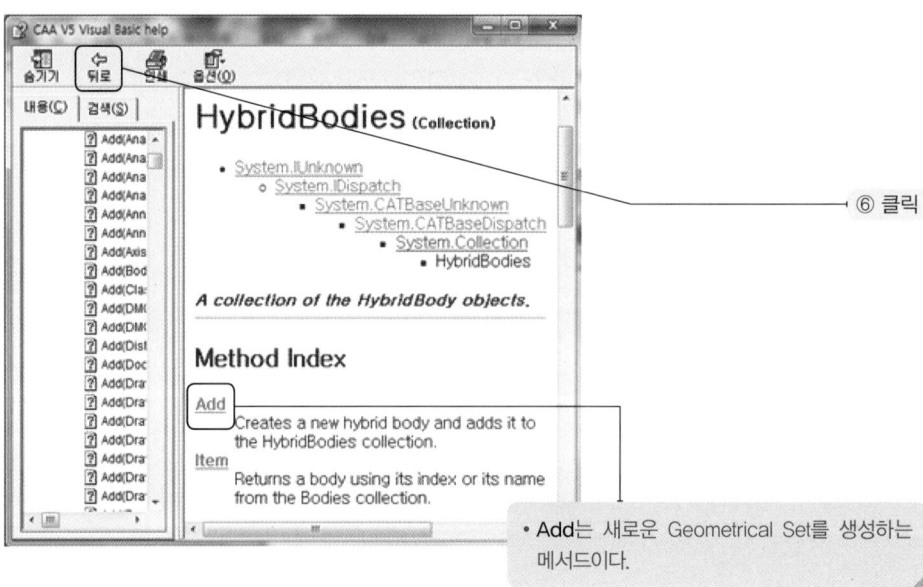

⑥ 클릭

- **Add**는 새로운 Geometrical Set를 생성하는 메서드이다.

HybirdBody 개체는 개별 Geometrical Set를 의미한다.

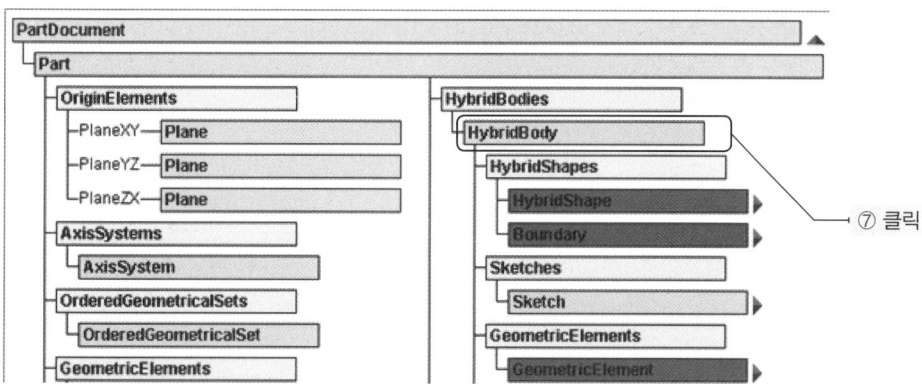

HybridBody 개체에 대한 설명을 확인하고, 뒤로 돌아간다.

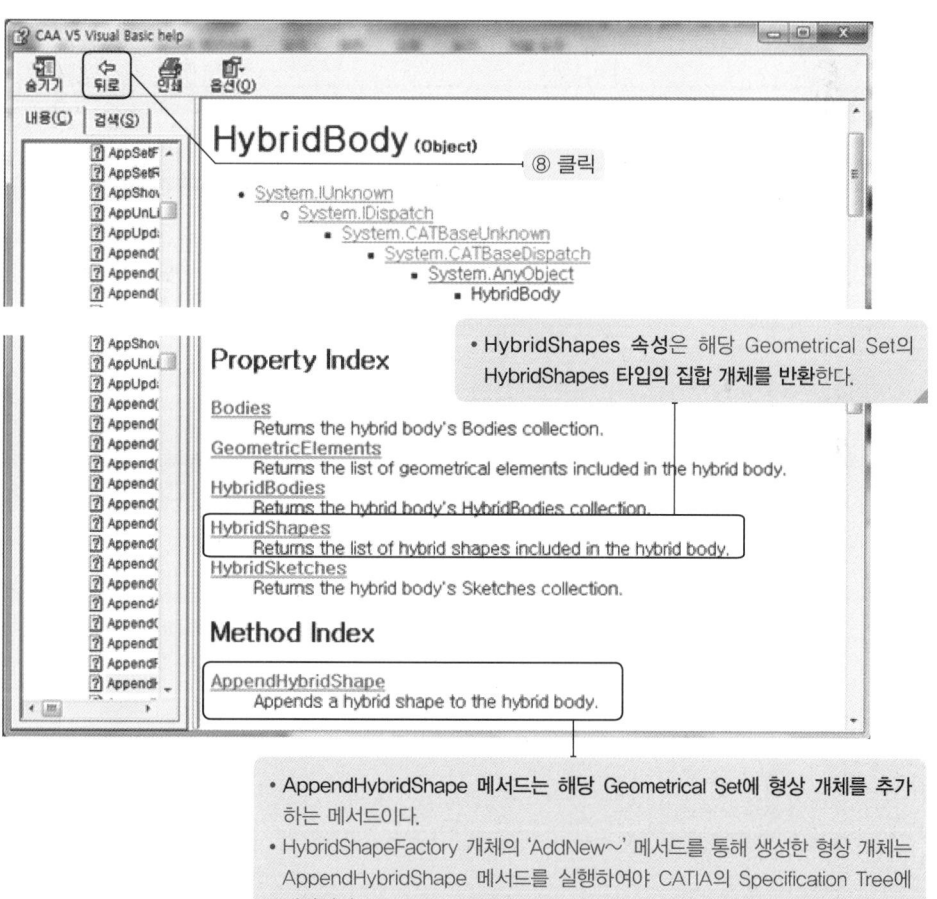

- AppendHybridShape 메서드는 해당 Geometrical Set에 형상 개체를 추가하는 메서드이다.
- HybridShapeFactory 개체의 'AddNew~' 메서드를 통해 생성한 형상 개체는 AppendHybridShape 메서드를 실행하여야 CATIA의 Specification Tree에 나타난다.

HybirdShape 개체는 Wireframe 또는 Surface 등의 형상을 대표하는 추상 개체이다.

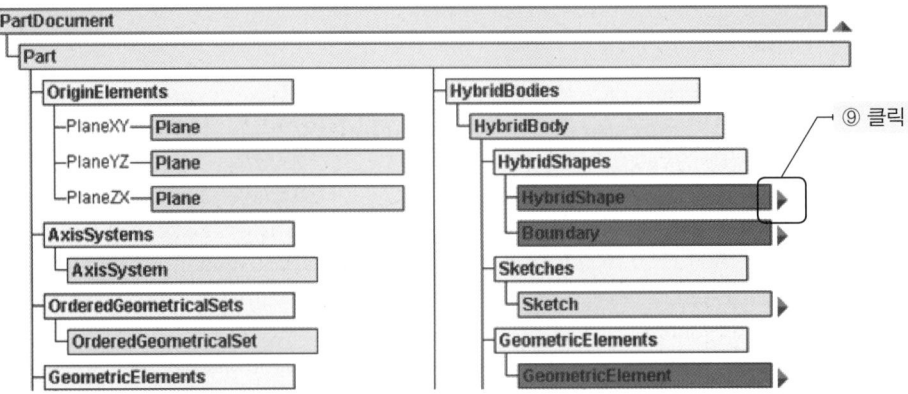

HybridShape 추상 개체는 많은 일반 개체와 상속 관계에 있다.

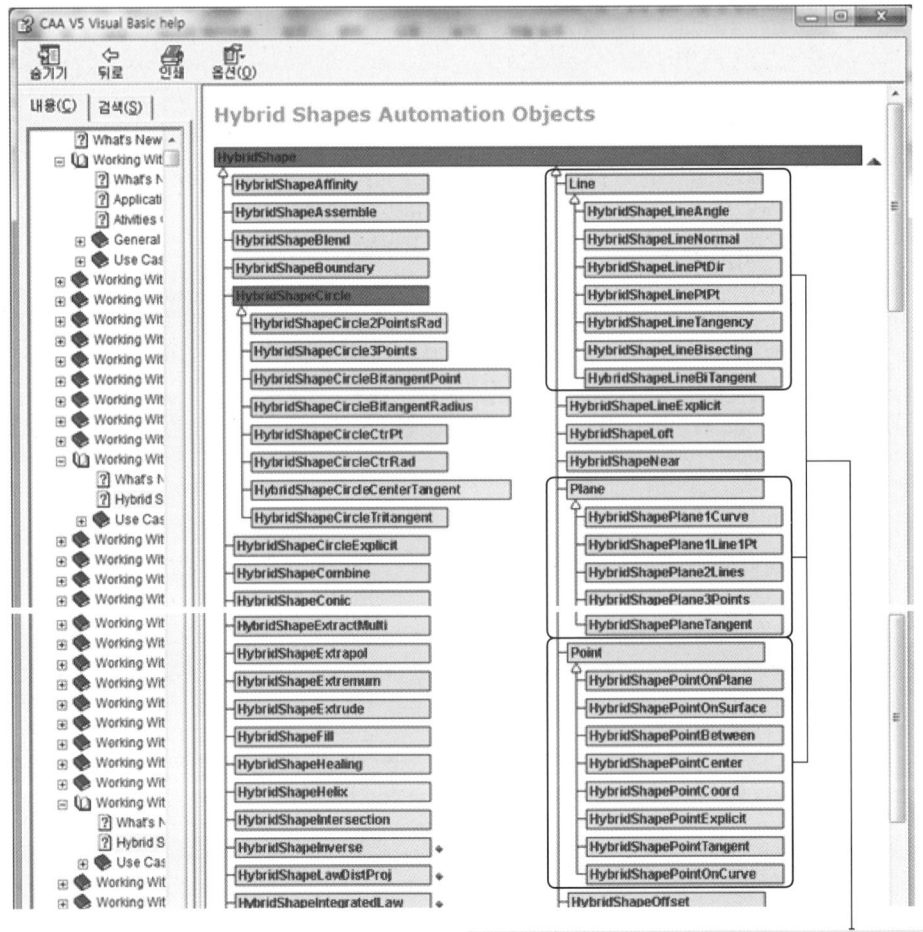

- Point, Line 및 Plane 개체는 대표 개체로 존재하며, 하위 개체와 상속의 관계로 동등한 레벨이다.

② 코드 작업

CATIA에서 Visual Basic Editor를 실행한다.

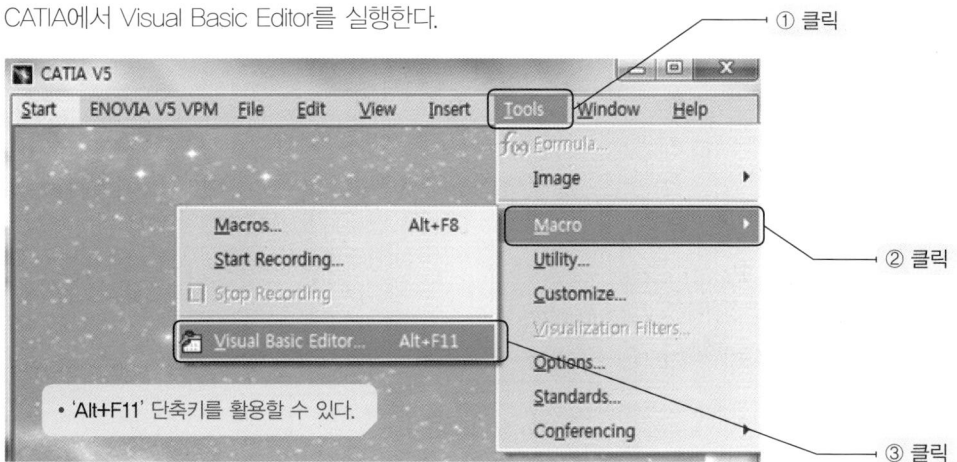

① 클릭
② 클릭
③ 클릭

- 'Alt+F11' 단축키를 활용할 수 있다.

새로운 모듈을 생성한다.

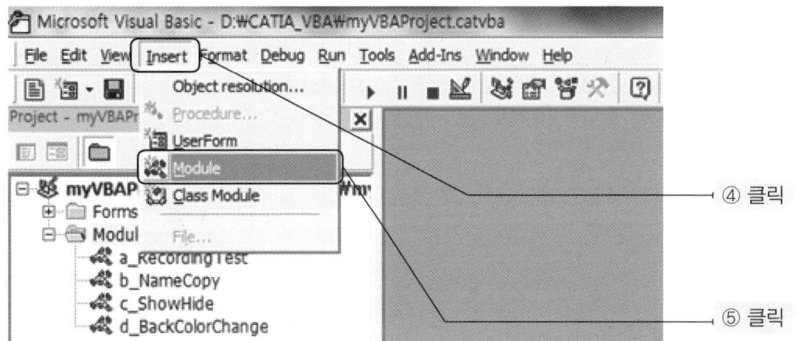

④ 클릭
⑤ 클릭

모듈의 이름을 변경한다.

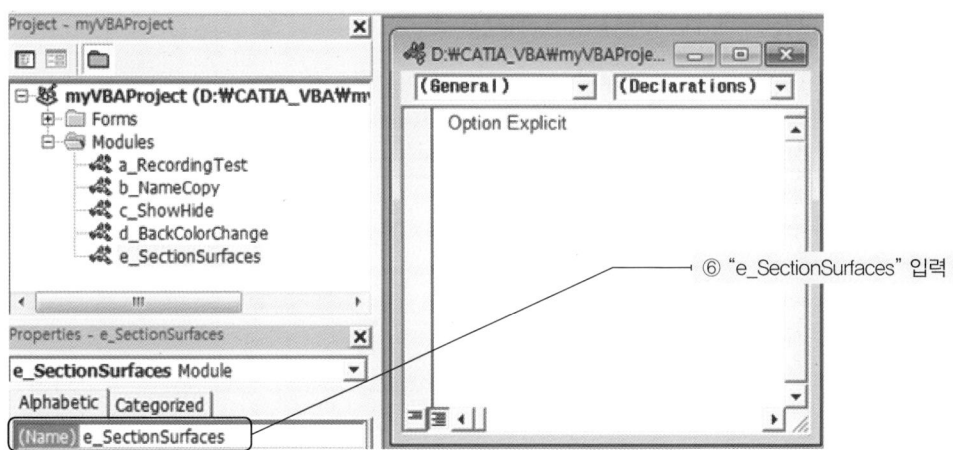

⑥ "e_SectionSurfaces" 입력

1) 도입부 코딩

Wireframe, Surface 등의 형상을 만드는 작업은 CATPart에서만 가능하다. 그러므로 현재 CATIA에 활성화되어 있는 문서가 CATPart인지 먼저 확인하여야 한다.

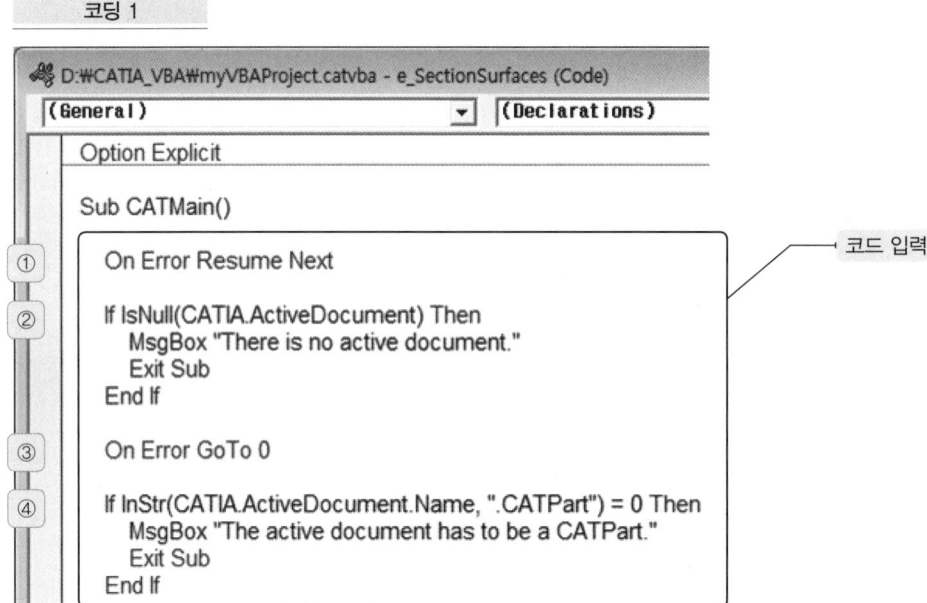

코딩 1

```
Option Explicit

Sub CATMain()

    On Error Resume Next

    If IsNull(CATIA.ActiveDocument) Then
        MsgBox "There is no active document."
        Exit Sub
    End If

    On Error GoTo 0

    If InStr(CATIA.ActiveDocument.Name, ".CATPart") = 0 Then
        MsgBox "The active document has to be a CATPart."
        Exit Sub
    End If
```

① On Error 구문 시작 : 에러가 발생해도 계속 실행하도록 설정한다.

② CATIA.ActiveDocument 실행문으로 활성화된 Document 개체가 없으면, 오류 메시지를 띄우고 프로시저를 종료한다.

③ On Error 설정 종료 : 이후 행부터 에러가 발생하면 프로그램이 실행되지 않는다.

④ CATIA에서 활성화된 문서의 이름 문자열에 ".CATPart" 문자열이 존재하지 않으면, 오류 메세지를 띄우고 프로시저를 종료한다.

참고 IsNull vs. IsEmpty vs. IsNumeric

세 개의 키워드를 도움말에서 찾는다.

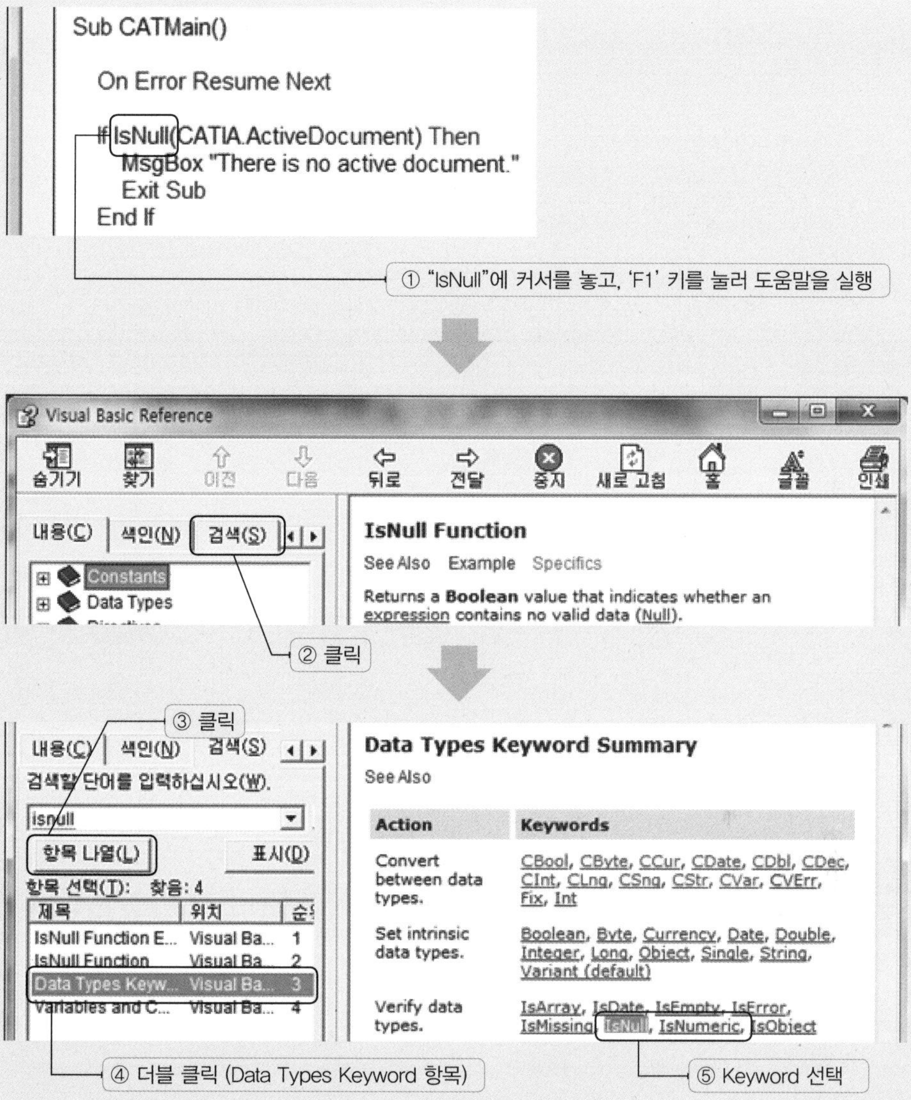

Sub CATMain()
On Error Resume Next
If IsNull(CATIA.ActiveDocument) Then
MsgBox "There is no active document."
Exit Sub
End If
① "IsNull"에 커서를 놓고, 'F1' 키를 눌러 도움말을 실행
Visual Basic Reference
숨기기
찾기
이전
다음
뒤로
전달
중지
새로 고침
홈
글꼴
인쇄
내용(C)
색인(N)
검색(S)
Constants
Data Types
IsNull Function
See Also
Example
Specifics
Returns a Boolean value that indicates whether an expression contains no valid data (Null).
② 클릭
③ 클릭
검색할 단어를 입력하십시오(W).
isnull
항목 나열(L)
표시(D)
항목 선택(T): 찾음: 4
제목
위치
IsNull Function E... Visual Ba... 1
IsNull Function Visual Ba... 2
Data Types Keyw... Visual Ba... 3
Variables and C... Visual Ba... 4
Data Types Keyword Summary
See Also
Action
Keywords
Convert between data types.
CBool, CByte, CCur, CDate, CDbl, CDec, CInt, CLng, CSng, CStr, CVar, CVErr, Fix, Int
Set intrinsic data types.
Boolean, Byte, Currency, Date, Double, Integer, Long, Object, Single, String, Variant (default)
Verify data types.
IsArray, IsDate, IsEmpty, IsError, IsMissing, IsNull, IsNumeric, IsObject
④ 더블 클릭 (Data Types Keyword 항목)
⑤ Keyword 선택

세 개의 키워드를 비교하면 아래와 같다.

- IsNull : 변수에 아무런 값이 할당되지 않은 상태에서 'True' 값을 반환
- IsEmpty : 변수가 선언은 되었으나, 초기값이 설정되지 않은 상태에서 'True' 값을 반환
- IsNumeric : 변수의 값이 숫자일 때, 'True' 값을 반환

2) InputBox를 활용한 필요 입력값 획득

InputBox를 이용해 면의 개수와 둥근 면의 반경을 사용자에게서 입력받는 부분을 작업한다.

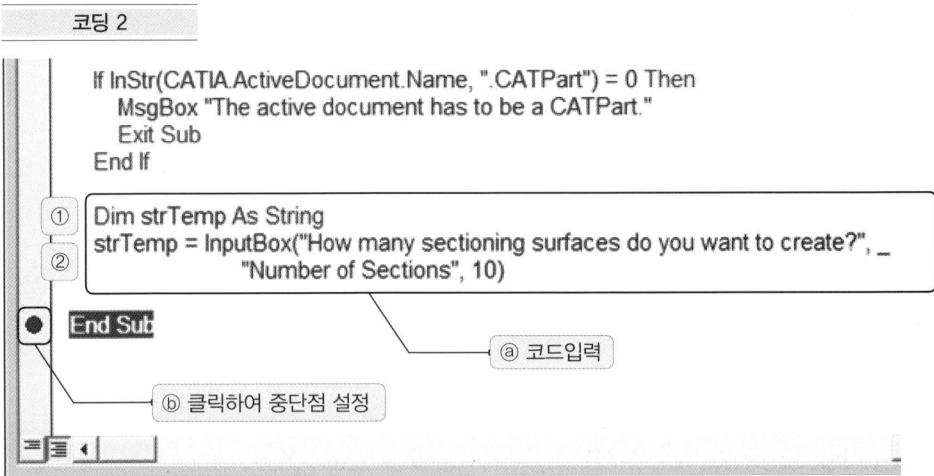

① 'strTemp' 이름의 문자열 타입 변수를 선언한다.
② InputBox 함수를 이용하여 사용자로부터 문자열을 입력받아, 그 문자열을 'strTemp' 변수에 대입한다.

 InputBox 함수

텍스트 입력 대화창을 띄우고, 사용자가 문자열을 입력하거나 버튼을 클릭하기를 기다리게 된다. 사용자가 입력한 문자열을 String 타입으로 반환한다.

Syntax
InputBox(*prompt*[, *title*] [, *default*] [, *xpos*] [, *ypos*] [, *helpfile*, *context*])

- [ ] : 대괄호의 의미는 생략 가능하다는 것이다.

주요 입력 인자
1) **Prompt** : 대화창에 나타나는 메시지
2) **Title** : 대화창 상단 왼쪽에 나타나는 제목 문자열
3) **Default** : 대화창에 입력된 초기값
4) **Xpos and YPos** : 대화창의 위치를 숫자로 설정. 설정값이 없으면 대화창이 CATIA창의 가운데에 위치

코드를 실행하기 위하여 CATIA에서 CATPart를 생성한다.

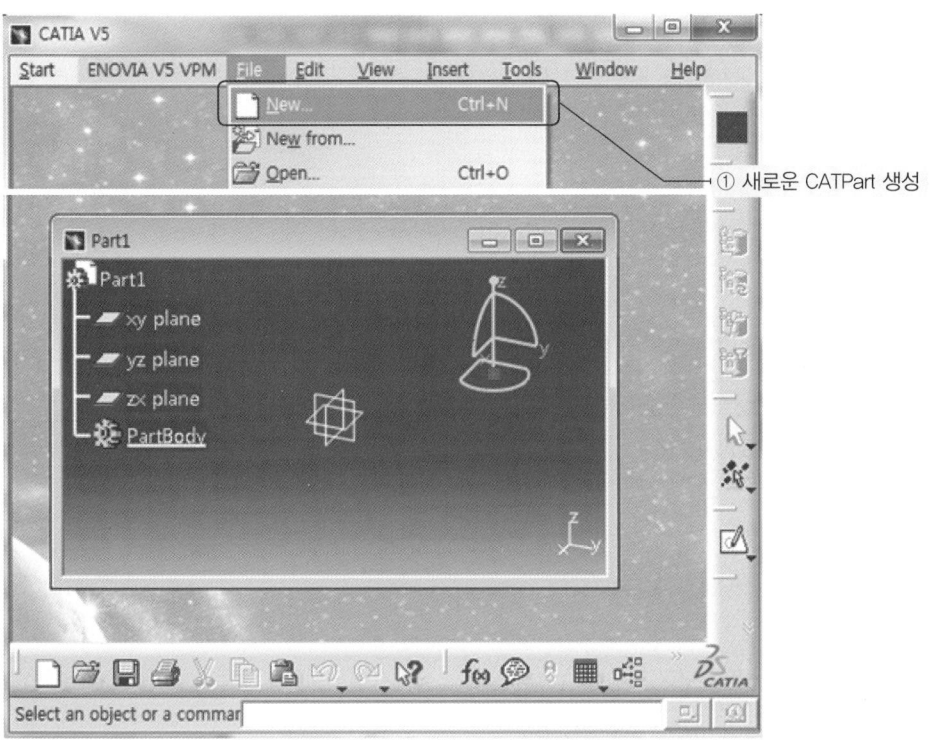

① 새로운 CATPart 생성

CATMain 프로시저 내의 코드를 마우스로 클릭하여 커서를 놓고, 프로그램을 실행한다.
(커서가 있는 프로시저가 실행되는 것을 기억하자.)

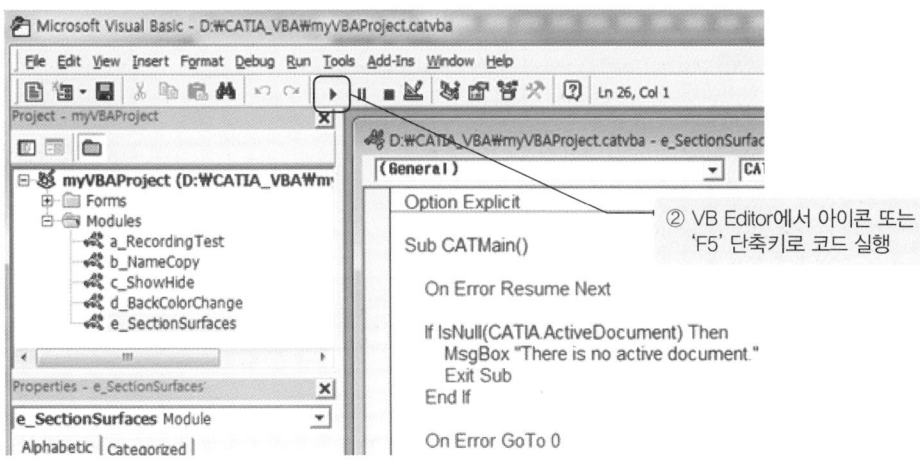

② VB Editor에서 아이콘 또는 'F5' 단축키로 코드 실행

InputBox 함수의 실행에 의한 입력 대화창이 나타나고, Cancel 버튼을 누른다.

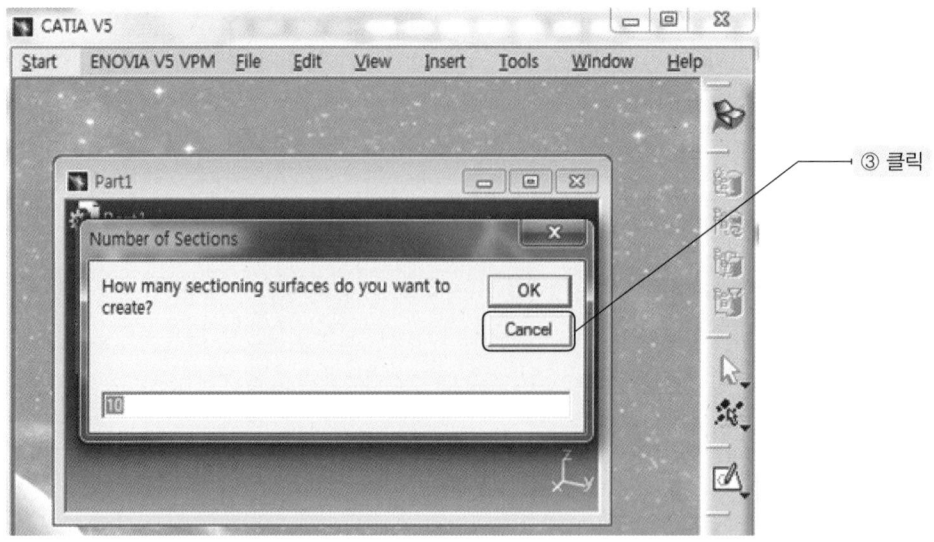

③ 클릭

중단점을 설정하였기 때문에 'End Sub' 행에서 실행을 멈춘다. 이 상태에서 'strTemp' 변수에 입력된 값을 알아본다.

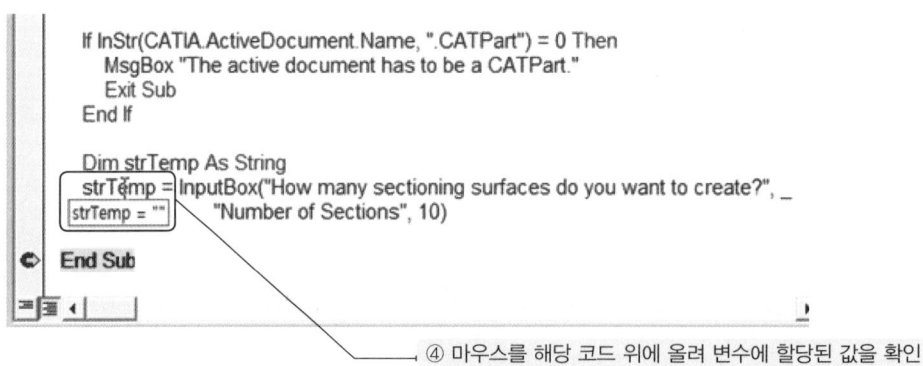

④ 마우스를 해당 코드 위에 올려 변수에 할당된 값을 확인

프로그램을 종료한다.

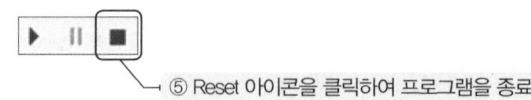

⑤ Reset 아이콘을 클릭하여 프로그램을 종료

이렇게 실행해 보면, InputBox 함수에 의해 반환되는 값을 알 수 있다.
Case 1) 'Cancle' 버튼 클릭 : 문자열이 하나도 없는 상태인 "" 반환
Case 2) Default 값을 그대로 두고 'OK' 버튼 클릭 : 문자열 "10" 반환
Case 3) "aaa" 문자열을 입력하고 'OK' 버튼 클릭 : 문자열 "aaa" 반환

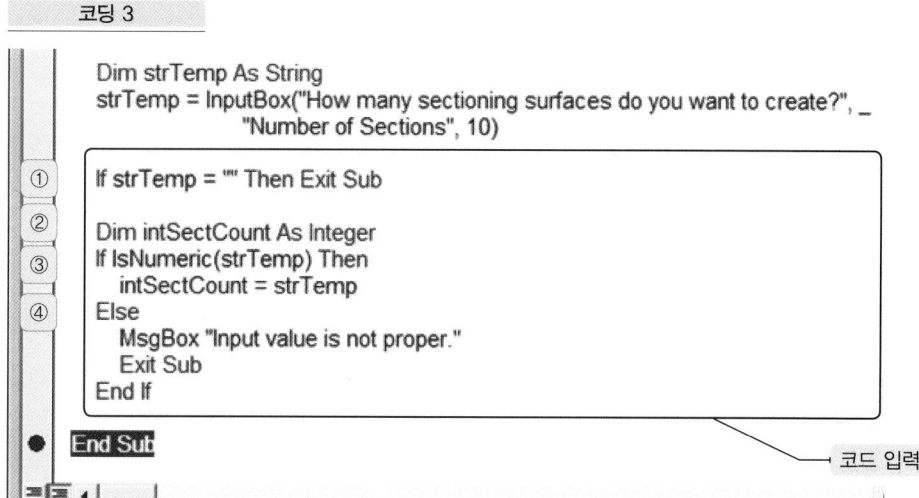

① 만약, InputBox 대화창에서 사용자가 Cancel 버튼을 누르거나, 기본값 10을 지우고 Ok 버튼을 눌러 'strTemp' 변수에 대입되는 문자열이 없으면, 프로그램을 종료한다.
② 'intSectCount' 이름의 정수형 변수를 선언한다. (단면 수량에 해당하므로, 정수형이 합리적이다.)
③ 만약 InputBox를 통해 반환받은 문자열이 숫자에 해당하면, 그 문자열을 'intSectCount' 변수에 대입한다. 원칙적으로는 변수형이 다르므로 에러가 나는 구문이나, Visual Basic에서는 이러한 형 변환을 자동으로 적용해 준다.
④ 그렇지 않으면 메시지를 띄우고 프로그램을 종료한다.

코드 작업을 한 후에 프로그램을 실행한다.

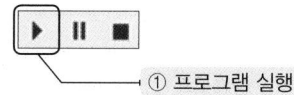
① 프로그램 실행

이번에는 InputBox 대화창에 소수형 수를 입력한다.

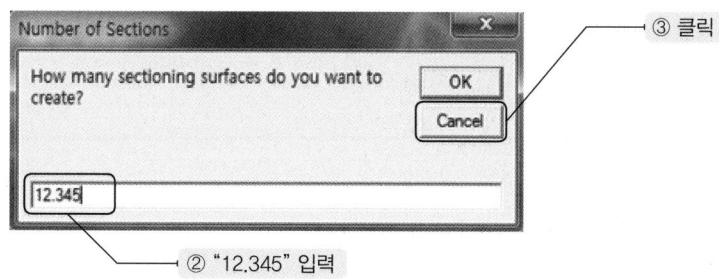

'End Sub' 행에서 실행이 중단된 상태에서 'intSectCount' 변수에 대입된 값을 확인한다.

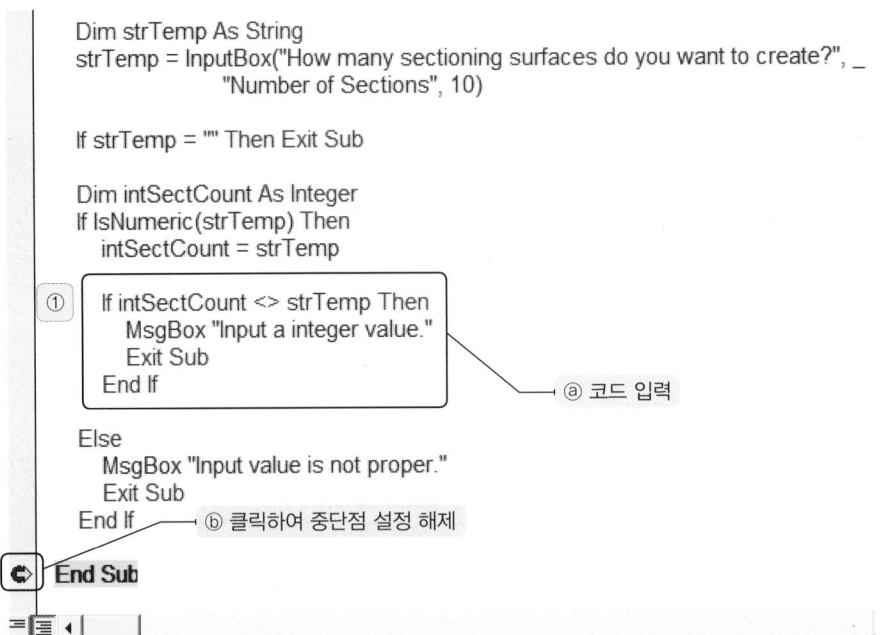

④ 마우스를 해당 변수의 코드 위에 올려 놓음

코딩 4

```
Dim strTemp As String
strTemp = InputBox("How many sectioning surfaces do you want to create?", _
                    "Number of Sections", 10)

If strTemp = "" Then Exit Sub

Dim intSectCount As Integer
If IsNumeric(strTemp) Then
    intSectCount = strTemp
    If intSectCount <> strTemp Then
        MsgBox "Input a integer value."
        Exit Sub
    End If
Else
    MsgBox "Input value is not proper."
    Exit Sub
End If
End Sub
```

① ⓐ 코드 입력
ⓑ 클릭하여 중단점 설정 해제

① 만약 'intSectCount' 값과 'strTemp' 값이 일치하지 않으면, 메시지를 띄우고 프로그램을 종료한다. (메시지 : 정수형 값을 입력하십시오.)

- 앞의 예와 같이 'strTemp' 값이 "12.345"일 경우, 'intSectCount' 값은 자동으로 반올림되어 정수형인 12가 대입된다. 즉, 소수형 수가 입력되면 두 변수의 값이 다르다. 물론 이 과정에서도 자동으로 변수형 변환이 이루어져 계산되었다.

코딩 5

```
        Dim intSectCount As Integer
        If IsNumeric(strTemp) Then
            intSectCount = strTemp
            If intSectCount <> strTemp Then
                MsgBox "Input a integer value."
                Exit Sub
            End If
        Else
            MsgBox "Input value is not proper."
            Exit Sub
        End If

①       strTemp = InputBox("Radius of the circular surfaces? (mm)", Default:=10)

②       If strTemp = "" Then Exit Sub

③       Dim dblRadius As Double
④       If IsNumeric(strTemp) Then
            dblRadius = strTemp
⑤       Else
            MsgBox "Input value is not proper."
            Exit Sub
        End If

    End Sub
```

— 코드 입력

- 함수의 여러 Input 인자는 대입하는 순서를 따라야 하지만, "Default:=" 와 같이 ":=" **연결자를 통해 순서와 무관하게 입력이 가능**하다.

① InputBox 대화창에서 사용자가 입력한 문자열을 'strTemp' 변수에 대입한다.

② 만약 'strTemp' 변수에 대입된 문자열이 없으면 프로그램을 종료한다.

③ 'dblRadius' 이름으로 Double 타입의 변수를 선언한다.

④ 만약 InputBox를 통해 반환받은 문자열이 숫자에 해당하면, 그 문자열을 'dblRadius' 변수에 대입한다.

⑤ 그렇지 않으면 메시지를 띄우고 프로그램을 종료한다.
   (메시지 : 입력한 값이 올바르지 않습니다.)

여기까지 프로그램을 실행하여, 두 가지 입력값을 받아오는 작업에 문제가 없는지 다양한 경우를 예상해서 테스트한다.

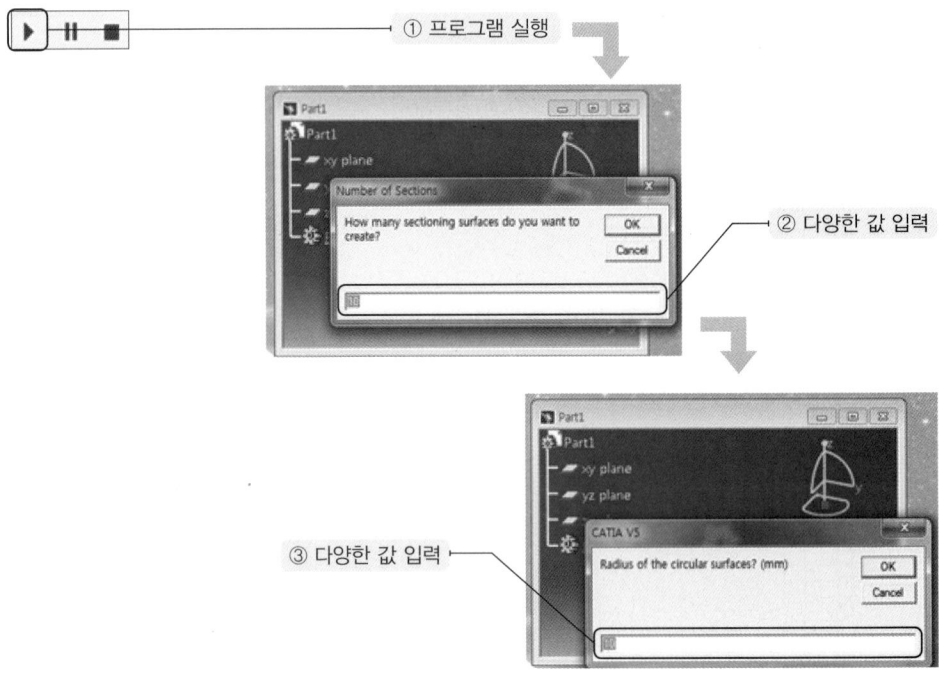

① 프로그램 실행
② 다양한 값 입력
③ 다양한 값 입력

3) 사용자의 Curve 선택

제품의 파팅 커브를 사용자로부터 선택받는 부분을 작업한다.

> CATIA에서 생성해 놓은 CATPart에서 아래와 같이 모델링한다.
> ① Geometrical Set 생성 → ② Point 생성 (좌표 : 0, 0, 0) → ③ Point 생성 (좌표 : 0, 100, 0) → ④ Line 생성 (두 개의 Point를 이용)

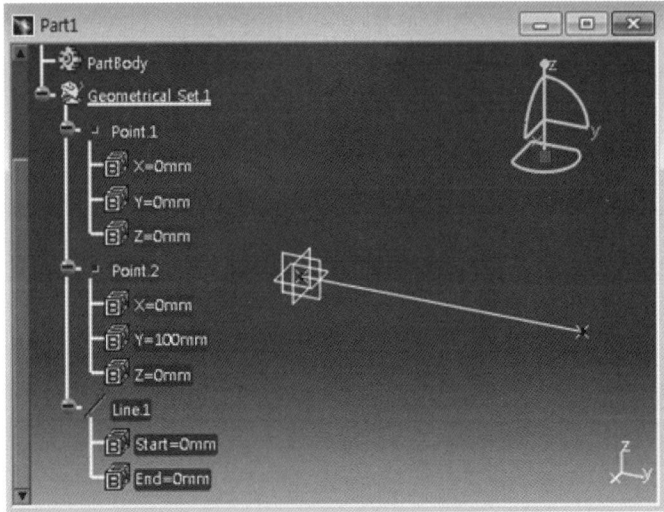

코딩 6

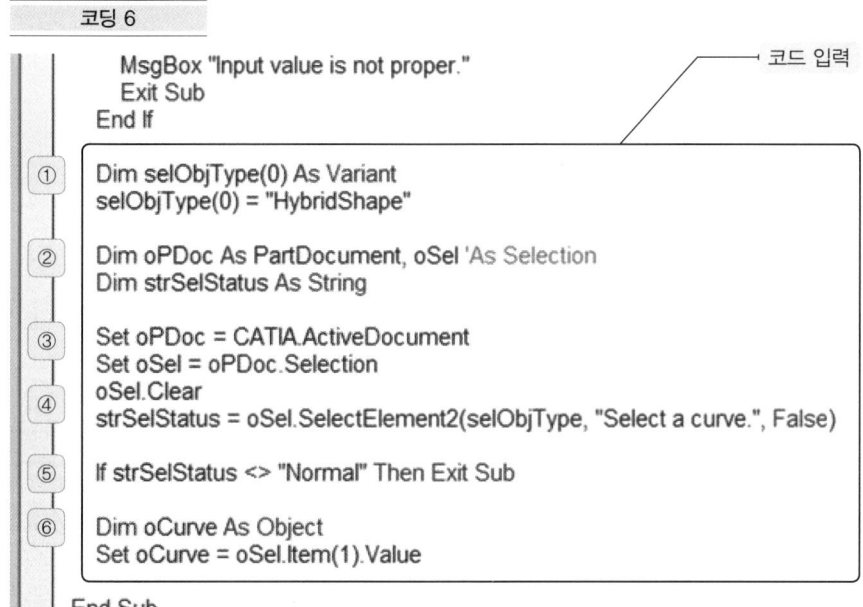

```
        MsgBox "Input value is not proper."
        Exit Sub
    End If

①   Dim selObjType(0) As Variant
    selObjType(0) = "HybridShape"

②   Dim oPDoc As PartDocument, oSel 'As Selection
    Dim strSelStatus As String

③   Set oPDoc = CATIA.ActiveDocument
    Set oSel = oPDoc.Selection
    oSel.Clear
④   strSelStatus = oSel.SelectElement2(selObjType, "Select a curve.", False)

⑤   If strSelStatus <> "Normal" Then Exit Sub

⑥   Dim oCurve As Object
    Set oCurve = oSel.Item(1).Value

End Sub
```

① 가변하는 타입의 배열 변수를 선언하고, 선택 가능한 개체의 타입명으로 "HybridShape" 문자열을 대입한다. HybridShape은 Point, Line, Plane, Curve, Surface 개체의 상위 개체가 아니라 대표 개체이다.

② 'oPDoc' 이름의 PartDocument 개체 타입의 변수와 'oSel' 이름의 변수를 선언한다. 이때 SelectElement2 메서드의 오류를 피하기 위해 'oSel' 변수는 타입을 선언하지 않는다. 그리고 String 타입의 'strSelStatus' 변수도 선언한다.

③ 'oPartDoc' 이름의 변수에 CATIA에서 활성화된 문서를 할당한다. 'oSel' 이름의 변수에 그 문서의 Selection 개체를 할당한다.

④ 기존 선택된 요소를 Clear 메서드로 해제하고, 'oSel' 개체의 SelectElement2 메서드로 이용하여 사용자에게 CATIA 요소의 선택을 요청한다.

⑤ 만약 사용자에 의해 올바르게 선택되지 않았을 경우에는 프로그램을 종료한다.

⑥ 'oCurve' 이름의 변수를 선언하고, 선택된 요소 중 첫 번째 요소를 그 변수에 할당한다.

> **개체의 구조 관계도에서 삼각형의 의미**
>
> 삼각형은 상속의 의미이며, 관계도 상의 하위 개체가 상위 개체의 속성과 메서드를 상속받게 된다. 그러나 부모 자식의 관계는 아니며, 하위 개체는 더 구체적인 개체라고 이해할 수 있다. 여기서 HybridShapeLineAngle 개체는 Line 개체의 더 구체화된 개체이며, 계층 구조적으로는 같은 레벨이다.
>
>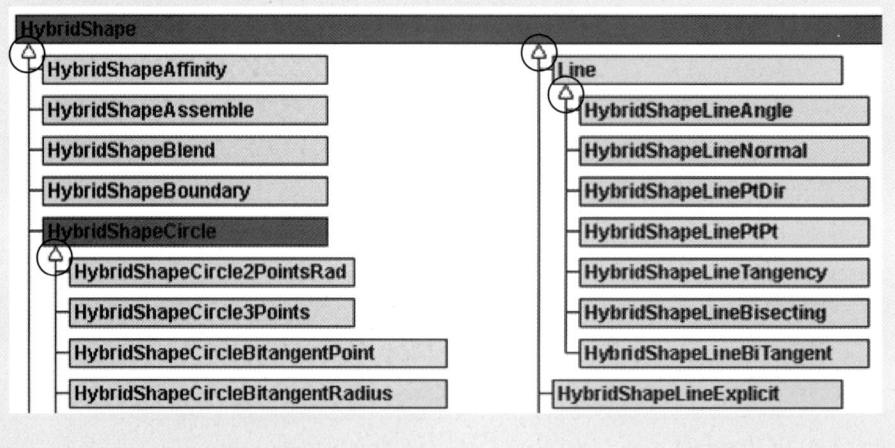

프로그램을 실행하여, 기존에 만들어 두었던 Line을 선택하는 것까지 테스트해 본다.

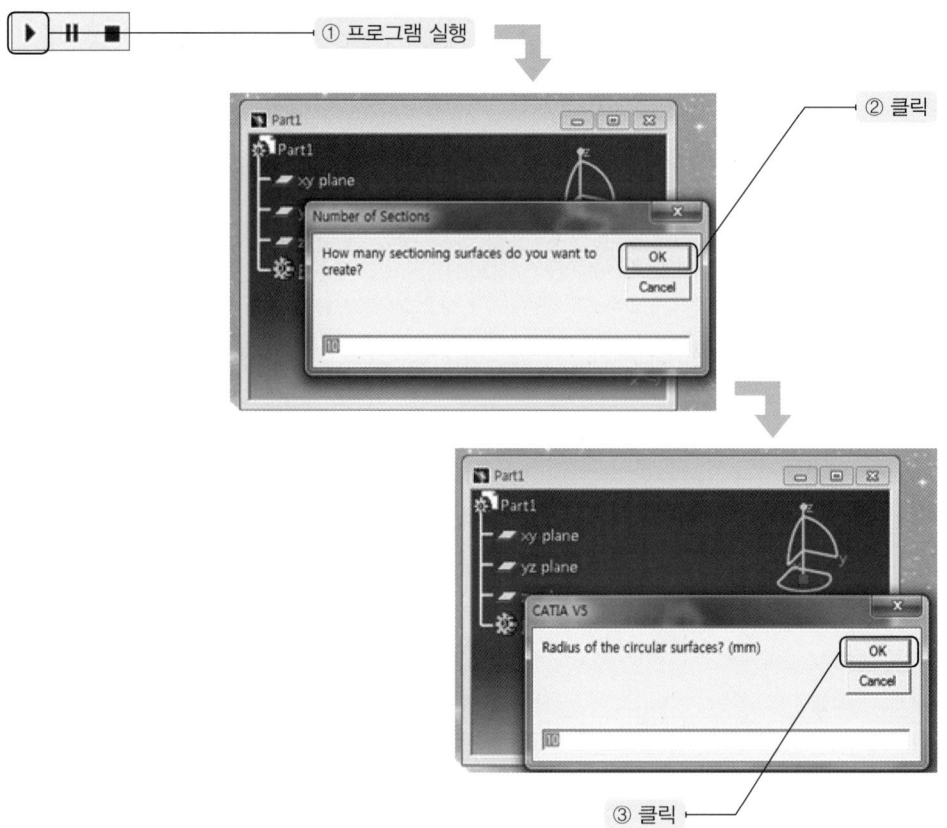

두 개의 InputBox 대화창을 진행한 후에 SelectElement2 메서드를 실행하는 단계에서 CATIA에 오픈된 CATPart의 Line을 선택한다.

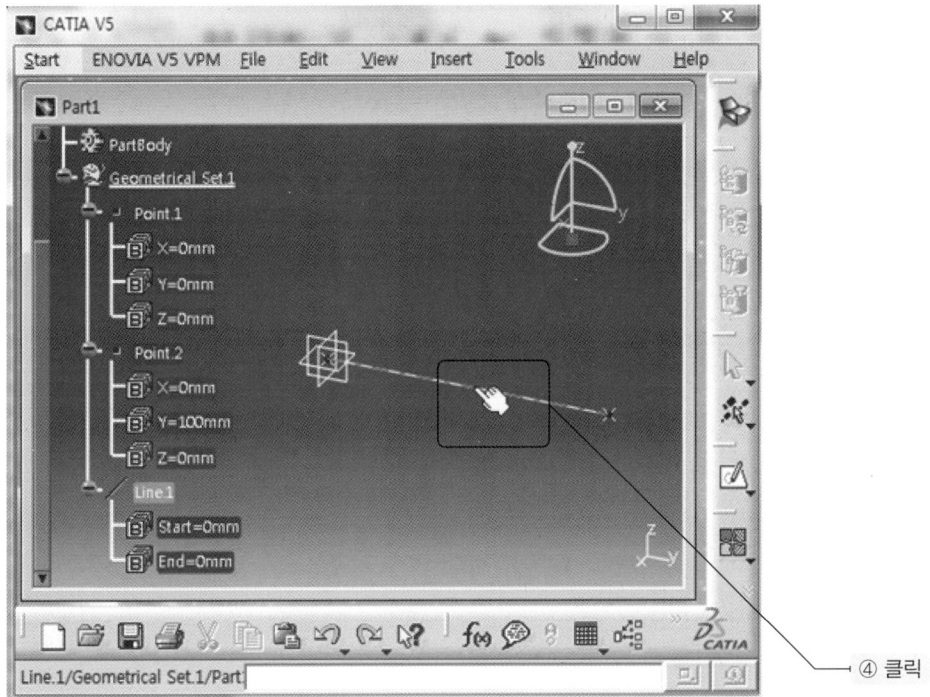

4) 선택된 Curve의 확인

HybridShape 타입의 개체를 선택할 수 있도록 설정했기 때문에, 사용자가 선택한 요소가 작업하기에 올바른 요소일 것이라고 확신할 수 없다. 이런 경우에는 **추가 작업을 진행하여 에러 여부를 통해 선택 요소가 올바른지 판단**하는 작업을 진행하는 것도 하나의 방법이 될 수 있다.

코딩 7

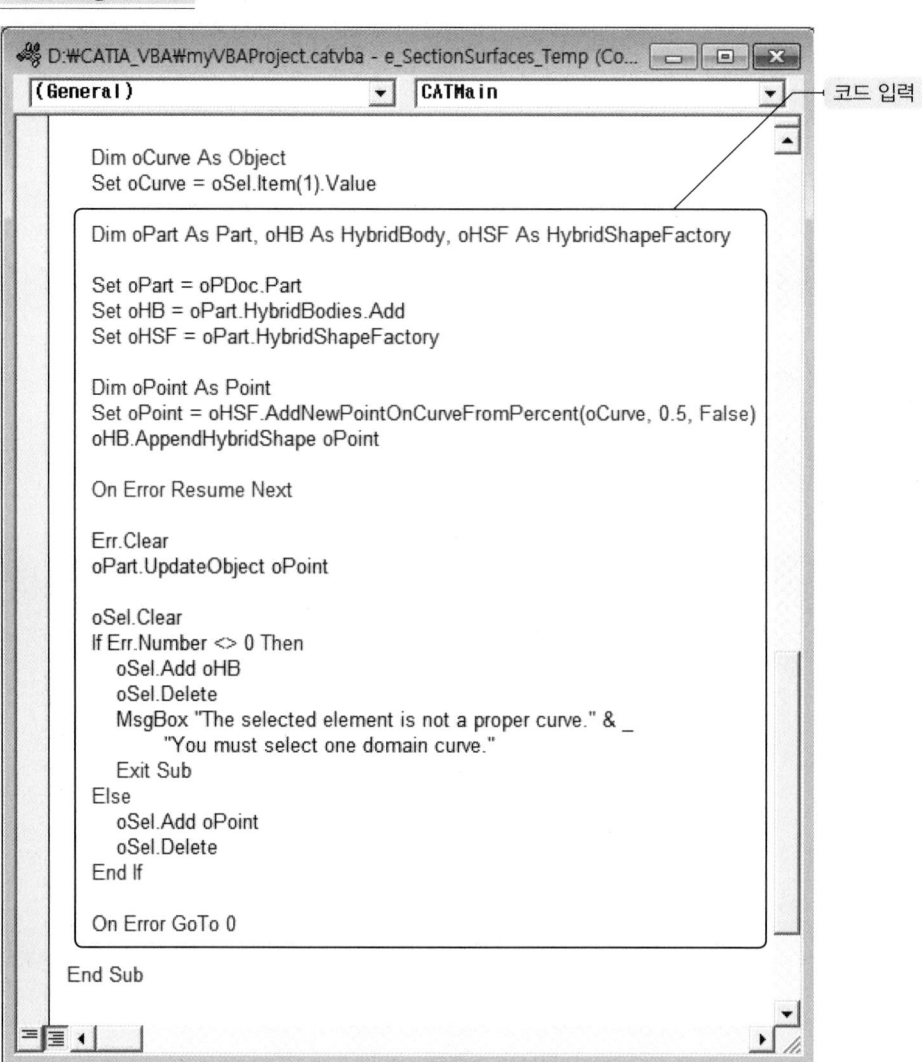

코딩 7 해설

Dim oPart As Part, oHB As HybridBody, oHSF As HybridShapeFactory
- 필요한 개체 타입의 변수 세 개를 선언한다.

   Set oPart = oPDoc.Part
- 'oPart' 이름의 Part 개체 타입의 변수에 PartDocument의 Part 속성을 이용하여 개체를 할당한다.

   Set oHB = oPart.HybridBodies.Add
- HybridBodies 개체의 Add 메서드를 이용하여 Geometrical Set를 생성하면서, 그 생성된 요소를 'oHB' 변수에 할당한다.

   Set oHSF = oPart.HybridShapeFactory
- 'oHSF' 변수에 HybridShapeFactory 속성을 이용하여 개체를 할당

   Dim oPoint As Point
- 'oPoint' 이름의 Point 개체 타입의 변수를 선언한다.

   Set oPoint = oHSF.AddNewPointOnCurveFromPercent(oCurve, 0.5, False)
- AddNewPointOnCurveFromPercent 메서드를 이용하여 Point를 생성하면서, 그 생성된 요소를 'oPoint' 변수에 할당한다. 프로그램을 실행하면서 추적해 보면 'oPoint' 변수의 타입은 HybridShapePointOnCurve가 된다.

   oHB.AppendHybridShape oPoint
- 형상 생성 후에는 항상 AppendHybridShape 메서드로 CATIA의 Specification Tree에 형상 정보가 나타나게 하는 것이 올바른 작업 방법이다.

   On Error Resume Next
- 만약 사용자가 선택한 요소가 올바른 커브 요소가 아니면, UpdateObject 메서드에서 오류가 발생하게 된다. 그래서 On Error 구문으로 오류가 발생해도 프로그램 실행을 계속하도록 설정한다.

   Err.Clear
- 오류 상태를 올바르게 추적하기 위해 Err(ErrObject) 개체의 Clear 메서드로 Number 속성이 0이 되도록 한다.

   oPart.UpdateObject oPoint
- UpdateObject 메서드로 해당 Point만 업데이트한다.

   oSel.Clear
- 기존에 선택된 요소가 있으면 모두 선택 해제한다.

   If Err.Number <> 0 Then
- 만약 UpdateObject 메서드에서 오류가 발생하면, 사용자가 선택한 요소가 올바르지 않다고 판단한다.

     oSel.Add oHB
     oSel.Delete
- 기존에 생성한 'oHB' 이름의 Geometrical Set를 삭제한다. 이 때 생성한 Point도 Geometrical Set를 삭제할 때, 같이 삭제된다.

     MsgBox "The selected element is not a proper curve." & _
         "You must select one domain curve."
     Exit Sub
- 메시지를 띄우고, 프로그램을 종료한다. (메시지 : 올바른 커브가 선택되지 않았습니다. 하나의 영역으로 된 커

브를 선택해야 됩니다.)

>   Else

- 만약 UpdateObject 메서드에 문제가 없다면

>   oSel.Add oPoint
>   oSel.Delete

- 테스트를 위해 생성한 'oPoint' 이름의 변수에 할당된 개체만 삭제한다.

>   End If
>
>   On Error GoTo 0

- On Error 설정을 해제한다.

여기까지 코드 작업을 한 후에 프로그램을 실행하고 의도적으로 점을 선택하여 오류가 발생하게 한다.

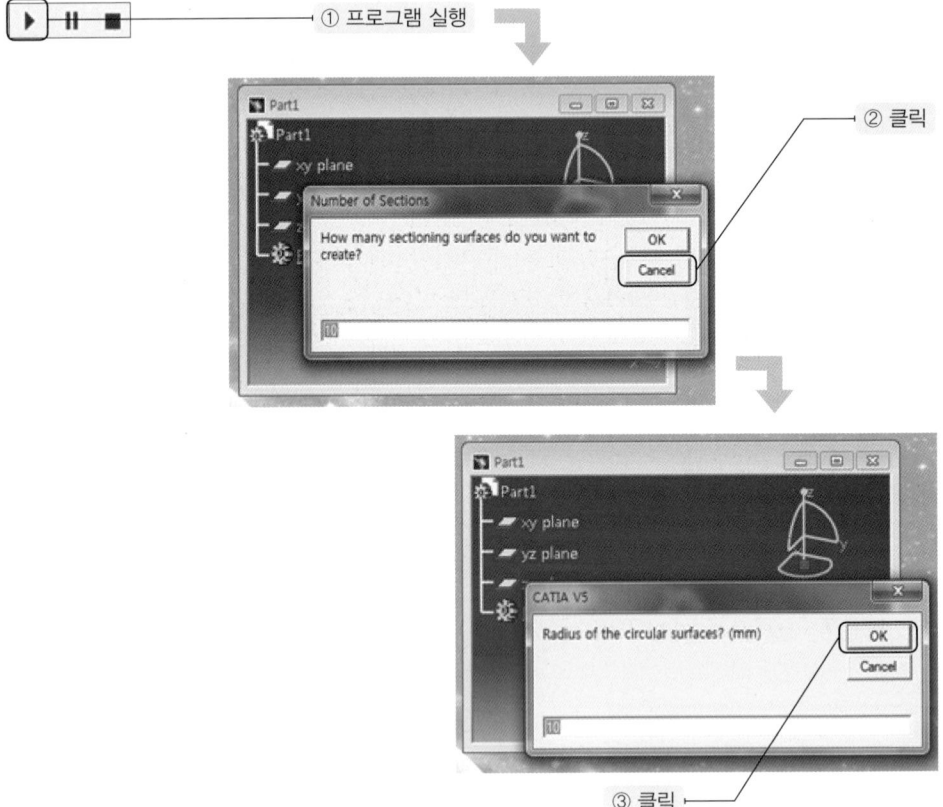

SelectElement2 메서드의 실행으로 형상 요소를 선택하는 단계에서 선의 끝점을 선택한다.

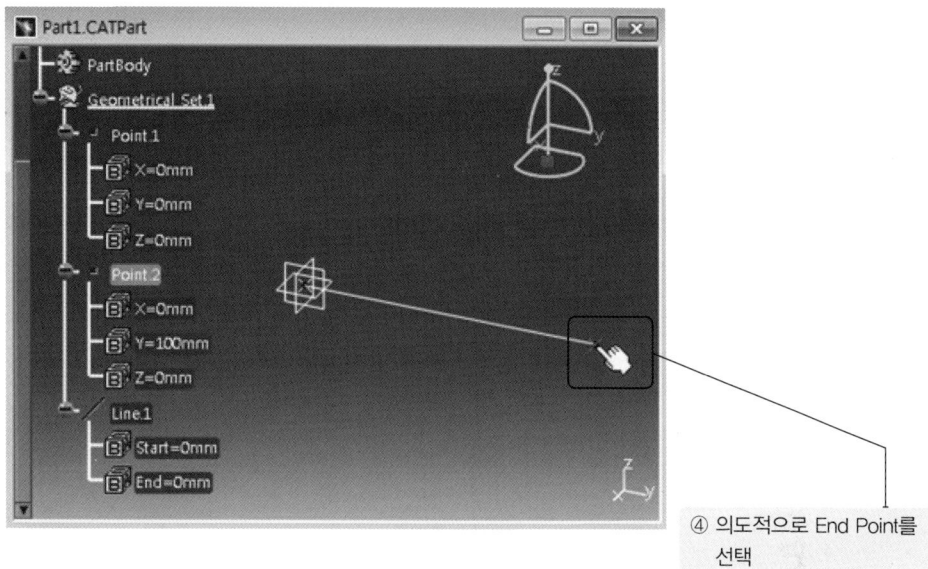

④ 의도적으로 End Point를 선택

끝점을 선택하면 아래의 오류 메시지가 나타난다.

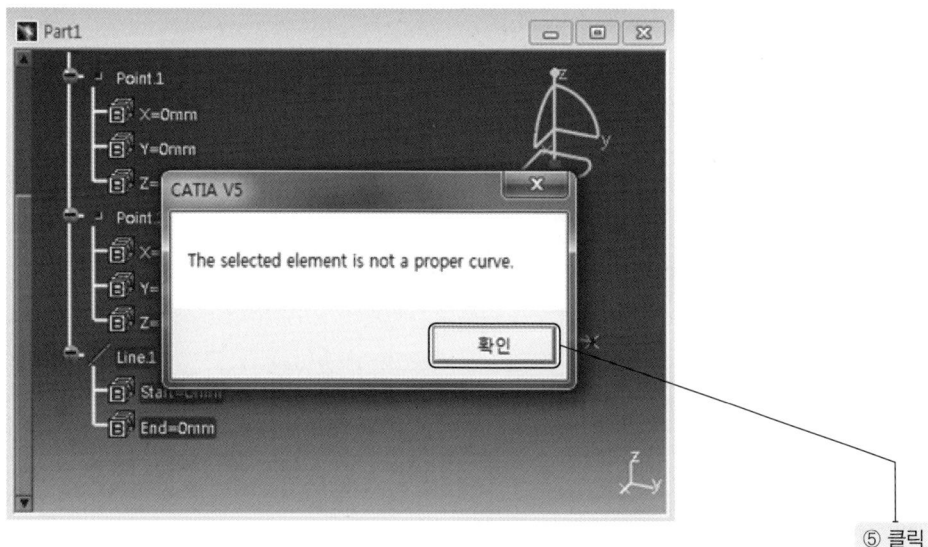

⑤ 클릭

- Geometrical Set와 Point를 만들고, **오류가 발생할 경우 삭제하도록 코딩**을 했으므로, 이 테스트 이후에는 Specification Tree에 새로 생성된 요소가 없어야 한다.

5) 형상 생성

이제 입력받은 수량, 반경 및 커브를 가지고 형상을 생성하는 부분을 작업한다..

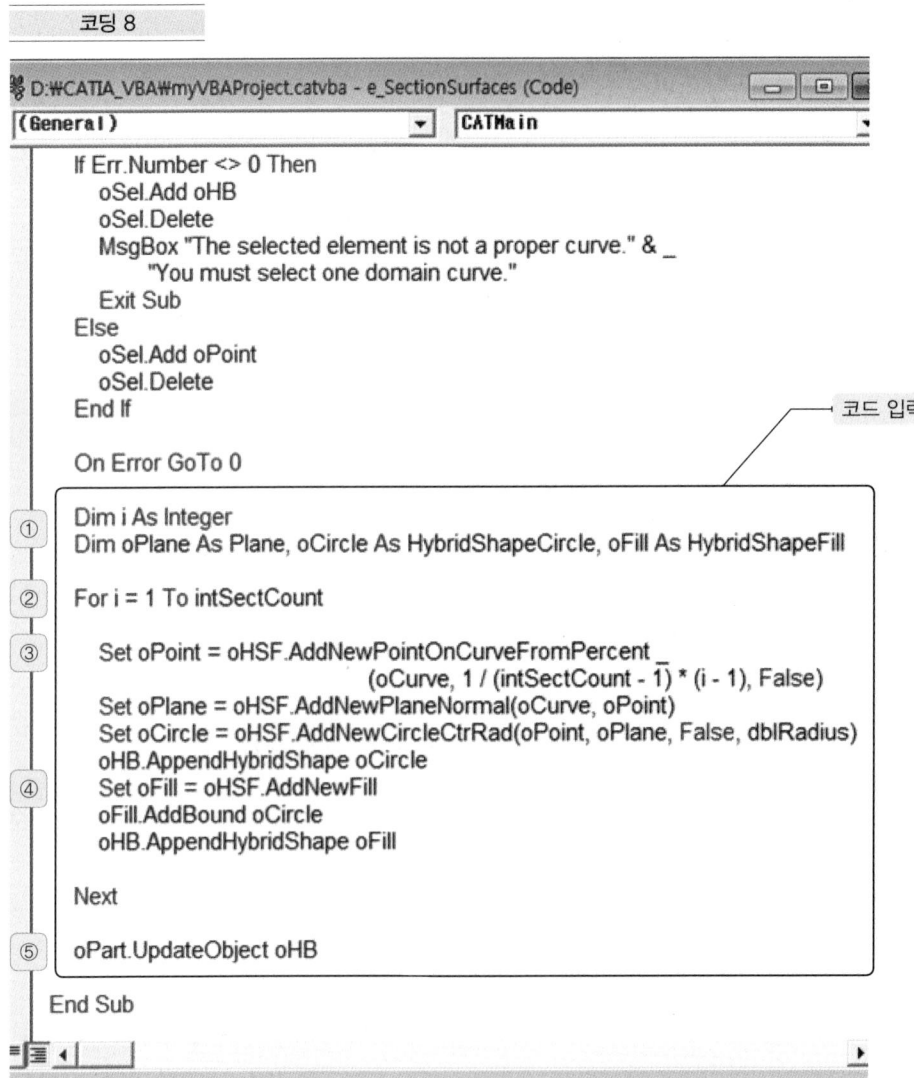

코딩 8

① For문을 시작하기 전에 For문 실행에 필요한 1개의 정수형 변수와 3개의 개체형 변수를 선언한다.

② For ~ Next 구문을 이용하여 InputBox를 통해 입력받은 수량만큼 내부의 실행문을 반복한다.

③ Point, Plane 및 Circle을 차례로 생성하고, Geometrical Set에 추가하는 작업은 Circle만 진행한다. 이렇게 작업을 하면 Spec. Tree에는 Circle 내부에 Plane과 Point가 있게 된다.

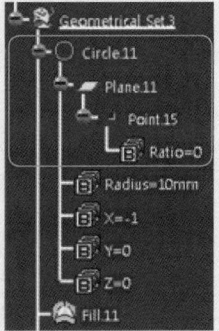

④ Fill 면을 생성하고, AddBound 메서드로 Circle을 경계 커브로 설정한 후에 AppendHybridShape 메서드로 CATIA의 Spec. Tree에 생성한다.
- AddNewFill 메서드는 입력 인자를 바로 적용하지 않고, 그 이후 실행문에서 여러 방식으로 설정한다. 이러한 구체적인 방법은 Macro의 Recording 기능을 이용하여 작업하고자 하는 내용을 기록하고, 그 코드를 분석하면 알 수 있다.

⑤ For문을 종료한 뒤에 작업이 이루어진 'oHB' 이름의 Geometrical Set를 업데이트한다.

여기까지의 코드를 실행하고 Line을 올바르게 선택하여 형상 생성을 완료한다.

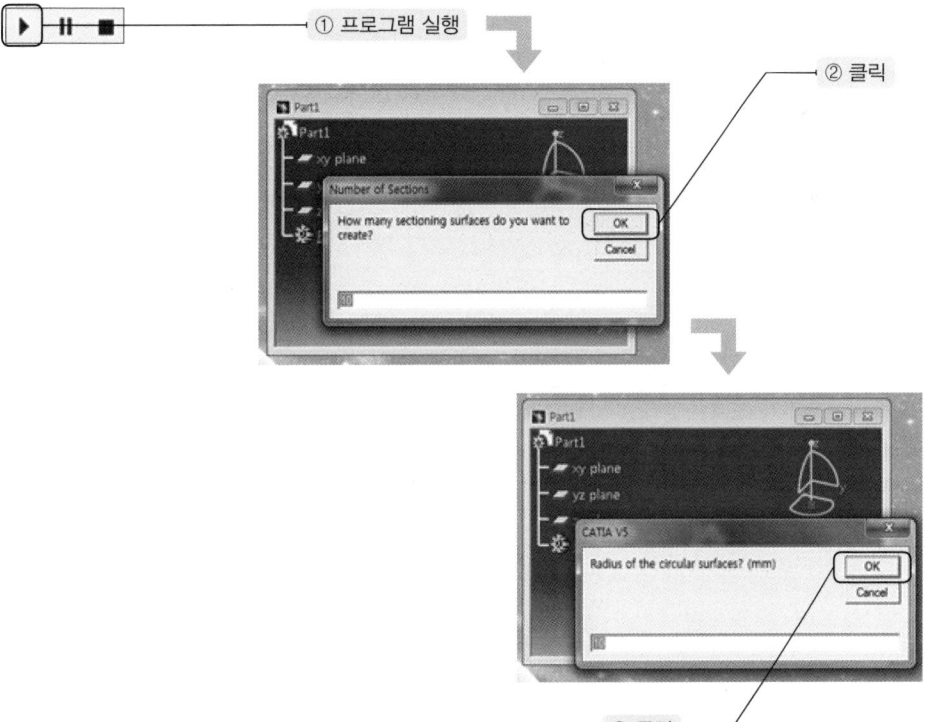

두 번의 InputBox 대화창에서 'OK' 버튼을 클릭한 후에 Line을 선택한다.

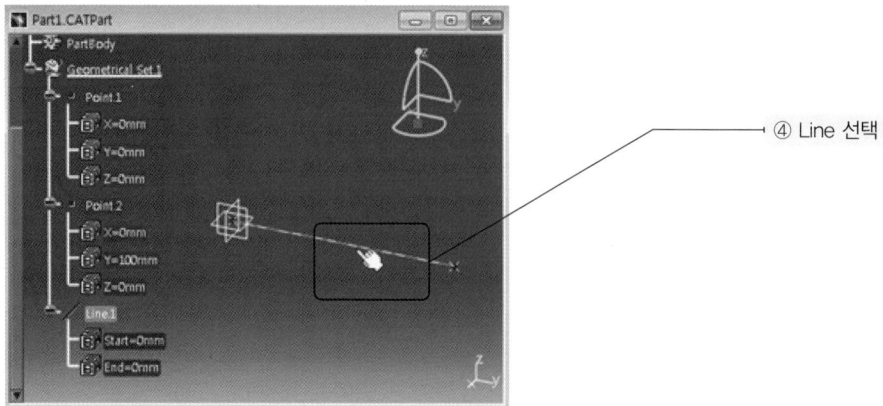

④ Line 선택

형상이 올바르게 생성되는 것을 확인하고, 해당 Geo. Set를 삭제하여 다음 작업을 준비한다.

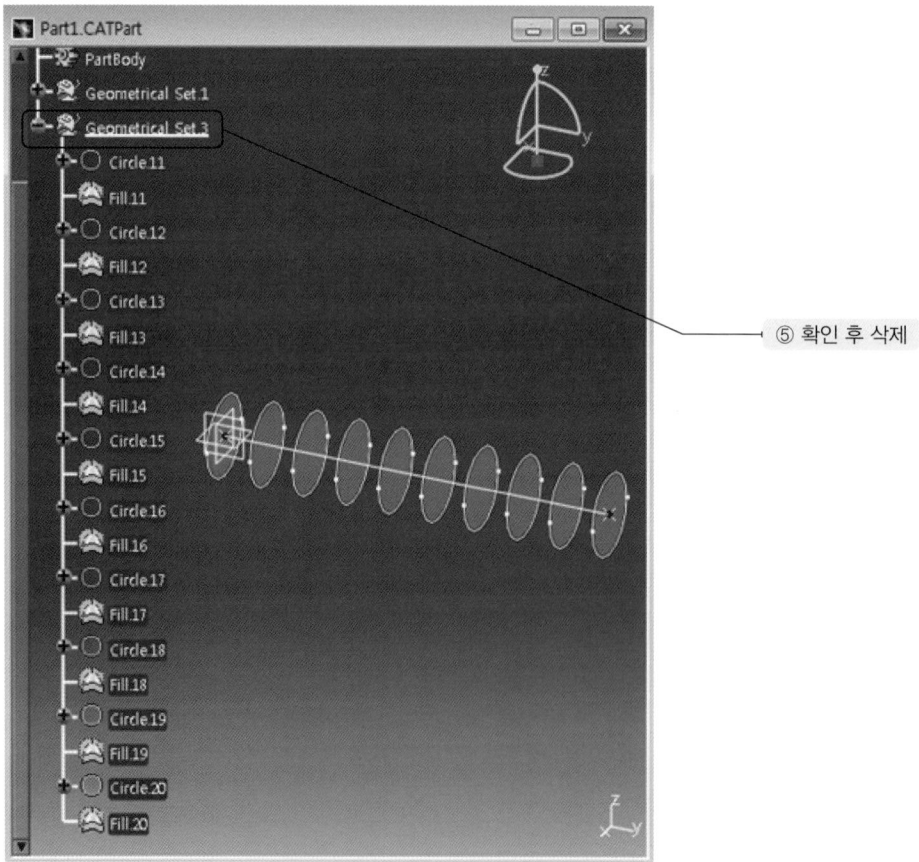

⑤ 확인 후 삭제

6) 후 공정을 위한 산출물 정리

형상 생성 작업은 앞에서 설명하였듯이 부품 사이의 파팅 부의 갭, 단차를 검토하기 위한 선수 작업이다. 이 작업의 목적은 **검토가 필요한 부품과 Intersect 작업을 하기 위한 면을 생성**하는 것이다. 이번에는 그러한 후행 작업이 용이하도록 산출물을 정리하는 작업을 한다.

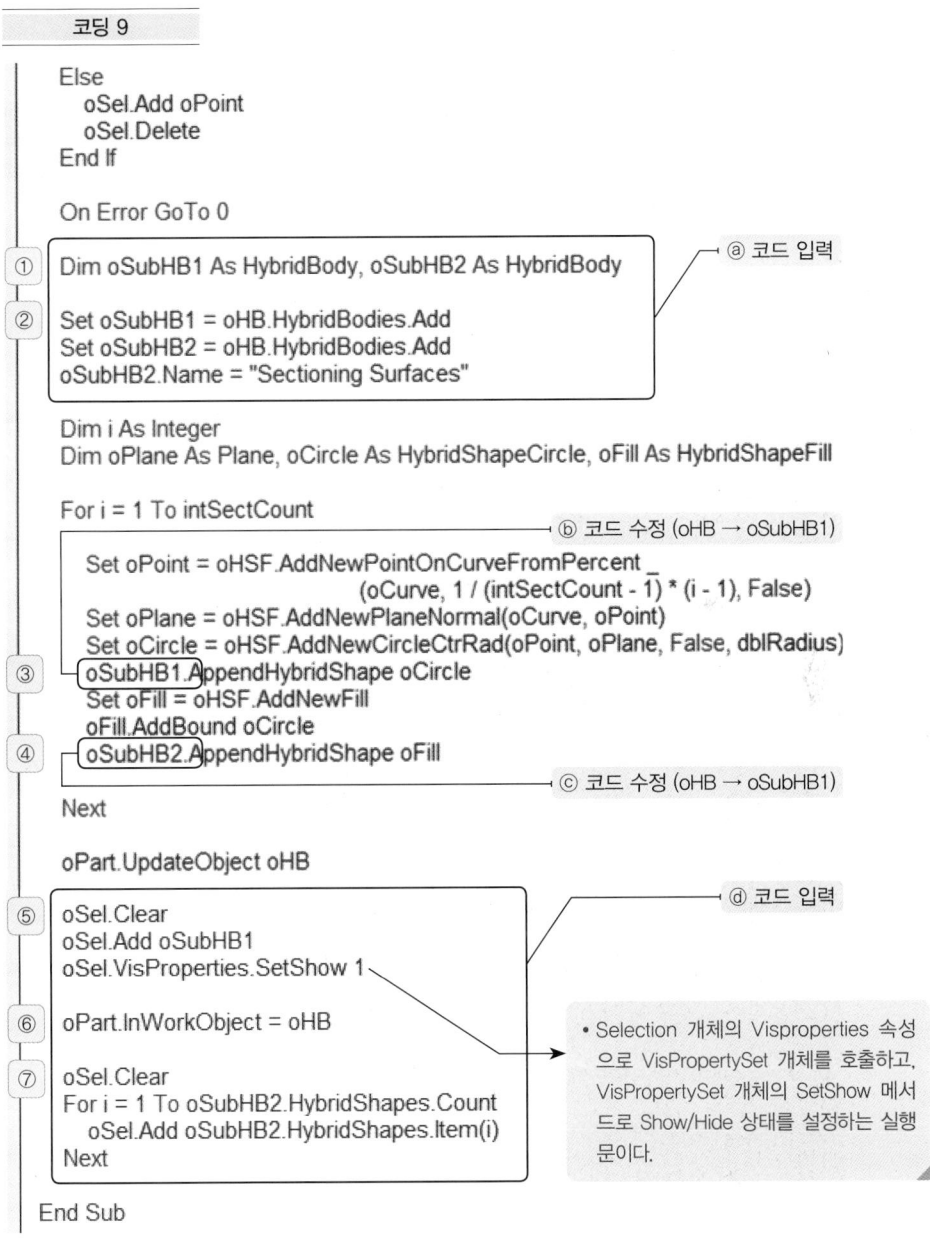

① 두 개의 HybridShapeBody 개체 타입의 변수를 선언한다.
② 두 개의 Geo. Set를 기존에 생성한 Geo. Set 내부에 생성하고, 마지막으로 생성한 Geo. Set는 이름을 변경한다.
③ Circle은 새로 생성한 두개의 Geo. Set 중 첫 번째 Geo. Set에 추가한다.
④ Fill Surface는 새로 생성한 두 개의 Geo. Set 중 두 번째 Geo. Set에 추가한다.
⑤ 'oSubHB1' 이름의 변수에 해당하는 Geo. Set를 Hide한다.
⑥ 'oHB' 이름의 변수에 해당하는 Geo. Set에 대하여 CATIA의 'Define in work object' 기능을 적용한다.
⑦ 'oSubHB1' 이름의 변수에 할당된 개체에 해당하는 Geo. Set 하위에 있는 Fill Surface를 모두 선택한다.

다시 프로그램을 실행하여 결과를 확인한다. 이렇게 프로그램이 종료되면, 바로 CATIA에서 Intersect 명령을 실행할 수 있다.

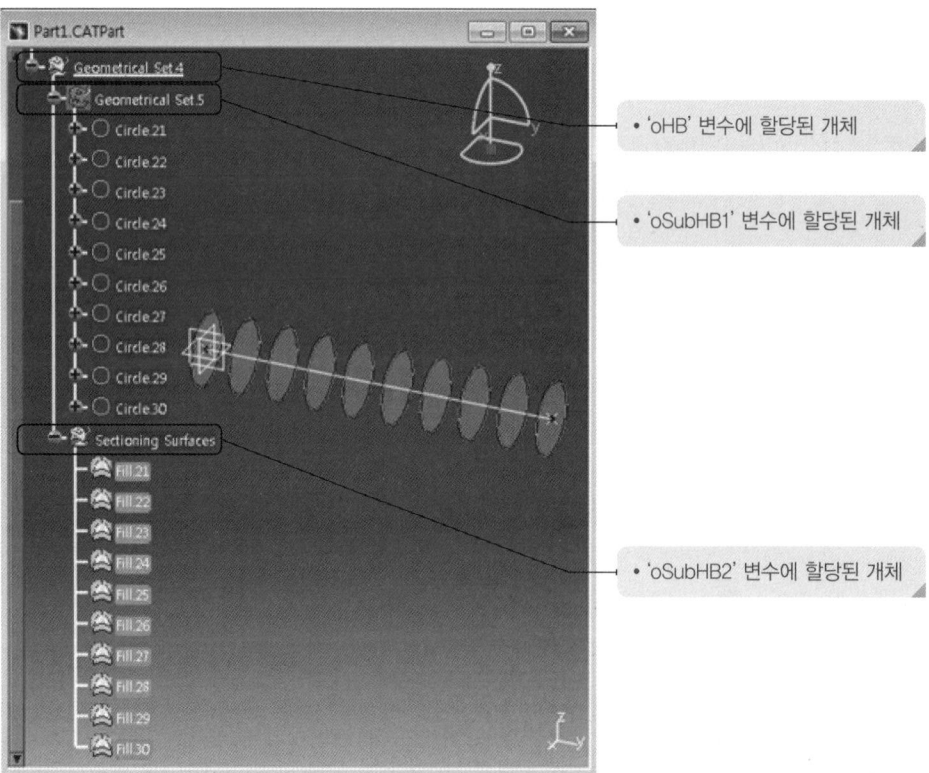

- 'oHB' 변수에 할당된 개체
- 'oSubHB1' 변수에 할당된 개체
- 'oSubHB2' 변수에 할당된 개체

7) Sketch의 입력이 가능하도록 수정

• SelectElement2 메서드에서 선택 가능한 타입은 HybridShape으로 설정하였기 때문에, Sketch는 선택할 수 없다. 코드를 수정해서 Sketch도 선택 가능하도록 변경해 보자.

코딩 10

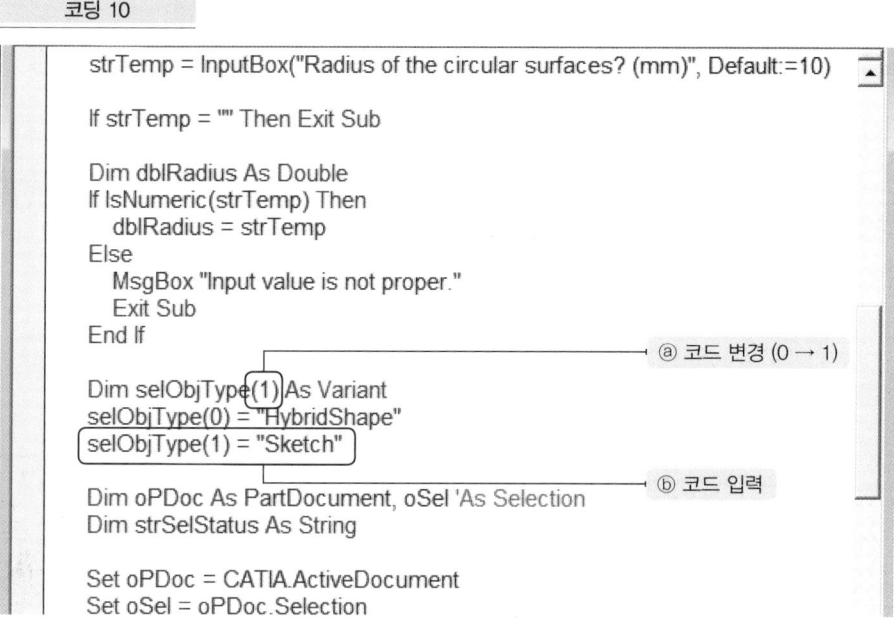

수정 코드를 실행하기 전에 CATIA에서 Sketch를 생성하고, Spline을 한 개 생성한다.

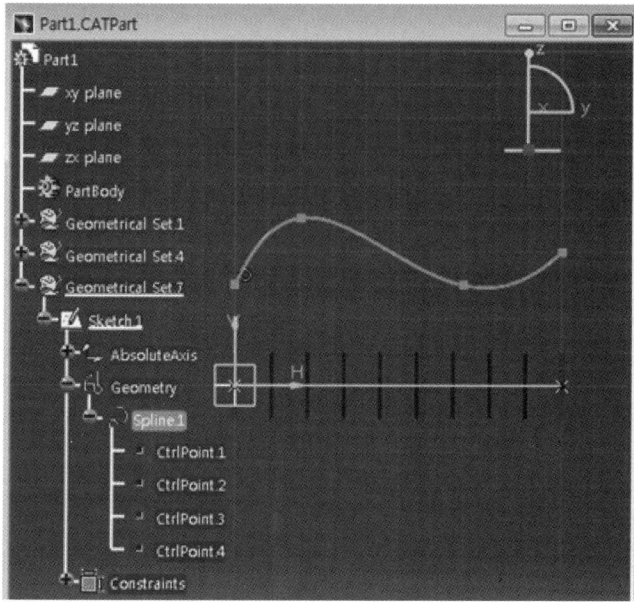

수정 코드를 실행하고, 커브 선택 단계에서 Sketch를 선택한다.

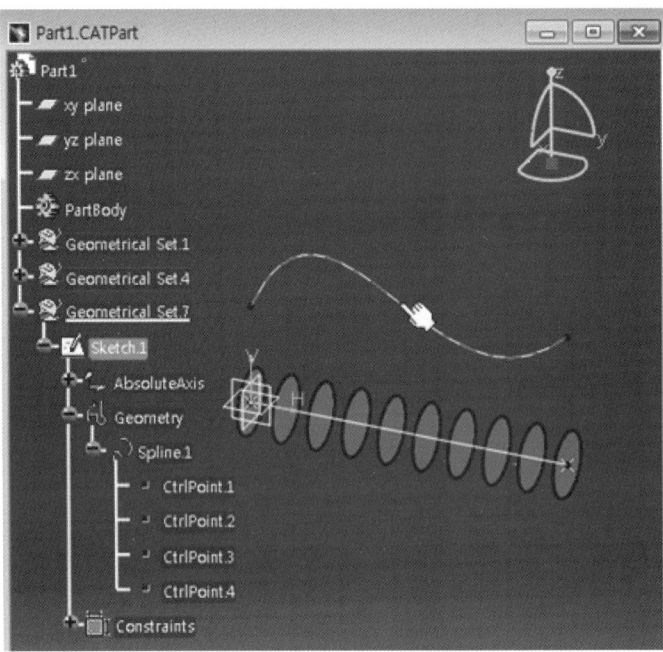

입력 인자의 타입이 맞지 않다는 오류가 발생한다.

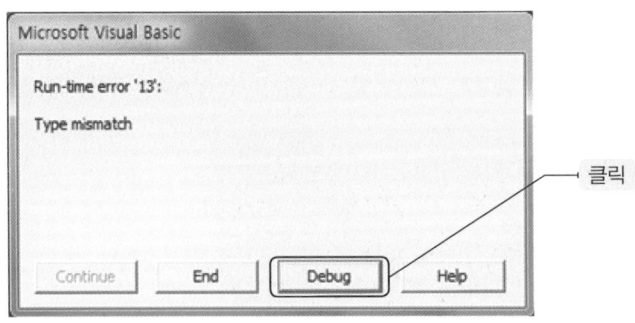

오류가 발생한 행이 노란색으로 변경되고, 프로그램 실행도 멈추어져 있다.

```
       Set oPart = oPDoc.Part
       Set oHB = oPart.HybridBodies.Add
       Set oHSF = oPart.HybridShapeFactory

       Dim oPoint As Point
  ⇨    Set oPoint = oHSF.AddNewPointOnCurveFromPercent(oCurve, 0.5, False)
       oHB.AppendHybridShape oPoint

       On Error Resume Next
```

8) 오류 수정

오류가 발생하지 않도록 하기 위해 Reference 개체를 이용하여 형상을 생성한다.

코딩 11

```
Set oPart = oPDoc.Part
Set oHB = oPart.HybridBodies.Add
Set oHSF = oPart.HybridShapeFactory                    ⓐ 코드 추가
                                                       ⓑ 코드 입력
Dim oPoint As Point, oRef As Reference
Set oRef = oPart.CreateReferenceFromObject(oCurve)
Set oPoint = oHSF.AddNewPointOnCurveFromPercent(oRef, 0.5, False)
oHB.AppendHybridShape oPoint
                                                       ⓒ 코드 변경 (oCurve → oRef)
On Error Resume Next

Err.Clear
oPart.UpdateObject oPoint

oSel.Clear
If Err.Number <> 0 Then
    oSel.Add oHB
    oSel.Delete
    MsgBox "The selected element is not a proper curve." & _
        "You must select one domain curve."
    Exit Sub
Else
    oSel.Add oPoint
    oSel.Delete
End If

On Error GoTo 0

Dim oSubHB1 As HybridBody, oSubHB2 As HybridBody

Set oSubHB1 = oHB.HybridBodies.Add
Set oSubHB2 = oHB.HybridBodies.Add
oSubHB2.Name = "Sectioning Surfaces"

Dim i As Integer
Dim oPlane As Plane, oCircle As HybridShapeCircle, oFill As HybridShapeFill

For i = 1 To intSectCount            ⓓ 코드 변경 (oCurve → oRef)

    Set oPoint = oHSF.AddNewPointOnCurveFromPercent _
                (oRef, 1 / (intSectCount - 1) * (i - 1), False)
    Set oPlane = oHSF.AddNewPlaneNormal(oRef, oPoint)
    Set oCircle = oHSF.AddNewCircleCtrRad(oPoint, oPlane, False, dblRadius)
    oSubHB1.AppendHybridShape oCircle
    Set oFill = oHSF.AddNewFill
    oFill.AddBound oCircle           ⓔ 코드 변경 (oCurve → oRef)
    oSubHB2.AppendHybridShape oFill

Next
```

최종 코드를 실행하면 아래의 결과와 같이 적용된다.

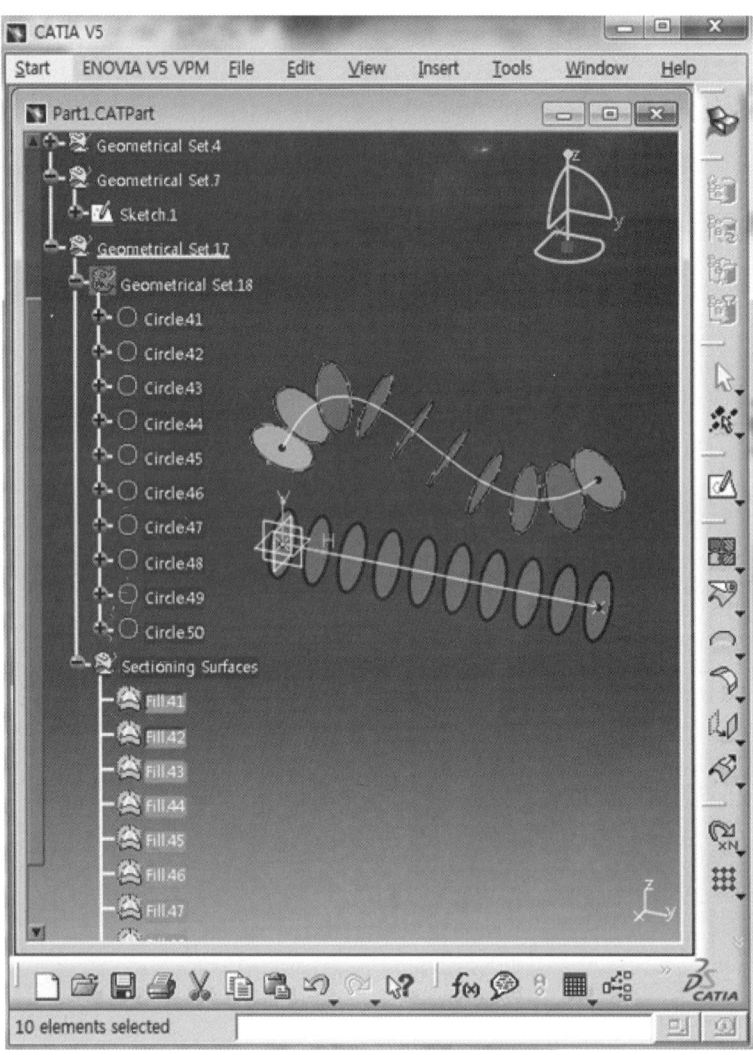

프로그램 입력 커브는 주로 한 부품의 파팅 커브가 된다. 이렇게 생성 및 선택된 Sectioning Surfaces 내의 면과 파팅에 인접한 부품의 형상과 Intersect curve를 만들면 여러 단면을 한꺼번에 만들 수 있다. 이러한 단면은 부품 사이의 갭, 단차 등의 검토에 도움이 된다.

③ 최종 코드 이해

```
Dim selObjType(1) As Variant
selObjType(0) = "HybridShape"
selObjType(1) = "Sketch"

Dim oPDoc As PartDocument, oSel 'As Selection
Dim strSelStatus As String

Set oPDoc = CATIA.ActiveDocument
Set oSel = oPDoc.Selection
oSel.Clear
strSelStatus = oSel.SelectElement2(selObjType, "Select a curve.", False)

If strSelStatus <> "Normal" Then Exit Sub

Dim oCurve As Object
Set oCurve = oSel.Item(1).Value
```

• 사용자에게 선택 요청 및 선택한 요소 처리

```
Dim oPart As Part, oHB As HybridBody, oHSF As HybridShapeFactory

Set oPart = oPDoc.Part
Set oHB = oPart.HybridBodies.Add
Set oHSF = oPart.HybridShapeFactory

Dim oPoint As Point, oRef As Reference
Set oRef = oPart.CreateReferenceFromObject(oCurve)
Set oPoint = oHSF.AddNewPointOnCurveFromPercent(oRef, 0.5, False)
oHB.AppendHybridShape oPoint

On Error Resume Next

Err.Clear
oPart.UpdateObject oPoint

oSel.Clear
If Err.Number <> 0 Then
    oSel.Add oHB
    oSel.Delete
    MsgBox "The selected element is not a proper curve." & _
        "You must select one domain curve."
    Exit Sub
Else
    oSel.Add oPoint
    oSel.Delete
End If

On Error GoTo 0
```

• 선택된 요소 확인 및 오류 처리

```
Dim oSubHB1 As HybridBody, oSubHB2 As HybridBody                    • Geo. Set 생성

Set oSubHB1 = oHB.HybridBodies.Add
Set oSubHB2 = oHB.HybridBodies.Add
oSubHB2.Name = "Sectioning Surfaces"

Dim i As Integer                                                     • 형상 생성
Dim oPlane As Plane, oCircle As HybridShapeCircle, oFill As HybridShapeFill

For i = 1 To intSectCount

    Set oPoint = oHSF.AddNewPointOnCurveFromPercent _
                        (oRef, 1 / (intSectCount - 1) * (i - 1), False)
    Set oPlane = oHSF.AddNewPlaneNormal(oRef, oPoint)
    Set oCircle = oHSF.AddNewCircleCtrRad(oPoint, oPlane, False, dblRadius)
    oSubHB1.AppendHybridShape oCircle
    Set oFill = oHSF.AddNewFill
    oFill.AddBound oCircle
    oSubHB2.AppendHybridShape oFill

Next

oPart.UpdateObject oHB                                               • 후 공정을 위한 정리

oSel.Clear
oSel.Add oSubHB1
oSel.VisProperties.SetShow 1

oPart.InWorkObject = oHB

oSel.Clear
For i = 1 To oSubHB2.HybridShapes.Count
    oSel.Add oSubHB2.HybridShapes.Item(i)
Next

End Sub
```

Chapter 06
프로그램 5. 엑셀을 활용한 홀 생성

Chapter 06

프로그램 5. 엑셀을 활용한 홀 생성

● 업무 시나리오 ●

프레스 제품의 금형을 설계할 경우에는 여러 플레이트가 겹쳐지고, 각각의 플레이트에는 연계된 많은 홀이 있다. 각각의 플레이트의 홀 정보는 2차원 가공에 활용되는 정보이다. 이러한 **금형 설계에서 홀 데이터를 엑셀에서 관리**하고, 그 정보로 CATIA의 **Solid 형상**에 **Hole로 반영**하고자 한다.

● 프로그램 요건 ●

1) 홀 정보는 홀의 중심, 지름, 깊이 값을 가진다.
2) 엑셀의 데이터를 이용하여 홀을 생성한다.

시작하기 전에..

이 장에서는 **Solid 요소의 생성에 대해 작업**할 것이다. 현업에서의 홀 정보는 나사산 유무, 관통 유무, 가공 방법(드릴, 보링, 리머, 탭), 공차, 거칠기 등의 정보가 들어가야 한다. 그러나 여기서는 기본적인 형성 정보만 다룬다. 특히 **엑셀과 연동하여 작업**을 하게 되며, 이러한 VBA를 통한 타 응용 프로그램과의 연계는 현업에서 효율적인 솔루션을 찾는 데 도움이 될 것이다.

그리고 개체 구조에 관련하여 알아 두어야 할 부분은 다음과 같다.
Solid를 다루는 개체는 **Shape**이고, **Solid 형상을 생성하는 개체는 ShapeFactory**이다. 그리고, Spec. Tree 상의 Solid 형상이 생성되는 Body에 해당하는 개체는 동일한 이름인 **Body**이다. 이외에도 엑셀에서는 **Worksheet와 Range**와 같은 개체를 활용해야 한다.

순서도 구상

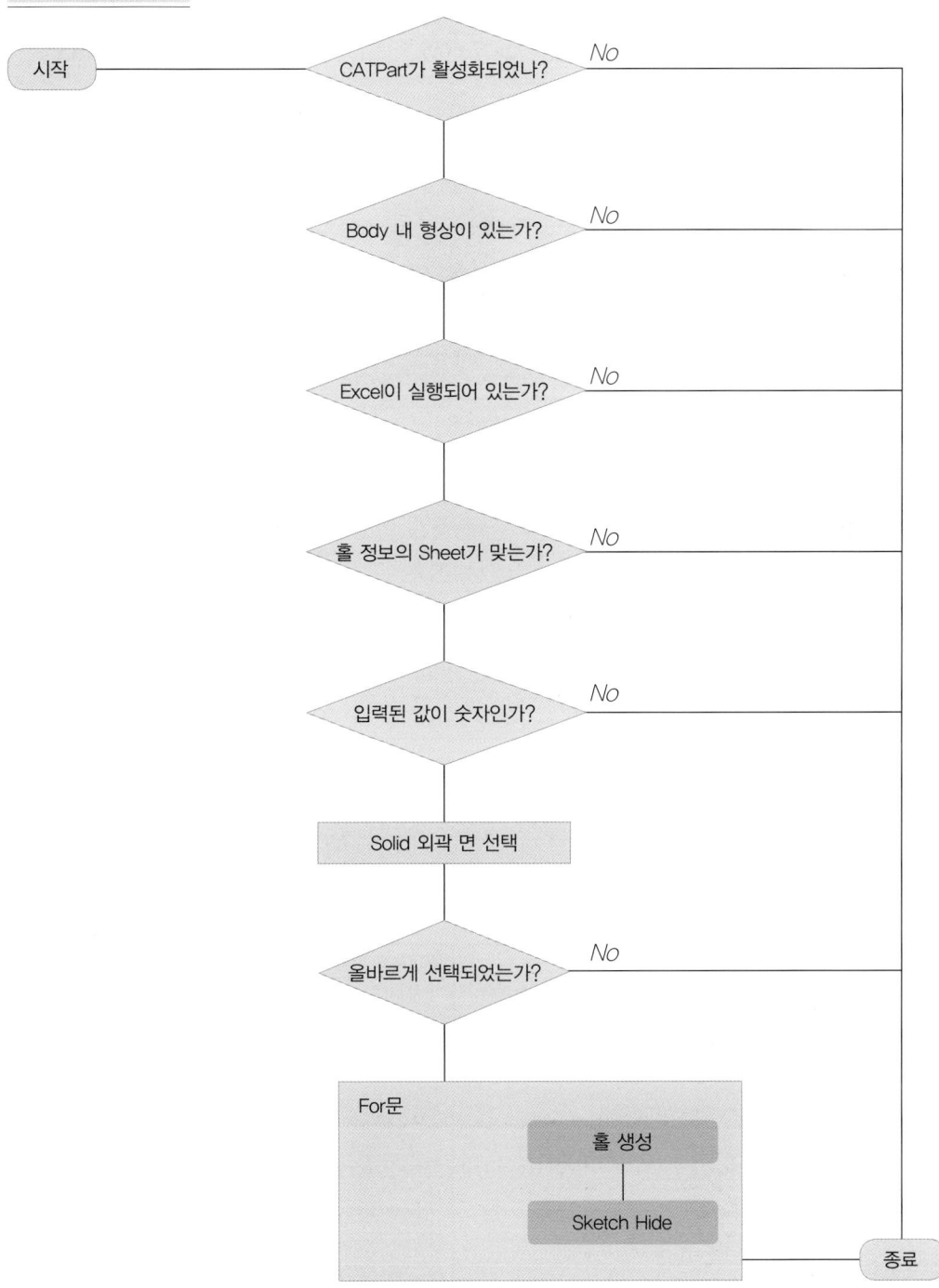

① 관련 개체, 속성 및 메서드 찾기

1) Solid와 관련된 개체, 속성 및 메서드 찾기

바탕화면에 만들어 둔 'V5Automation.chm' 바로가기를 실행한다.

개체 구조에 대한 관계도가 나타난다.

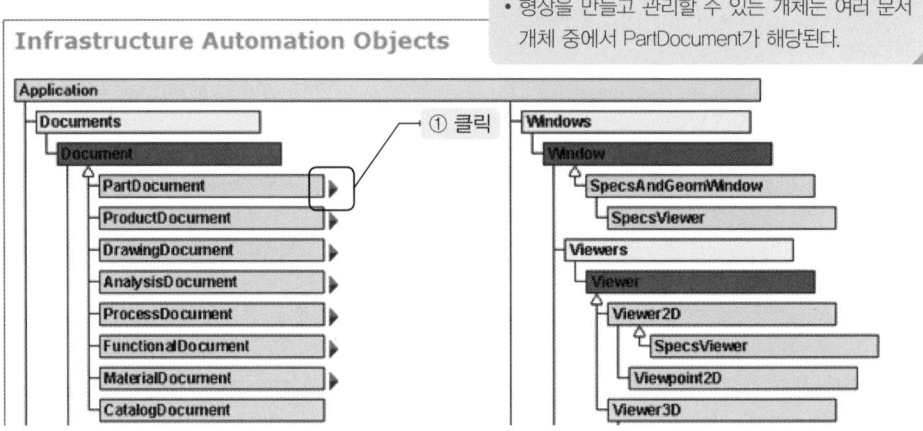

- 형상을 만들고 관리할 수 있는 개체는 여러 문서 개체 중에서 PartDocument가 해당된다.

PartDocument의 하위 관계도에 대한 페이지가 나타난다.

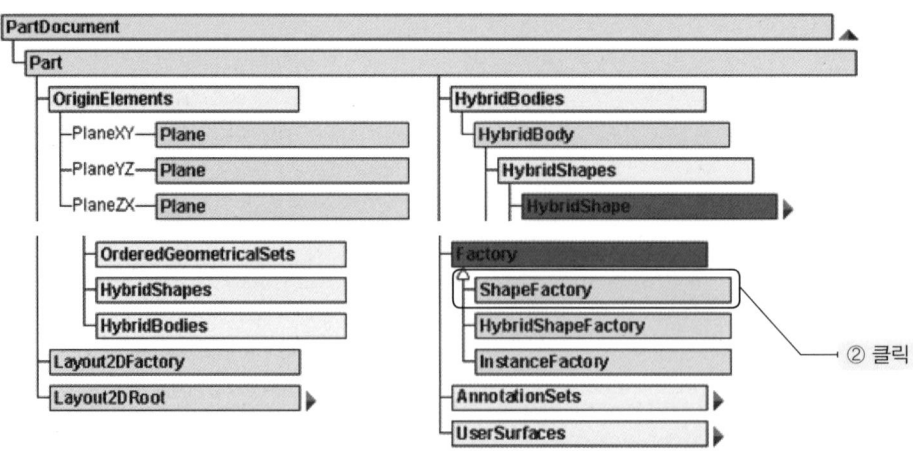

- 이름에 Factory가 들어가는 개체는 형상을 만들기 위한 개체이며, 그 중에서 ShapeFactory는 Solid 형상을 만들 수 있는 개체이다.

ShapeFactory 개체를 설명하는 페이지로 이동한다.

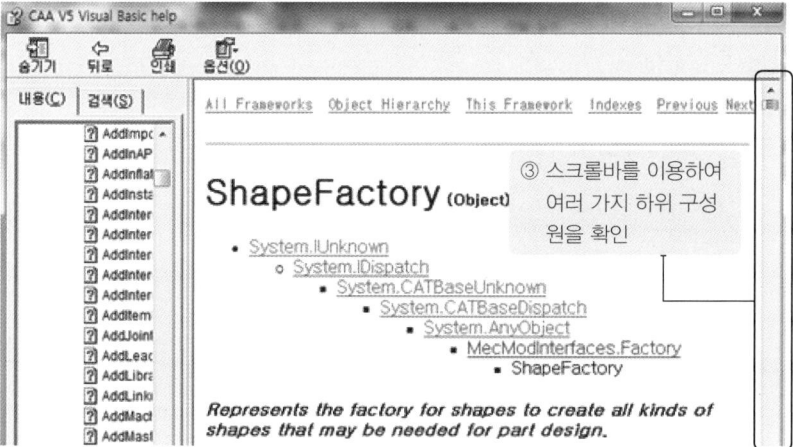

다양한 'AddNew~' 메서드를 확인하고, 뒤로 이동한다.

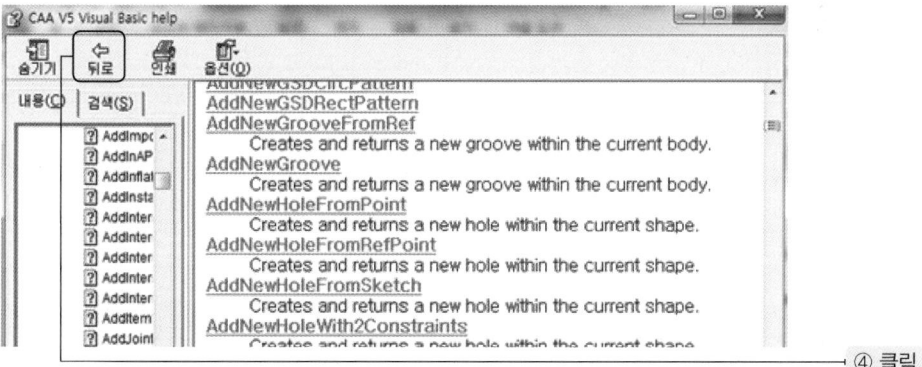

Body의 집합 개체인 Bodies 항목을 선택한다.

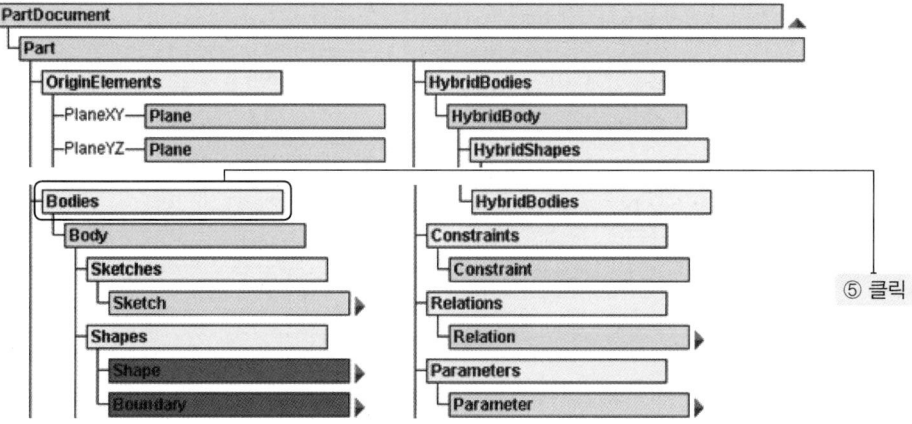

Bodies 집합 개체를 설명하는 페이지로 이동하며, 내용을 살펴보고 뒤로 이동한다.

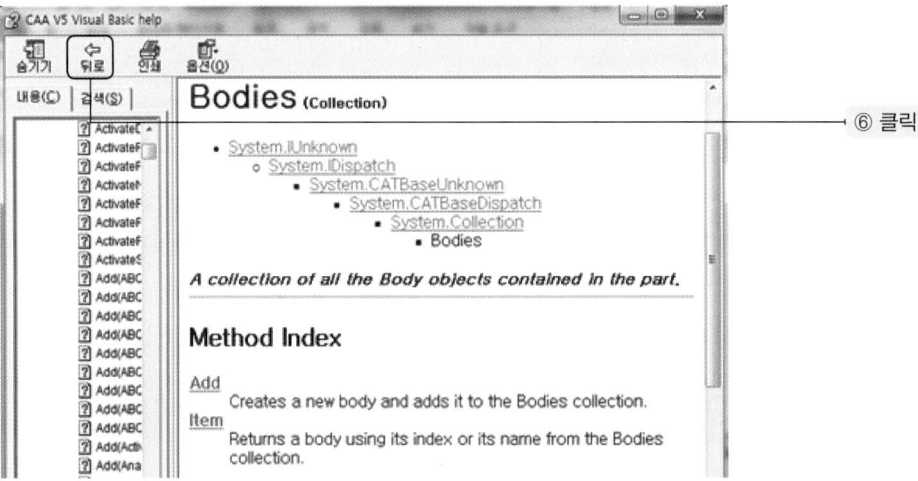

Body 개체를 선택한다.

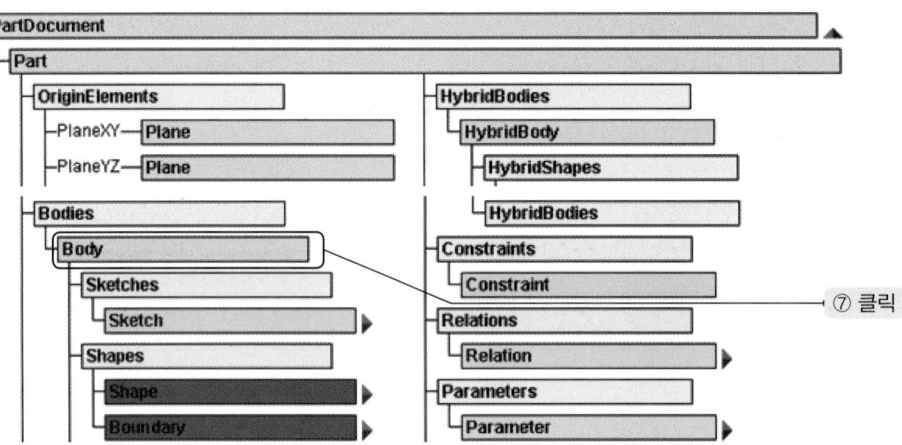

Body 개체를 설명하는 페이지로 이동하며, 내용을 살펴보고 뒤로 이동한다.

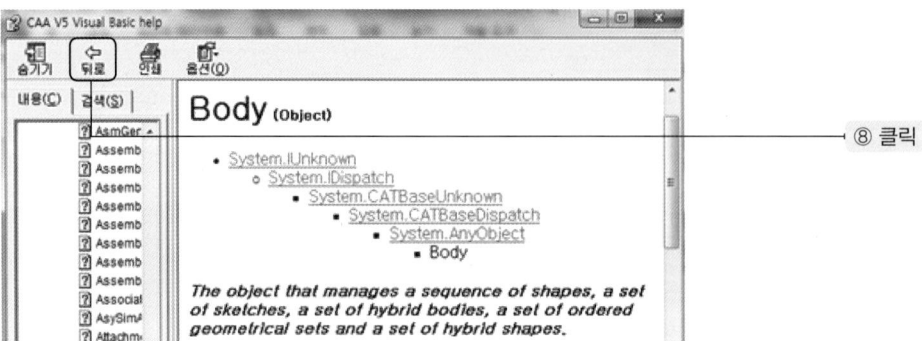

Shape 항목의 옆에 있는 삼각형을 선택하여 Shape 추상 개체의 하위 구조를 확인한다.

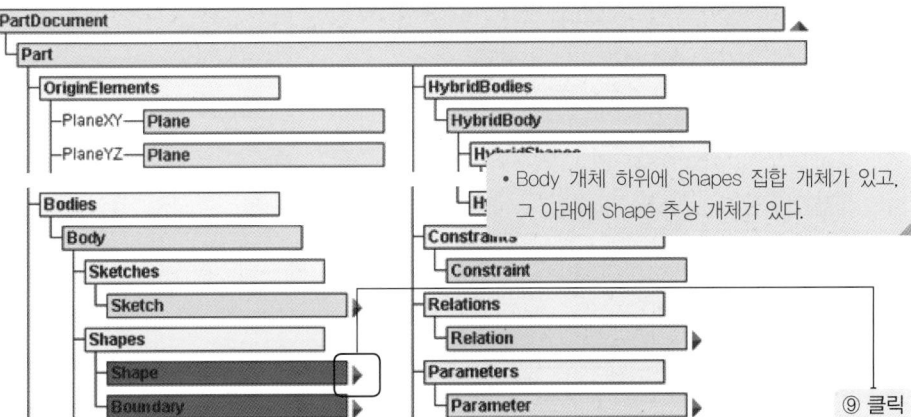

Shape 추상 개체 하위의 관계도에서 Hole 항목을 선택한다.

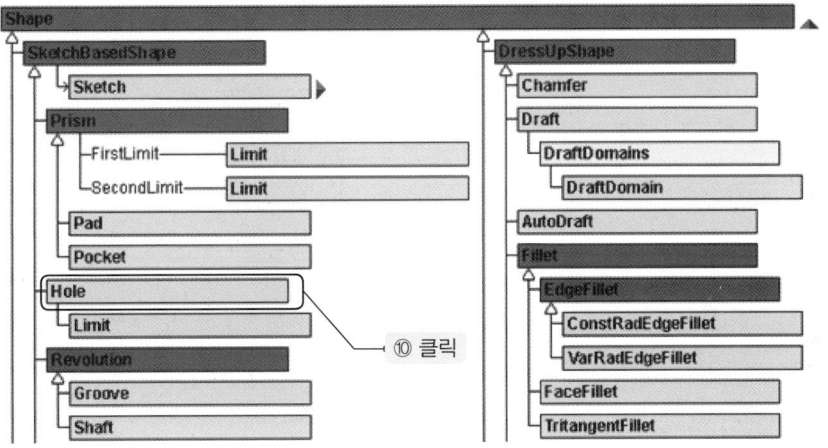

한 번 더 Hole 항목을 선택하면, Hole 개체에 대해 설명하는 페이지가 나타난다.

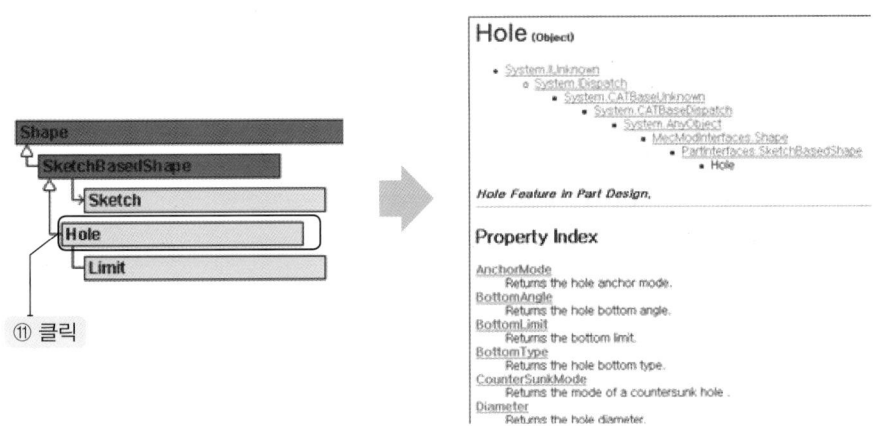

② CATPart 및 Excel Sheet 준비

홀 생성을 하기 위한 기본 Solid 형상을 아래와 같이 작업한다.

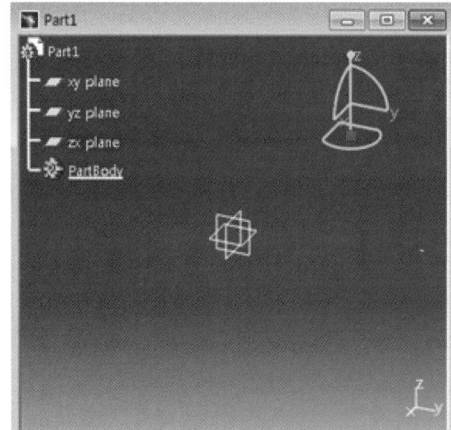

① 새로운 CATPart 생성

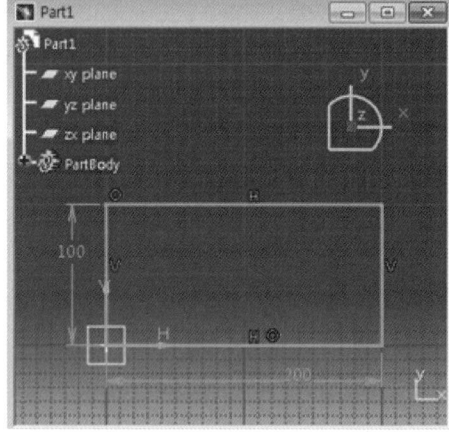

② 'xy plane'에 Sketch 작업
사각형 생성 (가로 200mm, 세로 100mm)

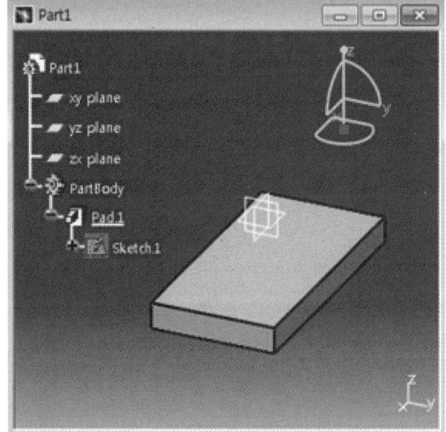

③ Pad 작업
높이 20mm

그리고 엑셀에서 아래와 같이 홀 정보를 작성한다.

	A	B	C	D	E
1	Center X	Center Y	Center Z	Diameter	Depth
2	50	25	0	8	12
3	100	50	0	10	15
4	150	75	0	12	20

두 파일을 적절한 이름으로 저장한다. 윈도에 CATIA와 Excel이 실행되어 있어야 한다. 그리고 CATIA에서는 생성한 .CATPart 파일이, Excel에서는 작업한 .xls 파일이 활성화되어 있어야 한다.

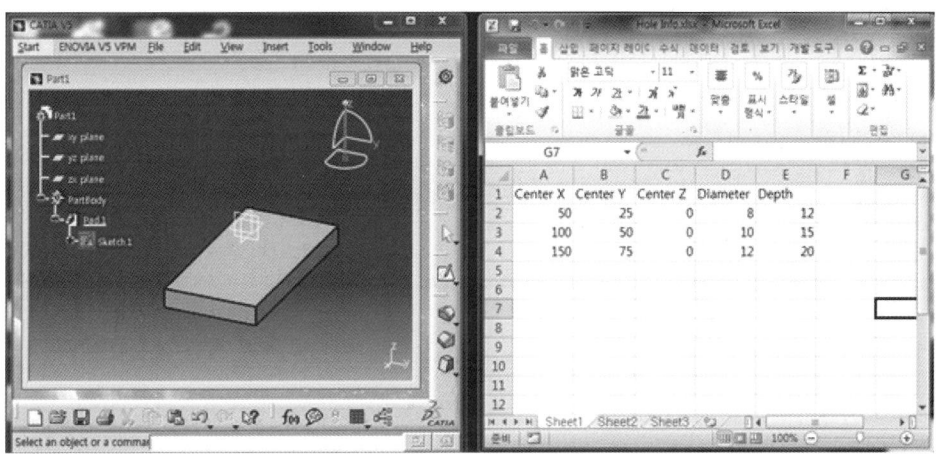

③ 코드 작업

CATIA에서 Visual Basic Editor를 실행한다.

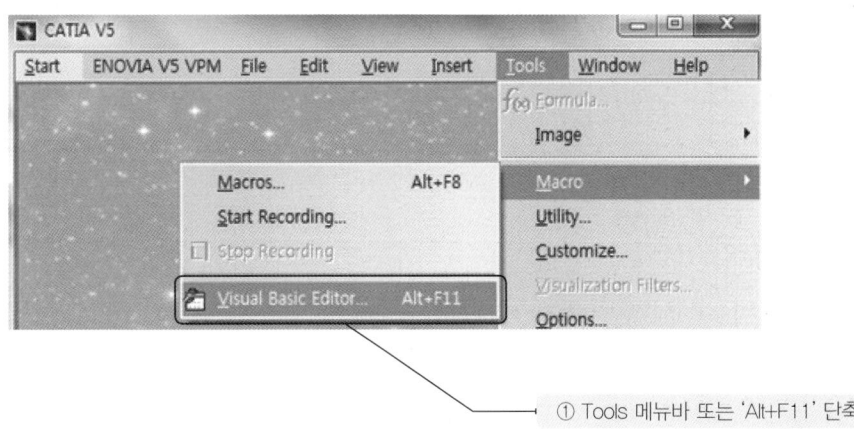

① Tools 메뉴바 또는 'Alt+F11' 단축키를 이용

새로운 모듈을 생성하고, 이름을 변경한다.

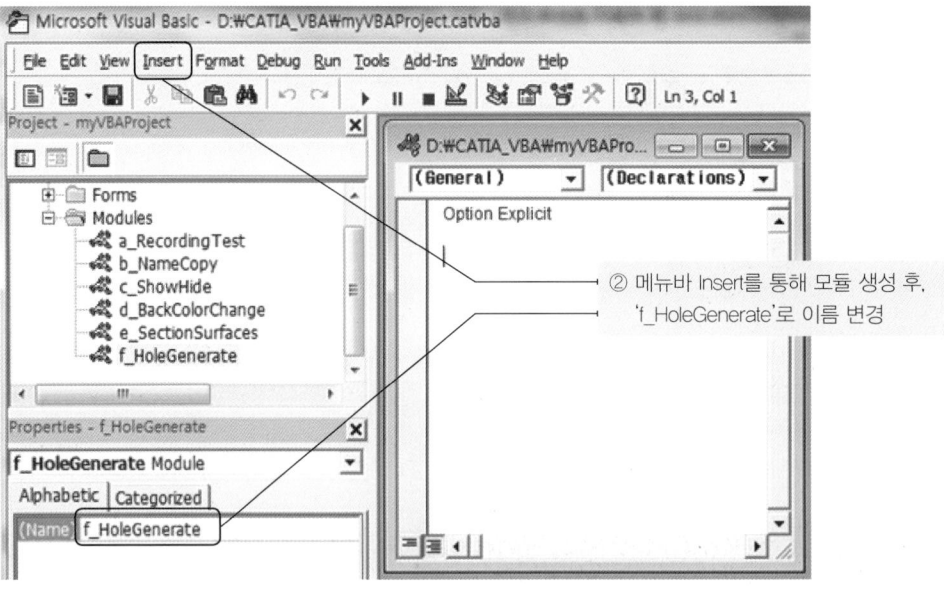

엑셀 개체를 활용할 수 있는 **라이브러리를 등록**한다.

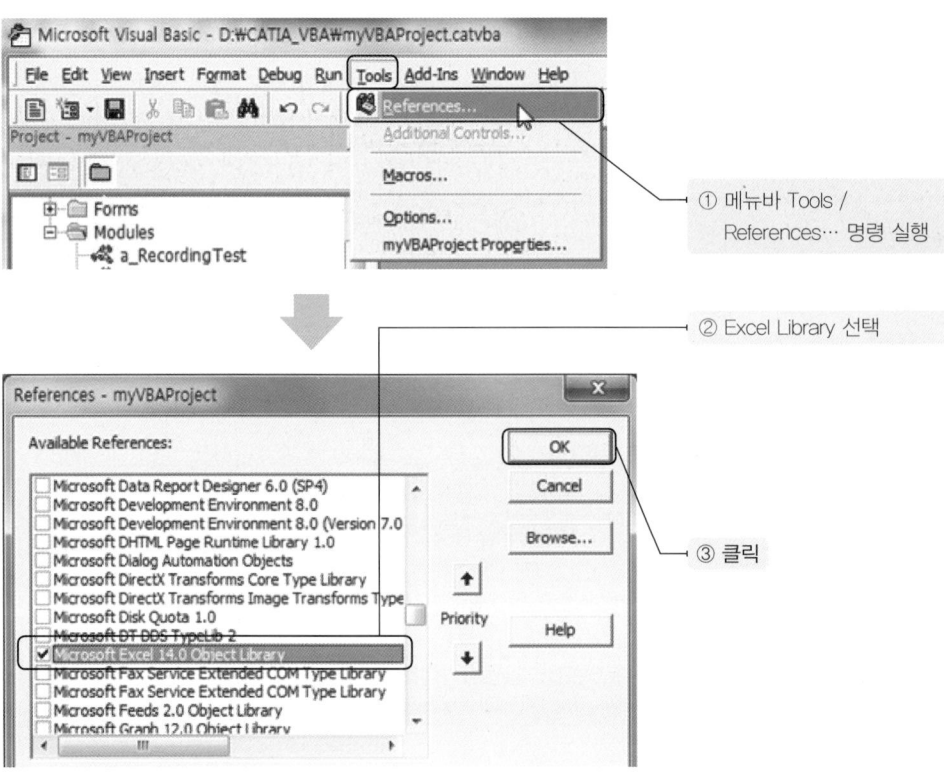

1) CATMain 및 PreProcess 프로시저 코딩

5장에서는 CATMain 프로시저 내에서 코드를 완료하였으나, 이번에는 CATMain 내 코드는 최소화하고, 모듈 내 다른 프로시저를 통해 작업을 진행한다.

코딩 1

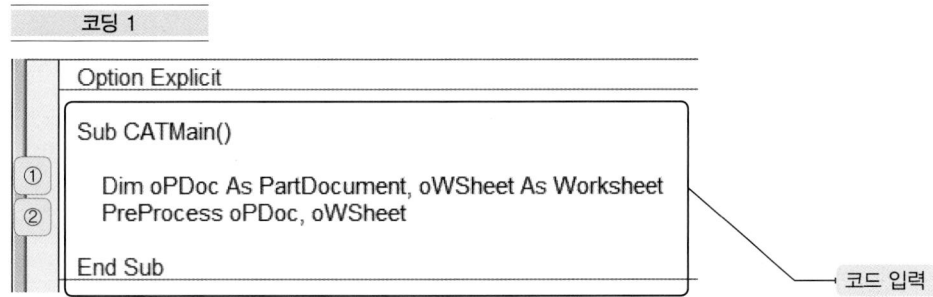

① 'oPDoc' 이름의 변수와 'oWSheet' 이름의 변수를 선언한다.
② 'PreProcess' 프로시저를 실행한다. 선언한 두 개의 변수가 입력 인자로 적용된다. 이 프로시저는 다음 페이지에서 코드를 작성한다. 그리고 Call 키워드가 생략되었다.

참고 Call 구문으로 프로시저 호출

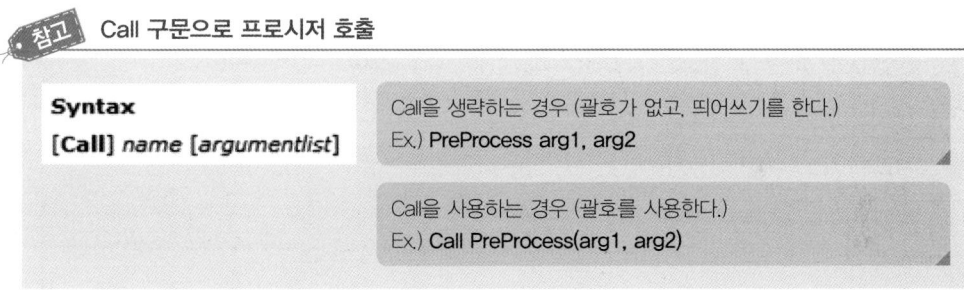

코딩 2

코드 입력

```vb
Sub CATMain()

    Dim oPDoc As PartDocument, oWSheet As Worksheet
    PreProcess oPDoc, oWSheet

End Sub

Private Sub PreProcess(ioPDoc As PartDocument, ioWSheet As Worksheet)

    On Error Resume Next

    If IsError(CATIA.ActiveDocument) Then
        MsgBox "There is no active document."
        End
    End If

    On Error GoTo 0

    If InStr(CATIA.ActiveDocument.Name, ".CATPart") = 0 Then
        MsgBox "The active document has to be a CATPart."
        End
    End If

    Set ioPDoc = CATIA.ActiveDocument

    Dim oBody As Body
    Set oBody = ioPDoc.Part.MainBody
    If oBody.Shapes.Count = 0 Then
        MsgBox "There is not any shape in the main body."
        End
    End If

    On Error Resume Next

    Dim oExcel As Application
    Set oExcel = GetObject(, "Excel.Application")

    On Error GoTo 0

    If oExcel Is Nothing Then
        MsgBox "The Excel application does not run."
        End
    End If

    Set ioWSheet = oExcel.ActiveSheet

    If ioWSheet.Cells(1, 1) <> "Center X" Or ioWSheet.Cells(1, 2) <> "Center Y" _
        Or ioWSheet.Cells(1, 3) <> "Center Z" Or ioWSheet.Cells(1, 4) <> "Diameter" _
        Or ioWSheet.Cells(1, 5) <> "Depth" Then
        MsgBox "You need to activate hole information sheet in Excel."
        End
    End If

End Sub
```

코딩 2 해설

Private Sub PreProcess(ioPDoc As PartDocument, ioWSheet As Worksheet)

- Private으로 선언된 프로시저는 다른 모듈이나 폼에서 접근할 수 없고, 코드가 있는 모듈 내의 다른 프로시저에서 호출이 가능하다. Sub 프로시저는 Output이 없다.

    On Error Resume Next

    If IsError(CATIA.ActiveDocument) Then
        MsgBox "There is no active document."
        End
    End If

- IsError 함수는 입력되는 실행문이 에러를 발생하면 True를 반환한다. 'End' 실행문은 프로그램을 종료하게 한다. 만약, 'Exit Sub' 실행문를 사용하면 진행 중인 프로시저만 종료하고, CATMain으로 돌아가서 계속 실행을 진행한다.

    On Error GoTo 0

    If InStr(CATIA.ActiveDocument.Name, ".CATPart") = 0 Then
        MsgBox "The active document has to be a CATPart."
        End
    End If

- CATIA에서 활성화된 문서의 종류가 CATPart일 때에 한해서 프로그램이 계속 진행하게 된다.
- TypeName 함수를 활용할 수도 있다. '**If TypeName(CATIA.ActiveDocument) = "PartDocument" Then**'로 변경해서 적용할 수 있다.

    Set ioPDoc = CATIA.ActiveDocument

- 프로시저의 입력 인자 중에 하나였던 'ioPDoc' 변수에 활성화된 CATPart 문서 개체를 할당한다.

    Dim oBody As Body
    Set oBody = ioPDoc.Part.MainBody

- 'oBody' 이름의 변수를 선언하고, 'ioPDoc' 변수에 할당된 개체 내의 MainBody를 할당한다. MainBody는 CATPart에서 지워지지 않는 PartBody에 해당된다.

    If oBody.Shapes.count = 0 Then
        MsgBox "There is not any shape in the main body."
        End
    End If

- 'oBody' 개체 내에 솔리드 형상의 유무를 파악하여 프로그램의 진행 여부를 결정한다. Hole 작업을 하기 위해서는 기본 형상이 있어야 하기 때문이다.

    On Error Resume Next

```
    Dim oExcel As Excel.Application
    Set oExcel = GetObject(, "Excel.Application")
```
- 'oExcel' 이름의 Application 개체 타입의 변수를 선언하고, Excel 응용 프로그램을 GetObject 함수를 이용해 할 당한다.

```
    On Error GoTo 0

    If oExcel Is Nothing Then
        MsgBox "The Excel application does not run."
        End
    End If
```
- 'oExcel' 변수에 할당된 응용 프로그램 개체가 없으면, 메시지를 띄우고 종료한다.

```
    Set ioWSheet = oExcel.ActiveSheet
```
- 'ioWSheet' 변수는 이 프로시저의 입력 인자 중의 하나이다. 이 변수에 Excel에서 활성화된 시트를 할당한다.
```
    If ioWSheet.Cells(1, 1) <> "Center X" Or ioWSheet.Cells(1, 2) <> "Center Y" _
        Or ioWSheet.Cells(1, 3) <> "Center Z" Or ioWSheet.Cells(1, 4) <> "Diameter" _
        Or ioWSheet.Cells(1, 5) <> "Depth" Then
        MsgBox "You need to activate hole information sheet in Excel."
        End
    End If
```
- 해당 시트에서 1행의 다섯 개 셀의 문자열을 추적하여, 작업하고자 하는 포멧의 시트가 맞는지 판단한다. 잘못된 포멧의 시트이면 메시지를 띄우고 종료한다.

```
End Sub
```

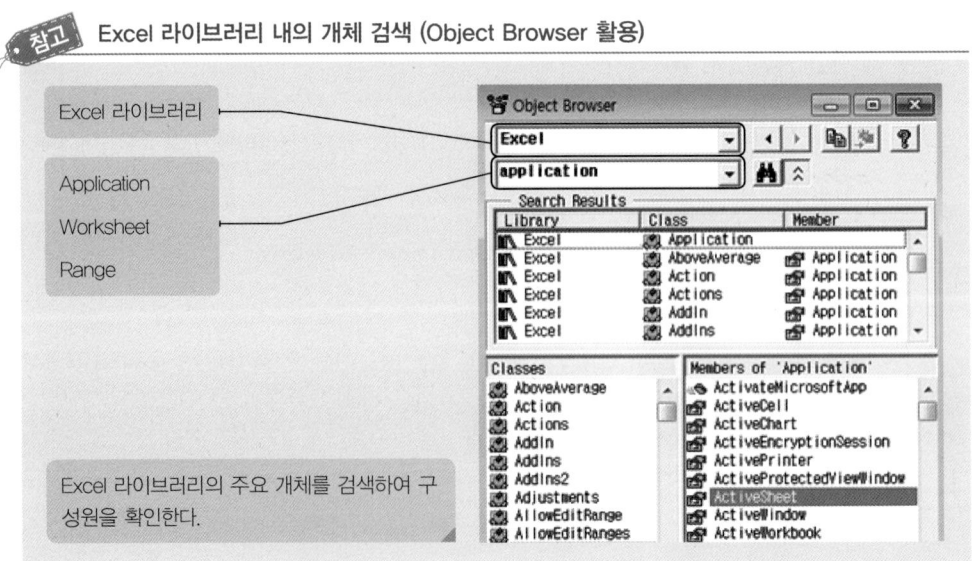

참고 Excel 라이브러리 내의 개체 검색 (Object Browser 활용)

> **참고** Worksheet와 Range 개체

엑셀에서 시트에 해당하는 개체가 Worksheet이다.

Worksheet 개체 호출 방법
- Set oWSheet = **oExcel.ActiveSheet**   : 현재 활성화된 시트를 할당
- Set oWSheet = **oExcel.Sheets.Item(1)**   : 여러 시트 중 첫 번째 시트를 할당
- Set oWSheet = **oExcel.Sheets.Item("Sheet1")**   : 여러 시트 중 Sheet1 이름의 시트를 할당

시트 내의 하나 또는 여러 개의 셀에 해당하는 개체가 Range이다.

Worksheet의 속성을 통한 Range 개체 호출 방법
- Set oRange = oWSheet.Range("A1")   : 'A1' 셀을 할당
- Set oRange = oWSheet.Range("B:B")   : 'B' 열 전체를 할당
- Set oRange = oWSheet.Range("A1:E4")   : 'A1' 셀부터 'E4' 셀까지 할당
- Set oRange = oWSheet.Range(oWSheet.Cells(1,1), oWSheet.Cells(4,5)) : 위와 동일
- Set oRange = oWSheet.**Cells(2,3)**   : 'C2' 셀을 할당. Cells 속성은 행수와 열수를 입력 인자로 받는다.
- Set oRange = oWSheet.Cells(3,1).**EntireRow** : 3행 전체를 할당. 'EntireColumn'은 열 전체에 해당된다.
- Set oRange = oWSheet.Cells(1,2).**End(xlDown)** : 'B1' 셀에서 'Ctrl+방향화살표 Down' 키를 동시에 누르면 이동하는 셀을 반환, 데이터가 연속적으로 있는 가장 아래 셀이 해당된다.

- Excel Application 개체, Worksheet 개체 및 Range 개체의 Range 및 Cells 속성은 다양한 방식으로 셀 영역을 반환한다.

- 이러한 Excel 개체의 구체적인 도움말은 엑셀 VB Editor에서 찾아볼 수 있다.

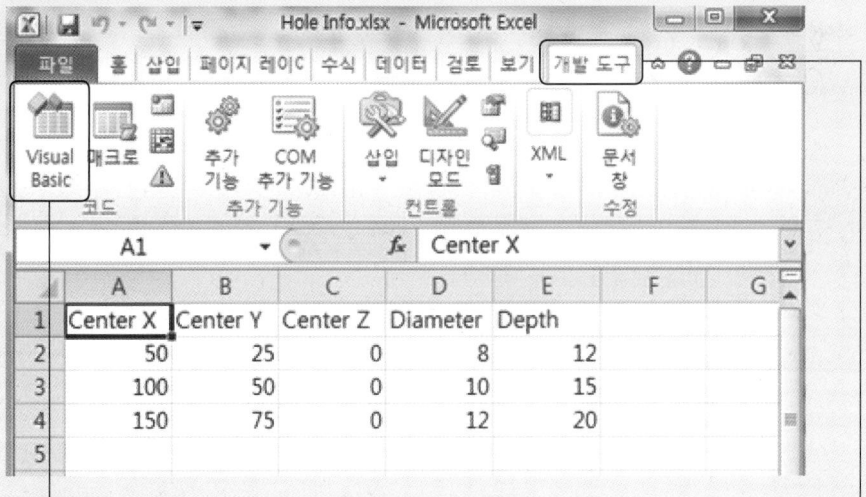

- 메뉴바에서 '개발 도구' 탭은 기본적으로 나타나지 않는다. 메뉴의 사용자 지정을 통해서 이 탭을 활성화해야 되며, 'Alt+F11' 단축키는 동일하다.

CATMain 프로시저에서 프로그램을 실행한다. 이 때, 해당 프로시저 코드에 커서가 있어야 한다.

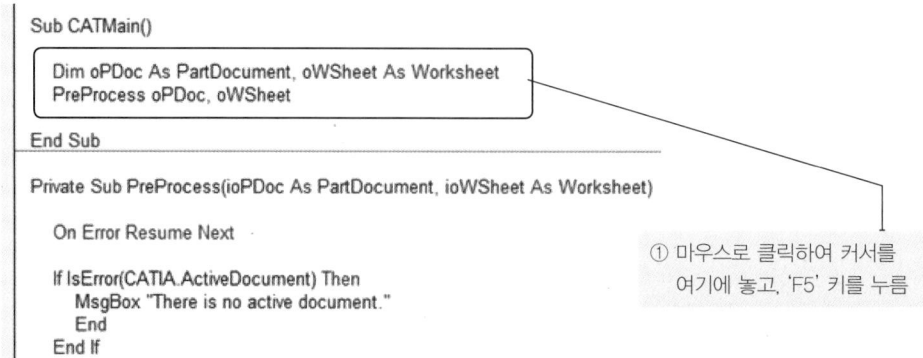

① 마우스로 클릭하여 커서를 여기에 놓고, 'F5' 키를 누름

프로그램을 실행하면 오류 메시지가 나타난다. 엑셀이 실행되어 있지만, 올바르게 인식되지 못하고 있다.

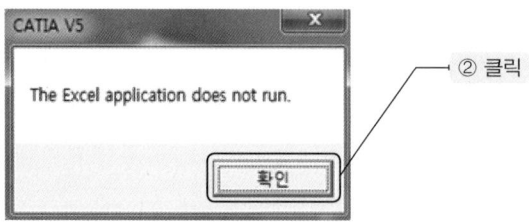

② 클릭

문제의 원인을 찾기 위해 Object Browser를 실행한다.

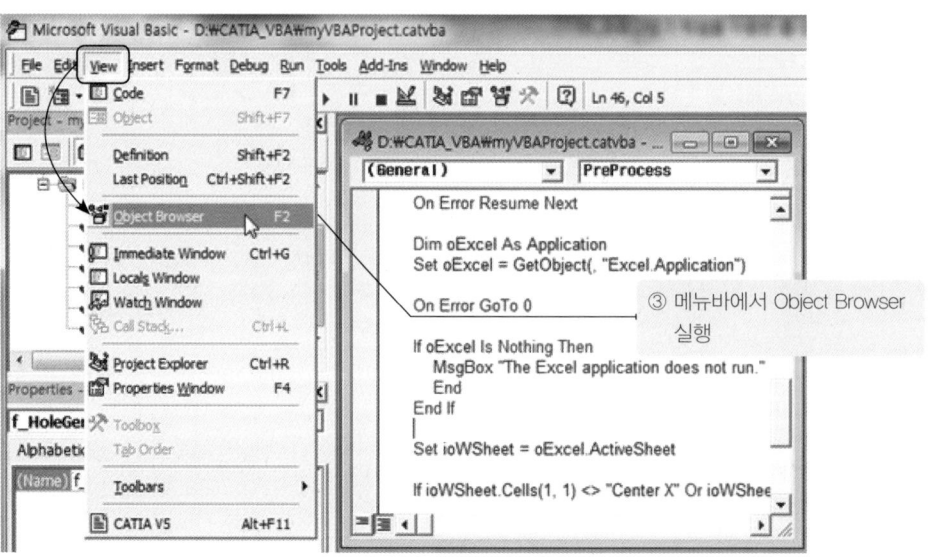

③ 메뉴바에서 Object Browser 실행

Application 개체를 검색하면 현재 등록된 라이브러리에서 두 개의 동일한 이름의 개체를 찾을 수 있다.

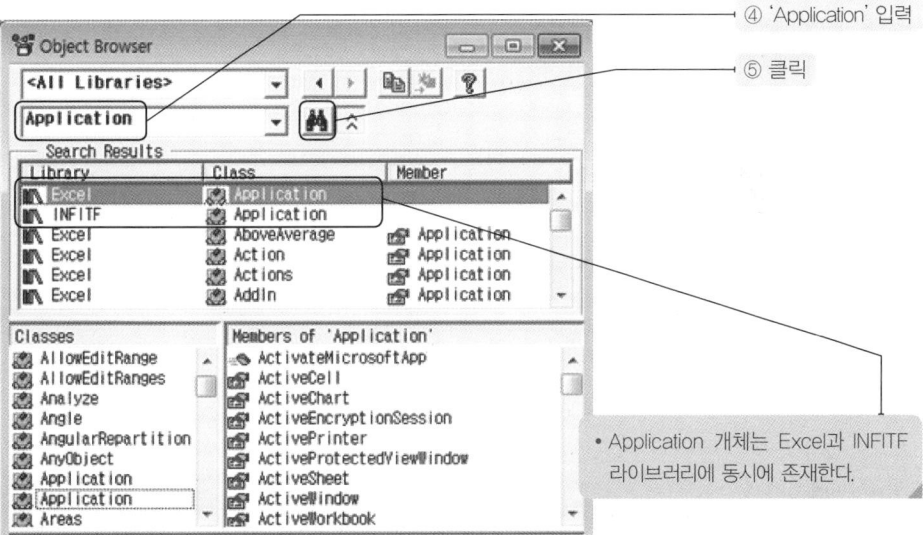

등록된 라이브러리를 확인하기 위해 References… 메뉴를 선택한다.

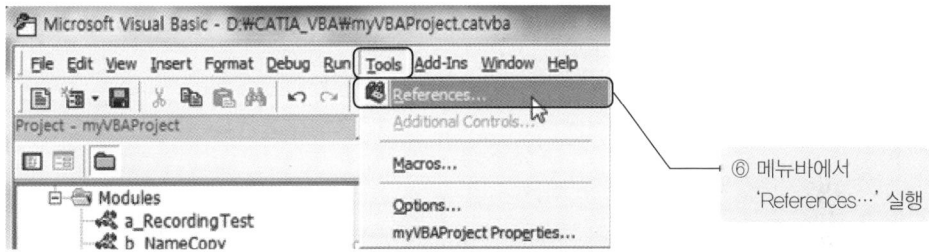

InfInterfaces(Infrastructure Interfaces) 라이브러리와 Excel 라이브러리의 순서를 확인한다.

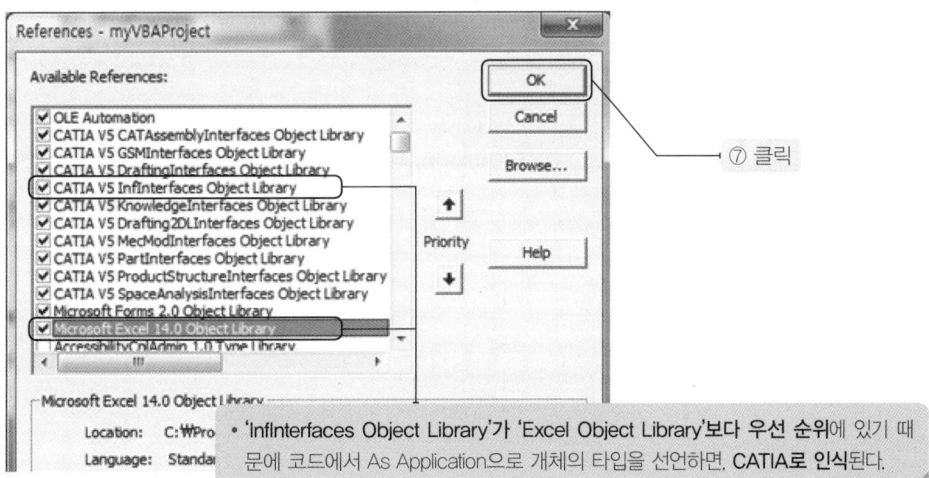

코딩 3

```
On Error Resume Next

Dim oExcel As Excel.Application
Set oExcel = GetObject(, "Excel.Application")

On Error GoTo 0

If oExcel Is Nothing Then
    MsgBox "The Excel application does not run."
    End
End If
```

코드 수정 : Application → Excel.Application

- 개체 타입을 선언할 때, 해당 **라이브러리를 적어서 타입을 명확하게** 할 수 있다. 이제 다시 실행하면 메시지 없이 프로그램이 종료된다.

 외부 응용 프로그램 호출

'GetObject'와 'CreateObject' 함수를 활용하는 사례는 아래와 같다.

CATIA에서 Excel 호출
- 실행되어 있는 Excel 응용 프로그램이 있으면 그 응용 프로그램을 선언한 변수에 할당한다. 그렇지 않으면, 새로운 Excel 응용 프로그램을 생성하여 할당한다.

```
On Error Resume Next

Dim oExcel As Excel.Application
Set oExcel = GetObject(, "Excel.Application")
If Err.Number <> 0 Then
    Set oExcel = CreateObject("Excel.Application")
    oExcel.Visible = True
End If

On Error GoTo 0
```

Excel에서 CATIA 호출

```
On Error Resume Next

Dim oCATIA As INFITF.Application
Set oCATIA = GetObject(, "CATIA.Application")
If Err.Number <> 0 Then
    Set oCATIA = CreateObject("CATIA.Application")
    oCATIA.Visible = True
End If

On Error GoTo 0
```

2) 엑셀 셀값 체크

홀 중심의 좌표, 지름, 깊이의 값이 올바르게 입력되어 있는지 확인하는 작업을 코드로 작성한다.

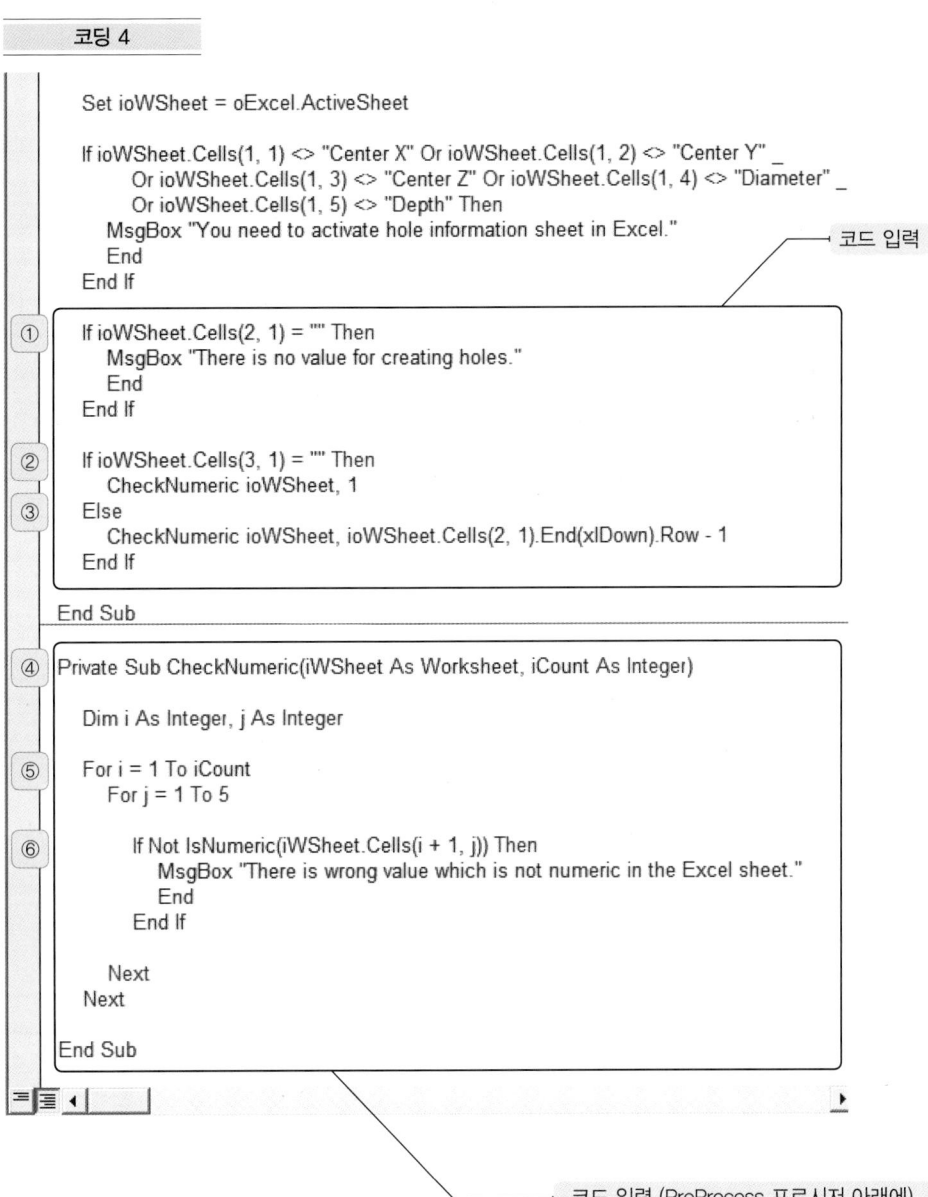

코딩 4

```
Set ioWSheet = oExcel.ActiveSheet

If ioWSheet.Cells(1, 1) <> "Center X" Or ioWSheet.Cells(1, 2) <> "Center Y" _
    Or ioWSheet.Cells(1, 3) <> "Center Z" Or ioWSheet.Cells(1, 4) <> "Diameter" _
    Or ioWSheet.Cells(1, 5) <> "Depth" Then
    MsgBox "You need to activate hole information sheet in Excel."
    End
End If
```
— 코드 입력

①
```
If ioWSheet.Cells(2, 1) = "" Then
    MsgBox "There is no value for creating holes."
    End
End If
```

② ③
```
If ioWSheet.Cells(3, 1) = "" Then
    CheckNumeric ioWSheet, 1
Else
    CheckNumeric ioWSheet, ioWSheet.Cells(2, 1).End(xlDown).Row - 1
End If

End Sub
```

④
```
Private Sub CheckNumeric(iWSheet As Worksheet, iCount As Integer)

    Dim i As Integer, j As Integer
```

⑤
```
    For i = 1 To iCount
        For j = 1 To 5
```

⑥
```
            If Not IsNumeric(iWSheet.Cells(i + 1, j)) Then
                MsgBox "There is wrong value which is not numeric in the Excel sheet."
                End
            End If

        Next
    Next

End Sub
```

— 코드 입력 (PreProcess 프로시저 아래에)

① 'A2' 셀이 비어 있으면, 홀 정보가 없는 것으로 판단하여 메시지를 띄우고 종료한다.
② 'A3' 셀이 비어 있으면, 홀 정보가 하나만 있는 것으로 판단하고, 'CheckNumeric' 이름의 프로시저를 호출하면서 작업할 행의 개수를 하나로 입력한다.
  • 'CheckNumeric' 프로시저의 첫 번째 입력 인자 : 포멧을 확인한 Worksheet 개체
  • 'CheckNumeric' 프로시저의 두 번째 입력 인자 : 작업해야 할 행의 수
③ 'A3'셀의 값이 있으므로, 홀 정보가 두 개 이상인 것으로 판단하고, 'CheckNumeric' 서브 프로시저를 호출하면서 작업할 행의 개수를 추적 계산하여 입력한다.
  • 'CheckNumeric' 프로시저의 두 번째 입력 인자인 작업해야 할 행의 수는 아래와 같이 계산된다.
    ioWSheet.Cells(2, 1).End(xlDown) : 'A2' 행에서 'Ctrl+화살표 Down' 키를 누르면 이동하게 되는 셀 (Range 개체)
    ioWSheet.Cells(2, 1).End(xlDown).Row : 그 셀의 행의 수 (Long 타입)
    ioWSheet.Cells(2, 1).End(xlDown).Row − 1 : 제목 행을 제외하여 계산
④ 'CheckNumeric' 이름의 Private 프로시저를 선언한다. (두 개의 입력 인자를 가짐)
⑤ 그 중에서 For문으로 시트의 세 개의 행과 다섯 개의 열의 값을 모두 체크한다.

	A	B	C	D	E
1	Center X	Center Y	Center Z	Diameter	Depth
2	50	25	0	8	12
3	100	50	0	10	15
4	150	75	0	12	20

⑥ 그 중에서 셀값이 숫자가 아닌 셀을 발견하면, 메시지를 띄우고 종료한다.

CATMain 프로시저의 코드에 커서를 놓고 프로그램을 실행한다. 문제가 없이 실행되는 것을 확인한다.

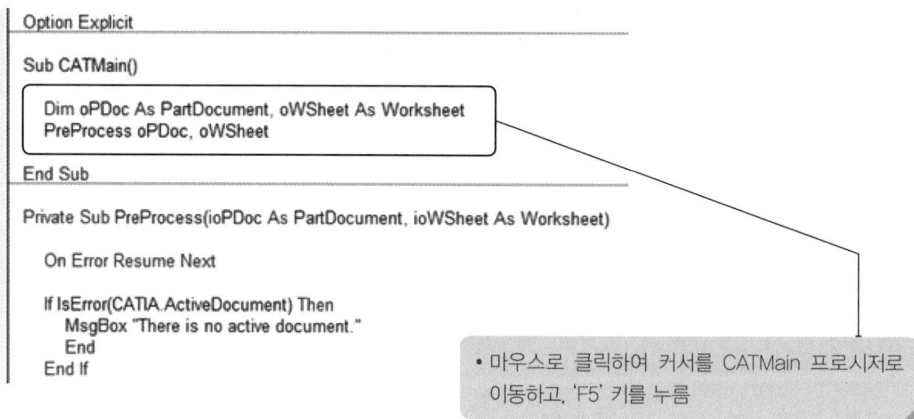

• 마우스로 클릭하여 커서를 CATMain 프로시저로 이동하고, 'F5' 키를 누름

3) Hole 작업을 위한 Face 선택

솔리드 홀을 생성하기 위해서는 홀 형상을 생성할 때 기준이 되는 솔리드의 표면을 선택해야 한다. 그러한 솔리드의 면을 선택하는 부분을 작업한다.

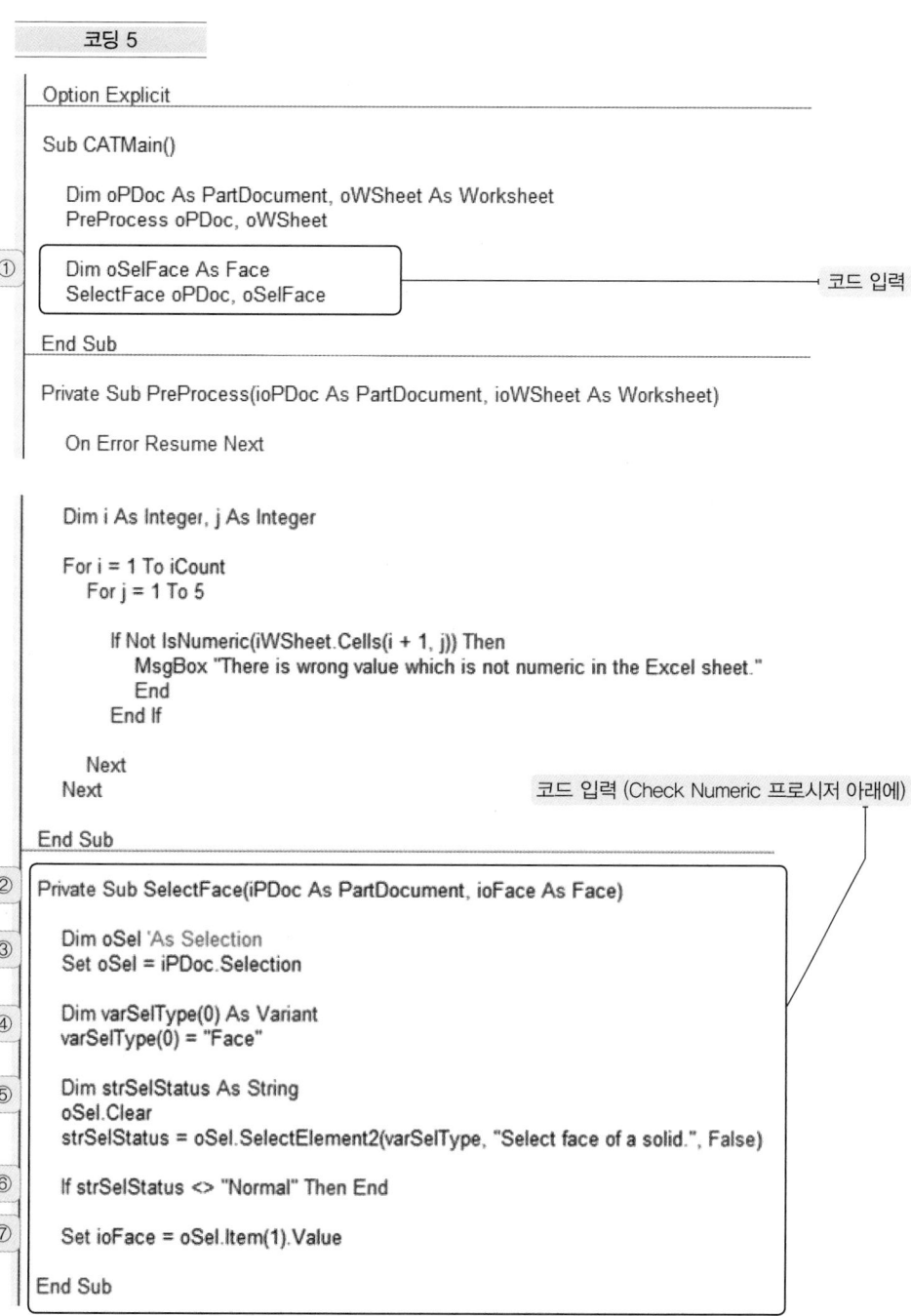

코딩 5

```
Option Explicit

Sub CATMain()

    Dim oPDoc As PartDocument, oWSheet As Worksheet
    PreProcess oPDoc, oWSheet

    ① Dim oSelFace As Face
       SelectFace oPDoc, oSelFace                          ── 코드 입력

End Sub

Private Sub PreProcess(ioPDoc As PartDocument, ioWSheet As Worksheet)

    On Error Resume Next

    Dim i As Integer, j As Integer

    For i = 1 To iCount
        For j = 1 To 5

            If Not IsNumeric(iWSheet.Cells(i + 1, j)) Then
                MsgBox "There is wrong value which is not numeric in the Excel sheet."
                End
            End If

        Next
    Next                                    ── 코드 입력 (Check Numeric 프로시저 아래에)
End Sub

② Private Sub SelectFace(iPDoc As PartDocument, ioFace As Face)

    ③ Dim oSel 'As Selection
       Set oSel = iPDoc.Selection

    ④ Dim varSelType(0) As Variant
       varSelType(0) = "Face"

    ⑤ Dim strSelStatus As String
       oSel.Clear
       strSelStatus = oSel.SelectElement2(varSelType, "Select face of a solid.", False)

    ⑥ If strSelStatus <> "Normal" Then End

    ⑦ Set ioFace = oSel.Item(1).Value

End Sub
```

① CATMain 프로시저 내에 'oSelFace' 이름의 Face 개체 타입의 변수를 선언하고, 'SelectFace' 이름의 프로시저를 실행한다.

② 'SelectFace' 프로시저는 이 모듈에서만 실행하기 때문에, Private 타입으로 선언한다.
Output이 없는 프로시저이기 때문에, Sub 타입으로 선언한다.
첫 번째 입력 인자인 'iPDoc' 이름은 input PartDocument를 의미한다.
두 번째 입력 인자인 'ioFace' 이름은 input and output Face를 의미한다.

③ 'oSel' 변수는 SelectElement2 메서드를 사용할 때, 오류가 발생하지 않도록 **As문으로 타입을 설정하는 것을 생략하여 Variant 타입으로 선언**한다. 그리고 'iPDoc' 변수에 할당된 개체의 Selection 속성을 이용하여 개체를 할당한다.

④ SlectElement2 메서드에서 선택 가능한 개체의 종류를 설정하기 위하여 'strSelType' 이름의 배열 변수를 선언하고, "Face" 문자열을 대입한다.

⑤ 'strSelStatus' 이름의 문자형 변수를 선언한다.
Clear 메서드를 통해 기존에 CATIA에서 선택되어진 요소의 선택을 해제한다.
SlectElement2 메서드를 실행하여 사용자에게 형상을 선택하도록 요청한다.

⑥ 사용자의 선택이 올바르지 않으면 프로그램이 종료된다.

⑦ 사용자의 선택 요소를 입력 인자 중에 하나였던 'ioFace' 이름의 변수에 할당한다.

> **참고** BRep 개체
>
> Boundary Representation은 형상 내부의 점, 선, 면에 해당하며, 이러한 BRep에 해당하는 개체는 Vertex, Edge 및 Face 세 종류로 이루어진다.

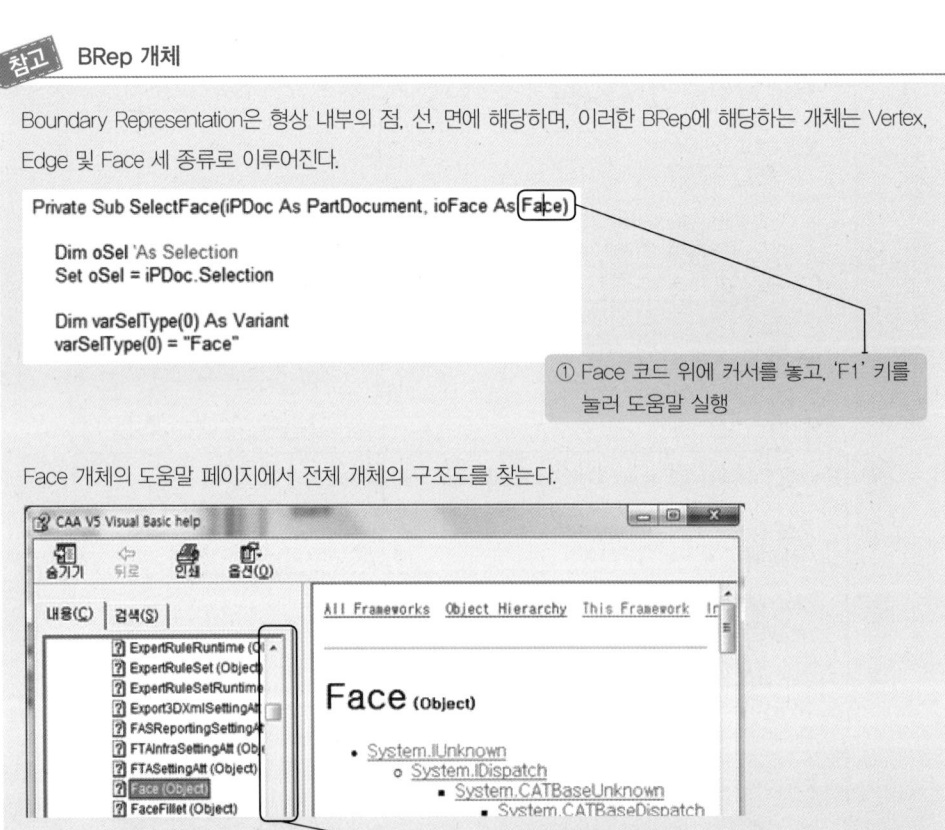

① Face 코드 위에 커서를 놓고, 'F1' 키를 눌러 도움말 실행

Face 개체의 도움말 페이지에서 전체 개체의 구조도를 찾는다.

② 스크롤바를 이용하여 최상위로 이동

'CAA V5 Object' 항목을 선택하여 전체 개체 구조도를 띄우고, PartDocument 옆에 있는 삼각형을 선택하여 하위 구조도로 이동한다.

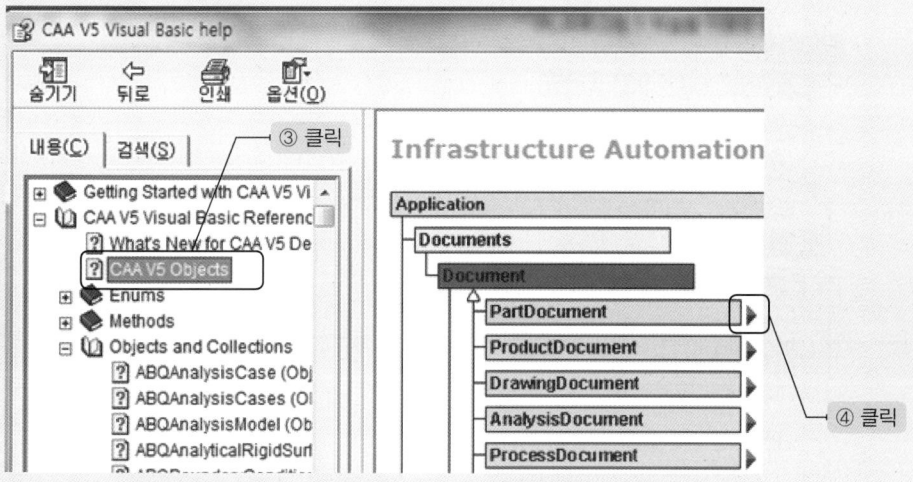

Boundary 개체가 두 군데 있는 것을 확인하고, 그 하위 구조도로 이동한다.

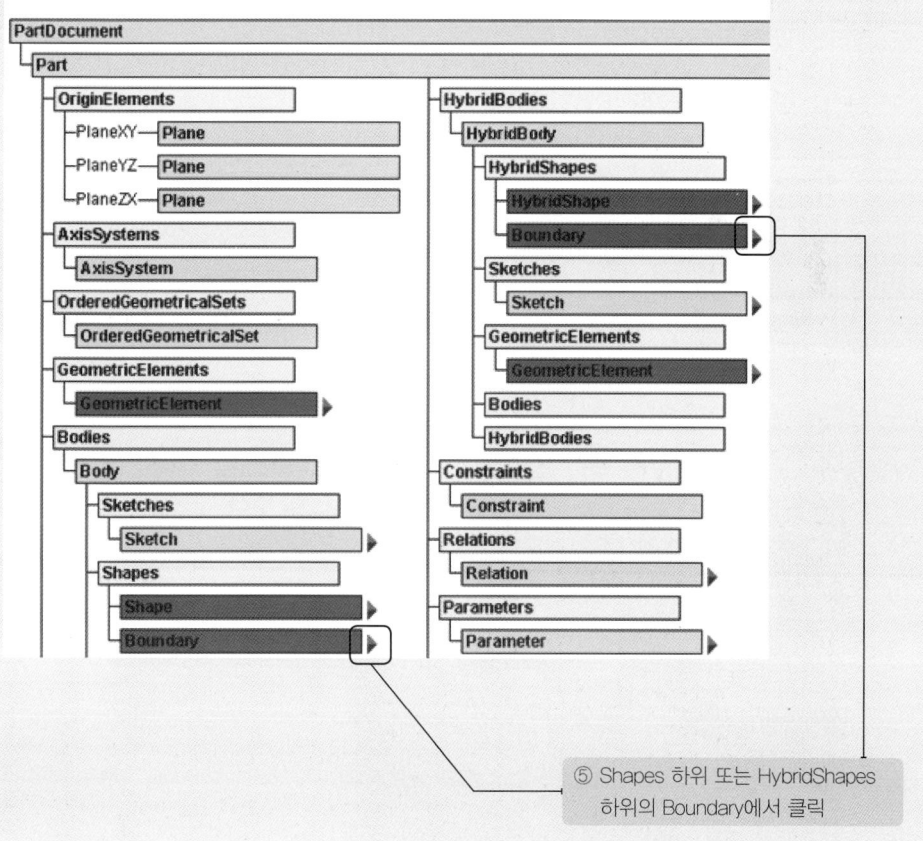

Boundary 개체의 하위 구조도가 나타난다.

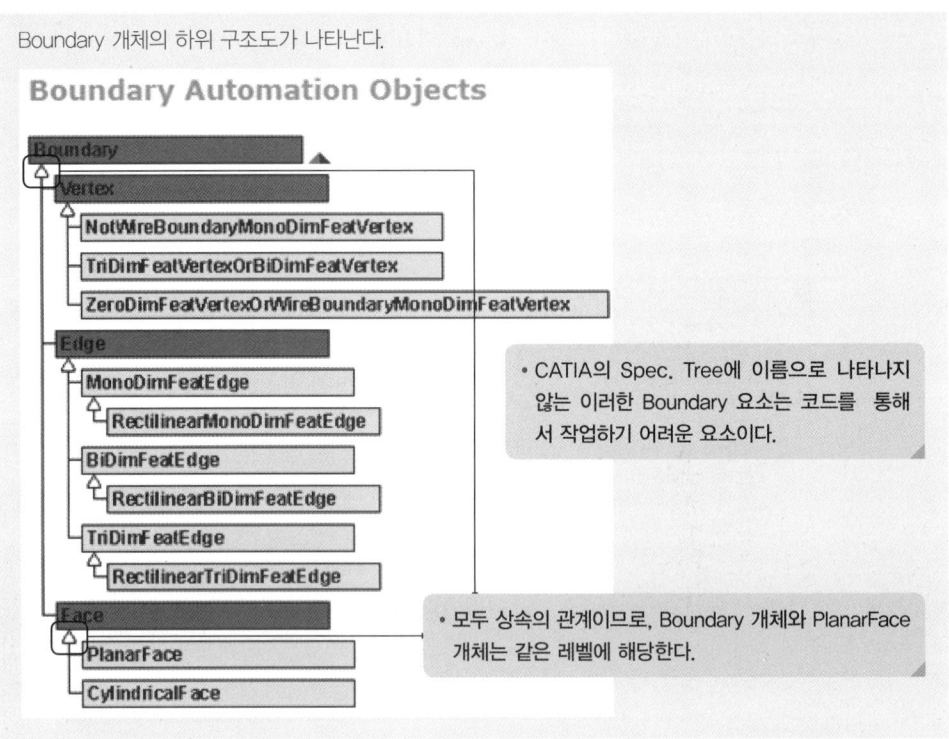

• CATIA의 Spec. Tree에 이름으로 나타나지 않는 이러한 Boundary 요소는 코드를 통해서 작업하기 어려운 요소이다.

• 모두 상속의 관계이므로, Boundary 개체와 PlanarFace 개체는 같은 레벨에 해당한다.

여기까지 프로그램을 실행한다.

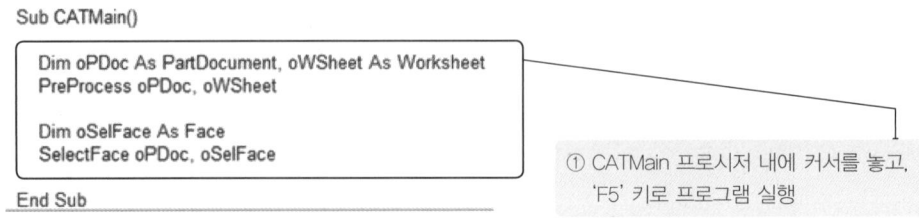

① CATMain 프로시저 내에 커서를 놓고, 'F5' 키로 프로그램 실행

솔리드의 한 면을 선택하고, 프로그램이 올바르게 종료되는지 확인한다.

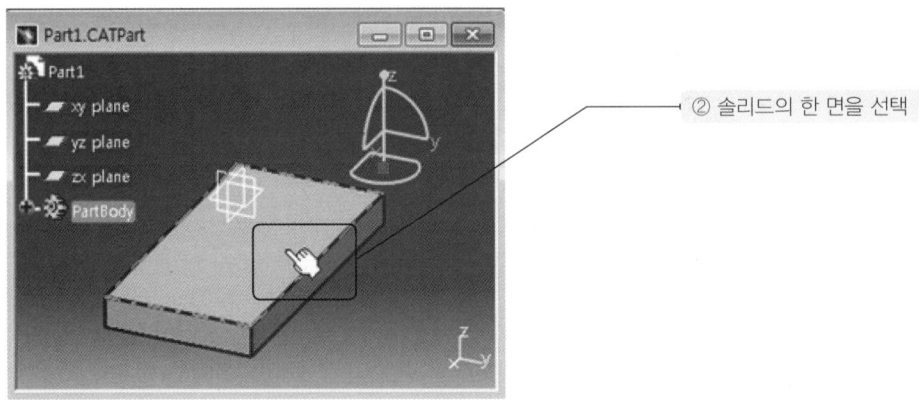

② 솔리드의 한 면을 선택

4) 홀 생성

솔리드에 홀 형상을 생성하는 부분을 작업한다.

코딩 6

```vb
Option Explicit

Sub CATMain()

    Dim oPDoc As PartDocument, oWSheet As Worksheet
    PreProcess oPDoc, oWSheet

    Dim oSelFace As Face
    SelectFace oPDoc, oSelFace

    CreateHoles oPDoc, oWSheet, oSelFace
End Sub

Private Sub CreateHoles(iPDoc As PartDocument, iWSheet As Worksheet, iFace As Face)

    Dim oBody As Body
    Set oBody = iPDoc.Part.MainBody

    Dim oSF As ShapeFactory
    Set oSF = iPDoc.Part.ShapeFactory

    iPDoc.Part.InWorkObject = oBody

    Dim oSel As Selection
    Set oSel = iPDoc.Selection

    Dim rowCount As Integer
    rowCount = iWSheet.Cells(2, 1).End(xlDown).Row - 1

    Dim i As Integer, oHole As Hole
    For i = 1 To rowCount

        With iWSheet
        Set oHole = oSF.AddNewHoleFromPoint(.Cells(i + 1, 1), .Cells(i + 1, 2) _
            , .Cells(i + 1, 3), iFace, .Cells(i + 1, 5))
        oHole.Diameter.Value = .Cells(i + 1, 4)
        End With

        On Error Resume Next
        iPDoc.Part.UpdateObject oHole
        On Error GoTo 0

        oSel.Clear
        oSel.Add oHole.Sketch
        oSel.VisProperties.SetShow catVisPropertyNoShowAttr

    Next

End Sub
```

- 코드 입력
- 'CreateHoles' 프로시저를 호출한다.
- 'Call CreateHoles(input1, input2, input3)' 실행문과 같다.
- 코드 입력 (모듈 가장 아래쪽에)

코딩 6 해설

```
Private Sub CreateHoles(iPDoc As PartDocument, iWSheet As Worksheet, iFace As Face)
```
- Private 모드로 'CreateHoles' 이름의 Sub 프로시저를 선언한다.

```
    Dim oBody As Body
    Set oBody = iPDoc.Part.MainBody
```
- Body 개체 타입의 변수를 선언하고, 지워지지 않는 Body인 PartBody를 MainBody 속성을 통해 선언된 변수에 할당한다.

```
    Dim oSF As ShapeFactory
    Set oSF = iPDoc.Part.ShapeFactory
```
- Solid 형상을 만들 수 있는 ShapeFactory 개체 타입의 변수를 선언하고 할당한다.

```
    iPDoc.Part.InWorkObject = oBody
```
- 앞에서 선언한 'oBody'에 할당된 개체를 'InWorkObject' 속성에 대입하여, 아래 그림과 같이 PartBody에 밑줄이 그어지게 한다. 홀 작업을 할 위치를 명확히 설정하기 위한 것이다.

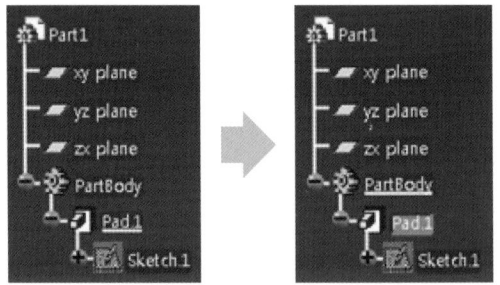

```
    Dim oSel As Selection
    Set oSel = iPDoc.Selection
```
- 'oSel' 이름의 Selection 개체 타입의 변수를 선언하고 할당한다.

```
    Dim rowCount As Integer
    rowCount = iWSheet.Cells(2, 1).End(xlDown).Row - 1
```
- 'rowCount' 이름의 정수형 변수를 선언하고, 작업할 행의 개수를 파악하여 대입한다.

```
    Dim i As Integer, oHole As Hole
```
- for문에 필요한 변수를 선언한다.

```
    For i = 1 To rowCount
```
- 행의 개수만큼 For문을 실행한다.

```
        With iWSheet
```
- With 구문을 활용하여 반복적인 코드를 간략화할 수 있다.

```
        Set oHole = oSF.AddNewHoleFromPoint(.Cells(i + 1, 1), .Cells(i + 1, 2) _
                , .Cells(i + 1, 3), iFace, .Cells(i + 1, 5))
```
- AddNewHoleFromPoint 메서드를 이용해 홀을 생성함과 동시에 'oHole' 이름의 변수에 할당한다.

> o Func **AddNewHoleFromPoint**(double   iX,
>   double   iY,
>   double   iZ,
>   Reference   iSupport,
>   double   iDepth) As Hole

```
        oHole.Diameter.Value = .Cells(i + 1, 4)
```
- 생성하는 홀의 지름 속성에 엑셀의 홀 지름값을 대입한다.

```
        End With
```
- With문을 종료한다.

```
        On Error Resume Next
        iPDoc.Part.UpdateObject oHole
        On Error GoTo 0
```
- 생성한 홀을 업데이트한다. 이 때 오류가 발생할 수 있으므로 'On Error' 구문을 활용한다.

```
        oSel.Clear
        oSel.Add oHole.Sketch
        oSel.VisProperties.SetShow catVisPropertyShowAttr
```
- 작업 중에 만들어진 Sketch를 Hide한다.

> 0 ── catVisPropertyShowAttr
>   The show state
>   catVisPropertyNoShowAttr ── 1
>   The No Show state

```
    Next

End Sub
```

'CATMain' 프로시저에서 프로그램을 실행한다.

```
Sub CATMain()

    Dim oPDoc As PartDocument, oWSheet As Worksheet
    PreProcess oPDoc, oWSheet

    Dim oSelFace As Face
    SelectFace oPDoc, oSelFace

    CreateHoles oPDoc, oWSheet, oSelFace

End Sub
```

• 코드 위에 커서를 놓고 'F5' 키를 누름

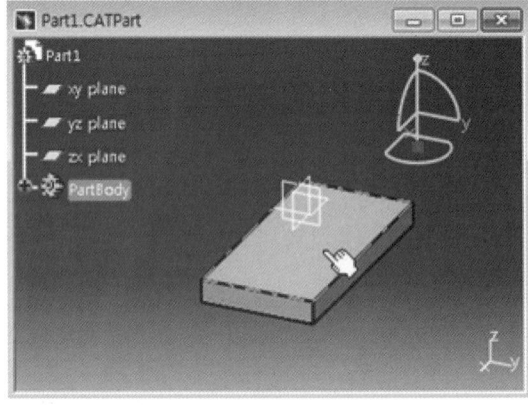

• 최종 결과는 아래와 같다.

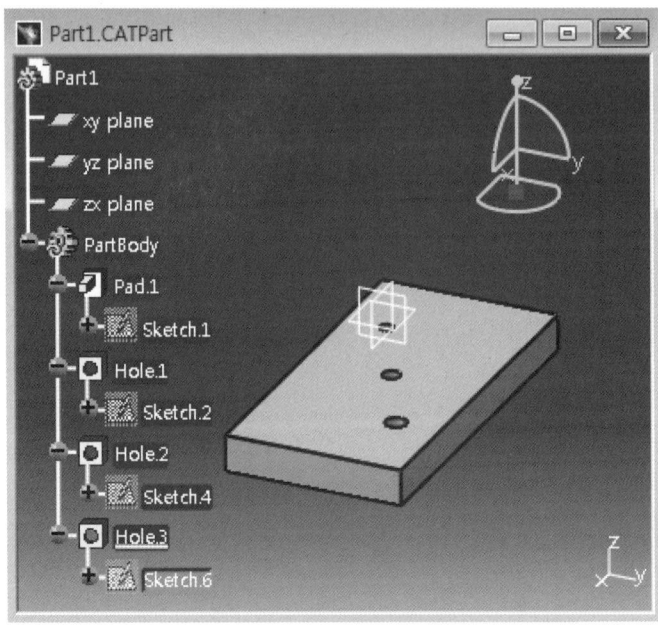

④ 최종 코드 이해

```
Option Explicit

Sub CATMain()

    Dim oPDoc As PartDocument, oWSheet As Worksheet
    PreProcess oPDoc, oWSheet

    Dim oSelFace As Face
    SelectFace oPDoc, oSelFace

    CreateHoles oPDoc, oWSheet, oSelFace

End Sub
```

> Main 프로시저 부
> • 세 번의 Sub 프로시저를 호출

```
Private Sub PreProcess(ioPDoc As PartDocument, ioWSheet As Worksheet)

    On Error Resume Next

    If IsError(CATIA.ActiveDocument) Then
        MsgBox "There is no active document."
        End
    End If

    On Error GoTo 0

    If InStr(CATIA.ActiveDocument.Name, ".CATPart") = 0 Then
        MsgBox "The active document has to be a CATPart."
        End
    End If

    Set ioPDoc = CATIA.ActiveDocument

    Dim oBody As Body
    Set oBody = ioPDoc.Part.MainBody
    If oBody.Shapes.Count = 0 Then
        MsgBox "There is not any shape in the main body."
        End
    End If
```

> • CATIA의 준비 사항을 체크

```
On Error Resume Next

Dim oExcel As Excel.Application
Set oExcel = GetObject(, "Excel.Application")

On Error GoTo 0

If oExcel Is Nothing Then
    MsgBox "The Excel application does not run."
    End
End If

Set ioWSheet = oExcel.ActiveSheet

If ioWSheet.Cells(1, 1) <> "Center X" Or ioWSheet.Cells(1, 2) <> "Center Y" _
    Or ioWSheet.Cells(1, 3) <> "Center Z" Or ioWSheet.Cells(1, 4) <> "Diameter" _
    Or ioWSheet.Cells(1, 5) <> "Depth" Then
    MsgBox "You need to activate hole information sheet in Excel."
    End
End If

If ioWSheet.Cells(2, 1) = "" Then
    MsgBox "There is no value for creating holes."
    End
End If

If ioWSheet.Cells(3, 1) = "" Then
    CheckNumeric ioWSheet, 1
Else
    CheckNumeric ioWSheet, ioWSheet.Cells(2, 1).End(xlDown).Row - 1
End If

End Sub
```

• Excel의 준비 사항을 체크

```
Private Sub CheckNumeric(iWSheet As Worksheet, iCount As Integer)

    Dim i As Integer, j As Integer

    For i = 1 To iCount
        For j = 1 To 5

            If Not IsNumeric(iWSheet.Cells(i + 1, j)) Then
                MsgBox "There is wrong value which is not numeric in the Excel sheet."
                End
            End If

        Next
    Next

End Sub
```

• Excel의 셀에 입력된 값을 체크

```
Private Sub SelectFace(iPDoc As PartDocument, ioFace As Face)

    Dim oSel 'As Selection
    Set oSel = iPDoc.Selection

    Dim varSelType(0) As Variant
    varSelType(0) = "Face"

    Dim strSelStatus As String
    oSel.Clear
    strSelStatus = oSel.SelectElement2(varSelType, "Select face of a solid.", False)

    If strSelStatus <> "Normal" Then End

    Set ioFace = oSel.Item(1).Value

End Sub
```

- CATIA에서 솔리드의 표면 선택을 사용자에게 요청하고, 선택된 요소를 처리

```
Private Sub CreateHoles(iPDoc As PartDocument, iWSheet As Worksheet, iFace As Face)

    Dim oBody As Body
    Set oBody = iPDoc.Part.MainBody

    Dim oSF As ShapeFactory
    Set oSF = iPDoc.Part.ShapeFactory

    iPDoc.Part.InWorkObject = oBody

    Dim oSel As Selection
    Set oSel = iPDoc.Selection

    Dim rowCount As Integer
    rowCount = iWSheet.Cells(2, 1).End(xlDown).Row - 1

    Dim i As Integer, oHole As Hole
    For i = 1 To rowCount

        With iWSheet
        Set oHole = oSF.AddNewHoleFromPoint(.Cells(i + 1, 1), .Cells(i + 1, 2) _
            , .Cells(i + 1, 3), iFace, .Cells(i + 1, 5))
        oHole.Diameter.Value = .Cells(i + 1, 4)
        End With

        On Error Resume Next
        iPDoc.Part.UpdateObject oHole
        On Error GoTo 0

        oSel.Clear
        oSel.Add oHole.Sketch
        oSel.VisProperties.SetShow catVisPropertyNoShowAttr

    Next
End Sub
```

- 다수의 솔리드 홀을 반복해서 생성

Chapter 06

Chapter 07
프로그램 6. 사양별 조립품 생성

Chapter 07

프로그램 6. 사양별 조립품 생성

● 업무 시나리오 ●

자동차 설계 분야에서는 차량의 판매 국가별 또는 옵션별로 무수히 **많은 사양을 관리**해야 한다. 이런 경우 엑셀에서 사양표를 만들고 프로그램을 이용하여, 각각의 **사양별 조립품을 자동으로 구성**하고자 한다.

● 프로그램 요건 ●

1) 엑셀에서 작성한 **사양표로 CATIA에서 CATProduct를 구성**한다.
2) 가정 : 부품은 **하나의 좌표에서 상대적으로 모델링**되어 있다. (위치 이동이 없어도 조립 모델링에 문제가 없다.)

시작하기 전에..

이 장에서는 CATProduct에서 다수의 Component를 구성하는 것을 **작업**할 것이다. 차량 중심을 기준으로 **상대적인 위치에서 단품 모델링하는 자동차 설계에서는 구성품을 구성하고, 따로 위치 이동을 하지 않아도 된다.** 이런 경우 엑셀에서 사양표를 관리하고, 그 사양표에 의해 CATIA에서 자동으로 조립품을 구성할 수 있다. 이러한 작업을 통하여 사양 관리가 올바르게 되었는지를 빠르게 검토할 수 있다.

이러한 조립품 구성 방법은 공작기계설계나 금형설계와 같이 공용품, 표준품을 많이 사용하고, 조립품 모델링에서 Assembly Workbench의 Constraint를 이용하여 단품의 위치를 설정하는 경우에는 부적합할 수 있다.

순서도 구상

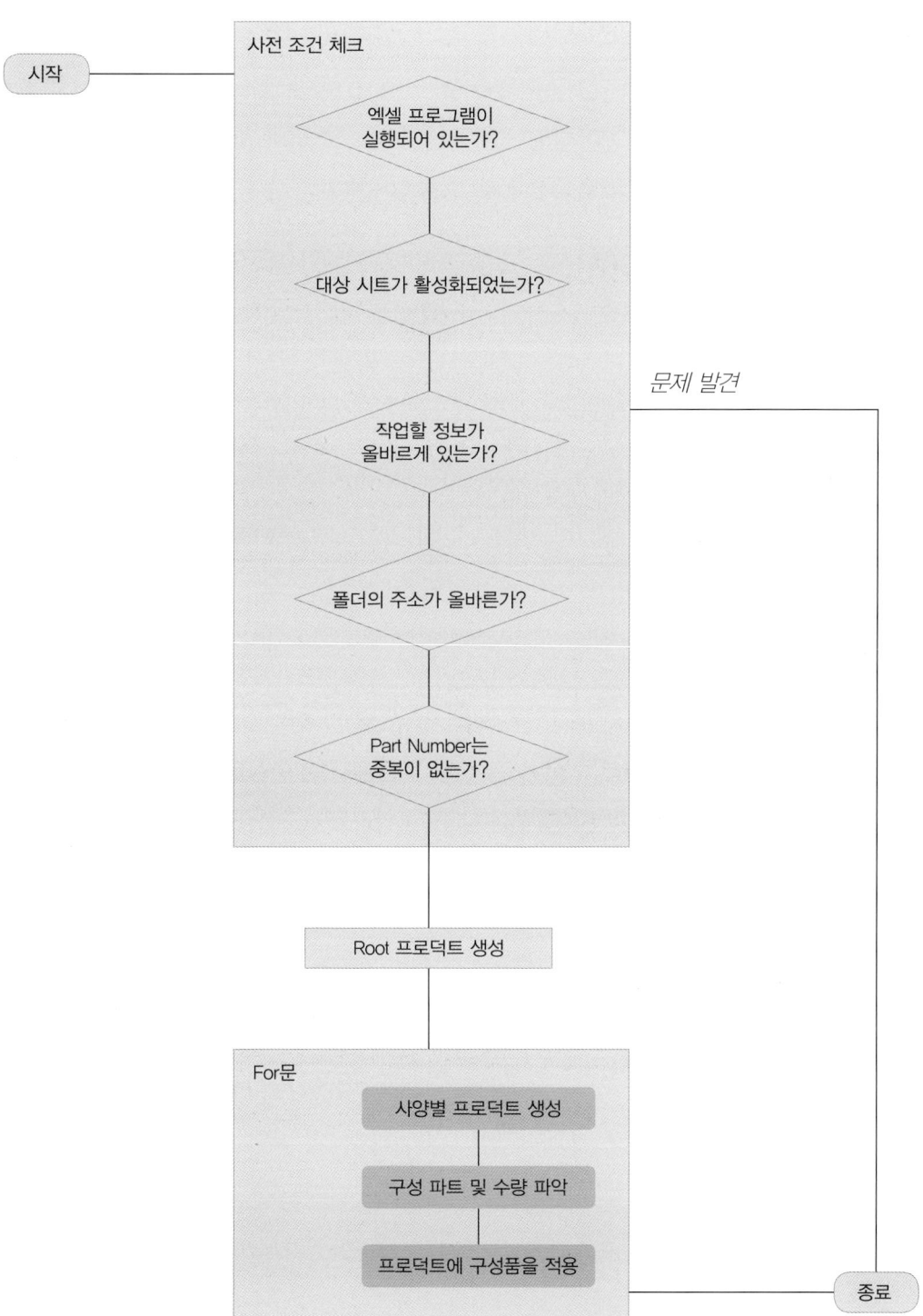

1 관련 개체, 속성 및 메서드 찾기

1) 엑셀 관련 개체, 속성 및 메서드

엑셀의 VBA 개체에 대한 도움말은 엑셀에서 'Alt+F11' 단축키를 누르면 실행되는 VB Editor 에서 쉽게 접근할 수 있다. 여기서는 CATIA 내의 VB Editor에서 Object Browser를 이용하여 엑셀에서의 주요 개체에 대한 속성과 메서드를 살펴본다.

① CATIA에서 'Alt+F11' 단축키 등을 이용하여 Visual Basic Editor 실행

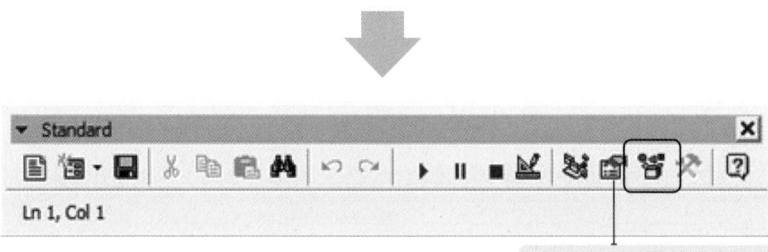

② Standard 툴바에서 Object Browser 아이콘 클릭

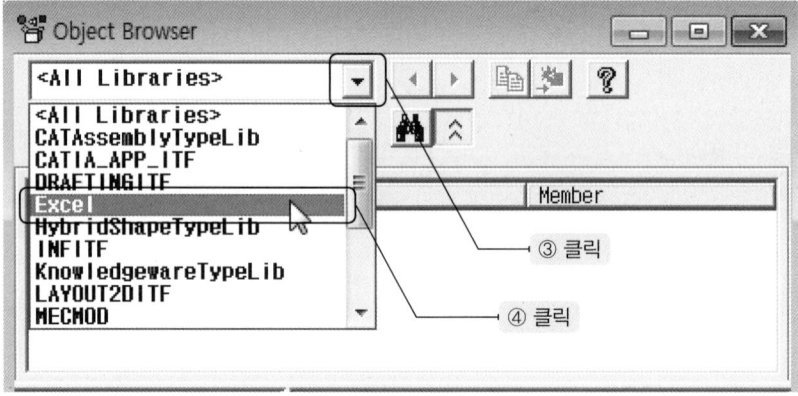

- 6장에서 메뉴바의 'Tools/References…' 명령을 통해 'Microsoft Excel Object Library'를 이미 등록했기 때문에 리스트에 Excel 항목이 나타난다.

Excel 라이브러리를 선택한 상태에서 검색하고자 하는 개체명을 입력한다.

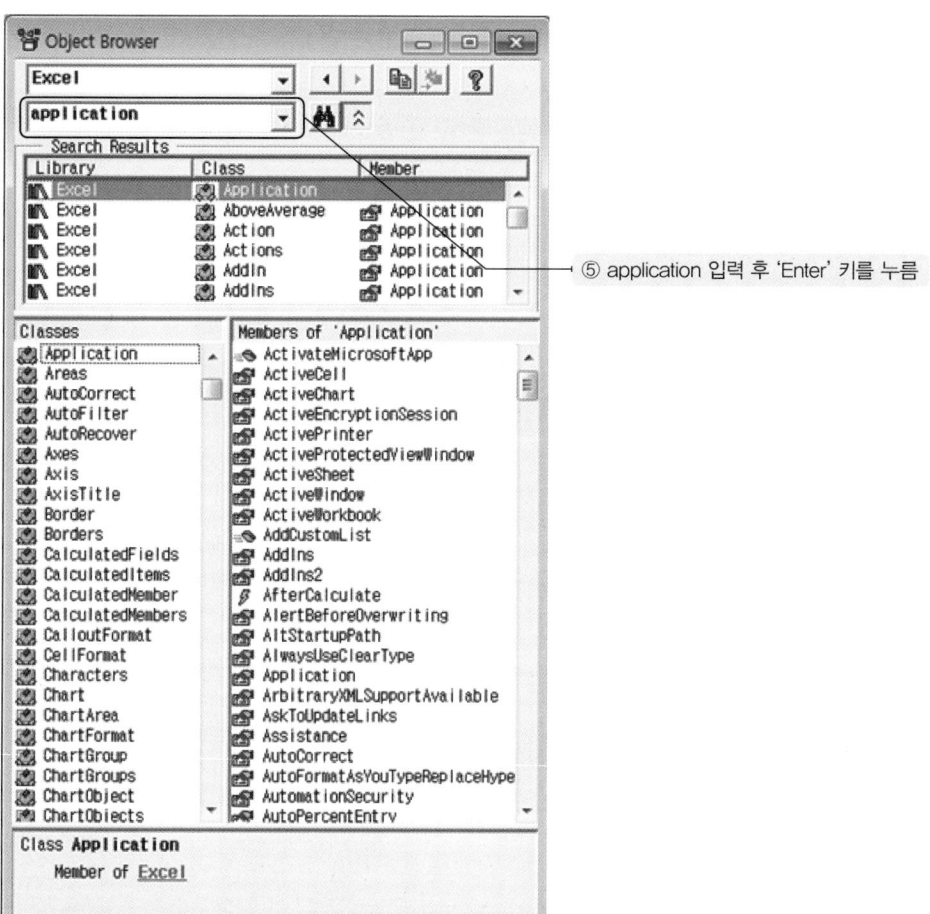

⑤ application 입력 후 'Enter' 키를 누름

Excel 라이브러리의 Application 개체의 주요 구성원

Dim oExcel As Excel.Application

1) oExcel.**ActiveSheet** : 활성화된 Worksheet 개체를 반환

2) oExcel.**ActiveWorkbook** : 활성화된 Workbook을 호출 ('.xls' 파일과 동등)

3) **Cells** : 활성화된 시트에서 Cells(1, 1) 또는 Cells(1, "A")와 같은 형식으로 지정한 셀을 Range 개체로 반환

4) **Range** : 활성화된 시트에서 Range("A1"), Range("A1:B2"), Range("A:A"), Range(Cells(1, 1), Cells(2, 2))와 같이 다양한 방식으로 지정한 셀을 Range 개체로 반환

5) oExcel.**ScreenUpdating** : False값을 입력하면, 코드 실행할 때 화면을 업데이트하지 않음

6) oExcel.**Selection** : 활성화된 시트에서 선택되어진 셀을 Range 개체로 반환

7) oExcel.**Sheets** : 시트의 집합 개체를 반환

8) oExcel.**Workbooks** : Workbook의 집합 개체를 반환

9) oExcel.**Worksheets** : 시트의 집합 개체를 반환 (Sheets 속성과 동일)

엑셀 Range 개체 호출

Range 개체는 행과 열로 구분되는 한 개 또는 다수의 셀을 말한다. 단순히 수직 계층적으로 개체 관계를 이해하면 아래 그림과 같이 된다. 여기서 Range 개체는 계층적으로는 Worksheet 개체 내의 속성을 이용해 호출되어야 하지만, **Application 개체와 Range 개체 내의 속성을 통해서도 호출할 수 있다.**

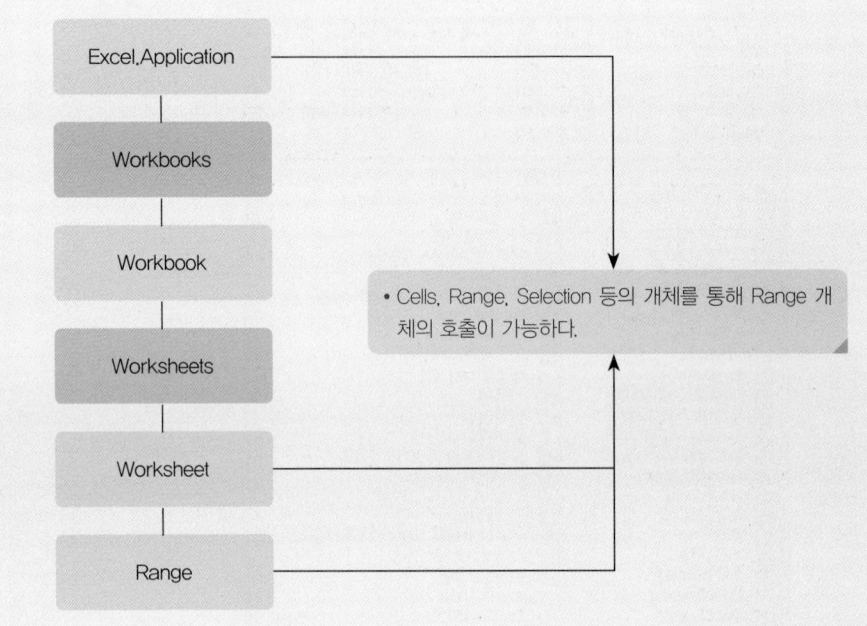

Excel 라이브러리에서 Workbook 개체를 검색한다.

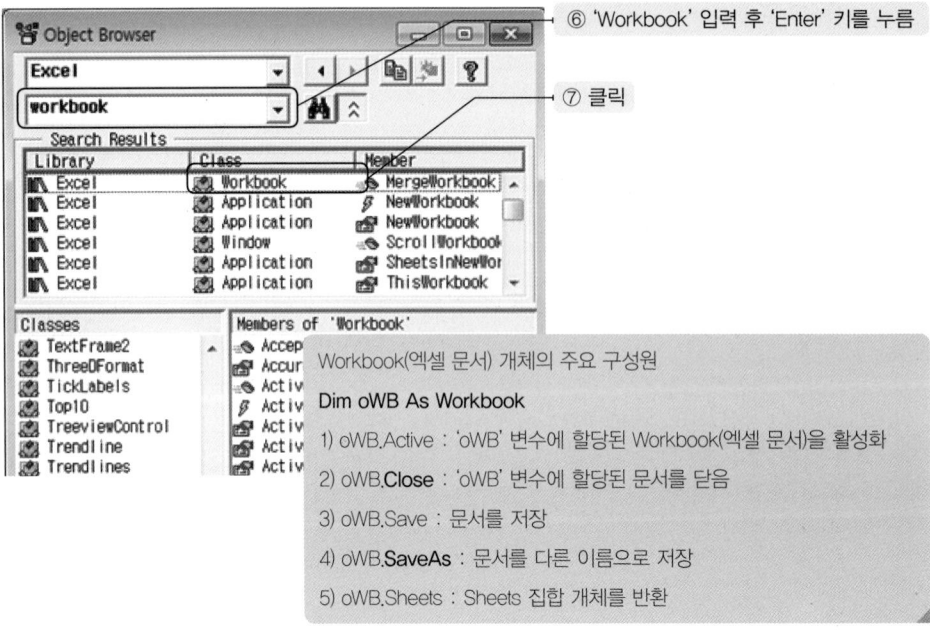

⑥ 'Workbook' 입력 후 'Enter' 키를 누름
⑦ 클릭

Workbook(엑셀 문서) 개체의 주요 구성원

Dim oWB As Workbook

1) oWB.Active : 'oWB' 변수에 할당된 Workbook(엑셀 문서)을 활성화
2) oWB.**Close** : 'oWB' 변수에 할당된 문서를 닫음
3) oWB.Save : 문서를 저장
4) oWB.**SaveAs** : 문서를 다른 이름으로 저장
5) oWB.Sheets : Sheets 집합 개체를 반환

Object Browser에서 Worksheet 개체를 검색한다.

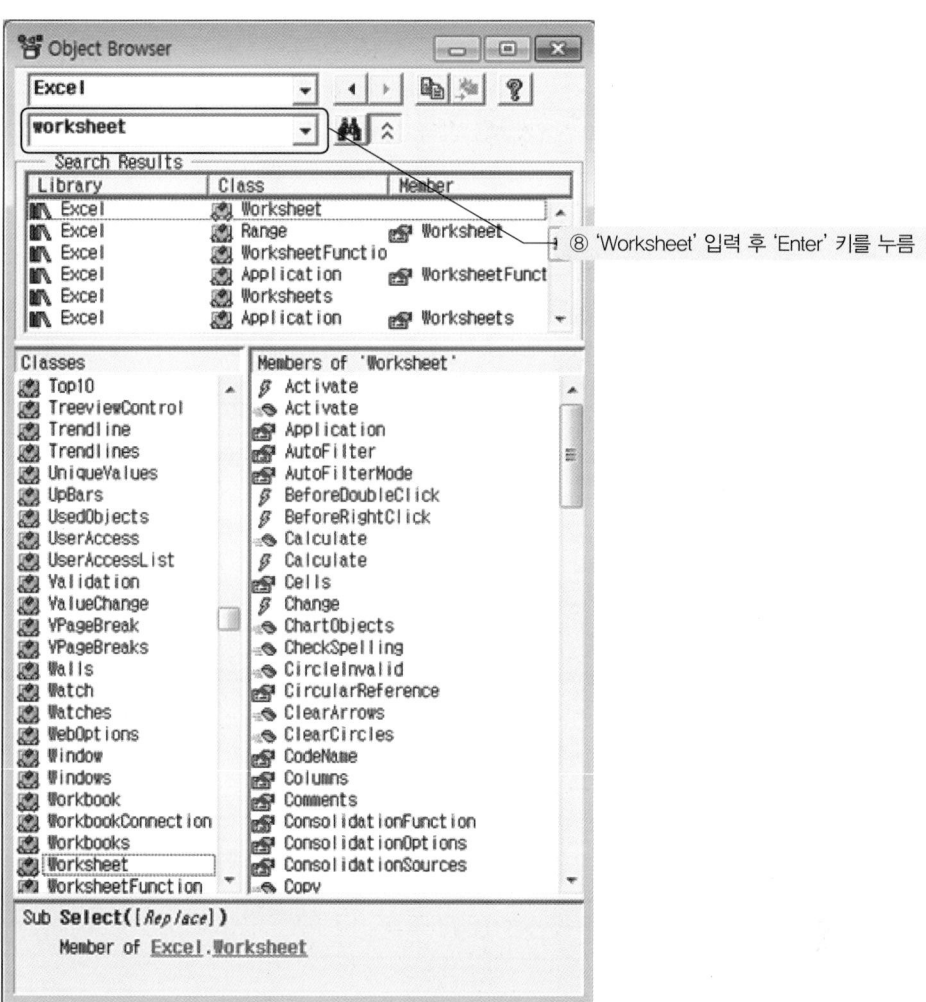

⑧ 'Worksheet' 입력 후 'Enter' 키를 누름

Worksheet(엑셀 시트) 개체의 주요 구성원

Dim oWS As Worksheet

1) oWS.Activate : 'oWS' 변수에 할당된 시트를 활성화함

2) oWS.AutoFilter : 'oWS'에 해당하는 시트에 필터를 적용

3) **Cells** : Cells(1, 1) 또는 Cells(1, "A")와 같은 형식으로 지정한 셀을 Range 개체로 반환

4) Columns : Columns("A:B")와 같은 형식으로 셀을 Range 개체로 반환
   (A열과 B열 전체 영역을 반환)

5) **Range** : 해당 시트에서 Range("A1"), Range("A1:B2"), Rnage("A:A"),
   Range(Cells(1, 1), Cells(2, 2))와 같이 다양한 방식으로 지정한 셀을 Range 개체로 반환

6) Rows : Rows("1:3")과 같은 형식으로 셀을 Range 개체로 반환
   (1~3행 전체 영역을 반환)

7) oWS.Shapes : 'oWS'에 해당하는 시트의 도형 집합 개체를 반환

8) Sort : 셀값을 기준으로 셀을 정렬

Object Browser에서 Range 개체를 검색한다.

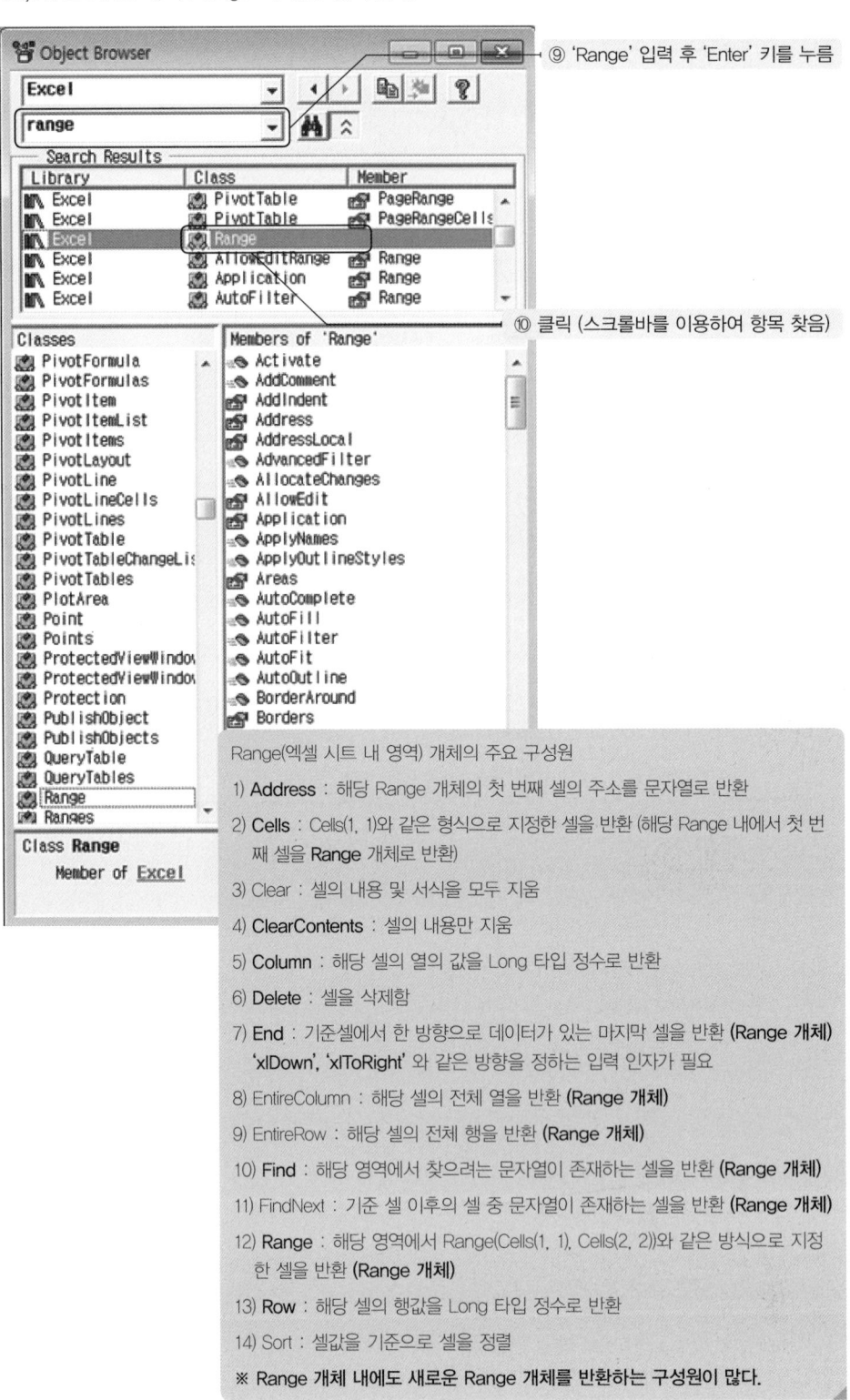

⑨ 'Range' 입력 후 'Enter' 키를 누름

⑩ 클릭 (스크롤바를 이용하여 항목 찾음)

Range(엑셀 시트 내 영역) 개체의 주요 구성원

1) **Address** : 해당 Range 개체의 첫 번째 셀의 주소를 문자열로 반환

2) **Cells** : Cells(1, 1)와 같은 형식으로 지정한 셀을 반환 (해당 Range 내에서 첫 번째 셀을 Range 개체로 반환)

3) **Clear** : 셀의 내용 및 서식을 모두 지움

4) **ClearContents** : 셀의 내용만 지움

5) **Column** : 해당 셀의 열의 값을 Long 타입 정수로 반환

6) **Delete** : 셀을 삭제함

7) **End** : 기준셀에서 한 방향으로 데이터가 있는 마지막 셀을 반환 (Range 개체) 'xlDown', 'xlToRight' 와 같은 방향을 정하는 입력 인자가 필요

8) **EntireColumn** : 해당 셀의 전체 열을 반환 (Range 개체)

9) **EntireRow** : 해당 셀의 전체 행을 반환 (Range 개체)

10) **Find** : 해당 영역에서 찾으려는 문자열이 존재하는 셀을 반환 (Range 개체)

11) **FindNext** : 기준 셀 이후의 셀 중 문자열이 존재하는 셀을 반환 (Range 개체)

12) **Range** : 해당 영역에서 Range(Cells(1, 1), Cells(2, 2))와 같은 방식으로 지정한 셀을 반환 (Range 개체)

13) **Row** : 해당 셀의 행값을 Long 타입 정수로 반환

14) **Sort** : 셀값을 기준으로 셀을 정렬

※ Range 개체 내에도 새로운 Range 개체를 반환하는 구성원이 많다.

2) FileSystem 관련 개체, 속성 및 메서드

조립품 모델링은 많은 파일을 관리해야 하기 때문에 FileSystem 개체에 대한 이해가 꼭 필요하다. 먼저 V5 Automation 도움말을 실행한다.

첫 번째 개체 구조도에서 FileSystem 개체와 그 하위 개체를 확인한다.

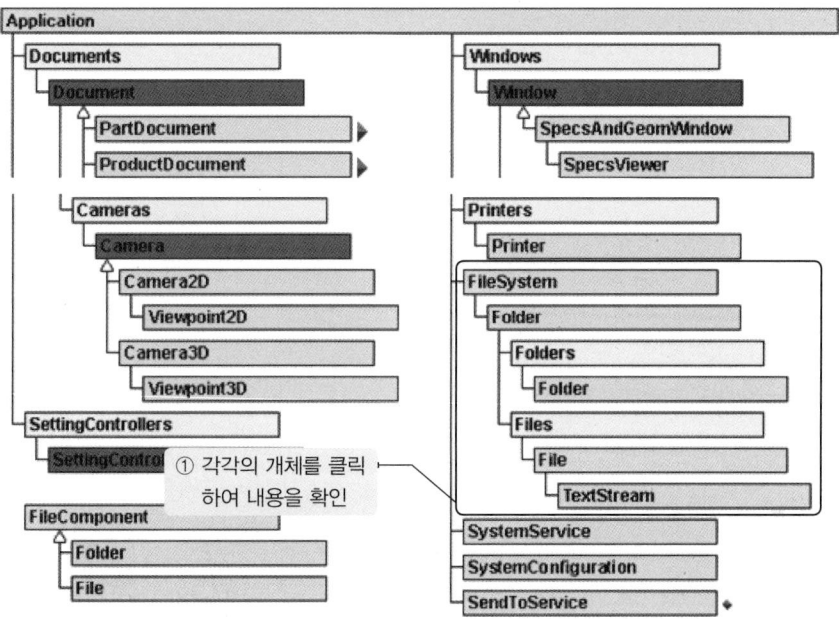

① 각각의 개체를 클릭하여 내용을 확인

개체들의 수직 계층적인 구조는 아래와 같이 이해할 수 있다.

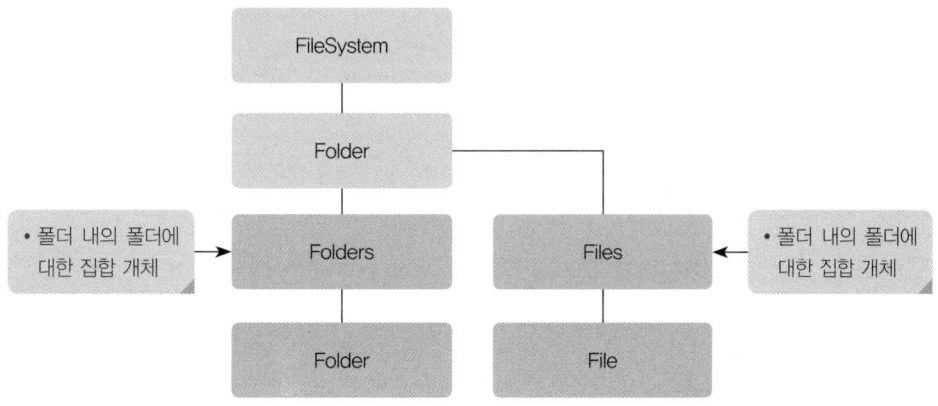

- 폴더 내의 폴더에 대한 집합 개체
- 폴더 내의 폴더에 대한 집합 개체

FileSystem 개체의 도움말 내용을 확인한다.

FileSystem (Object)

Property Index

- **FileSeparator**
  Returns the file separator string.
- **PathSeparator**
  Returns the path separator string.
- **TemporaryDirectory**
  Returns the temporary system directory.

Method Index

- **ConcatenatePaths**
  Concatenates two path chunks to make a new path.
- **CopyFile**
  Copies a file from one location to another.
- **CopyFolder**
  Recursively copies a folder from one location to another.
- **CreateFile**
  Creates a file and returns the associated file object.
- **CreateFolder**
  Creates a folder and returns the associated folder obje
- **DeleteFile**
  Deletes a file.
- **DeleteFolder**
  Deletes a folder.
- **FileExists**
  Returns whether a given file exists.
- **FolderExists**
  Returns whether a given folder exists.
- **GetFile**
  Returns a file using its full path.
- **GetFolder**
  Returns a folder using its full path.

> FileSystem 개체의 주요 구성원
> 1) **FileExists** : 주소로 파일의 존재 여부 파악
>   (Boolean 타입으로 True/False값으로 반환)
> 2) **FolderExists** : 주소로 폴더의 존재 여부 파악
>   (Boolean 타입으로 True/False값으로 반환)
> 3) **GetFile** : 주소로 파일 개체를 반환
> 4) **GetFolder** : 주소로 폴더 개체를 반환

Folder 개체의 도움말 내용을 확인한다.

Folder (Object)

Property Index

- **Files**
  Returns the file collection of the folder.
- **SubFolders**
  Returns the folder collection of the folder.

> Folder 개체의 주요 구성원
> 1) **Files** : Files 집합 개체를 반환
> 2) **SubFolders** : 하위 Folders 집합 개체를 반환

File 개체의 도움말 내용을 확인한다.

File (Object)

Property Index

- **Size**
  Returns the size of the file.
- **Type**
  Returns the type of the file.

Method Index

- **OpenAsTextStream**
  Opens the file and retrieves it as a TextSteam object.

> File 개체의 주요 구성원
> 1) Size : 파일 크기를 Long 타입의 값으로 반환
> 2) Type : 파일의 종류를 String 타입의 문자열로 반환

3) 프로덕트 관련 개체, 속성 및 메서드

프로덕트는 조립 모델링을 하는 작업 공간으로 형상보다는 구성품의 구성 및 위치 이동을 구현할 수 있는 영역이다. 이와 관련한 주요 개체를 알아보기 위해 ProductDocument 개체의 하위 구조도를 열어 본다.

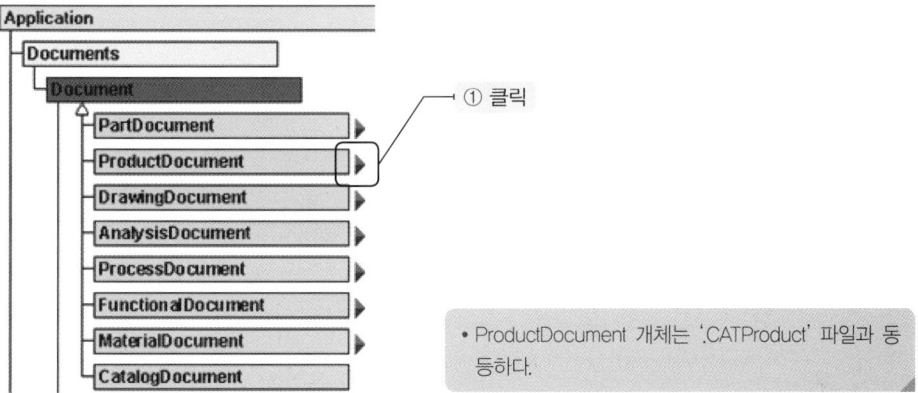

ProductDocument 개체의 하위 구조도가 나타나면 Product 항목을 선택한다.

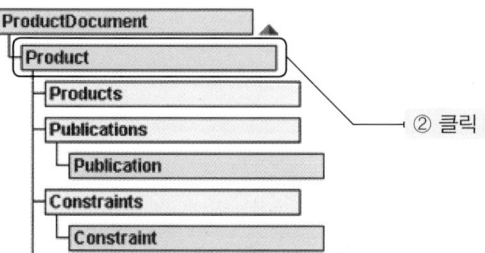

간혹 도움말의 링크가 잘못되어, 다른 개체의 설명으로 이동되는 경우가 있다. 이런 경우에는 우측 내용 탭 페이지에서 Product 항목을 선택한다.

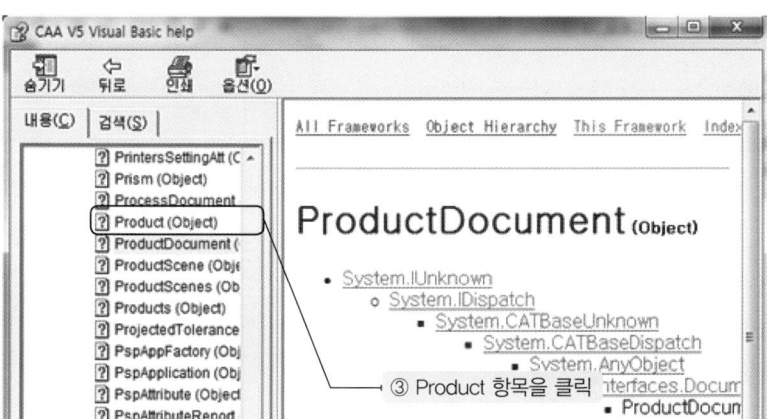

Product 개체를 설명하는 페이지가 나타난다.

Product (Object)

Property Index

④ 주요 속성의 내용 확인

Analyze
　Returns the Analyze object associated to the current product.
Definition
　Returns or sets the product's definition.
DescriptionInst
　Returns or sets the product's description for a componen
DescriptionRef
　Returns or sets the product's description for a referenc
Move
　Returns the product's move object.
Nomenclature
　Returns or sets the product's nomenclature.
Parameters
　Returns the collection object containing the product pa
PartNumber
　Returns or sets the product's part number.
Position
　Returns the product's position object.
Products
　Returns the collection of products contained in the cur
Publications
　Returns the collection of publications managed by the p
ReferenceProduct
　Returns the Reference Product of this instance.
Relations
　Returns the collection object containing the product rel
Revision
　Returns or sets the product's revision number.

> Product 개체의 주요 구성원
> 1) **Move** : Move 개체를 반환
>   Move 개체는 부품을 현재 위치에서 **상대적으로 이동**할 때 사용한다.
> 2) **PartNumber** : 부품 번호를 String 타입으로 반환
> 3) **Position** : Position 개체를 반환
>   Position 개체는 상위 프로덕트의 **절대 좌표에서 부품의 위치 정보를 가져오거나 설정**할 때 사용한다.
> 4) **Products** : Products 집합 개체를 반환

• Product 개체에는 **Part Number**와 같은 부품의 고유 식별자가 들어 있다. 그러므로 Product는 **부품 정보 관리에 주요한 역할을 하는 개체**이다.

⑤ 다시 초기의 개체 구조 화면으로 이동 (CAA V5 Objects 페이지)

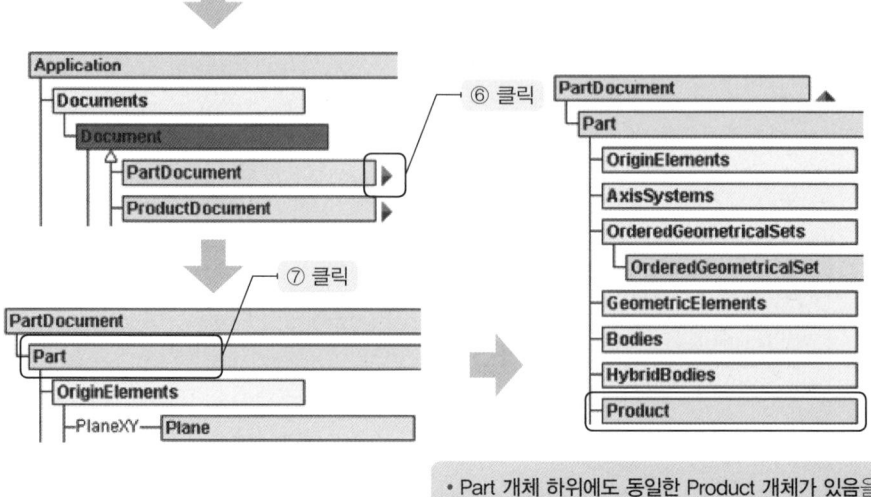

• Part 개체 하위에도 동일한 Product 개체가 있음을 확인한다. 이 개체를 통하여 PartNumber와 같은 고유의 식별자를 찾을 수 있다.

⑧ 다시 ProductDocument 개체 구조로 이동

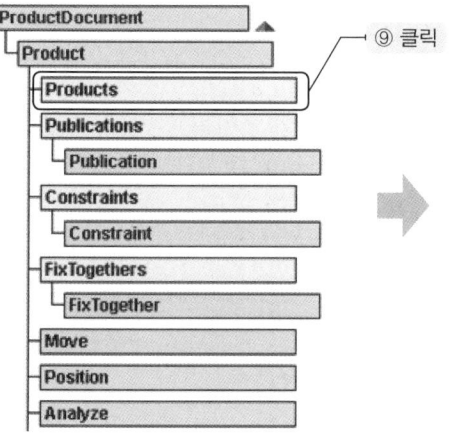

⑨ 클릭

> Products 집합 개체의 주요 구성원
>
> 1) **AddComponentsFromFiles** : 파일 주소 리스트를 이용하여 한번에 여러 개의 부품을 구성
> 2) **AddNewComponent** : Part 또는 Product를 생성하면서 부품으로 구성
> 3) **AddNewProduct** : Component를 생성하면서 부품으로 구성
> 4) **Remove** : 조립품 내에서 부품을 삭제함 (실제 파일은 삭제하지 않음)

 신규 부품 구성 작업의 매크로 기록

아래 그림과 같은 구성품을 생성하는 작업을 매크로로 기록하고 코드를 확인하면, Products 개체의 메서드 사이의 차이점을 이해할 수 있다.

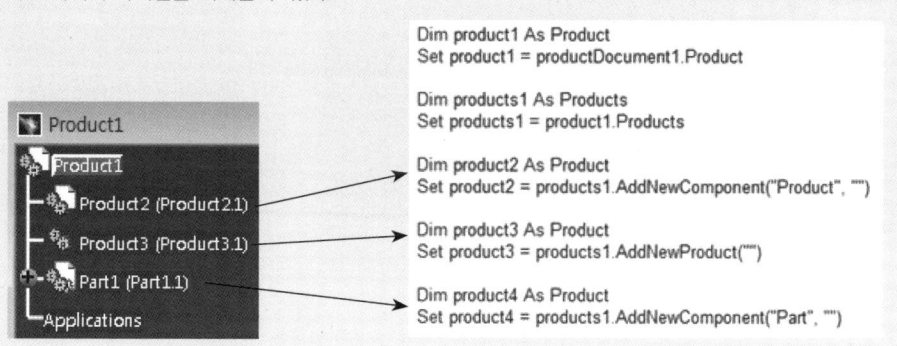

Chapter 07. 프로그램 6. 사양별 조립품 생성

② CATIA 모델링 준비

1) Part1 : 아래와 같이 작업하여 Part1.CATPart로 저장한다.

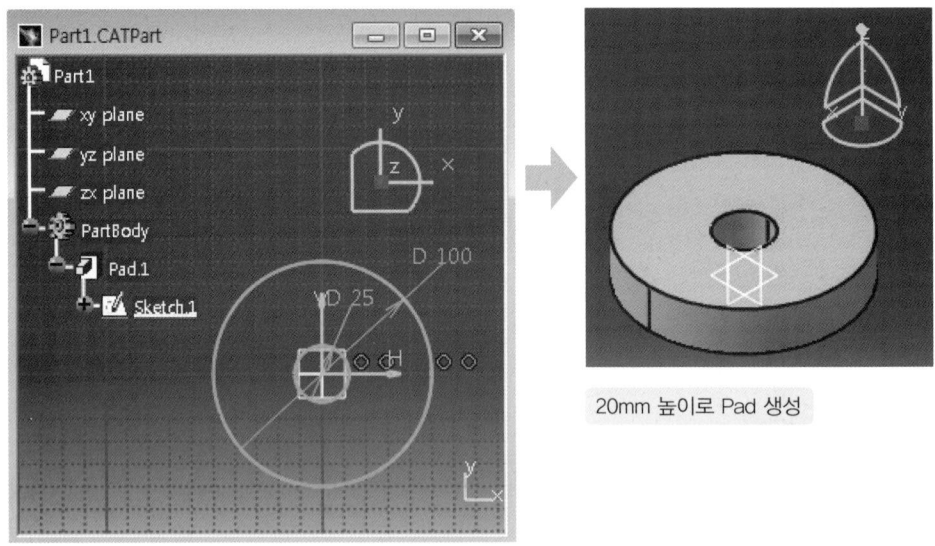

20mm 높이로 Pad 생성

2) Part2 : 아래와 같이 작업하여 Part2.CATPart로 저장한다.

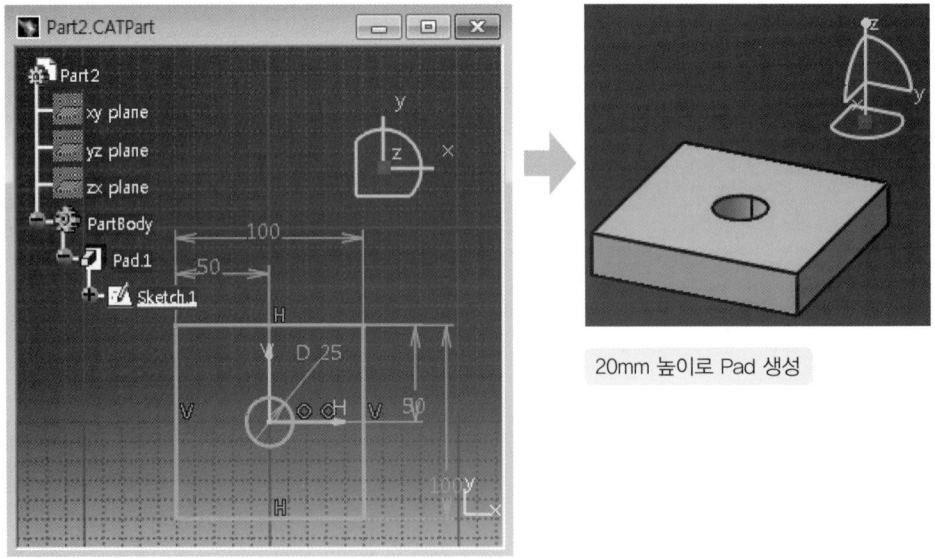

20mm 높이로 Pad 생성

3) Part3 : 아래와 같이 작업하여 Part3.CATPart로 저장한다.

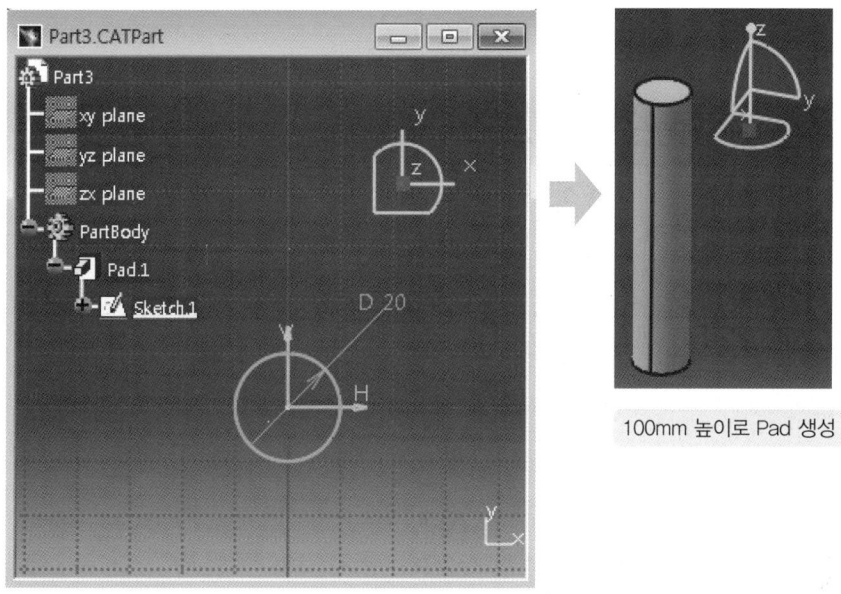

100mm 높이로 Pad 생성

4) 세 개의 파일을 하나의 폴더에 저장한다.

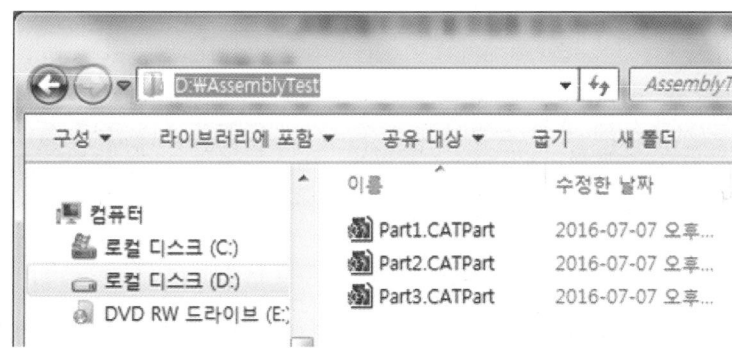

③ Excel Sheet 준비

엑셀에서 아래와 같이 조립품의 사양 정보를 작성한다.

	A	B	C	D
1	Folder address	Variants	Variant1	Variant2
2	D:\AssemblyTest	Part1	1	
3		Part2		1
4		Part3	1	1

1) 'A1' 셀과 'B1' 셀은 **기준 영역으로 시트 포멧을 판단하는 부분**이므로, 동일한 문자열이 입력되어야 한다.

2) 'A2' 셀에는 **단품 CATPart가 저장되어 있는 폴더명**으로 아래 그림과 같이 윈도 탐색기에서 주소를 복사하여 문자열 입력 오류가 발생하지 않도록 한다.

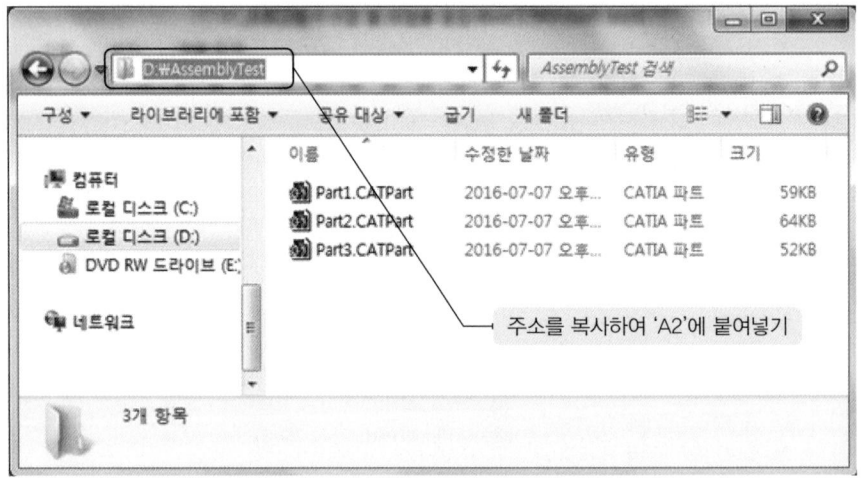

3) 'B2' 셀에서 아래쪽 열에는 .CATPart 확장자 명을 제외한 **단품 파일의 이름**이 들어간다.

4) 'C1' 셀에서 오른쪽으로 사양 이름이 들어가며, 이 이름은 **조립 모델링인 CATProduct 파일의 이름**으로 적용된다.

5) 'C2' 셀에서 'D4' 셀 사이에는 단품의 수량에 대한 값이므로, 정수값이 입력되어야 한다.

코드 작업

① 'Alt+F11' 단축키를 이용하여 VB Editor 실행

② 새로운 모듈 생성 후, 모듈 이름을 "g_AssembleVariant"로 변경

VB Editor 창에서 Reference… 메뉴를 실행한다.

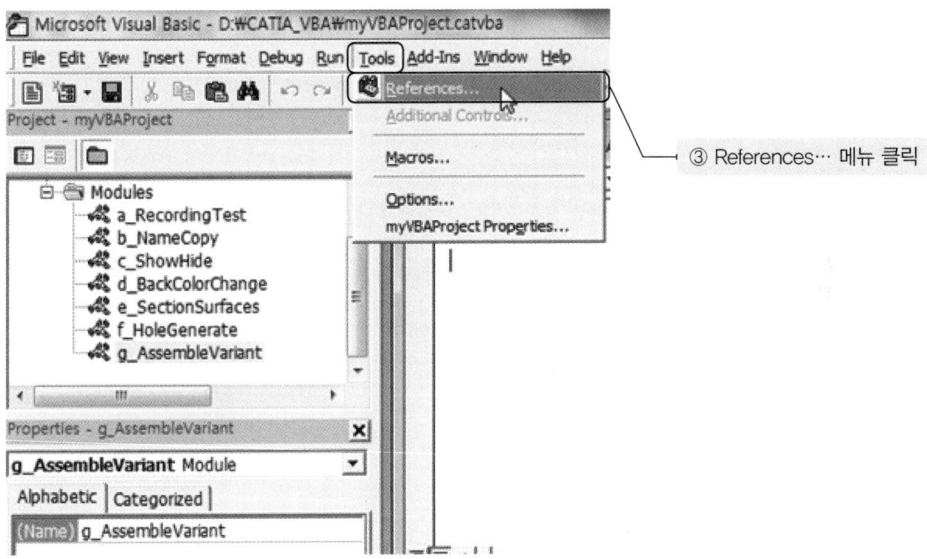

③ References… 메뉴 클릭

References 창에서 Excel Object Library가 활성화된 상태를 확인한다.

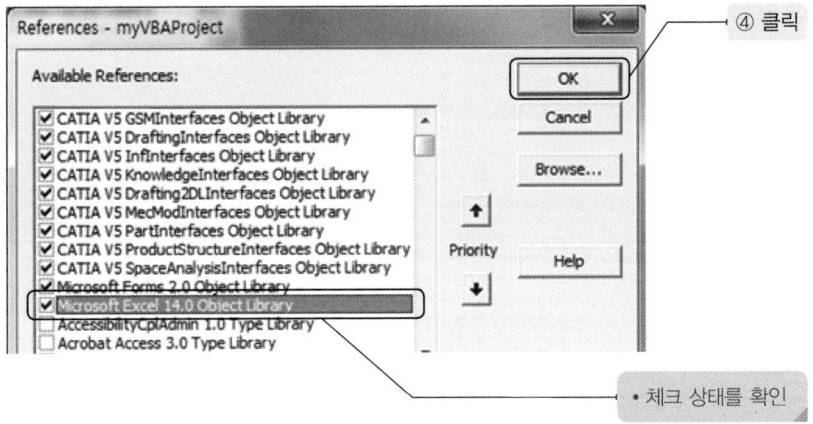

④ 클릭

• 체크 상태를 확인

1) CATMain 및 PreProcess 프로시저 코딩

모듈의 실행 프로시저에 해당하는 CATMain 프로시저와 프로그램 실행에 필요한 상태를 체크하는 PreProcess 프로시저를 작업한다. 이 부분은 앞장의 홀 생성 프로그램에서 코드를 복사한 후, 수정할 수도 있다.

코딩 1 — 전체 코드 입력

```vb
Option Explicit

Sub CATMain()

    Dim oWSheet As Worksheet, oFS As INFITF.FileSystem
    PreProcess oWSheet, oFS

End Sub

Private Sub PreProcess(ioWSheet As Worksheet, ioFS As INFITF.FileSystem)

    On Error Resume Next

    Dim oExcel As Excel.Application
    Set oExcel = GetObject(, "Excel.Application")
    If Err.Number <> 0 Then
        MsgBox "The Excel application does not run.": End
    End If

    On Error GoTo 0

    Set ioWSheet = oExcel.ActiveSheet

    If ioWSheet.Cells(1, 1) <> "Folder address" Or _
                    ioWSheet.Cells(1, 2) <> "Variants" Then
        MsgBox "You need to activate the sheet of variants' information in Excel."
        End
    End If

    If ioWSheet.Cells(2, 2) = "" Then
        MsgBox "There is no part.": End
    ElseIf ioWSheet.Cells(3, 2) = "" Then
        MsgBox "There is only one part.": End
    End If

    If ioWSheet.Cells(1, 3) = "" Then
        MsgBox "There is no assembly variant.": End
    End If

    Set ioFS = CATIA.FileSystem

    If Not ioFS.FolderExists(ioWSheet.Cells(2, 1)) Then
        MsgBox "The folder's address is wrong.": End
    End If

    If CATIA.Documents.count > 0 Then
        MsgBox "There must be no document in CATIA.": End
    End If

End Sub
```

> 코딩 1 해설

```
Option Explicit

Sub CATMain()

    Dim oWSheet As Worksheet, oFS As INFITF.FileSystem
```
- 'oWSheet' 변수와 'oFS' 변수를 선언한다. 'oFS' 변수는 INFITF 라이브러리 내의 FileSystem 개체 타입으로 선언한다. 그 이유는 VBA 라이브러리에 동일한 이름의 개체가 있기 때문이다.

```
    PreProcess oWSheet, oFS
```
- 'PreProcess' 프로시저를 호출하여 실행한다.

```
End Sub

Private Sub PreProcess(ioWSheet As Worksheet, ioFS As INFITF.FileSystem)
```
- 두 개의 입력 인자를 가진 Private 타입의 Sub 프로시저를 선언한다.

```
    On Error Resume Next

    Dim oExcel As Excel.Application
    Set oExcel = GetObject(, "Excel.Application")
```
- Application 개체 타입의 변수를 선언하고, 실행되어 있는 Excel 프로그램 할당한다. 실행된 Excel 프로그램 없으면 에러가 발생하므로, 'On Error' 구문이 적용되어 있어야 한다.

```
    If Err.Number <> 0 Then
        MsgBox "The Excel application does not run.": End
    End If
```
- 개체 할당에 실패하여 Err(ErrObject) 개체의 Number 속성이 0이 아니면, 메시지를 띄우고 프로그램을 종료한다.

```
    On Error GoTo 0

    Set ioWSheet = oExcel.ActiveSheet
```
- 'ioWSheet' 이름의 Sheet 타입의 변수에 ActiveSheet 속성을 이용하여 개체를 할당한다.

```
    If ioWSheet.Cells(1, 1) <> "Folder address" Or _
                        ioWSheet.Cells(1, 2) <> "Variants" Then
        MsgBox "You need to activate the sheet of variants' information in Excel."
        End
    End If
```
- 엑셀에서 'A1'과 'B1' 셀의 값이 기준과 같은지 체크하여, 같지 않으면 메시지를 띄우고 종료한다.

```
    If ioWSheet.Cells(2, 2) = "" Then
        MsgBox "There is no part.": End
```
- 단품 이름이 들어가는 첫 번째 셀에 값이 없으면, 메시지를 띄우고 종료한다.

```
        ElseIf ioWSheet.Cells(3, 2) = "" Then
            MsgBox "There is only one part.": End
        End If
```
- 단품 이름이 들어가는 두 번째 셀에 값이 없으면, 메시지를 띄우고 종료한다.

```
        If ioWSheet.Cells(1, 3) = "" Then
            MsgBox "There is no assembly variant.": End
        End If
```
- 사양 이름이 입력되어야 할 셀에 값이 없으면, 메시지를 띄우고 종료한다.

```
        Set ioFS = CATIA.FileSystem
```
- 'ioFS' 이름의 FileSystem 개체 타입의 변수에 FileSystem 속성을 이용하여 개체를 할당한다.

```
        If ioFS.FolderExists(ioWSheet.Cells(2, 1)) = False Then
            MsgBox "The folder's address is wrong.": End
        End If
```
- 'A2' 셀의 폴더 주소 문자열이 올바르지 않으면, 메시지를 띄우고 종료한다.

```
        If CATIA.Documents.count > 0 Then
            MsgBox "There must be no document in CATIA.": End
        End If
```
- CATIA에 오픈되어 있는 문서가 있으면, 메시지를 띄우고 종료한다. 여러 파일을 활용해야 하는 프로그램의 경우 **는 강제적으로 비어 있는 CATIA에서 작업을 시작하게 하여 예상하지 못한 오류를 최소화**할 필요가 있다.

```
    End Sub
```

타 라이브러리에 동일 이름의 개체가 있을 경우

FileSystem은 동일 이름의 개체가 복수로 존재한다. 이런 경우 아래의 순서로 분석해 본다.

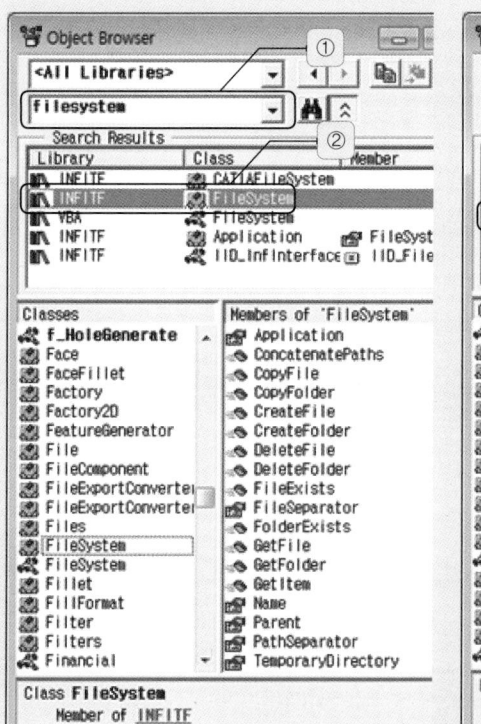 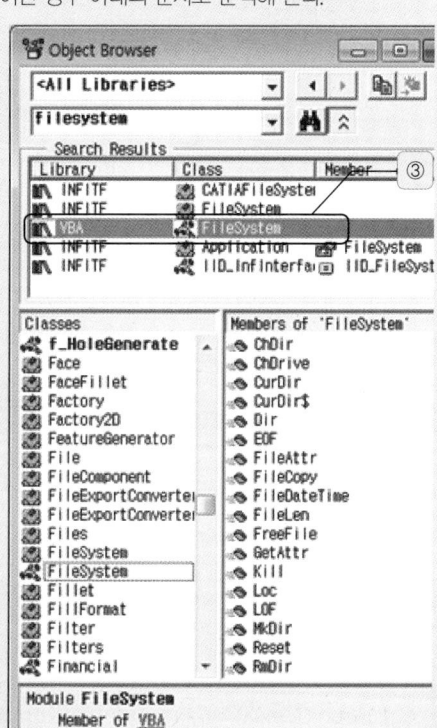

- 필요한 FileExists 또는 FolderExists 같은 구성원들이 INFITF 라이브러리의 FileSystem 개체에 존재한다.

- 메뉴바에서 Tools/References… 명령을 통해 실행되는 참조하는 **라이브러리 설정 창에서 상위에 있는 라이브러리가 우선 순위가 높다.** 그러므로 아래와 같은 설정일 경우에는 단순히 FileSystem 개체를 선언하면 'VBA' 라이브러리의 하위 개체로 선언된다.

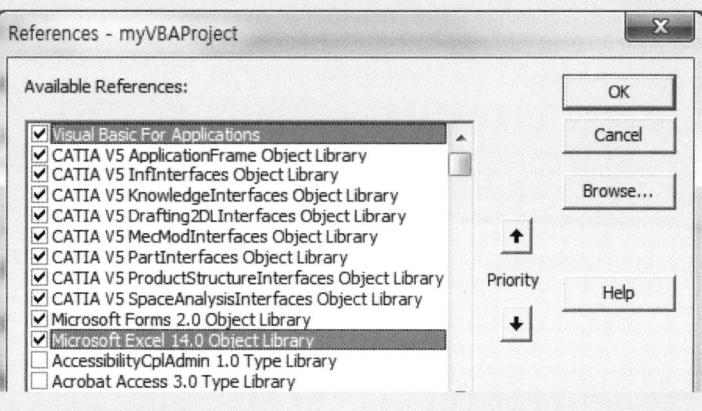

여기까지의 코드를 실행하여 프로그램의 실행에 필요한 준비 상태를 확인한다.

- CATMain 프로시저 내에 커서를 놓고 **'F8' 단축키를 이용하여 한 줄씩 실행**한다. 이 때 PreProcess 프로시저에서 중간에 종료되지 않고, 끝까지 진행되어야 한다.

2) 파트 넘버 중복 체크

하나의 CATProduct 내에 구성 파트를 추가할 때 파트 넘버가 같은 부품이 있으면 오류가 발생한다. 그러므로 작업 수행 전에 **파트 넘버의 중복 여부를 확인**하는 것이 좋다.

코딩 2

```
Option Explicit

Sub CATMain()

    Dim oWSheet As Worksheet, oFS As INFITF.FileSystem
    PreProcess oWSheet, oFS

①   Dim intPartCnt As Integer
    intPartCnt = oWSheet.Cells(1, 2).End(xlDown).Row - 1

②   CheckPartNumber oWSheet, oFS, intPartCnt

End Sub

Private Sub PreProcess(ioWSheet As Worksheet, ioFS As INFITF.FileSystem)

    On Error Resume Next

    Dim oExcel As Excel.Application
    Set oExcel = GetObject(, "Excel.Application")
    If Err.Number <> 0 Then
        MsgBox "The Excel application does not run.": End
    End If
```

（① ~ ② : 코드 입력）

① 'intPartCnt' 이름의 정수형 변수를 선언한다.
  - 호출된 엑셀 시트의 **'B1' 셀에서 데이터가 연속된 가장 아래 셀의 행의 값에서 1을 뺀 값**을 선언된 'intPartCnt' 변수에 대입한다.

② 'CheckPartNumber' 이름의 프로시저를 실행한다.
  - 프로시저 입력 인자 : 시트 개체, 파일시스템 개체, 파트 수량을 나타내는 변수

코딩 3

```
    If CATIA.Documents.count > 0 Then
        MsgBox "There must be no document in CATIA.": End
    End If
End Sub
```

― 코드 입력 ('PreProcess' 프로시저의 아래에)

```
Private Sub CheckPartNumber(iWSheet As Worksheet, _
                            iFS As INFITF.FileSystem, intCnt As Integer)

    Dim i As Integer, strPath As String, strPN() As String
    ReDim strPN(0)

    For i = 1 To intCnt
        strPath = iWSheet.Cells(2, 1) & "\" & iWSheet.Cells(i + 1, 2) & ".CATPart"

        If iFS.FileExists(strPath) Then
```

• 폴더 구분자 입력 ('\' 키)

```
            If strPN(UBound(strPN)) <> "" Then
                ReDim Preserve strPN(UBound(strPN) + 1)
            End If

            strPN(UBound(strPN)) = CATIA.Documents.Read(strPath).Product.PartNumber
            CATIA.Documents.Item(1).Close

        End If

    Next

    If UBound(strPN) = 0 And strPN(0) = "" Then
        MsgBox "There is no CATPart in the folder.": End
    End If

    If UBound(strPN) > 0 Then

        Dim j As Integer
        For i = 0 To UBound(strPN) - 1

            For j = i + 1 To UBound(strPN)

                If strPN(i) = strPN(j) Then
                    MsgBox "There are more than one part, which have the same PartNumber."
                    End
                End If

            Next

        Next

    End If
End Sub
```

> 코딩 3 해설

```
Private Sub CheckPartNumber(iWSheet As Worksheet, _
                            iFS As INFITF.FileSystem, intCnt As Integer)
```

- 이 모듈 내에서만 활용할 프로시저이므로, Private 타입으로 선언한다. 또한 Output이 없이 체크만 하는 작업이므로 'CheckPartNumber' 이름의 Sub 프로시저로 선언한다. 세 개의 입력 인자가 필요하다. 이러한 입력 인자는 코딩하는 과정에서 많은 수정이 일어난다.

```
    Dim i As Integer, strPath As String, strPN() As String
    ReDim strPN(0)
```

- For문의 실행에 필요한 변수를 선언한다. **For문 내에서 변수를 선언하면, 순환 실행하는 수만큼 변수를 생성하기 때문에 바람직하지 못하다.** 배열로 선언한 'strPN'은 **ReDim 구문**을 통해 배열 개수를 정한다.

```
    For i = 1 To intCnt
```

- For문을 이용하여 이 프로시저의 입력 인자인 'intCnt' 변수의 값만큼 반복 실행한다. 'intCnt' 변수는 CATMain 프로시저에서 'intPartCnt' 변수이므로 단품의 수량을 의미한다.

```
        strPath = iWSheet.Cells(2, 1) & "\" & iWSheet.Cells(i + 1, 2) & ".CATPart"
```

- 'strPath' 이름의 문자열 변수에 찾고자 하는 파일의 전체 주소를 대입한다.

```
        If iFS.FileExists(strPath) Then
```

- 만약 'strPath' 변수에 대입된 주소의 파일이 존재하면, If문 내부 코드를 실행한다. FileExists 메서드는 Boolean 타입으로 True/False값을 반환한다.

```
            If strPN(UBound(strPN)) <> "" Then
                ReDim Preserve strPN(UBound(strPN) + 1)
            End If
```

- 만약 'strPN' 문자열 타입의 배열 변수에서 마지막 변수값이 비어 있지 않으면, Redim Preserve 구문으로 기존 대입된 값들을 유지한 채 배열의 개수를 한 개 추가한다. 이러한 조건문은 'strPN'이 'Redim strPN(0)' 실행문에 의해 발생한 **비어 있는 초기 상태를 처리**하기 위한 방법이다.

```
            strPN(UBound(strPN)) = CATIA.Documents.Read(strPath).Product.PartNumber
```

- 'strPN' 배열 변수의 마지막 항목에 파일 이름이 아닌 실질적인 파트 넘버를 대입한다. 이 때, Documents 개체의 메서드 중 **Open보다는 Read 메서드를 이용하는 것이 프로그램 성능을 위해 바람직**한 방법이다.

```
            CATIA.Documents.Item(1).Close
```

- Read 메서드를 이용한 후에는 반드시 Documet 개체의 **Close 메서드로 메모리에서 읽은 파일을 제거**하는 것이 좋다.

```
        End If
    Next

    If UBound(strPN) = 0 And strPN(0) = "" Then
        MsgBox "There is no CATPart in the folder.": End
    End If
```

- 배열 변수가 한 개이고 그 변수에 아무런 값이 들어있지 않으면, 메시지를 띄우고 종료한다.

```
        If UBound(strPN) > 0 Then
```
- 배열 변수 개수가 두 개 이상이면, If문 내의 실행문을 진행한다.

```
        Dim j As Integer
```
- 이중 For문 실행을 위해 정수형 변수를 하나 더 선언한다.
```
        For i = 0 To UBound(strPN) - 1
```
- 첫 번째 For문은 전체 파트 수량보다 하나 적은 횟수로 반복 실행한다.
```
        For j = i + 1 To UBound(strPN)
```
- 두 번째 For문은 첫 번째 For문의 조건에 맞추어 정해지는 횟수로 반복 실행한다.

```
        If strPN(i) = strPN(j) Then
            MsgBox "There are more than one part, which have the same PartNumber."
            End
        End If
```
- 만약 파트 넘버가 같은 경우를 발견하면, 메시지를 띄우고 종료한다.
```
        Next
    Next
End If

End Sub
```

 이중 For문

추적할 파트 넘버가 네 개라고 가정하면, 아래와 같이 비교 연산이 이루어져야 한다. 이 때, 첫 번째 순환 실행은 3번이며, 두 번째 순환 실행은 각각 3번, 2번, 1번 이루어져야 한다. 전체 비교 실행 횟수는 6회가 된다.

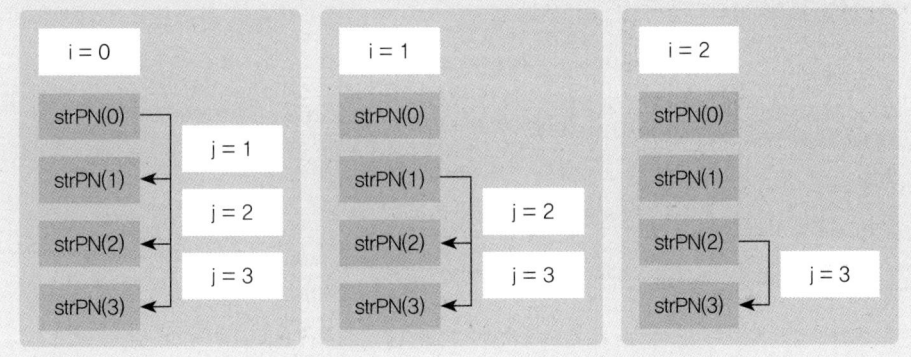

3) 프로덕트 생성

코딩 4

```vb
Option Explicit

Sub CATMain()

    Dim oWSheet As Worksheet, oFS As INFITF.FileSystem
    PreProcess oWSheet, oFS

    Dim intPartCnt As Integer
    intPartCnt = oWSheet.Cells(1, 2).End(xlDown).Row - 1

    CheckPartNumber oWSheet, oFS, intPartCnt

    Dim oFolder As Folder                                      ' ①
    Set oFolder = oFS.GetFolder(oWSheet.Cells(2, 1))

    Dim intAssyCnt As Integer                                  ' ②
    intAssyCnt = oWSheet.Cells(1, 2).End(xlToRight).Column - 2

    Dim oRootProDoc As ProductDocument                         ' ③
    Set oRootProDoc = CATIA.Documents.Add("Product")
    oRootProDoc.Product.PartNumber = "Root Product"

    Dim oProducts As Products                                  ' ④
    Set oProducts = oRootProDoc.Product.Products

End Sub

Private Sub PreProcess(ioWSheet As Worksheet, ioFS As INFITF.FileSystem)
```

← 코드 입력

① 'oFolder' 이름의 변수를 선언하고, GetFolder 메서드를 통해 개체를 할당한다.
② 'intAssCnt' 이름의 정수형 변수를 선언하고, 엑셀에 입력된 조립 모델의 사양 개수를 대입한다.
  • Sheet.Cells(1, 2) : 'B1' 셀을 Range 타입의 개체로 반환 (WorkSheet와 Sheet는 동등한 개체이다.)
  • Range.End(xlToRight) : 기준 셀에서 오른쪽으로 데이터가 연속으로 들어있는 마지막 셀을 Range 타입의 개체로 반환
  • Range.Column : 해당 셀의 열 수를 정수형으로 반환
③ 'oRootProDoc' 이름의 변수를 선언하고, Documents 개체의 Add 메서드를 통하여 CATIA에서 새로운 문서를 생성함과 동시에 개체를 할당한다. 그렇게 생성된 문서의 파트 넘버를 "Root Product"로 변경한다.
④ 'oProducts' 이름의 변수를 선언하고, ProductDocument 개체의 Product 속성으로 Product 개체를 인식하고, 추가로 Product 개체의 Products 속성을 통해 집합 개체를 할당한다.
  • 여기서는 앞에서 생성한 새로운 CATProduct 문서의 Products 개체를 할당하게 된다.

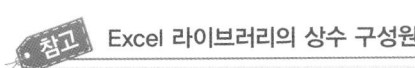

참고 Excel 라이브러리의 상수 구성원

Object browser에서 엑셀의 상수 인자를 찾을 수 있다.

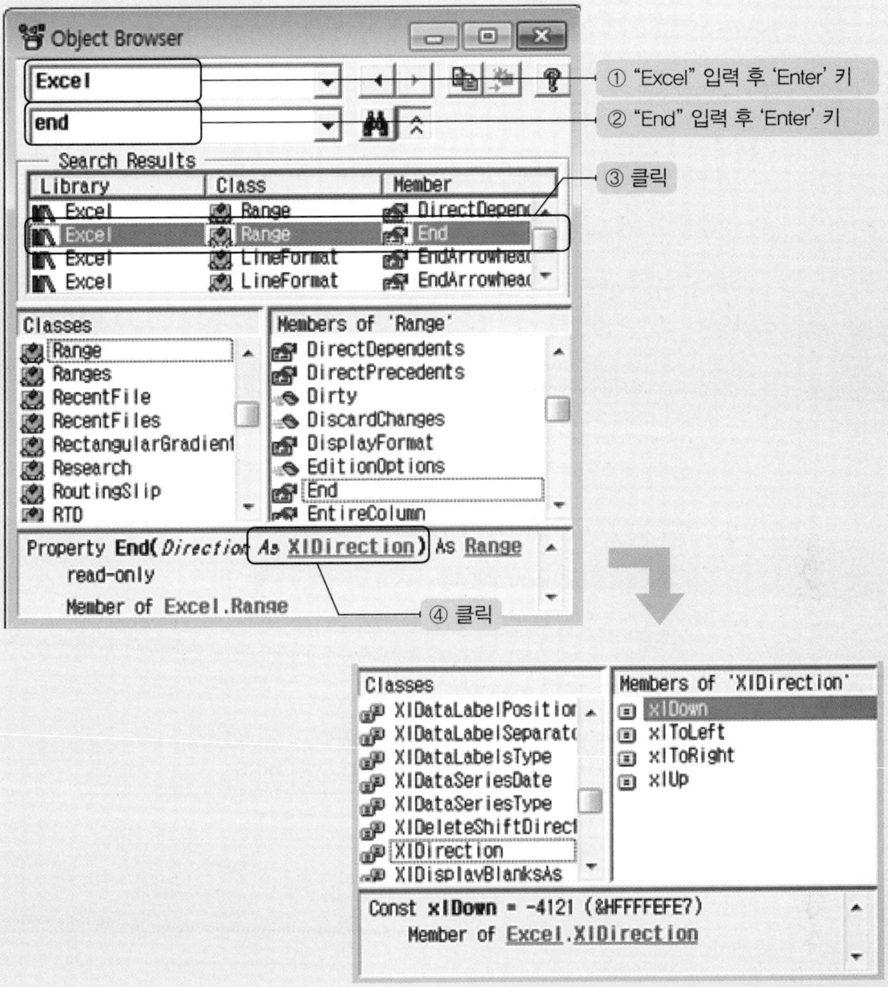

① "Excel" 입력 후 'Enter' 키
② "End" 입력 후 'Enter' 키
③ 클릭
④ 클릭

- 입력 가능한 상수 구성원과 그 상수의 실제 값을 확인할 수 있다.

코딩 5

• CATMain 프로시저 내에 아래 코드를 추가 작업한다.

```
Dim oProducts As Products
Set oProducts = oRootProDoc.Product.Products
```

— 코드 입력

```
Dim i As Integer, j As Integer, k As Integer, strPath As String, count As Integer
Dim strArray(0) As Variant, oSubProduct 'As Product

For i = 1 To intAssyCnt

    Set oSubProduct = oProducts.AddNewComponent _
                            ("Product", oWSheet.Cells(1, i + 2))

    For j = 1 To intPartCnt

        If IsNumeric(oWSheet.Cells(j + 1, i + 2)) And oWSheet.Cells(j + 1, i + 2) > 0 Then

            strPath = oWSheet.Cells(2, 1) & "\" & oWSheet.Cells(j + 1, 2) & ".CATPart"

            If oFS.FileExists(strPath) Then

                count = Round(oWSheet.Cells(j + 1, i + 2), 0)

                If count > 0 Then

                    For k = 1 To count
                        strArray(0) = strPath
                        oSubProduct.Products.AddComponentsFromFiles strArray, "All"
                    Next
                End If
            End If
        End If
    Next
Next
```

End Sub

```
Private Sub PreProcess(ioWSheet As Worksheet, ioFS As INFITF.FileSystem)

    On Error Resume Next

    Dim oExcel As Excel.Application
    Set oExcel = GetObject(, "Excel.Application")
    If Err.Number <> 0 Then
        MsgBox "The Excel application does not run.": End
    End If
```

코딩 5 해설

```
Dim oProducts As Products
    Set oProducts = oRootProDoc.Product.Products

    Dim i As Integer, j As Integer, k As Integer, strPath As String, count As Integer
    Dim strArray(0) As Variant, oSubProduct 'As Product
```
- For문을 실행하기 전에 필요한 변수를 선언한다.
  - i, j, k : For 순환문에 사용되는 정수형 변수
  - strPath : 파일 주소를 저장하여 사용하기 위한 문자형 변수
  - count : 엑셀에서 부품 수량을 가져와서 사용하기 위한 정수형 변수
  - strArray(0) : 가변형 배열이며, 초기 개수는 한 개로 선언
  - oSubProduct : 새롭게 생성되는 각 사양별 Product 개체를 할당하여 사용하기 위한 가변형 변수. 여기서는 'As Product'로 개체 타입을 선언하면, AddComponentsFromFiles 메서드에서 오류가 발생한다.

```
    For i = 1 To intAssyCnt
```
- 'i' 변수를 이용하여 사양 개수만큼 순환문을 실행한다.

```
        Set oSubProduct = oProducts.AddNewComponent _
                                    ("Product", oWSheet.Cells(1, i + 2))
```
- 'Root Product' 조립 모델링의 하위에 새로운 Product를 생성하면서, 엑셀에 기록된 사양명을 그 Product의 파트 넘버로 적용한다.

```
        For j = 1 To intPartCnt
```
- 'j' 변수를 이용하여 가능한 부품 수만큼 순환문을 실행한다.

```
            If IsNumeric(oWSheet.Cells(j + 1, i + 2)) And oWSheet.Cells(j + 1, i + 2) > 0 Then
```
- 엑셀에서 수량 정보가 있어야 하는 셀의 값이 숫자이고 0보다 큰 값을 가지는지 확인한다. 만약 그 조건이 맞으면 If문 내의 코드를 실행한다.

```
            strPath = oWSheet.Cells(2, 1) & "\" & oWSheet.Cells(j + 1, 2) & ".CATPart"
```
- 엑셀의 여러 정보를 조합해서 파일의 전체 주소에 해당하는 문자열을 'strPath' 변수에 대입한다.

```
            If oFS.FileExists(strPath) Then
```
- 'strPath' 정보로 실제 파일이 존재하는지 체크하고 그 파일이 존재하면 If문 내의 코드를 실행한다.

```
                count = Round(oWSheet.Cells(j + 1, i + 2), 0)
```
- Round 함수를 이용하여 셀의 값을 반올림한 후에, 'count' 정수형 변수에 대입한다.

```
                If count > 0 Then
```
- 만약 'count' 변수의 값이 0보다 크면, If문 내의 코드를 실행한다.

```
                        For k = 1 To count
                            strArray(0) = strPath
                            oSubProduct.Products.AddComponentsFromFiles strArray, "All"
                        Next
```
- 'k' 변수를 이용하여 인식된 수량만큼 새롭게 생성된 사양별 Product 하위에 구성품을 추가한다.

```
                        End If
                    End If
                End If
            Next
        Next

End Sub
```

최종 프로그램을 실행하면 아래 그림의 프로덕트가 구성된다.

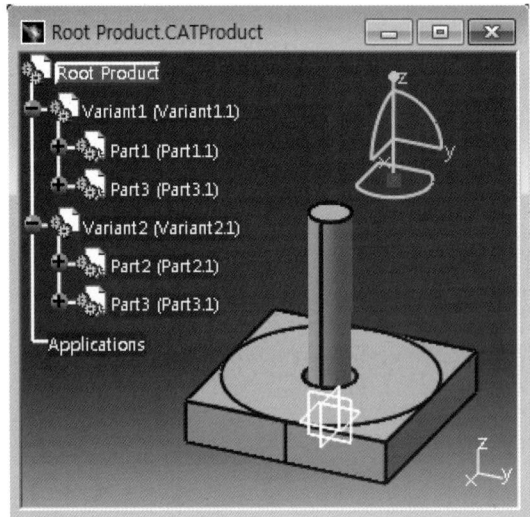

- 마지막으로 생성된 세 개의 CATProduct를 다음 장에서 사용하기 위해 저장한다.

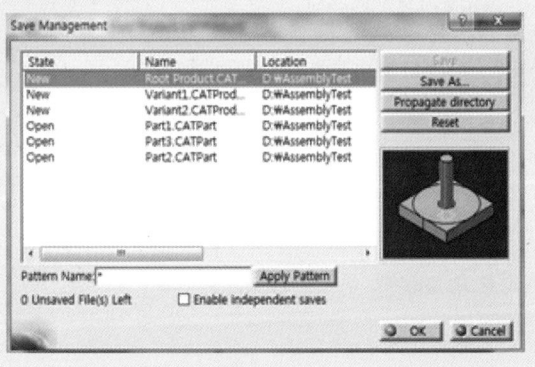

수학 연산 관련 함수

Object browser에서 수학 연산과 관련된 함수를 찾아볼 수 있다.

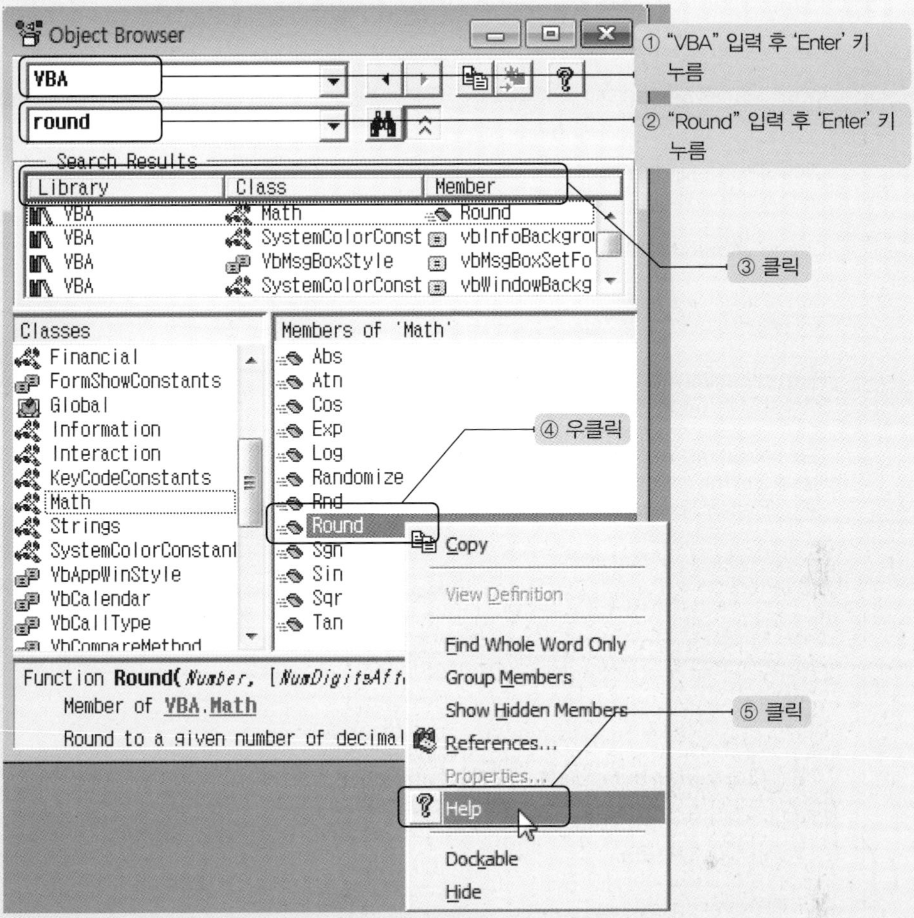

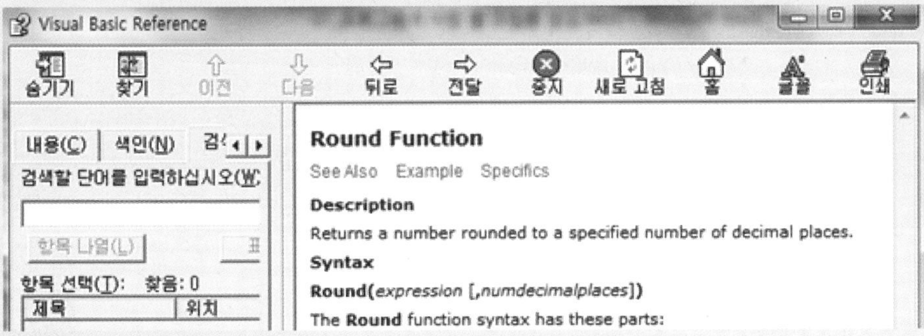

① "VBA" 입력 후 'Enter' 키 누름
② "Round" 입력 후 'Enter' 키 누름
③ 클릭
④ 우클릭
⑤ 클릭

Chapter 07. 프로그램 6. 사양별 조립품 생성

5 최종 코드 이해

```vb
Option Explicit

Sub CATMain()

    Dim oWSheet As Worksheet, oFS As INFITF.FileSystem
    PreProcess oWSheet, oFS

    Dim intPartCnt As Integer
    intPartCnt = oWSheet.Cells(1, 2).End(xlDown).Row - 1

    CheckPartNumber oWSheet, oFS, intPartCnt

    Dim oFolder As Folder
    Set oFolder = oFS.GetFolder(oWSheet.Cells(2, 1))

    Dim intAssyCnt As Integer
    intAssyCnt = oWSheet.Cells(1, 2).End(xlToRight).Column - 2

    Dim oRootProDoc As ProductDocument
    Set oRootProDoc = CATIA.Documents.Add("Product")
    oRootProDoc.Product.PartNumber = "Root Product"

    Dim oProducts As Products
    Set oProducts = oRootProDoc.Product.Products

    Dim i As Integer, j As Integer, k As Integer, strPath As String, count As Integer
    Dim strArray(0) As Variant, oSubProduct 'As Product

    For i = 1 To intAssyCnt

        Set oSubProduct = oProducts.AddNewComponent _
                            ("Product", oWSheet.Cells(1, i + 2))

        For j = 1 To intPartCnt

            If IsNumeric(oWSheet.Cells(j + 1, i + 2)) And oWSheet.Cells(j + 1, i + 2) > 0 Then

                strPath = oWSheet.Cells(2, 1) & "\" & oWSheet.Cells(j + 1, 2) & ".CATPart"

                If oFS.FileExists(strPath) Then

                    count = Round(oWSheet.Cells(j + 1, i + 2), 0)

                    If count > 0 Then

                        For k = 1 To count
                            strArray(0) = strPath
                            oSubProduct.Products.AddComponentsFromFiles strArray, "All"
                        Next
                    End If
                End If
            End If
        Next
    Next

End Sub
```

- 프로그램 실행을 위한 사전 조건 체크
- 최상위 프로덕트 생성
- 사양별 프로덕트 구성

```
Private Sub PreProcess(ioWSheet As Worksheet, ioFS As INFITF.FileSystem)

    On Error Resume Next

    Dim oExcel As Excel.Application
    Set oExcel = GetObject(, "Excel.Application")
    If Err.Number <> 0 Then
        MsgBox "The Excel application does not run.": End
    End If

    On Error GoTo 0

    Set ioWSheet = oExcel.ActiveSheet

    If ioWSheet.Cells(1, 1) <> "Folder address" Or _
                    ioWSheet.Cells(1, 2) <> "Variants" Then
        MsgBox "You need to activate the sheet of variants' information in Excel."
        End
    End If

    If ioWSheet.Cells(2, 2) = "" Then
        MsgBox "There is no part.": End
    ElseIf ioWSheet.Cells(3, 2) = "" Then
        MsgBox "There is only one part.": End
    End If

    If ioWSheet.Cells(1, 3) = "" Then
        MsgBox "There is no assembly variant.": End
    End If
```
• Excel의 준비 사항 확인

```
    Set ioFS = CATIA.FileSystem

    If ioFS.FolderExists(ioWSheet.Cells(2, 1)) = False Then
        MsgBox "The folder's address is wrong.": End
    End If
```
• 대상 폴더 확인

```
    If CATIA.Documents.count > 0 Then
        MsgBox "There must be no document in CATIA.": End
    End If

End Sub
```
• CATIA 사전 준비 확인

```vb
Private Sub CheckPartNumber(iWSheet As Worksheet, _
                            iFS As INFITF.FileSystem, intCnt As Integer)

    Dim i As Integer, strPath As String, strPN() As String
    ReDim strPN(0)

    For i = 1 To intCnt
        strPath = iWSheet.Cells(2, 1) & "\" & iWSheet.Cells(i + 1, 2) & ".CATPart"

        If iFS.FileExists(strPath) Then

            If strPN(UBound(strPN)) <> "" Then
                ReDim Preserve strPN(UBound(strPN) + 1)
            End If

            strPN(UBound(strPN)) = CATIA.Documents.Read(strPath).Product.PartNumber
            CATIA.Documents.Item(1).Close

        End If
    Next

    If UBound(strPN) = 0 And strPN(0) = "" Then
        MsgBox "There is no CATPart in the folder.": End
    End If

    If UBound(strPN) = 0 And strPN(0) = "" Then
        MsgBox "There is no CATPart in the folder.": End
    End If

    If UBound(strPN) > 0 Then

        Dim j As Integer
        For i = 0 To UBound(strPN) - 1

            For j = i + 1 To UBound(strPN)

                If strPN(i) = strPN(j) Then
                    MsgBox "There are more than one part, which have the same PartNumber."
                    End
                End If
            Next
        Next
    End If

End Sub
```

- 부품의 파트 넘버 추출
- 파트 넘버 중복 여부 확인

Chapter 08

프로그램 7. 조립 구성품의 위치 이동

Chapter 08

프로그램 7. 조립 구성품의 위치 이동

● 업무 시나리오 ●

조립 모델링을 할 때 사용자 폼을 이용하여 구성품을 이동, 회전 및 원위치하는 작업을 제어하고자 한다.

● 프로그램 요건 ●

1) X, Y, Z값을 입력하고 입력값만큼 구성품을 이동할 수 있다.
2) X, Y, Z축 중 한 축을 기준으로 구성품을 회전할 수 있다.
3) 구성품을 원위치로 초기화할 수 있다.
4) 초기화할 때, 대상 구성품의 **하위 구성품도 동시에 초기화**할 수 있다.

시작하기 전에..

이번 장에서는 앞에서 만든 'Root Product' 조립 모델링을 열어서, **구성품의 위치 이동을 코드로 구현**한다. CATIA 내 Compass를 이용하면 다양하게 구현할 수 있는 작업이기 때문에 업무에 쓰기에는 부족한 프로그램이나, 구성품의 위치 이동은 다른 프로그램의 개발에 응용이 필요한 부분이기 때문에 학습할 필요가 있다. 그리고 이번 프로그램 중에서 구성품의 위치 초기화 부분은 업무에서 필요할 때가 있을 것으로 기대된다. 또한 사용자 폼을 구성하여 실행하는 것을 연습할 것이다.

순서도 구상

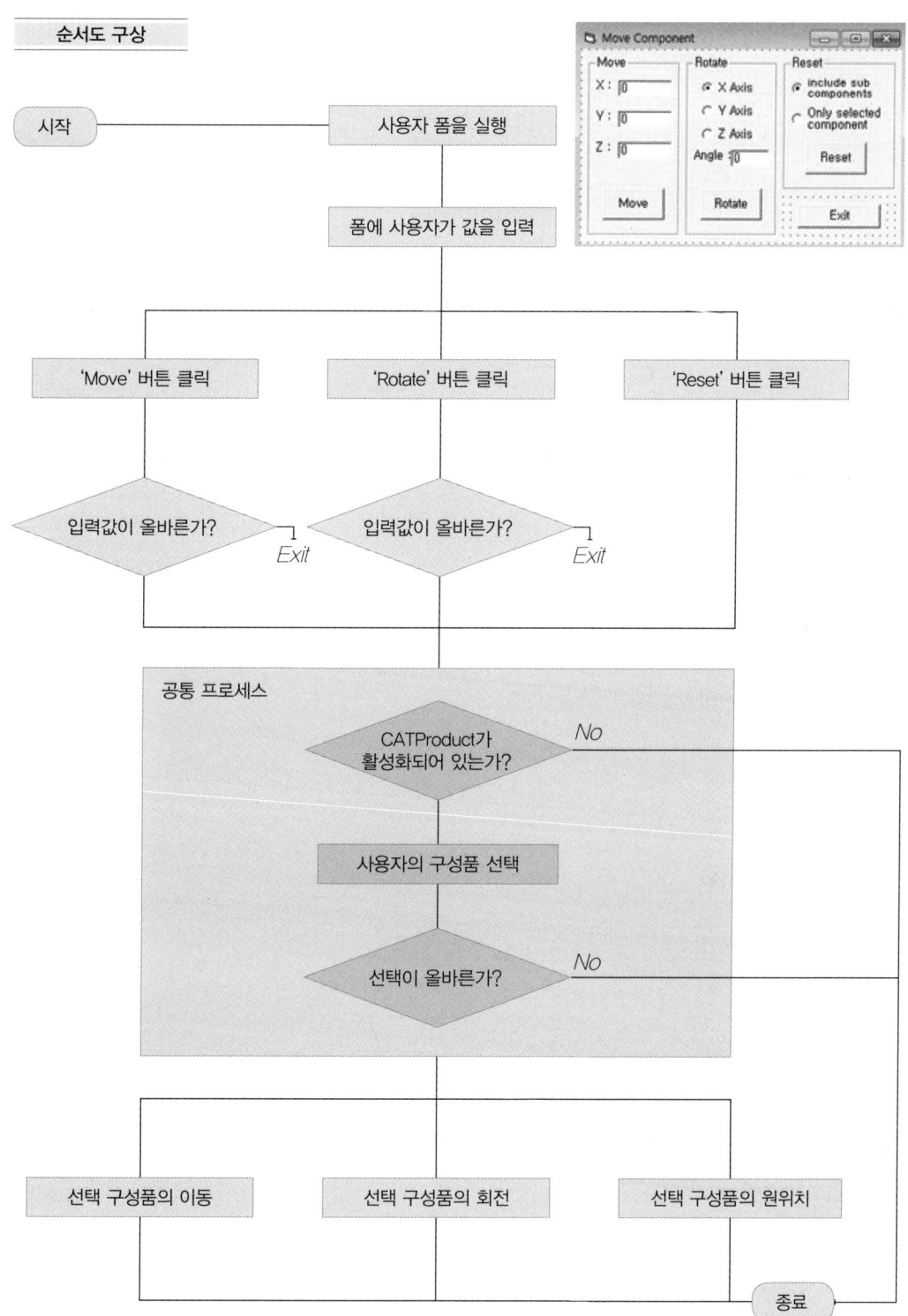

Chapter 08. 프로그램 7. 조립 구성품의 위치 이동

① 관련 개체, 속성 및 메서드 찾기

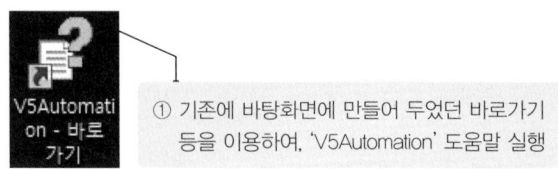

① 기존에 바탕화면에 만들어 두었던 바로가기 등을 이용하여, 'V5Automation' 도움말 실행

처음에 나타나는 구조도에서 ProductDocument 항목 옆의 삼각형을 선택한다.

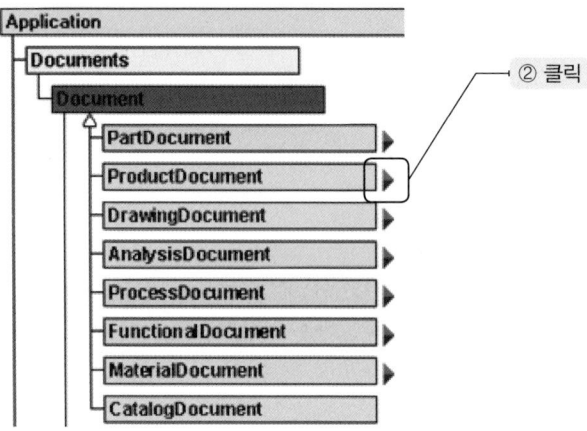

② 클릭

ProductDocument 개체의 하위 구조도에서 Move 개체와 Position 개체를 각각 선택하여 내용을 알아본다.

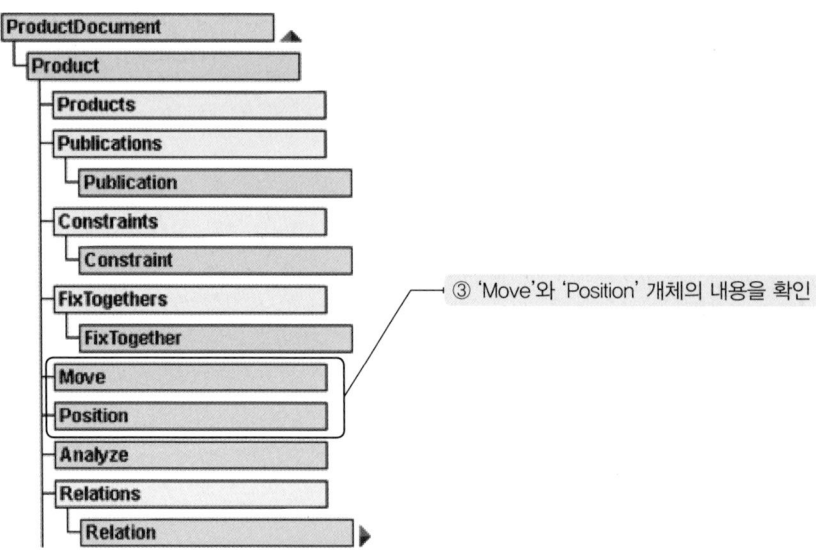

③ 'Move'와 'Position' 개체의 내용을 확인

- Move 개체는 구성품의 현 위치에서 **상대적인 이동**을 반영한다.

Move (Object)

Property Index

MovableObject
　　Returns the movable object associated with the used object.

Method Index

Apply
　　Applies a move transformation to a movable object.

주요 구성원
1) **MovableObject** : Move 개체 호출
2) **Apply** : 위치 변경

- Position 개체는 구성품의 현 위치와는 관계없이 속해 있는 프로덕트의 **절대 좌표로 구성품을 이동**한다.

Position (Object)

Method Index

GetComponents
　　Returns the components of an object's position.
SetComponents
　　Sets the components of an object's position.

주요 구성원
1) **GetComponents** : 부품의 위치를 가져옴
2) **SetComponents** : 부품의 위치를 설정

o Sub SetComponents(CATSafeArrayVariant iAxisComponentsArray)

```
Dim iAxisComponentsArray( 11 )
' x axis components
iAxisComponentsArray( 0 ) = 1.000
iAxisComponentsArray( 1 ) = 0
iAxisComponentsArray( 2 ) = 0.707
' y axis components
iAxisComponentsArray( 3 ) = 0
iAxisComponentsArray( 4 ) = 0
iAxisComponentsArray( 5 ) = 0.707
' z axis components
iAxisComponentsArray( 6 ) = 0
iAxisComponentsArray( 7 ) = -0.707
iAxisComponentsArray( 8 ) = 0.707
' origin point coordinates
iAxisComponentsArray( 9 ) = 1.000
iAxisComponentsArray( 10 ) = 2.000
iAxisComponentsArray( 11 ) = 3.000
MyObject.Position.SetComponents iAxisComponentsArray
```

12개의 값을 가지는 Variant 타입의 배열 변수가 필요
- 0~2 : U축의 방향 (Ux, Uy, UZ값)
- 3~5 : V축의 방향 (Vx, Vy, VZ값)
- 6~8 : W축의 방향 (Wx, Wy, WZ값)
- 9~11 : 중심점 좌표 (Ox, Oy, OZ값)

② CATIA 준비

앞 장에서 생성한 'Root Product' 이름의 조립 모델링을 오픈한다.

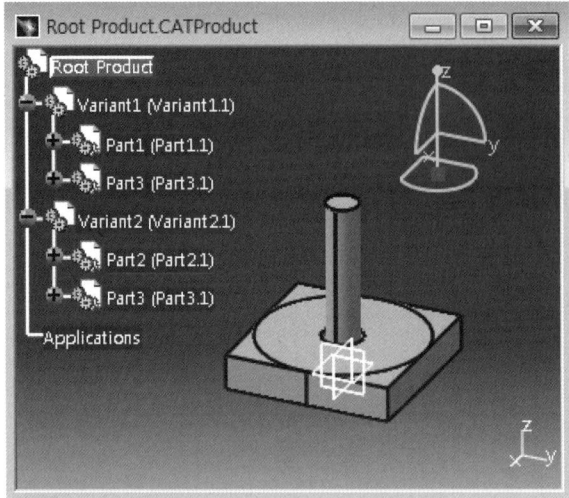

③ 폼 및 코드 작업

① 메뉴바 Tools 또는 'Alt+F11' 단축키를 이용하여 VB Editor 실행

1) 모듈 및 폼 생성

우선 모듈을 생성하고 이름을 변경한다.

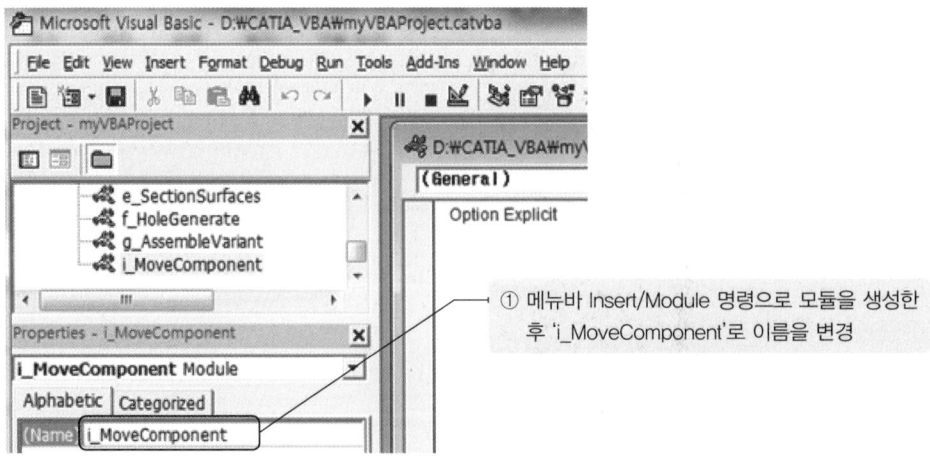

① 메뉴바 Insert/Module 명령으로 모듈을 생성한 후 'i_MoveComponent'로 이름을 변경

사용자 폼을 생성한다.

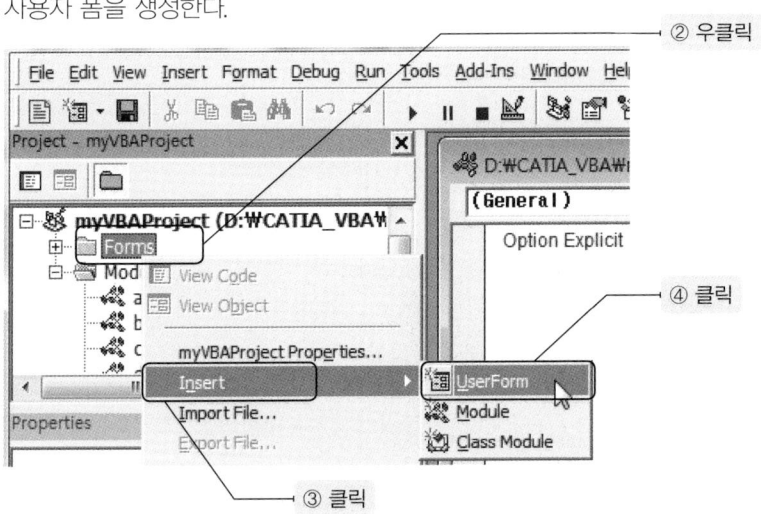

폼의 이름 속성 및 캡션 속성을 변경한다.

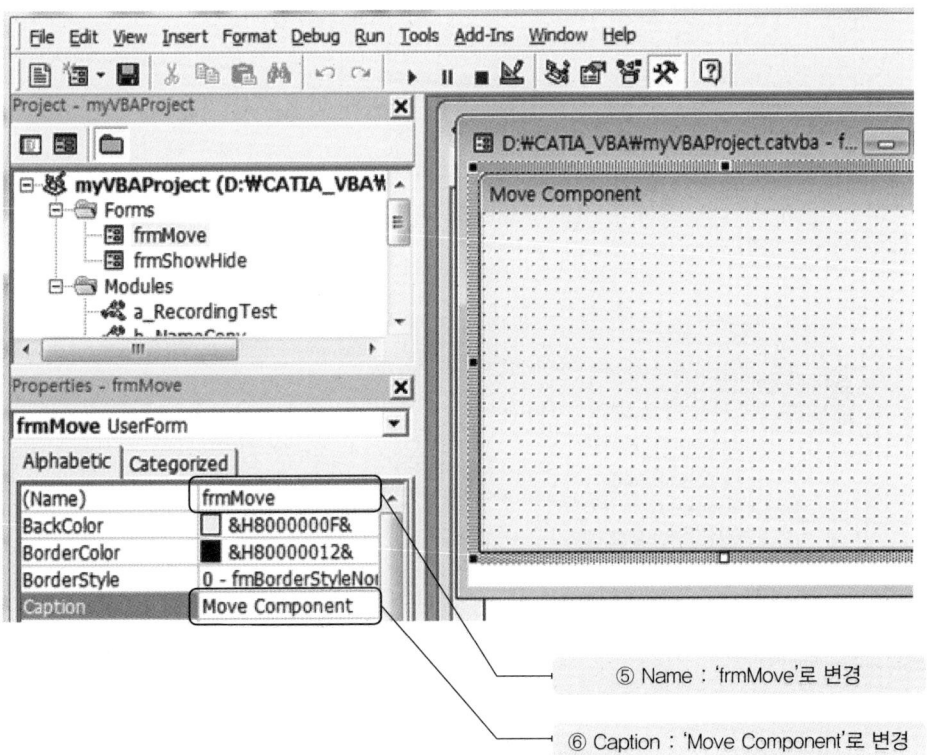

코딩 1

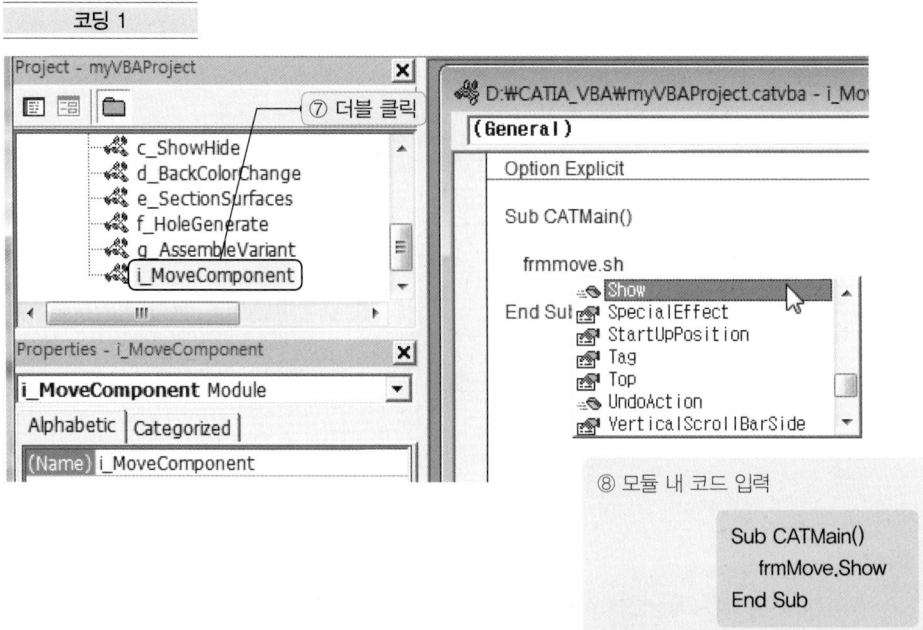

⑧ 모듈 내 코드 입력

```
Sub CATMain()
    frmMove.Show
End Sub
```

- 모듈 내 시작 함수인 CATMain 함수를 실행하면, 'frmMove' 이름의 폼이 보이도록 한다.

2) 이동에 대한 폼 구성 및 코드 작업

폼을 디자인하기 위해 프로젝트 탐색창에서 'frmMove' 개체를 더블 클릭한다.

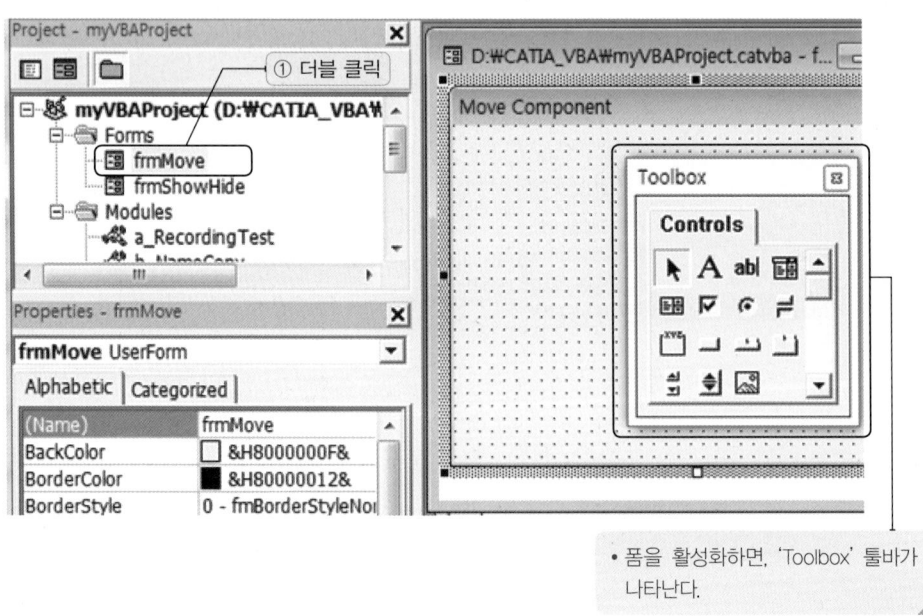

- 폼을 활성화하면, 'Toolbox' 툴바가 나타난다.

- Frame 컨트롤을 생성하고, Caption 속성을 변경하여, 폼에 표시되는 문자를 변경한다.

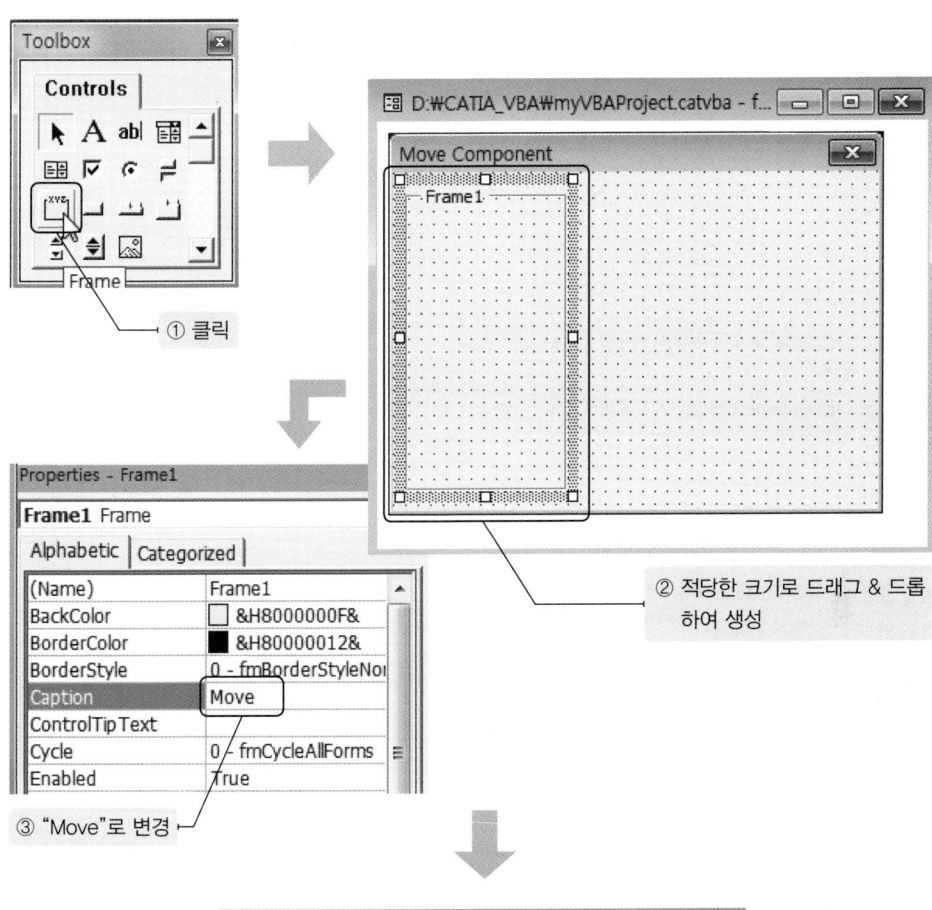

① 클릭

② 적당한 크기로 드래그 & 드롭하여 생성

③ "Move"로 변경

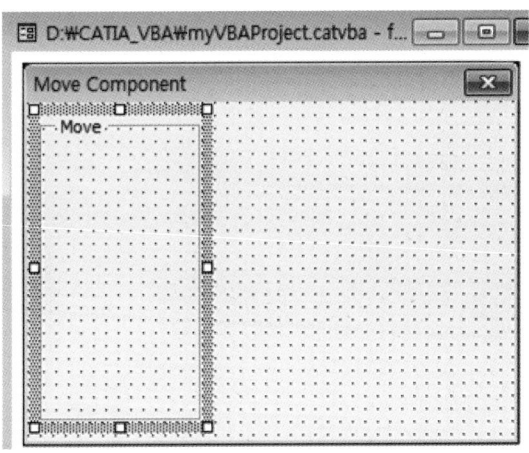

- 프레임 컨트롤 내부에 들어가는 컨트롤을 만들기 위해서는 **프레임이 선택되어 있는 상태에서 다른 컨트롤을 생성**해야 한다.

- Move 프레임 내부에 아래의 컨트롤 생성 작업을 한다.

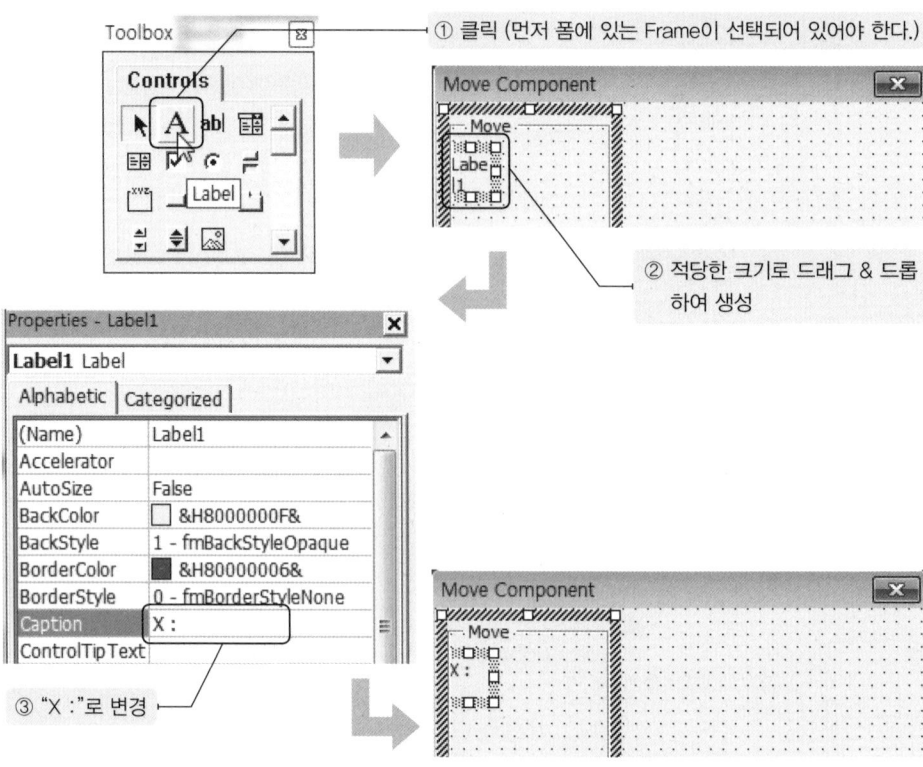

- 레이블 컨트롤을 두 개 더 생성한다. (기존 레이블을 복사하여 속성을 수정한다.)

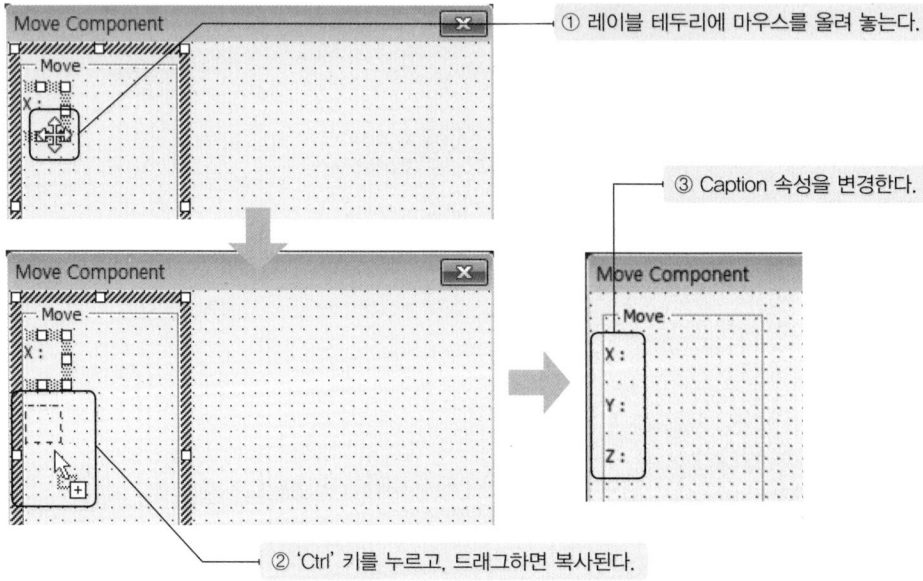

• 레이블 생성과 유사한 방법으로 세 개의 텍스트박스 컨트롤을 생성한다.

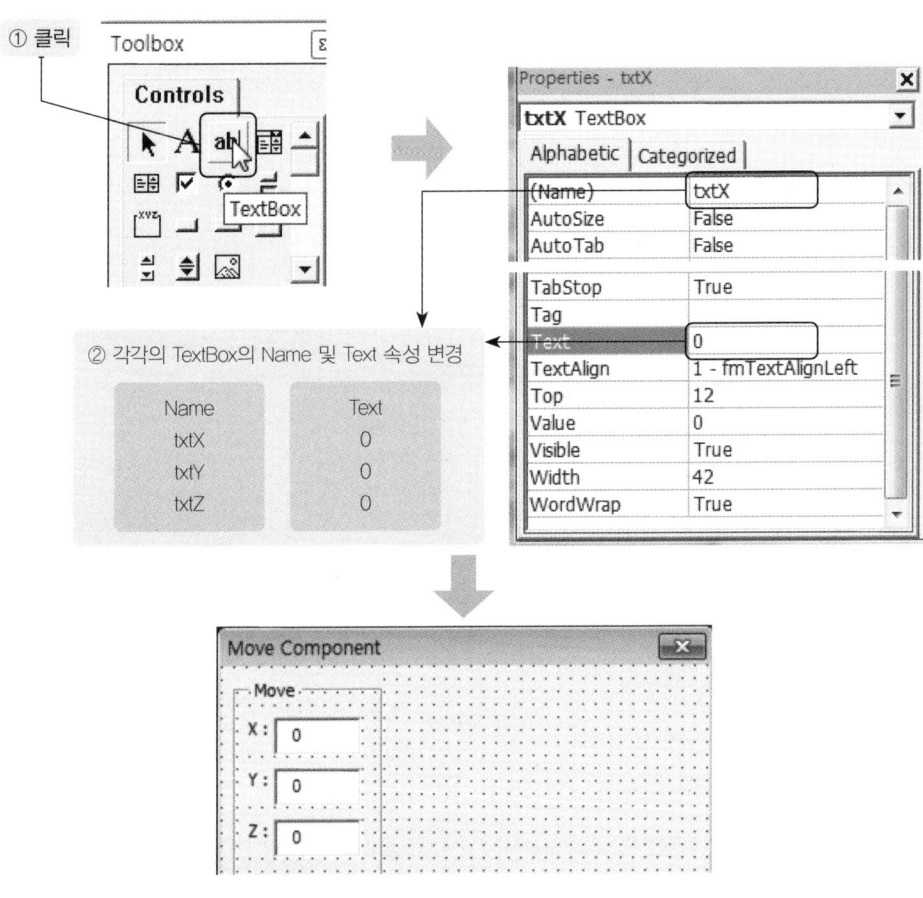

• 한 개의 커멘드버튼 컨트롤을 생성한다.

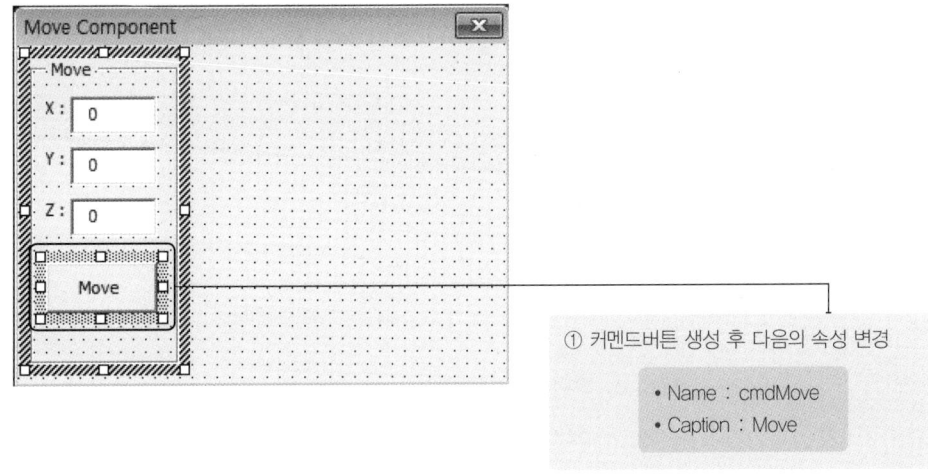

• 프로그램을 실행한 상태에서 'cmdMove' 버튼을 클릭할 때 실행되는 코드를 작성한다.

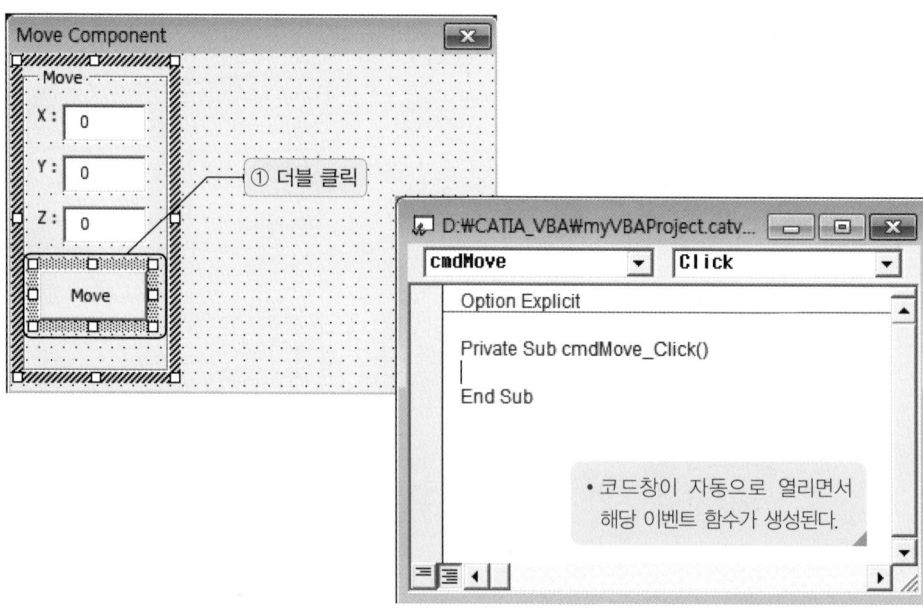

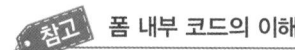 폼 내부 코드의 이해

폼은 자체적으로 코드를 가진다. 이러한 코드창은 폼 내의 컨트롤을 더블 클릭하거나, 프로젝트 탐색기에서 해당 폼의 코드창을 열 수 있다.

폼 코드창의 상단에는 폼 내부 컨트롤과 각각의 컨트롤에 대한 이벤트 항목을 콤보 박스로 제공한다. Form_Initialize와 같은 이벤트는 필요한 경우가 종종 있다.

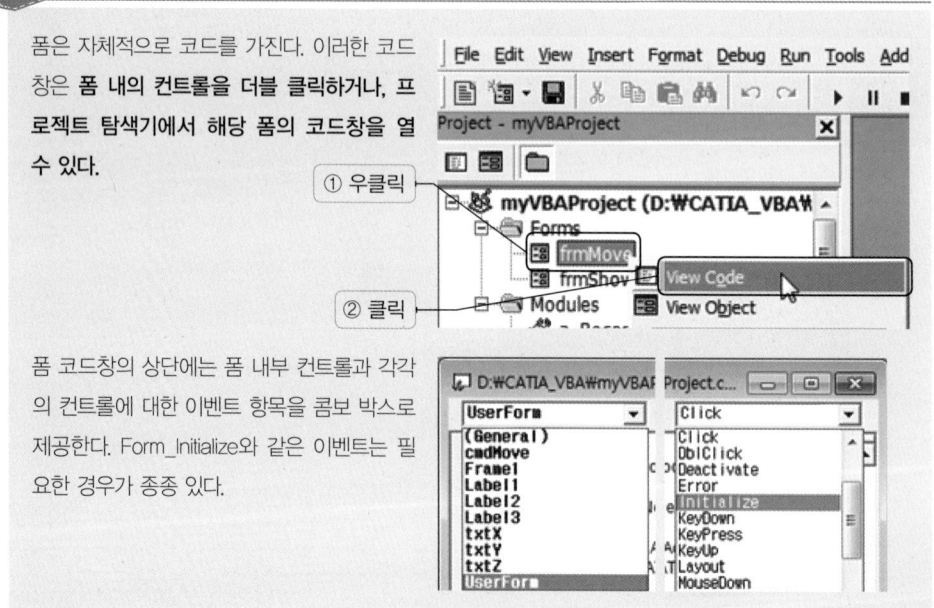

코딩 2

```vb
Option Explicit

Private Sub cmdMove_Click()

    If Not IsNumeric(txtX) Or Not IsNumeric(txtY) Or Not IsNumeric(txtZ) Then

        MsgBox "Your inputs for X, Y, Z move are wrong."

    Else

        Dim oProduct As Product
        CommonProcess oProduct

    End If

End Sub

Private Sub CommonProcess(ioProduct As Product)

    Dim oProDoc As ProductDocument

    On Error Resume Next

    If InStr(Right(CATIA.ActiveDocument.Name, 11), ".CATProduct") > 0 Then _
        Set oProDoc = CATIA.ActiveDocument

    If oProDoc Is Nothing Then
        MsgBox "A CATProduct document has to be activated.": Exit Sub
    End If

    On Error GoTo 0

    Dim oSel 'As Selection
    Set oSel = oProDoc.Selection

    Dim selType(1) As Variant
    selType(0) = "Product": selType(1) = "Part"

    oSel.Clear
    Dim strSelStatus As String
    strSelStatus = oSel.SelectElement2(selType, _
        "Select a component or press 'ESC' key to cancel.", False)

    If strSelStatus <> "Normal" Then Exit Sub

    Set ioProduct = oSel.Item(1).Value

End Sub
```

코드 입력

코딩 2 해설

```
Option Explicit

Private Sub cmdMove_Click()

    If Not IsNumeric(txtX) Or Not IsNumeric(txtY) Or Not IsNumeric(txtZ) Then
```
- 만약 사용자가 입력한 세 개의 텍스트 박스의 문자열이 숫자가 아니면 아래 실행문을 실행한다.
- 'txtX'는 txtX.Text와 같다.

```
        MsgBox "Your inputs for X, Y, Z move are wrong."
```
- 메시지를 띄우고, 더이상의 실행문이 없기 때문에 프로그램이 종료된다.

```
    Else

        Dim oProduct As Product
        CommonProcess oProduct
```
- 'oProduct' 이름의 개체형 변수를 선언하고, 'CommonProcess' 프로시저를 실행한다. 이 프로시저의 입력 인자인 'oProduct' 변수는 프로시저를 실행하고 나면 개체를 할당받는다.

```
    End If

End Sub

Private Sub CommonProcess(ioProduct As Product)
```
- 'CommonProcess' 이름의 Sub 프로시저를 Private 타입으로 선언한다.
- 'ioProduct' 이름의 변수를 선언하여 입력 인자로 적용한다. (변수명 : input output Product)

```
    Dim oProDoc As ProductDocument
```
- 'oProDoc' 이름의 변수를 선언한다. (변수명 : Object Product Document)

```
    On Error Resume Next

    If InStr(Right(CATIA.ActiveDocument.Name, 11), ".CATProduct") > 0 Then _
        Set oProDoc = CATIA.ActiveDocument
```
- 활성화된 문서 이름의 오른쪽 11자리의 문자열에서 ".CATProduct" 문자열이 있는지 판단하는 조건문이다. CATProduct 문서가 맞으면, Instr 함수의 반환값은 1이 된다. 그러한 조건에서 'oProDoc' 변수에 CATIA에서 활성화된 문서를 할당한다.
- 조건식은 다음과 같이 변경 가능하다. TypeName(CATIA.ActiveDocument) = "ProductDocument"

```
    If oProDoc Is Nothing Then
        MsgBox "A CATProduct document has to be activated.": Exit Sub
    End If
```
- 'oProDoc' 변수에 할당된 개체가 없으면 메시지를 띄우고 'CommonProcess' 프로시저를 빠져나온다.

```
    On Error GoTo 0

    Dim oSel 'As Selection
    Set oSel = oProDoc.Selection
```
- 'oSel' 이름의 변수를 선언하고, Selection 속성을 이용하여 개체를 할당한다.

```
    Dim selType(1) As Variant
    selType(0) = "Product": selType(1) = "Part"
```
- Variant 타입의 배열 변수를 선언하고, 문자열 값을 대입한다. 선택이 가능한 개체 타입으로 Product 개체와 Part 개체로 설정하는 작업이다.

```
    oSel.Clear
```
- 기존에 선택되어 있는 요소가 있으면 선택을 해제한다.

```
    Dim strSelStatus As String
    strSelStatus = oSel.SelectElement2(selType, _
        "Select a component or press 'ESC' key to cancel.", False)
```
- 'strSelStatus' 이름의 문자형 변수를 선언하고, SelectElement2 메서드로 사용자의 선택 상태에 대한 값을 입력받는다. 이 실행문이 진행되면 CATIA에서 사용자의 선택을 기다리게 된다.

```
    If strSelStatus <> "Normal" Then Exit Sub
```
- CATIA에서 선택이 올바르게 이루어지지 않으면 프로시저를 빠져나온다.

```
    Set ioProduct = oSel.Item(1).Value
```
- 선택한 요소를 'ioProduct' 변수에 할당한다.

```
End Sub
```

- 폼에서 'F5' 키를 눌러서 프로그램을 실행하여 오류 여부를 확인한다.

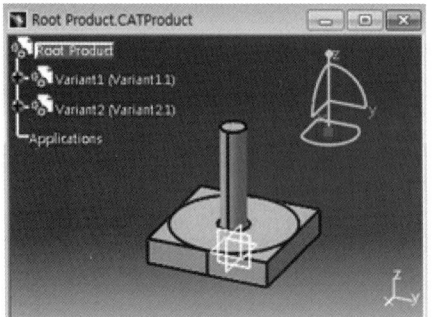
① Root Product.CATProduct 파일을 오픈

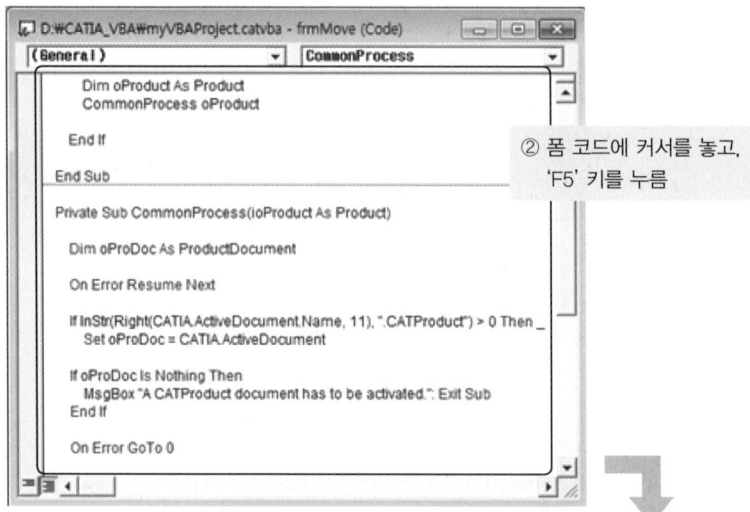
② 폼 코드에 커서를 놓고, 'F5' 키를 누름

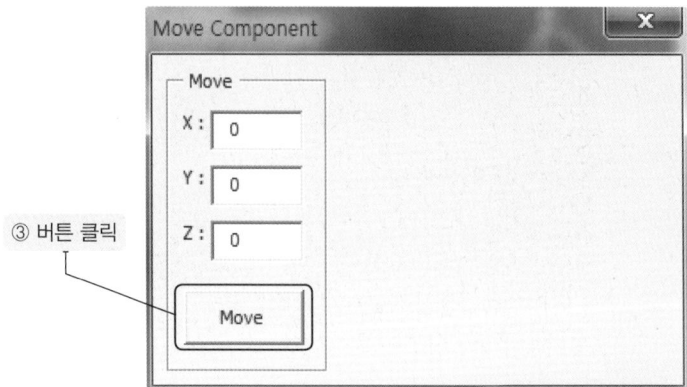
③ 버튼 클릭

- Move 버튼을 클릭하면 SelectElement2 메서드에서 CATIA 내의 사용자 선택을 대기한다. 그러나 CATIA 창이 활성화되지 않아 선택할 수 없는 문제가 발생한다.

• 상태 표시줄에 선택하라는 메시지가 뜨지만 CATIA 창이 활성화되지 않고 선택이 되지 않는 상태이다.

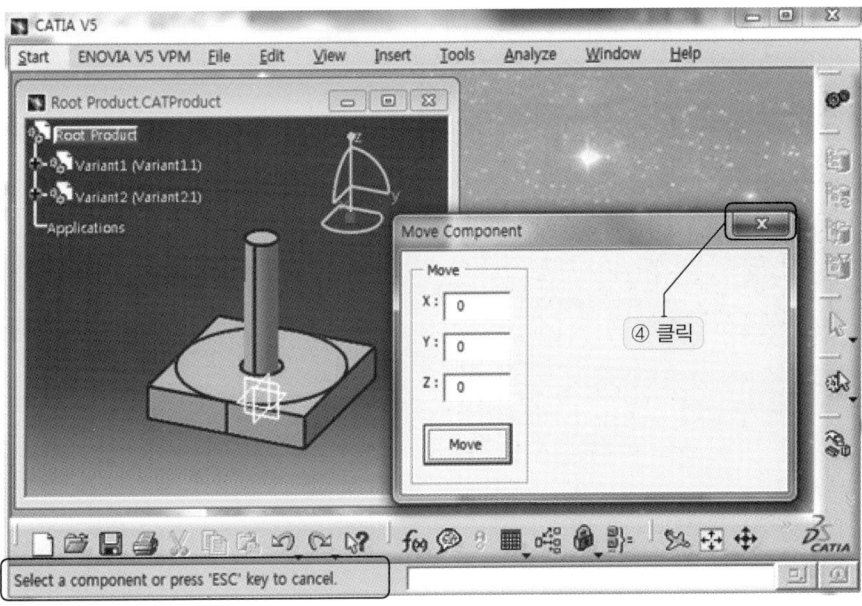

• 실행 폼을 종료하면 CATIA에서 선택할 수 있는 상태가 된다.

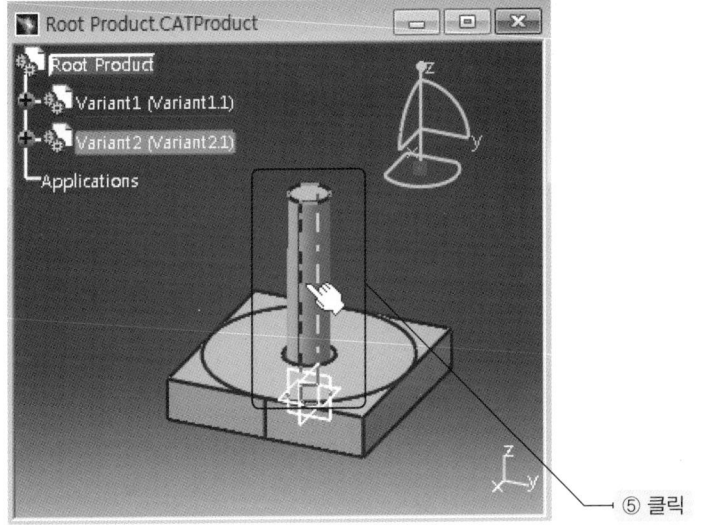

- CATIA에서 선택하는 데 문제 없이 폼을 구현하기 위해서는 **폼의 ShowModal 속성을 이용**해야 한다.

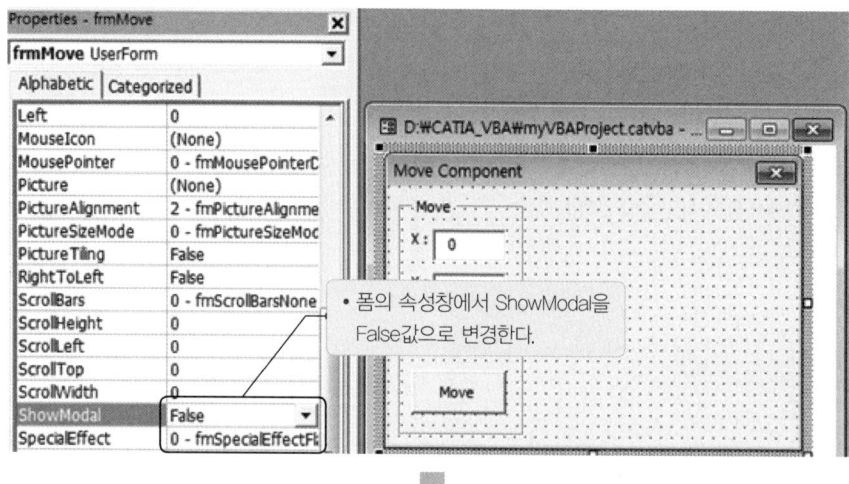

- 폼의 속성창에서 ShowModal을 False값으로 변경한다.

- 다시 프로그램을 실행하여 선택하는 데 문제가 없는지 확인한다.

코딩 3

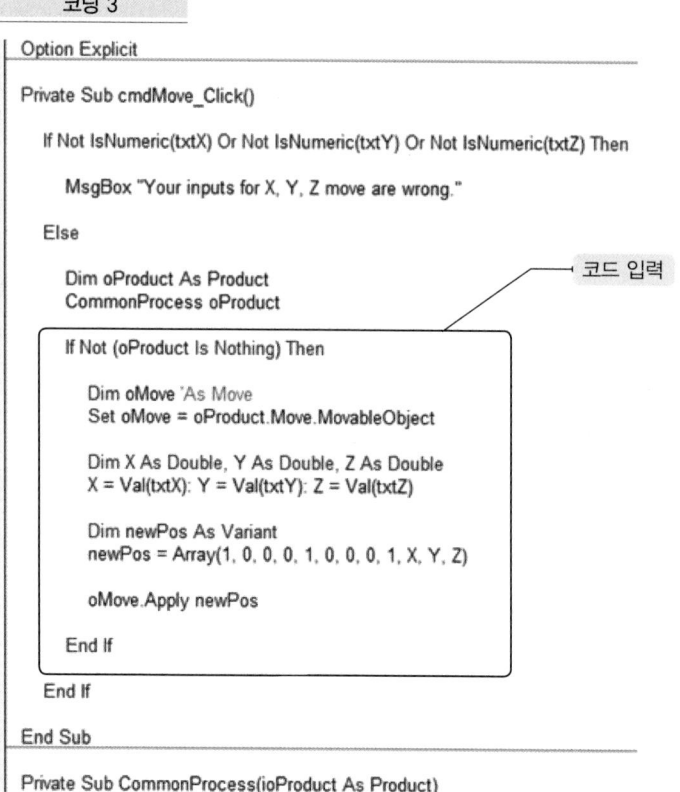

코드 입력

```
Option Explicit

Private Sub cmdMove_Click()

    If Not IsNumeric(txtX) Or Not IsNumeric(txtY) Or Not IsNumeric(txtZ) Then

        MsgBox "Your inputs for X, Y, Z move are wrong."

    Else

        Dim oProduct As Product
        CommonProcess oProduct

        If Not (oProduct Is Nothing) Then

            Dim oMove As Move
            Set oMove = oProduct.Move.MovableObject

            Dim X As Double, Y As Double, Z As Double
            X = Val(txtX): Y = Val(txtY): Z = Val(txtZ)

            Dim newPos As Variant
            newPos = Array(1, 0, 0, 0, 1, 0, 0, 0, 1, X, Y, Z)

            oMove.Apply newPos

        End If

    End If

End Sub

Private Sub CommonProcess(ioProduct As Product)
```

코딩 3 해설

```
Option Explicit

Private Sub cmdMove_Click()

    If Not IsNumeric(txtX) Or Not IsNumeric(txtY) Or Not IsNumeric(txtZ) Then
        MsgBox "Your inputs for X, Y, Z move are wrong."
    Else

        Dim oProduct As Product
        CommonProcess oProduct

        If Not (oProduct Is Nothing) Then
```

- 만약 'oProduct' 이름의 개체형 변수에 할당된 실질적인 개체가 있으면, 아래 실행문을 진행한다.

```
            Dim oMove 'As Move
            Set oMove = oProduct.Move.MovableObject
```

- 변수 'oMove'를 선언하고, MovableObject 속성을 통해 개체를 할당한다.
- 변수 타입을 Move 개체형으로 선언하면, "oMove.Apply" 실행문에서 아래와 같은 오류가 발생한다. **변수의 타입을 선언할 경우 발생하는 문제점은 거의 동일한 메시지가 나타난다.** (As Selection, As Viewer와 같은 경우)

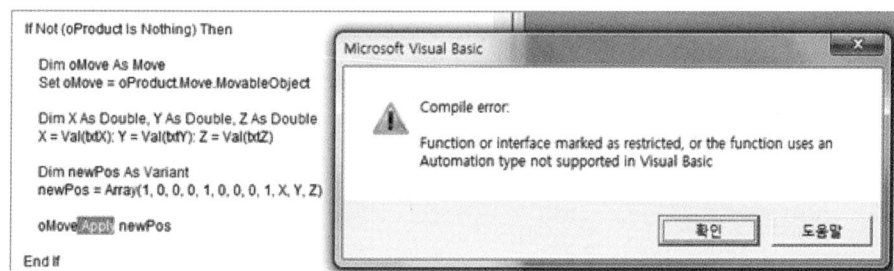

```
            Dim X As Double, Y As Double, Z As Double
            X = Val(txtX): Y = Val(txtY): Z = Val(txtZ)
```

- Val 함수를 통해 문자열 타입의 값을 숫자로 변환하여 새롭게 선언한 X, Y, Z 변수에 대입한다. "Val" 코드에 커서를 놓고 'F1' 단축키 누르면 나타나는 Visual Basic 도움말에서 Conversion Function을 검색해서 찾아볼 수 있다.

```
Dim newPos As Variant
newPos = Array(1, 0, 0, 0, 1, 0, 0, 0, 1, X, Y, Z)
```
- 'newPos' 변수를 선언하고, **Array 함수를 이용하여, 배열 개수와 값을 대입**한다. Array 함수를 적용할 변수는 용량을 선언하지 않아야 한다.

```
oMove.Apply newPos
```
- 'oMove' 변수의 Apply 메서드를 통해 선택된 부품의 이동을 구현한다. Move 개체를 통한 이동은 현재 위치에서 상대적으로 이동하는 것을 의미한다.

```
        End If
End If

End Sub


Private Sub CommonProcess(ioProduct As Product)
    실행문
End Sub
```

- 다양한 값과 구성품의 선택으로 위치 이동을 실행한다.

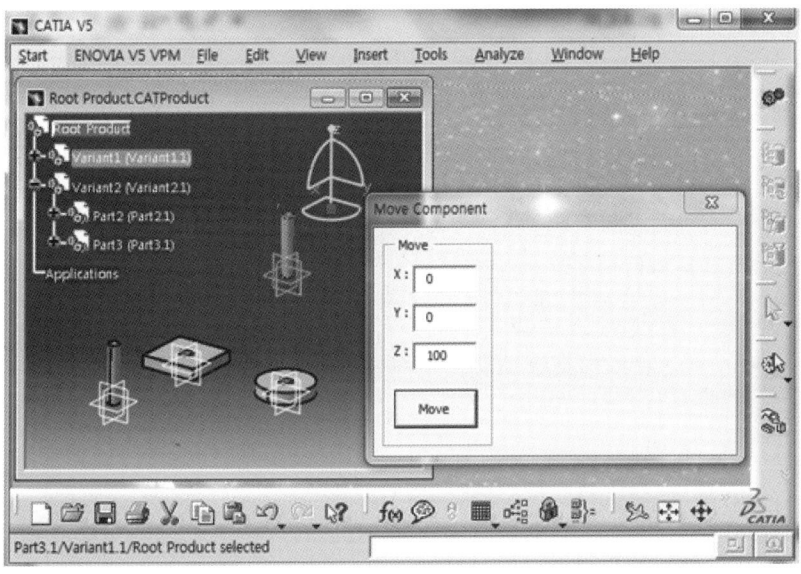

3) 회전에 대한 폼 구성 및 코드 작업

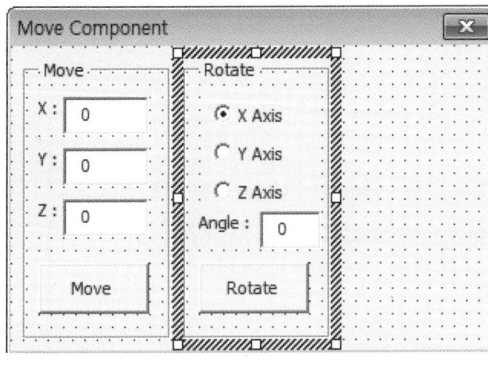

- 총 7개의 컨트롤을 생성한다.
- 아래와 같이 각각의 속성을 변경한다.

① 프레임 컨트롤
- Caption : Rotate

② 첫 번째 옵션 버튼 컨트롤
- Name : optX
- Caption : X Axis
- Value : True

③ 두 번째 옵션 버튼 컨트롤
- Name : optY
- Caption : Y Axis
- Value : False

④ 세 번째 옵션 버튼 컨트롤
- Name : optZ
- Caption : Z Axis
- Value : False

⑤ 레이블 컨트롤
- Caption : Angle :

⑥ 텍스트 박스 컨트롤
- Name : txtAngle
- Text : 0

⑦ 커멘드버튼 컨트롤
- Name : cmdRotate
- Caption : Rotate

코딩 4

```vb
            oMove.Apply newPos

        End If
    End If

End Sub

Private Sub cmdRotate_Click()

    If Not IsNumeric(txtAngle) Then

        MsgBox "Your input for angle is wrong."

    Else

        Dim oProduct As Product
        CommonProcess oProduct

        If Not (oProduct Is Nothing) Then

            Dim Pi As Double
            Pi = 3.14159265358979

            Dim oMove 'As Move
            Set oMove = oProduct.Move.MovableObject

            Dim myAngle As Double
            myAngle = Val(txtAngle)

            Dim newPos As Variant
            If optX Then
                newPos = Array(1, 0, 0, _
                    0, Cos(myAngle * Pi / 180), Sin(myAngle * Pi / 180), _
                    0, -Sin(myAngle * Pi / 180), Cos(myAngle * Pi / 180))
            ElseIf optY Then
                newPos = Array(Cos(myAngle * Pi / 180), 0, -Sin(myAngle * Pi / 180), _
                    0, 1, 0, _
                    Sin(myAngle * Pi / 180), 0, Cos(myAngle * Pi / 180))
            Else
                newPos = Array(Cos(myAngle * Pi / 180), Sin(myAngle * Pi / 180), 0, _
                    -Sin(myAngle * Pi / 180), Cos(myAngle * Pi / 180), 0, _
                    0, 0, 1)
            End If

            ReDim Preserve newPos(11)
            newPos(9) = 0: newPos(10) = 0: newPos(11) = 0

            oMove.Apply newPos

        End If
    End If

End Sub

Private Sub CommonProcess(ioProduct As Product)

    Dim oProDoc As ProductDocument
```

— 코드 입력

코딩 4 해설

Private Sub cmdRotate_Click()
- 폼에서 'cmdRotate' 커멘드버튼을 더블 클릭하면 자동으로 생기는 프로시저 선언부이다.

　　If Not IsNumeric(txtAngle) Then
　　　　MsgBox "Your input for angle is wrong."
- 만약 'txtAngle' 텍스트 박스에 입력된 값이 숫자가 아니면 메시지를 띄우고, 숫자이면 Else문 내부의 실행문을 진행한다.

　　Else

　　　　Dim oProduct As Product
　　　　CommonProcess oProduct
- 'oProduct' 이름의 변수를 선언하고, 이 변수를 입력 인자로 하여 기존에 만들었던 'CommonProcess' 프로시저를 진행한다.

　　　　If Not (oProduct Is Nothing) Then
- 'CommonProcess' 프로시저를 실행한 후에 'oProduct' 변수에 할당된 개체가 있으면, 아래 실행문을 진행한다.

　　　　　　Dim Pi As Double
　　　　　　Pi = 3.14159265358979
- 'Pi' 변수를 선언하고, 그 변수에 원주율값을 대입한다.

　　　　　　Dim oMove 'As Move
　　　　　　Set oMove = oProduct.Move.MovableObject
- 'oMove' 변수를 선언하고, MovableObject 속성으로 개체를 할당한다.

　　　　　　Dim myAngle As Double
　　　　　　myAngle = Val(txtAngle)
- 'myAngle' 변수를 선언하고, 'txtAngle' 텍스트 박스에 입력된 문자열에 숫자형 값을 대입한다.

　　　　　　Dim newPos As Variant
- 'newPos' 이름의 변하는 타입의 변수를 선언한다.

　　　　　　If optX Then
　　　　　　　　newPos = Array(1, 0, 0, _
　　　　　　　　　　*0, Cos(myAngle * Pi / 180), Sin(myAngle * Pi / 180), _*
　　　　　　　　　　*0, -Sin(myAngle * Pi / 180), Cos(myAngle * Pi / 180))*
- 'optX' 옵션 버튼이 선택되어 있으면, 'newPos' 변수를 Array 함수를 통하여 배열화하면서 일련의 값을 대입한다.

```
            ElseIf optY Then
                newPos = Array(Cos(myAngle * Pi / 180), 0, -Sin(myAngle * Pi / 180), _
                    0, 1, 0, _
                    Sin(myAngle * Pi / 180), 0, Cos(myAngle * Pi / 180))
```
- 'optY' 옵션 버튼이 선택되어 있으면, Y축 중심의 회전에 해당하는 일련의 값을 대입한다.
```
            Else
                newPos = Array(Cos(myAngle * Pi / 180), Sin(myAngle * Pi / 180), 0, _
                    -Sin(myAngle * Pi / 180), Cos(myAngle * Pi / 180), 0, _
                    0, 0, 1)
```
- 'optX' 옵션 버튼이나 'optY' 옵션 버튼이 선택되지 않은 경우는 폼의 구성상 'optZ'가 선택되어 있는 경우이다. 이 때는 Z축 중심의 회전에 해당하는 값을 대입한다.
```
            End If

            ReDim Preserve newPos(11)
            newPos(9) = 0: newPos(10) = 0: newPos(11) = 0
```
- Redim Preserve 구문으로 'newPos' 배열 변수에 입력된 값은 유지하고 배열의 용량을 변경한다. 그리고 X축, Y축, Z축에 대한 이동량을 값으로 추가 대입한다.

```
            oMove.Apply newPos
```
- 이제 정해진 'newPos' 배열을 입력 인자로 하여 Apply 메서드를 통해 부품의 위치 이동을 반영한다.

```
        End If
    End If

End Sub
```

- X축 중심 회전 행렬

Ux : 1	Uy : 0	Uz : 0	U축 벡터
Vx : 0	Vy : cosθ	Vz : sinθ	V축 벡터
Wx : 0	Wy : -sinθ	Wz : cosθ	W축 벡터

- X축 중심으로 30° 회전한 경우를 그림으로 표현하면 아래와 같다.

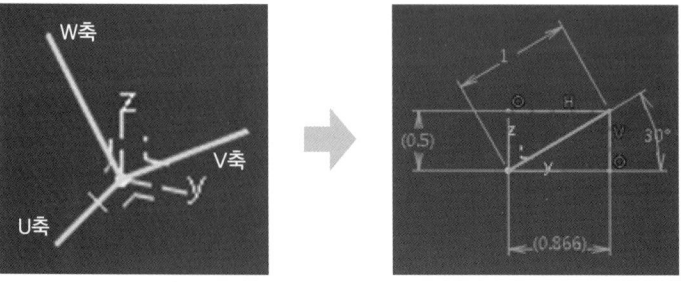

• 다양한 값과 구성품의 선택으로 회전을 실행한다.

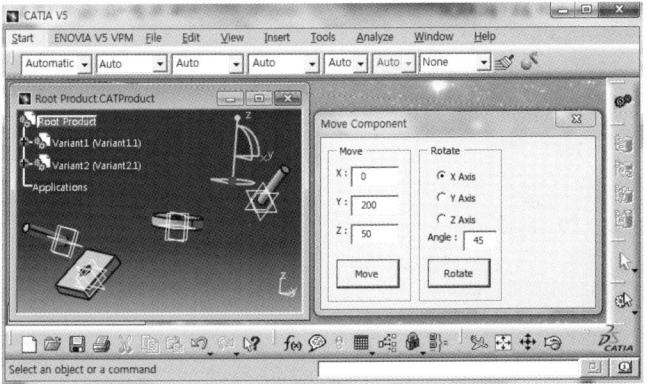

4) 위치 초기화에 대한 폼 구성 및 코드 작업

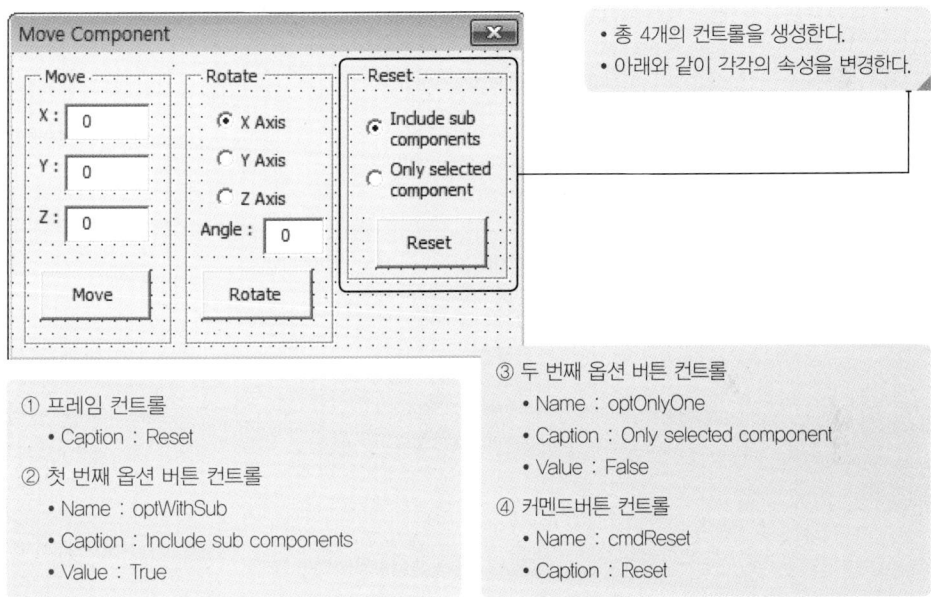

• 총 4개의 컨트롤을 생성한다.
• 아래와 같이 각각의 속성을 변경한다.

① 프레임 컨트롤
  • Caption : Reset
② 첫 번째 옵션 버튼 컨트롤
  • Name : optWithSub
  • Caption : Include sub components
  • Value : True
③ 두 번째 옵션 버튼 컨트롤
  • Name : optOnlyOne
  • Caption : Only selected component
  • Value : False
④ 커멘드버튼 컨트롤
  • Name : cmdReset
  • Caption : Reset

코딩 5

```
        End If
    End If
End Sub

Private Sub cmdReset_click()

    Dim oProduct As Product
    CommonProcess oProduct

    If Not (oProduct Is Nothing) Then

①       Dim newPos As Variant
        newPos = Array(1, 0, 0, 0, 1, 0, 0, 0, 1, 0, 0, 0)

②       If optWithSub Then
            Call DoResetPos(oProduct, newPos)
        Else
③           Dim oPosition 'As Position
            Set oPosition = oProduct.Position
            oPosition.SetComponents newPos
        End If
    End If

End Sub

Private Sub CommonProcess(ioProduct As Product)

    Dim oProDoc As ProductDocument
```

- 'cmdRotate_Click' 프로시저와 'CommonProcess' 프로시저 사이에 코드를 작성한다.

처음 도입부는 다른 이벤트 프로시저와 동일하다.
① 'newPos' 변수를 선언하고, 위치를 초기화할 배열값을 대입한다.
② 폼에서 'optWithSub' 옵션박스가 선택되어 있으면, 'DoResetPos' 프로시저를 실행한다.
③ 폼에서 'optWithSub' 옵션박스가 선택되어 있지 않으면, 'optOnlyOne' 옵션박스가 선택되어 있는 상태가 된다. 이 때 'oPosition' 변수를 선언하고, 'CommonProcess' 프로시저에서 개체가 할당된 'oproduct' 변수의 Position 속성을 이용해 개체를 할당한다. 이어 SetComponents 메서드를 이용하여 선택된 구성품의 위치를 초기화한다.

코딩 6

```
            oPosition.SetComponents newPos
        End If
    End If

End Sub

① Private Sub DoResetPos(iProduct As Product, iArrPos As Variant)

②   Dim oPosition 'As Position
    Set oPosition = iProduct.Position

③   oPosition.SetComponents iArrPos

④   Dim oSubPro As Product

⑤   For Each oSubPro In iProduct.Products

⑥       Call DoResetPos(oSubPro, iArrPos)

    Next
End Sub

Private Sub CommonProcess(ioProduct As Product)

    Dim oProDoc As ProductDocument
```

> 코드 입력
>
> • 'cmdRotate_Click' 프로시저와 'CommonProcess' 프로시저 사이에 코드를 작성한다.

폴더 아래에 파일 및 하위 폴더가 있듯이, Product 밑에 Part 또는 Product가 올 수 있다. 이러한 **반복적인 구조에서 동일한 실행**을 하기 위해서는 **재귀함수** 형식을 적용하는 것이 효과적이다.

① 'DoResetPos' 프로시저를 선언한다.
② 'oPosition' 변수를 선언하고, 입력 인자인 'iProduct'의 Position 속성을 이용하여 개체를 할당한다.
③ SetComponents 메서드를 이용하여 'iProduct'의 위치를 초기화한다.
④ 'oSubPro' 변수를 선언한다.
⑤ "For Each 하위 개체 In 집합 개체" 형식을 적용한 For문을 실행한다.
　 Ex,) **For Each oDocument In CATIA.Documents**
⑥ 다시 'DoResetPos' 프로시저를 실행한다. 이렇게 프로시저 내에서 다시 이 프로시저를 호출하는 구조가 재귀함수이다.

> **참고** 재귀함수의 이해

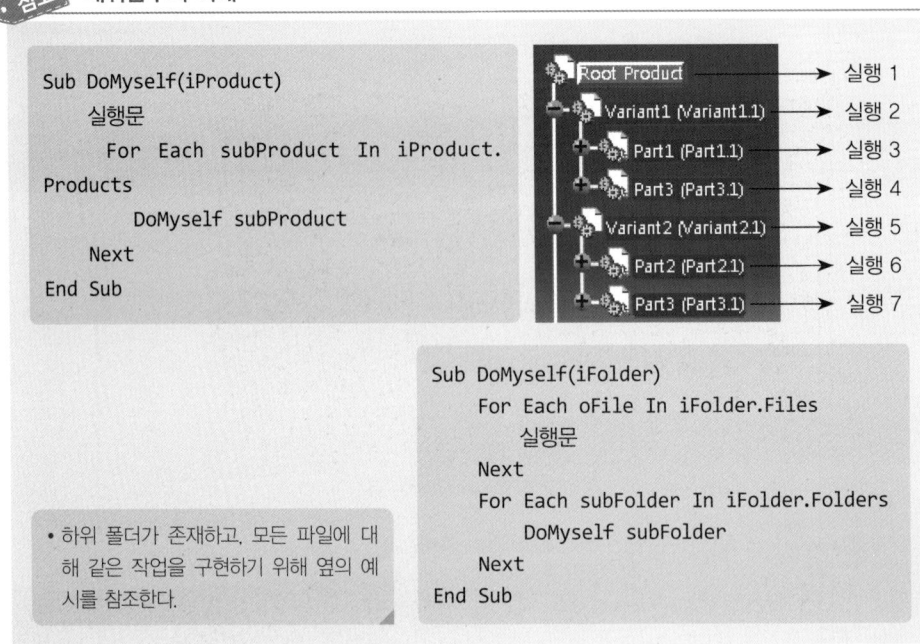

- 하위 폴더가 존재하고, 모든 파일에 대해 같은 작업을 구현하기 위해 옆의 예시를 참조한다.

```
Sub DoMyself(iProduct)
    실행문
        For Each subProduct In iProduct.Products
            DoMyself subProduct
    Next
End Sub
```

```
Sub DoMyself(iFolder)
    For Each oFile In iFolder.Files
        실행문
    Next
    For Each subFolder In iFolder.Folders
        DoMyself subFolder
    Next
End Sub
```

- 앞의 실행을 통해 이동 및 회전이 적용된 조립 모델링에서 Reset 버튼을 선택해 Reset 버튼 클릭 이벤트를 실행해 보자.

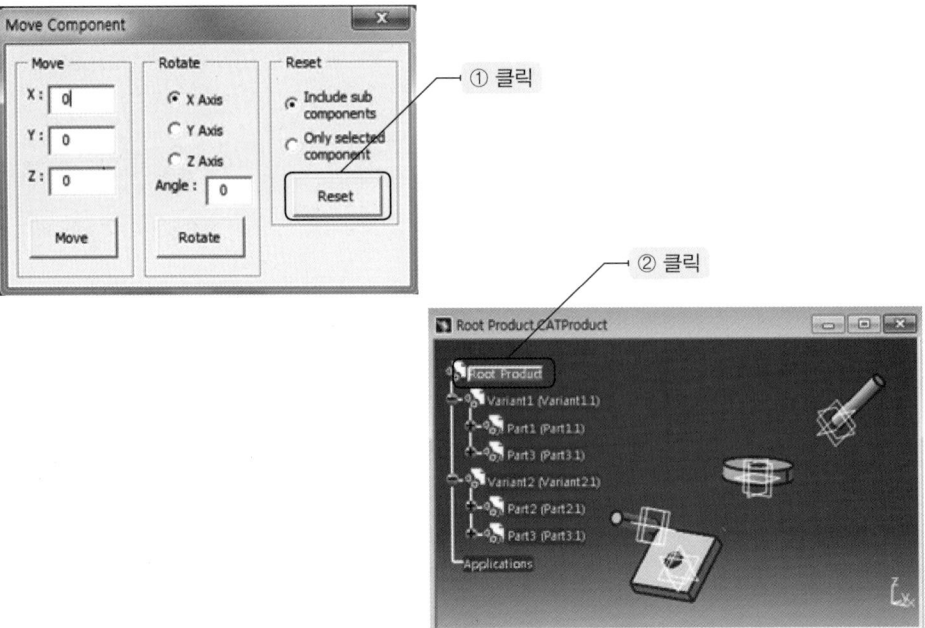

- 모든 구성품의 위치가 초기화되는 것을 확인할 수 있다.

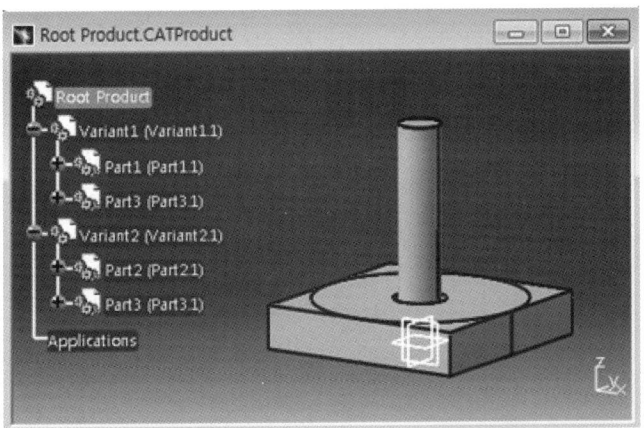

5) 종료 버튼 및 코드 작성

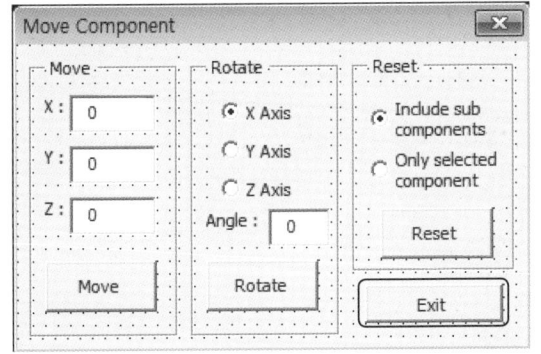

- 커멘드버튼 컨트롤을 생성한다.
- 아래와 같이 각각의 속성을 변경한다.

① 커멘드버튼 컨트롤
  - Name : cmdExit
  - Caption : Exit

② 'Exit' 커멘드버튼 더블 클릭하여 이벤트 프로시저를 선언하는 코드 생성

코딩 7

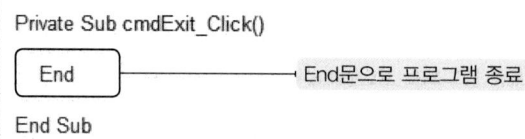

Private Sub cmdExit_Click()
　End　————— End문으로 프로그램 종료
End Sub

 구성품의 위치 이동을 수식으로 구현

배열로 관리하는 12개의 값을 이용할 때, 아래의 개념들이 필요하다.

1) 벡터 : 길이가 1인 방향을 나타내는 **요소**이며, 크기와는 무관하다.

　　　　Ux　　　Uy　　　Uz　　　U축벡터　　　　$Ux^2 + Uy^2 + Uz^2 = 1$

2) 행렬 곱셈 : 구성품의 **방향**을 설정하는 배열에 해당하는 9개의 값은 **3X3 행렬**이다. 이러한 3차 행렬의 곱셈은 축을 두 번 회전한 것과 같다.

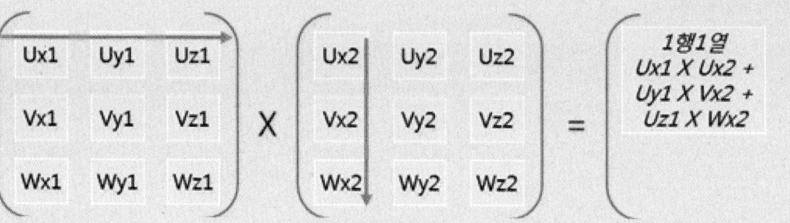

3) 이외에도 **역행렬, 법선 벡터** 등의 수식을 이해하면 다양한 위치 이동을 수식으로 구현할 수 있다.

④ 최종 코드 이해

```
Option Explicit

Sub CATMain()

    frmMove.Show

End Sub
```
• 모듈에서 폼을 실행하는 CATMAin 프로시저

```
Option Explicit

Private Sub cmdMove_Click()

    If Not IsNumeric(txtX) Or Not IsNumeric(txtY) Or Not IsNumeric(txtZ) Then

        MsgBox "Your inputs for X, Y, Z move are wroung."

    Else

        Dim oProduct As Product
        CommonProcess oProduct

        If Not (oProduct Is Nothing) Then

            Dim oMove 'As Move
            Set oMove = oProduct.Move.MovableObject

            Dim X As Double, Y As Double, Z As Double
            X = Val(txtX): Y = Val(txtY): Z = Val(txtZ)

            Dim newPos As Variant
            newPos = Array(1, 0, 0, 0, 1, 0, 0, 0, 1, X, Y, Z)

            oMove.Apply newPos

        End If
    End If

End Sub
```
• 'cmdMove' 버튼 클릭에 대한 이벤트 프로시저

```
Private Sub cmdRotate_Click()

    If Not IsNumeric(txtAngle) Then

        MsgBox "Your input for angle is wrong."

    Else

        Dim oProduct As Product
        CommonProcess oProduct

        If Not (oProduct Is Nothing) Then

            Dim Pi As Double
            Pi = 3.14159265358979

            Dim oMove 'As Move
            Set oMove = oProduct.Move.MovableObject

            Dim myAngle As Double
            myAngle = Val(txtAngle)
```
• 'cmdRotate' 버튼 클릭에 대한 이벤트 프로시저 (다음 장에서 연결)

```
        Dim newPos As Variant
        If optX Then
            newPos = Array(1, 0, 0, _
                0, Cos(myAngle * Pi / 180), Sin(myAngle * Pi / 180), _
                0, -Sin(myAngle * Pi / 180), Cos(myAngle * Pi / 180))
        ElseIf optY Then
            newPos = Array(Cos(myAngle * Pi / 180), 0, -Sin(myAngle * Pi / 180), _
                0, 1, 0, _
                Sin(myAngle * Pi / 180), 0, Cos(myAngle * Pi / 180))
        Else
            newPos = Array(Cos(myAngle * Pi / 180), Sin(myAngle * Pi / 180), 0, _
                -Sin(myAngle * Pi / 180), Cos(myAngle * Pi / 180), 0, _
                0, 0, 1)
        End If
        
        ReDim Preserve newPos(11)
        newPos(9) = 0: newPos(10) = 0: newPos(11) = 0
        
        oMove.Apply newPos
        
    End If
  End If

End Sub
```

- (이전 장과 연결)

```
Private Sub cmdReset_click()

    Dim oProduct As Product
    CommonProcess oProduct
    
    If Not (oProduct Is Nothing) Then
    
        Dim newPos As Variant
        newPos = Array(1, 0, 0, 0, 1, 0, 0, 0, 1, 0, 0, 0)
        
        If optWithSub Then
            Call DoResetPos(oProduct, newPos)
        Else
            Dim oPosition 'As Position
            Set oPosition = oProduct.Position
            oPosition.SetComponents newPos
        End If
    End If

End Sub
```

- 'cmdReset' 버튼 클릭에 대한 이벤트 프로시저

```vb
Private Sub DoResetPos(iProduct As Product, iArrPos As Variant)

    Dim oPosition 'As Position
    Set oPosition = iProduct.Position

    oPosition.SetComponents iArrPos

    Dim oSubPro As Product

    For Each oSubPro In iProduct.Products

        Call DoResetPos(oSubPro, iArrPos)

    Next

End Sub
```

- 하위 구성품을 한번에 Reset 실행할 때, 적용되는 재귀함수

```vb
Private Sub CommonProcess(ioProduct As Product)

    Dim oProDoc As ProductDocument

    On Error Resume Next

    If InStr(Right(CATIA.ActiveDocument.Name, 11), ".CATProduct") > 0 Then _
        Set oProDoc = CATIA.ActiveDocument

    If oProDoc Is Nothing Then
        MsgBox "A CATProduct document has to be activated.": Exit Sub
    End If

    On Error GoTo 0

    Dim oSel 'As Selection
    Set oSel = oProDoc.Selection

    Dim selType(1) As Variant
    selType(0) = "Product": selType(1) = "Part"

    oSel.Clear
    Dim strSelStatus As String
    strSelStatus = oSel.SelectElement2(selType, _
        "Select a component or press 'ESC' key to cancel.", False)

    If strSelStatus <> "Normal" Then Exit Sub

    Set ioProduct = oSel.Item(1).Value

End Sub
```

- 이동, 회전 및 초기화를 실행할 경우, 초기 공통 실행부

```vb
Private Sub cmdExit_Click()

    End

End Sub
```

- 'cmdExit' 버튼 클릭에 대한 이벤트 프로시저

Chapter 09
프로그램 8. 표제란 생성

Chapter 09

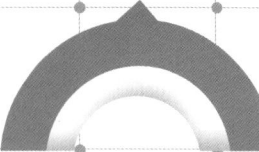

프로그램 8. 표제란 생성

● 업무 시나리오 ●

회사의 표준 표제란을 자동 생성하고자 한다.

● 프로그램 요건 ●

1) 표제란이 **도면의 사이즈에 맞도록 자동 생성**된다.
2) 도면의 크기 변경을 인식하여, **표제란의 위치 이동이 자동으로 가능**해야 한다.

시작하기 전에..

이번 장에는 2D 도면 작업에 필요한 개체를 이해하고 활용하는 방법을 설명할 것이다. 도면의 크기를 인식하여, 그 크기에 맞는 선을 그리게 된다. 또한 텍스트를 생성하고 위치시키며, 윈도즈 OS의 환경 변수, CATIA의 환경 변수 또는 개체의 속성값을 텍스트로 생성하는 것을 연습할 것이다.

또한 이번 장에서는 코드 작업에 집중하여 설명할 것이다. 따라서 코드 한 줄 한 줄의 의미를 최대한 상세히 풀어놓았다.

순서도 구상

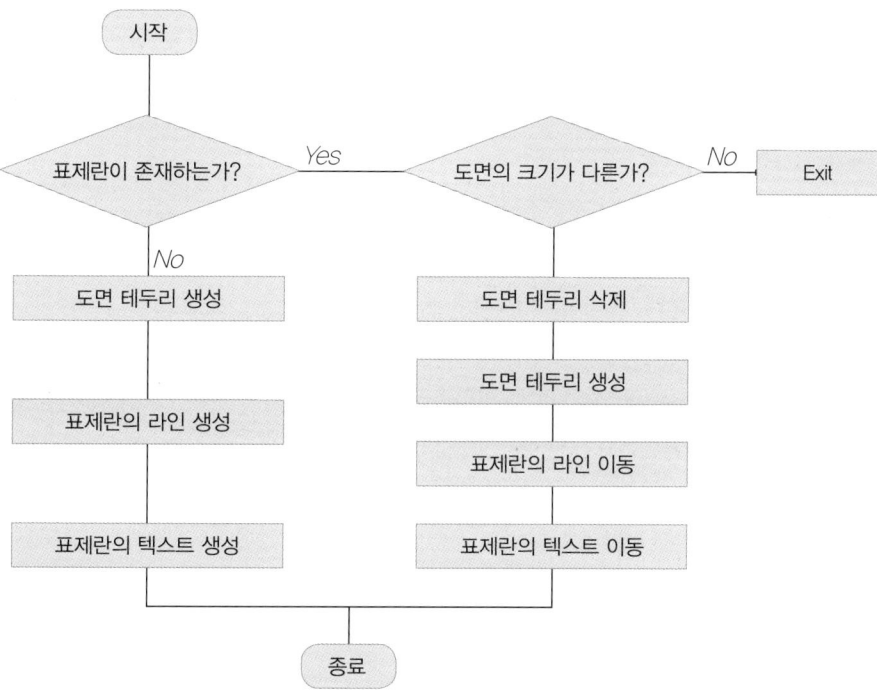

① 관련 개체, 속성 및 메서드 찾기

① 기존에 바탕화면에 만들어 둔 바로가기 등을 이용하여 'V5Automation' 도움말을 실행

② 클릭

DrawingDocument 개체의 하위 구조도가 나타난다. 그리고 GeometricElement 개체 옆의 삼각형을 선택한다.

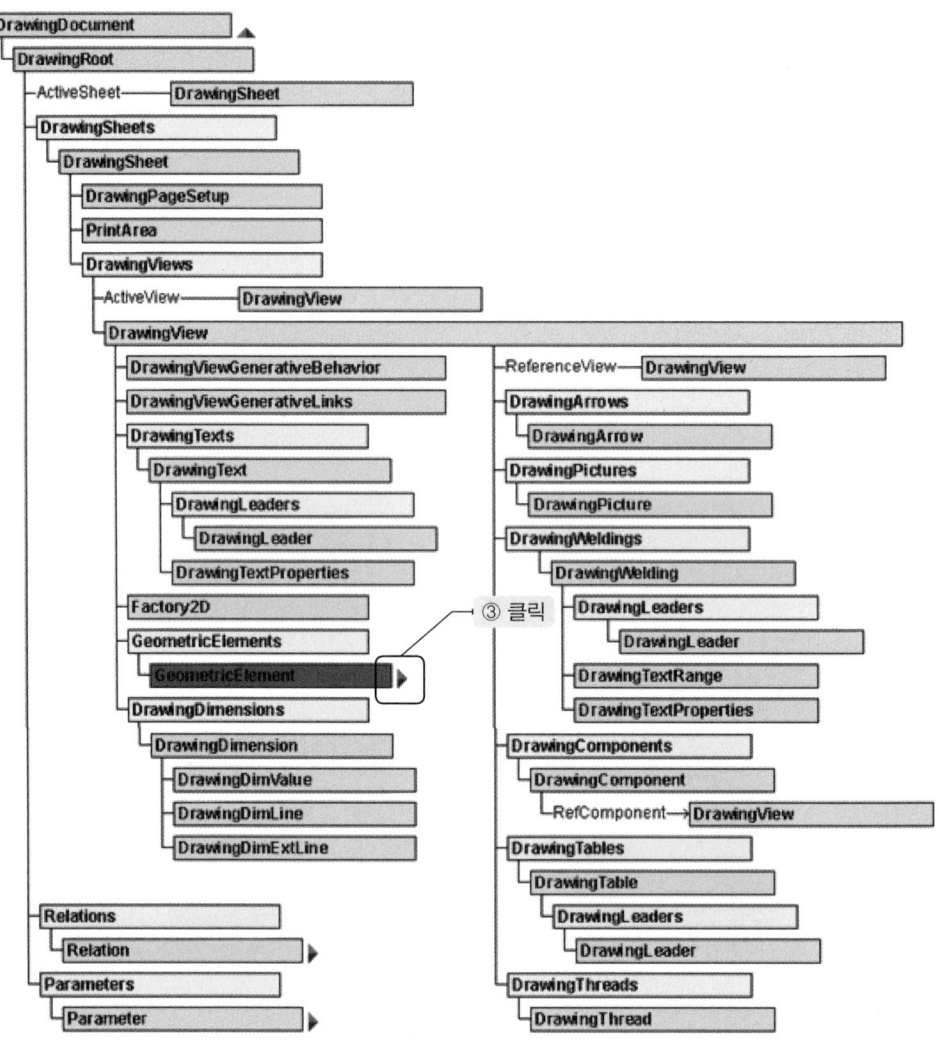

이 장의 주요 개체
1) DrawingSheets – **DrawingSheet** : CATIA 도면에서 하나의 시트에 해당
2) DrawingViews – **DrawingView** : 시트에서 하나의 뷰에 해당
3) DrawingTexts – **DrawingText** : 뷰 내의 텍스트 개체
4) **Factory2D** : 뷰 내의 형상을 생성
5) GeometricElement : 뷰 내의 형상 개체

도면의 형상 요소에 해당하는 개체의 구조도가 나타난다.

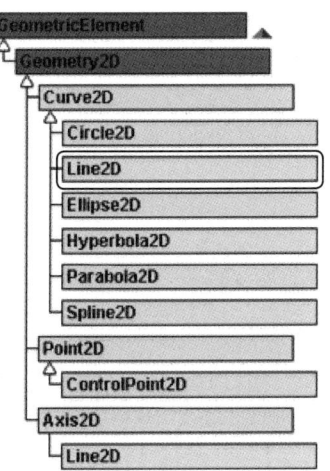

이 장의 주요 개체
1) **Line2D** – GeometricElement 개체 이하의 상속의 관계이므로, Curve2D의 구성원을 모두 상속받는다.

② CATIA 준비

CATDrawing을 'A4 ISO' Style로 생성한다.

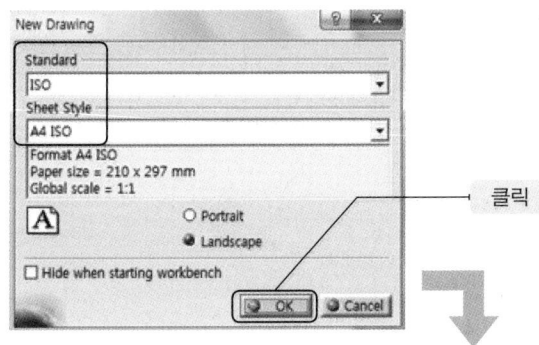

클릭

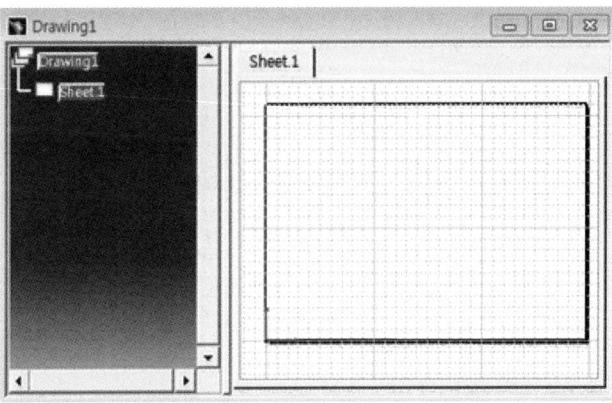

③ 코드 작업

① 메뉴바 Tools 또는 'Alt+F11' 단축키를 이용하여 VB Editor 실행

1) 모듈 생성

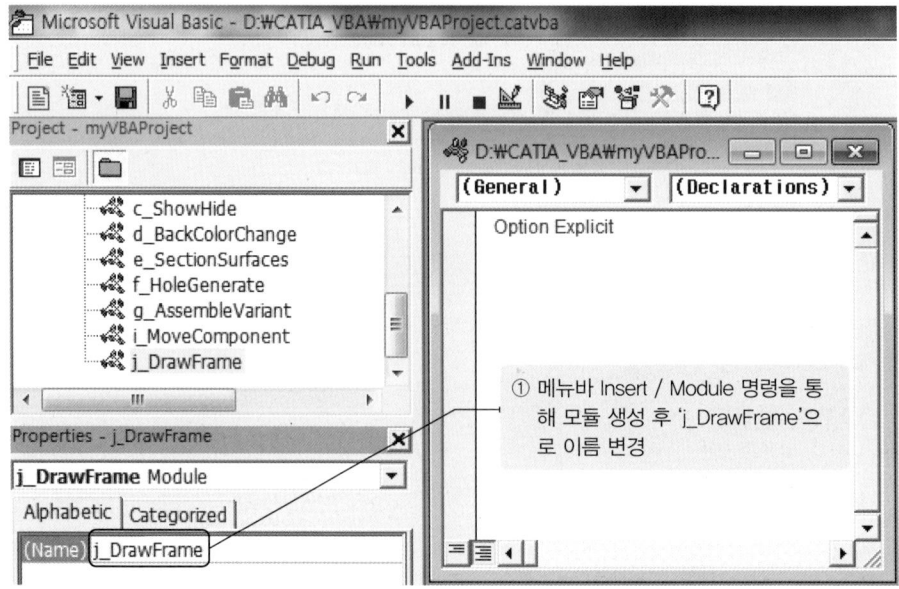

① 메뉴바 Insert / Module 명령을 통해 모듈 생성 후 'j_DrawFrame'으로 이름 변경

2) 프로그램 실행을 위한 사전 준비 단계

코딩 1

```
Option Explicit

Dim oDrawDoc As DrawingDocument
Dim oSheet As DrawingSheet
Dim oView As DrawingView
Dim oText As DrawingText
Dim oFac2D As Factory2D
Dim oLine As Line2D
Dim oSel As Selection
Dim LL(1) As Double
Dim UR(1) As Double
Dim mainPrefix As String

Sub CATMain()

    PreProcess

End Sub
```

```
Private Sub PreProcess()

    On Error Resume Next

    If UCase(Right(CATIA.ActiveDocument.Name, 11)) = ".CATDRAWING" Then _
        Set oDrawDoc = CATIA.ActiveDocument

    On Error GoTo 0

    If oDrawDoc Is Nothing Then
        MsgBox "A CATDrawing document has to be activated.": End
    End If

    Set oSheet = oDrawDoc.Sheets.ActiveSheet

    Set oView = oSheet.Views.Item("Background View")
    oView.Activate

    Set oFac2D = oView.Factory2D
    Set oSel = oDrawDoc.Selection

    Dim shWidth As Double, shHeight As Double
    shWidth = oSheet.GetPaperWidth
    shHeight = oSheet.GetPaperHeight

    Dim offset As Double
    offset = 10

    If shWidth > 700 And shHeight > 500 Then offset = 20

    LL(0) = offset: LL(1) = offset
    UR(0) = shWidth - offset: UR(1) = shHeight - offset

End Sub
```

코딩 1 해설

Option Explicit
- 이 구문을 적용할 경우, Dim문 등을 통해 반드시 변수를 선언해야 프로그램을 구동하는 데 문제가 없다.

Dim oDrawDoc As DrawingDocument
- 도면 문서 개체 타입의 변수를 선언한다.
- 프로시저 밖에서 Dim문으로 변수를 선언하면, 이 모듈 내의 모든 프로시저에서 활용할 수 있는 변수를 선언하는 것이다.
- Dim문으로 선언한 것은 Private문으로 선언한 것과 동등하다. 만약, Public 문으로 변수를 선언하면 모듈 내는 물론 모듈 밖의 프로시저에서도 변수를 사용할 수 있다.

Dim oSheet As DrawingSheet
- 도면 내에 존재하는 시트 개체 타입의 변수를 선언한다.

Dim oView As DrawingView

- 시트 내에 존재하는 뷰 개체 타입의 변수를 선언한다.

Dim oText As DrawingText
- 뷰 내에 존재하는 텍스트 개체 타입의 변수를 선언한다.

Dim oFac2D As Factory2D
- Factory2D 개체 타입의 변수를 선언한다. Factory2D 개체 내의 메서드를 통해서 원, 라인, 포인트, 커브 등의 형상 정보를 생성할 수 있다.

Dim oLine 'As Line2D
- Factory2D 개체의 메서드를 통해 생성할 라인 개체를 담을 변수를 선언한다. Line2D 개체의 GetEndPoints 등의 메서드의 실행에 오류가 발생하므로, 변수의 타입은 선언하지 않는다. 이런 경우 변수 타입을 선언하고 코드 작업을 진행한 후, 프로그램 실행 때 주석 처리하는 방법을 추천한다.

Dim oSel As Selection
- 'oSel' 이름의 Selection 개체 타입의 변수를 선언한다.

Dim LL(1) As Double
- 두 개의 값을 가질 수 있는 Double형의 배열 변수를 선언한다. 변수명은 Lower Left의 축약으로 'LL'로 정한다.

Dim UR(1) As Double
- 두 개의 값을 가질 수 있는 Double형의 배열 변수를 선언한다. 변수명은 Upper Right의 축약으로 'UR'로 정한다.

Dim mainPrefix As String
- 문자열 타입의 변수를 선언한다. 이 변수는 생성되는 요소에 공통으로 들어가는 접두어를 대입하여 활용한다.

Sub CATMain()
- 이 모듈에서 기본으로 실행되는 프로시저를 선언한다.

　　PreProcess
- 프로그램이 시작하기 전에 준비 상태를 체크하는 'PreProcess' 이름의 사용자 프로시저를 호출한다.

End Sub
- 'CATMain' 프로시저의 끝은 프로그램의 끝을 의미한다.

Private Sub PreProcess()
- 이 모듈에서만 사용하기 위해 Private 타입으로 프로시저를 선언한다. Private문의 적용 이유는 가능한한 실행하는 범위를 제한하는 것이 메모리 사용을 최적화하는 데 바람직하기 때문이다. Sub문으로 프로시저를 선언하면 Output이 없는 프로시저가 된다. Private은 Public과 반대되는 구문이며, Sub는 Function과 반대되는 구문이다.

　　On Error Resume Next
- 에러가 발생해도 강제적으로 다음 실행문으로 이동하도록 설정하는 구문이다. 자주 활용되므로 외워두는 것이

좋다. 그러나 너무 자주 사용하는 것은 바람직하지 못하다. 왜냐하면, 너무 자주 사용하면 예기치 않은 오류가 발생했을 때 추적이 힘들어지는 경우가 있기 때문이다.
- 이러한 설정을 하는 이유는 CATIA 내에 아무런 문서가 열려있지 않은 경우에 다음 실행문에서 'CATIA.ActiveDocument.Name' 구문으로 문서의 이름을 반환받으려 할 때 오류가 발생하기 때문이다.

```
If UCase(Right(CATIA.ActiveDocument.Name, 11)) = ".CATDRAWING" Then _
    Set oDrawDoc = CATIA.ActiveDocument
```

- Visual Basic에서는 한 줄이 하나의 실행문에 해당한다. 여기서는 "_"(언더바)를 이용하여 두 줄을 하나의 실행문으로 엮었다. "_" 앞에는 한 칸을 띄워야 한다. "_" 앞에 한 칸을 띄우지 않으면, "Then_" 까지를 하나의 키워드로 인식하게 되어 오류가 발생한다. "If 조건식 Then" 구문에서 이후 실행문이 하나이면 그 실행문까지 한 줄로 적고 "End If" 구문을 생략할 수 있다.
- 조건식의 의미 : 만약, CATIA에서 활성화된 문서의 이름 중 오른쪽의 11개의 문자열을 대문자로 변환한 값이 ".CATDRAWING"과 같다면..

```
On Error GoTo 0
```

- 오류가 발생할 경우 강제적으로 다음 실행문으로 이동하는 설정을 해제하는 구문이다. 동시에 ErrObject 개체의 Number 속성 값도 0으로 초기화된다. Object Browser에서 VBA 라이브러리 내에서 Err를 검색해 보면, Err는 ErrObject 개체를 호출하는 메서드인 것을 알 수 있다.

```
If oDrawDoc Is Nothing Then
```

- CATIA에 아무런 문서가 열려 있지 않은 상태 또는 활성화된 문서가 CATPart나 CATproduct일 경우에 'oDrawDoc' 이름으로 선언된 변수에 CATDrawing 문서가 할당되지 못하게 된다. 이렇게 개체 할당에 실패하면 'oDrawDoc' 변수의 값은 Nothing이 된다. 만약, Integer나 Double과 같은 일반 변수에 값이 올바르게 대입되지 못하면, 그 변수의 값은 Empty가 된다. 이러한 상태는 디버깅 작업을 할 때 'Add Watch'(조사식 추가) 명령을 통해 'Watch Window'(조사창)를 활성화하여 추적하면 알 수 있다.

```
MsgBox "A CATDrawing document has to be activated.": End
```

- "CATDrawing 문서가 활성화되어 있어야 한다."라고 메시지를 띄우고, 프로그램을 종료한다. ":"(콜론)을 이용하면 여러 실행문을 한 줄에 표현할 수 있다. 여기서 End 구문 대신 'Exit Sub' 구문을 사용하면, 다시 CATMain 프로시저로 이동하여 실행하게 되므로 오류가 발생한다.

```
End If
```

```
Set oSheet = oDrawDoc.Sheets.ActiveSheet
```

- DrawingDocument 개체 → Sheets 속성을 통한 개체를 호출 → ActiveSheet 속성을 통해 활성화된 시트 개체를 호출한다. 이러한 과정을 통해서 'oSheet' 변수에 활성화된 시트를 할당한다.

```
Set oView = oSheet.Views.Item("Background View")
```

- 시트에는 기본적인 뷰가 두 개 있다. 첫 번째는 "Main View"이고, 두 번째는 "Background View"이다. 메인뷰는 도면 시트의 Working 영역에서 바탕에 해당하고, 백그라운드뷰는 도면 시트의 Background 영역에 존재하는 유일한 뷰에 해당한다. 여기서 백그라운드뷰를 이용하는 이유는 백그라운드뷰에서는 Scale이 따로 설정되지 않아

서 표제란 작업에 효율적이기 때문이다. 만약, 메인뷰에서 작업한다면 시트의 스케일을 변경하면 표제란의 사이즈도 같이 변경되어 문제점이 발생한다.

```
oView.Activate
```
- 백그라운드뷰를 활성화한다. 이 실행문을 진행하면, CATIA에서 시트의 백그라운드 영역으로 이동하게 된다. 그리고 화면상의 배경색이 CATIA 옵션의 백그라운드 설정 색으로 변경된다.

```
Set oFac2D = oView.Factory2D
```
- 프로시저 이전에 선언된 'oFac2D' 변수에 백그라운드뷰의 Factory2D 속성을 이용하여 개체를 할당한다.

```
Set oSel = oDrawDoc.Selection
```
- 모듈 도입부에 선언된 'oSel' 변수에 도면 문서의 Selection 개체를 할당한다.

```
Dim shWidth As Double, shHeight As Double
```
- 시트의 크기를 활용하기 위하여 두 개의 Double 타입의 변수를 선언한다.

```
shWidth = oSheet.GetPaperWidth
```
- 엑셀의 시트가 아니라, CATIA 도면에서의 DrawingSheet 타입의 개체의 GetPaperWidth 메서드를 이용하여 시트의 폭을 'shWidth' 변수에 대입한다.

```
shHeight = oSheet.GetPaperHeight
```
- GetPaperHeight 메서드를 이용하여 시트의 높이를 'shHeight' 변수에 대입한다.

```
Dim offset As Double
```
- 'offset' 변수를 선언한다. 이 변수는 용지 테두리의 여백값에 해당한다.

```
offset = 10
```
- 초기값으로 10을 대입한다.

```
If shWidth > 700 And shHeight > 500 Then offset = 20
```
- 도면 용지의 크기가 A0 또는 A1일때, 테두리 여백에 해당하는 'offset' 값을 20으로 변경하는 작업을 한다. A2 용지의 크기는 594 X 420 이고, A1 용지는 841 X 594 이다. 그러므로 두 용지 사이의 중간 값 수준인 700 X 500 보다 큰 경우 여백을 20으로 변경한다. 여기서는 용지 스타일을 Landscape(가로)만 고려하였다.

```
LL(0) = offset: LL(1) = offset
```
- Lower Left, 즉 하단 왼쪽 모서리의 X좌푯값을 LL(0) 변수에 대입하고, Y좌푯값을 LL(1) 변수에 대입한다.

```
UR(0) = shWidth - offset: UR(1) = shHeight - offset
```
- Upper Right, 즉 상단 오른쪽 모서리의 X좌푯값을 UR(0) 변수에 대입하고, Y좌푯값을 UR(1) 변수에 대입한다.

```
End Sub
```
- 이 프로시저에서는 프로그램을 시작하기 전의 준비 상태를 체크하고 기본 변수를 설정하는 작업을 수행하였다.

- CATMain 프로시저 내에 커서를 놓고 프로그램을 실행하면, CATIA의 CATDrawing 윈도가 Background 작업 공간으로 이동한다.

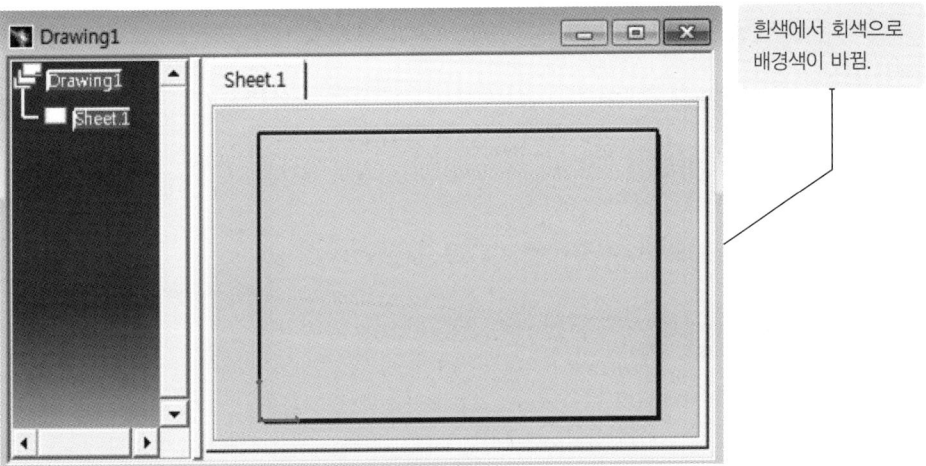

흰색에서 회색으로 배경색이 바뀜.

3) 테두리 생성 작업

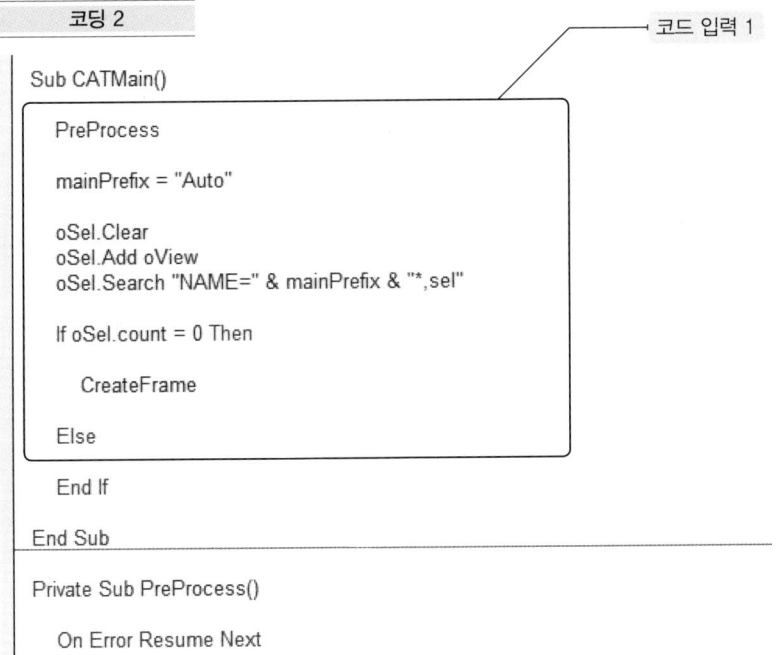

코드 입력 1

```
If shWidth > 700 And shHeight > 500 Then offset = 20

LL(0) = offset: LL(1) = offset
UR(0) = shWidth - offset: UR(1) = shHeight - offset
End Sub
```
— 코드 입력 2

```
Private Sub CreateFrame()

    Dim prefix As String
    prefix = mainPrefix & "_Frame_"

    Set oLine = oFac2D.CreateLine(LL(0), LL(1), UR(0), LL(1))
    oLine.Name = prefix & "LWR"

    Set oLine = oFac2D.CreateLine(UR(0), LL(1), UR(0), UR(1))
    oLine.Name = prefix & oLine.Name

    Set oLine = oFac2D.CreateLine(UR(0), UR(1), LL(0), UR(1))
    oLine.Name = prefix & oLine.Name

    Set oLine = oFac2D.CreateLine(LL(0), UR(1), LL(0), LL(1))
    oLine.Name = prefix & oLine.Name

End Sub
```

코딩 2 해설

```
Sub CATMain()
    PreProcess
```

```
    mainPrefix = "Auto"
```
- 프로그램 실행 중에 생성되는 요소의 이름에 공통으로 적용될 문자열을 변수에 대입한다.
- 이러한 이름 관리는 삭제, 변경 등의 작업을 할 때 쉽게 추적하고 관리하기 위해 필요하다.

```
    oSel.Clear
```
- 도면 문서에서 기존에 선택되어진 요소가 있을 수 있기 때문에 Clear 메서드를 이용하여 선택을 모두 해제해야 한다.

```
    oSel.Add oView
```
- Selection 개체에 'oVew' 변수에 할당된 뷰를 추가하는 작업을 통해 뷰 전체를 선택한다.

```
    oSel.Search "NAME=" & mainPrefix & "*,sel"
```
- 검색 구문을 통해 선택된 뷰 내의 일부 요소를 선택한다. **검색 구문은 "NAME=Auto*,sel" 이다. 대소문자 구분하고, "Auto" 문자열로 시작하는 요소를 선택된 뷰 내에서 찾는다.**

```
    If oSel.count = 0 Then
```
- 만약, 선택되는 요소가 하나도 없다면 기존에 생성된 요소가 없는 것이므로 표제란을 새롭게 생성하는 실행문을 작업한다.

```
        CreateFrame
```

- 테두리를 생성하는 사용자 프로시저를 실행한다.

    Else
- 그렇지 않다는 것은 기존에 생성한 요소가 있는 것이므로 아래의 기존 테두리와 표제란을 수정하는 실행문을 작업한다. 이 부문은 코딩4에서 작업하게 된다.

```
    End If
End Sub


Private Sub PreProcess()
        PreProcess 실행문
End Sub


Private Sub CreateFrame()
```
- 테두리를 생성하기 위한 프로시저이다.

```
    Dim prefix As String
```
- 'prefix' 이름의 문자형 변수를 선언한다.

```
    prefix = mainPrefix & "_Frame_"
```
- 접두어 문자열을 'prefix' 변수에 대입한다. **도면의 요소 관리에는 고유의 접두어나 접미어를 사용하면 효과적이다.** 이러한 문자열은 자동으로 생성된 요소를 쉽게 찾을 수 있게 해 준다.

```
    Set oLine = oFac2D.CreateLine(LL(0), LL(1), UR(0), LL(1))
```
- Factory2D 개체의 CreateLine 메서드를 이용하여 라인을 생성한다. 생성한 라인은 'oLine' 이름의 변수에 할당한다. 4개의 테두리 라인을 하단 왼쪽 지점에서 반시계 방향으로 만든다.
- CreateLine 메서드에 필요한 4개의 입력 인자 : 시작점 X좌푯값, Y좌푯값, 끝점 X좌푯값, Y좌푯값

```
    oLine.Name = prefix & "LWR"
```
- 처음 생성한 라인의 이름을 "Auto_Frame_LWR"로 변경한다. 이 라인은 테두리와 표제란을 수정할 경우에 기준 요소가 된다.

```
    Set oLine = oFac2D.CreateLine(UR(0), LL(1), UR(0), UR(1))
```
- 두 번째 라인은 첫 번째 라인의 끝점을 시작점으로 적용하여 생성한다. LL(0)과 UR(0)은 X좌푯값이고, LL(1)과 UR(1)은 Y좌푯값이다.

```
    oLine.Name = prefix & oLine.Name
```
- 자동 생성되는 이름을 유지하고, 접두어만 추가하여 라인의 이름 속성에 대입한다. "Auto_Frame_Line.XX"와 같은 형식으로 이름이 변경된다.

```
    Set oLine = oFac2D.CreateLine(UR(0), UR(1), LL(0), UR(1))
    oLine.Name = prefix & oLine.Name
```
- 세 번째 라인을 생성하고 이름을 변경한다.

```
    Set oLine = oFac2D.CreateLine(LL(0), UR(1), LL(0), LL(1))
    oLine.Name = prefix & oLine.Name
```
- 네 번째 라인을 생성하고 이름을 변경한다.

```
End Sub
```
- 이 프로시저에서는 도면의 테두리 라인을 생성하고 이름을 변경하는 작업을 하였다.

- CATMain 프로시저 내에 커서를 놓고 프로그램을 실행하면, 테두리가 생성되는 것을 확인할 수 있다.

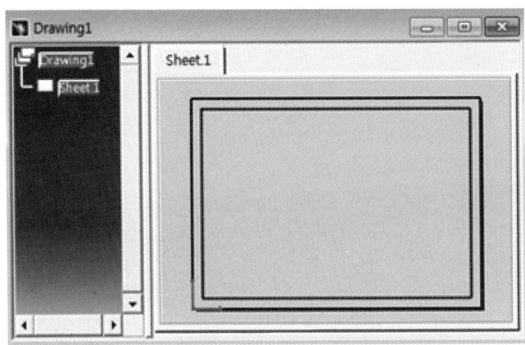

다음 실행을 위해 생성된 테두리를 삭제한다.

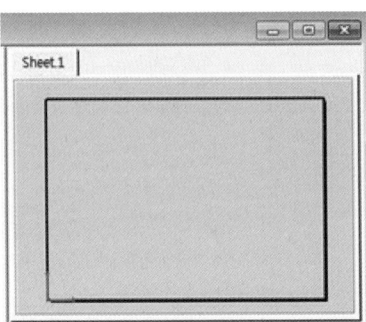

4) 표제란 생성 작업

먼저 생성할 표제란을 확인하고, 코드 작업을 하겠다.

Designed		Checked		Scale	
Admin		XXX		1 : 1	
2016-08-14		XXXX-XX-XX			
Part Name		XXXXX			
Part Number		XXXXX			

코딩 3

```
Sub CATMain()

    PreProcess

    mainPrefix = "Auto"

    oSel.Clear
    oSel.Add oView
    oSel.Search "NAME=" & mainPrefix & "*,sel"

    If oSel.count = 0 Then           ← 코드 입력

        CreateFrame
        CreateTitleBlock

    Else

    End If
End Sub
```

```
        Set oLine = oFac2D.CreateLine(LL(0), UR(1), LL(0), LL(1))
        oLine.Name = prefix & oLine.Name
                                                    ← 코드 입력 ('CreateFrame' 프로시저 뒤에)
End Sub

Private Sub CreateTitleBlock()

    Dim rowH(1 To 4) As Double, columnW(1 To 3) As Double
    rowH(1) = 12: rowH(2) = 12: rowH(3) = 5: rowH(4) = 10
    columnW(1) = 25: columnW(2) = 40: columnW(3) = 40

    Dim prefix As String
    prefix = mainPrefix & "_TitleBlock_"

    Set oLine = oFac2D.CreateLine(UR(0) - AddArr(columnW, 3), LL(1) + AddArr(rowH, 1), _
            UR(0), LL(1) + AddArr(rowH, 1))
    oLine.Name = prefix & oLine.Name
    Set oLine = oFac2D.CreateLine(UR(0) - AddArr(columnW, 3), LL(1) + AddArr(rowH, 2), _
            UR(0), LL(1) + AddArr(rowH, 2))
    oLine.Name = prefix & oLine.Name
    Set oLine = oFac2D.CreateLine(UR(0) - AddArr(columnW, 3), LL(1) + AddArr(rowH, 3), _
            UR(0) - AddArr(columnW, 1), LL(1) + AddArr(rowH, 3))
    oLine.Name = prefix & oLine.Name
    Set oLine = oFac2D.CreateLine(UR(0) - AddArr(columnW, 3), LL(1) + AddArr(rowH, 4), _
            UR(0), LL(1) + AddArr(rowH, 4))
    oLine.Name = prefix & oLine.Name
```

코드 입력

```
Set oLine = oFac2D.CreateLine(UR(0) - AddArr(columnW, 1), LL(1) + AddArr(rowH, 4), _
        UR(0) - AddArr(columnW, 1), LL(1) + AddArr(rowH, 2))
oLine.Name = prefix & oLine.Name
Set oLine = oFac2D.CreateLine(UR(0) - AddArr(columnW, 2), LL(1) + AddArr(rowH, 4), _
        UR(0) - AddArr(columnW, 2), LL(1) + AddArr(rowH, 2))
oLine.Name = prefix & oLine.Name
Set oLine = oFac2D.CreateLine(UR(0) - AddArr(columnW, 3), LL(1) + AddArr(rowH, 4), _
        UR(0) - AddArr(columnW, 3), LL(1))
oLine.Name = prefix & oLine.Name

oSel.Clear
oSel.Add oView
oSel.Search "NAME=" & prefix & "Line.*,sel"
oSel.VisProperties.SetRealWidth 1, 0

Set oText = oView.Texts.Add("Part Number", _
    UR(0) - AddArr(columnW, 3) + 1, LL(1) + AddArr(rowH, 1) - 1)
TextFormat oText, prefix, 2, 1
Set oText = oView.Texts.Add("XXXXX", _
    UR(0) - AddArr(columnW, 3) / 2 + 8, LL(1) + AddArr(rowH, 1) / 2)
TextFormat oText, prefix, 5, 5

Set oText = oView.Texts.Add("Part Name", _
    UR(0) - AddArr(columnW, 3) + 1, LL(1) + AddArr(rowH, 2) - 1)
TextFormat oText, prefix, 2, 1
Set oText = oView.Texts.Add("XXXXX", _
    UR(0) - AddArr(columnW, 3) / 2 + 8, LL(1) + AddArr(rowH, 1) + rowH(2) / 2)
TextFormat oText, prefix, 5, 5

Set oText = oView.Texts.Add("Designed", _
    UR(0) - AddArr(columnW, 3) + 1, LL(1) + AddArr(rowH, 4) - 1)
TextFormat oText, prefix, 2, 1
Set oText = oView.Texts.Add(VBA.Environ("Username"), _
    UR(0) - AddArr(columnW, 2) - columnW(3) / 2 + 4, LL(1) + AddArr(rowH, 3) + 3)
TextFormat oText, prefix, 3.5, 5
Set oText = oView.Texts.Add(Format(Now, "yyyy-mm-dd"), _
    UR(0) - AddArr(columnW, 2) - columnW(3) / 2, LL(1) + AddArr(rowH, 2) + rowH(3) / 2)
TextFormat oText, prefix, 2.5, 5

Set oText = oView.Texts.Add("Checked", _
    UR(0) - AddArr(columnW, 2) + 1, LL(1) + AddArr(rowH, 4) - 1)
TextFormat oText, prefix, 2, 1
Set oText = oView.Texts.Add("XXX", _
    UR(0) - AddArr(columnW, 1) - columnW(2) / 2, LL(1) + AddArr(rowH, 3) + 3)
TextFormat oText, prefix, 3.5, 5
Set oText = oView.Texts.Add("XXXX-XX-XX", _
    UR(0) - AddArr(columnW, 1) - columnW(2) / 2, LL(1) + AddArr(rowH, 2) + rowH(3) / 2)
TextFormat oText, prefix, 2.5, 5
```

코드 입력

```
    Set oText = oView.Texts.Add("Scale", _
        UR(0) - AddArr(columnW, 1) + 1, LL(1) + AddArr(rowH, 4) - 1)
    TextFormat oText, prefix, 2, 1
    Dim strTemp As String
    strTemp = oSheet.Scale
    If Val(strTemp) >= 1 Then
        strTemp = strTemp & " : 1"
    Else
        strTemp = "1 : " & 1 / Val(strTemp)
    End If
    Set oText = oView.Texts.Add(strTemp, _
        UR(0) - AddArr(columnW, 1) / 2 + 2, LL(1) + AddArr(rowH, 2) + (rowH(3) + rowH(4)) / 2 - 2)
    TextFormat oText, prefix, 3.5, 5

End Sub

Private Function AddArr(iArr() As Double, iNum As Integer) As Double

    AddArr = 0

    Do While iNum >= LBound(iArr)

        AddArr = AddArr + iArr(iNum)
        iNum = iNum - 1

    Loop

End Function

Private Sub TextFormat(iText As DrawingText, iStr As String, iSize As Double, iPos As Integer)

    iText.Name = iStr & iText.Name
    iText.SetFontSize 0, 0, iSize
    iText.AnchorPosition = iPos
    iText.SetFontName 0, 0, "Arial (TrueType)"

End Sub
```

코딩 3 해설

Sub CATMain()

  실행문

  If oSel.count = 0 Then

CreateFrame

  CreateTitleBlock
- 표제란을 생성하는 프로시저를 호출한다.

  Else

  End If

```
    End Sub

    Private Sub PreProcess()
         실행문
    End Sub

    Private Sub CreateFrame()
         실행문
    End Sub

    Private Sub CreateTitleBlock()
```
- 프로시저명은 일반적으로 대문자로 시작하여 변수명과 차이를 두었다. 이렇게 모듈에 프로시저를 선언하면 Object Browser에서 프로시저를 검색할 수 있다.
- Object Browser에서 검색 : 라이브러리 – myVBAProject, Class – j_DrawFrame, Member – CreateTitleBlock

```
    Dim rowH(1 To 4) As Double, columnW(1 To 3) As Double
```
- 행의 높이값을 가지는 변수를 'rowH' 이름의 배열로 선언한다. 열의 넓이값을 가지는 변수를 'columnW' 이름의 배열로 선언한다. 4개의 행의 수와 3개의 열의 수를 배열의 용량으로 반영한다.
- 행과 열의 수와 배열 인덱스와 같게 하기 위해서 의도적으로 1부터 인덱스를 시작한다.

```
    rowH(1) = 12: rowH(2) = 12: rowH(3) = 5: rowH(4) = 10
```
- 행의 높이값을 각각 변수에 대입한다. ":"(콜론)을 이용하여 4개의 실행문을 한 줄에 적는다.

```
    columnW(1) = 25: columnW(2) = 40: columnW(3) = 40
```
- 열의 넓이값을 각각의 변수에 대입한다. 이러한 행의 높이값과 열의 넓이값을 기준으로 라인을 그리고 텍스트의 위치를 정하게 된다.

```
    Dim prefix As String
    prefix = mainPrefix & "_TitleBlock_"
```
- 'prefix' 이름의 문자열 타입의 변수를 선언하고, 접두어에 해당하는 문자열을 대입한다.
- 이후에 생성하는 라인과 텍스트의 이름에 적용된다.

```
    Set oLine = oFac2D.CreateLine(UR(0) - AddArr(columnW, 3), LL(1) + AddArr(rowH, 1), _
                UR(0), LL(1) + AddArr(rowH, 1))
```
- 행을 구분하는 수평 라인을 생성한다. 라인의 시작점과 끝점을 계산하기 위해 'AddArr' 이름의 프로시저를 생성하여 활용한다. 'AddArr' 프로시저는 배열 변수와 정수값을 입력 인자로 가진다.
- 적용 예 : AddArr(rowH, 3) = rowH(1) + rowH(2) + rowH(3)

- 시작점 X좌표 : UR(0) – AddArr(columnW, 3) : Upper Right 지점의 X좌푯값 – 3개의 열의 넓이를 모두 합한 값
- 시작점 Y좌표 : LL(1) + AddArr(rowH, 1) : Lower Left 지점의 Y좌푯값 + 첫 번째 행의 높이값
- 끝점 X좌표 : UR(0) : Upper Right 지점의 X좌푯값
- 끝점 Y좌표 : LL(1) + AddArr(rowH, 1) : 시작점 Y좌푯값과 동일

> *oLine.Name = prefix & oLine.Name*

- 라인의 이름은 "Auto_TitleBlock_Line.XX"와 같은 형식으로 변경한다.

> *Set oLine = oFac2D.CreateLine(UR(0) - AddArr(columnW, 3), LL(1) + AddArr(rowH, 2), _*
> *UR(0), LL(1) + AddArr(rowH, 2))*

- 시작점 X좌표 : 이전 라인과 동일
- 시작점 Y좌표 : LL(1) + AddArr(rowH, 2) : Lower Left 지점의 Y좌푯값 + 1행과 2행의 높이를 합한 값
- 끝점 X좌표 : 이전 라인과 동일
- 끝점 Y좌표 : 시작점 Y좌푯값과 동일

> *oLine.Name = prefix & oLine.Name*
> *Set oLine = oFac2D.CreateLine(UR(0) - AddArr(columnW, 3), LL(1) + AddArr(rowH, 3), _*
> *UR(0) - AddArr(columnW, 1), LL(1) + AddArr(rowH, 3))*
> *oLine.Name = prefix & oLine.Name*
> *Set oLine = oFac2D.CreateLine(UR(0) - AddArr(columnW, 3), LL(1) + AddArr(rowH, 4), _*
> *UR(0), LL(1) + AddArr(rowH, 4))*
> *oLine.Name = prefix & oLine.Name*

- 여기까지 실행하면 행을 구분하는 수평 라인 4개가 생성된다.

> *Set oLine = oFac2D.CreateLine(UR(0) - AddArr(columnW, 1), LL(1) + AddArr(rowH, 4), _*
> *UR(0) - AddArr(columnW, 1), LL(1) + AddArr(rowH, 2))*

- 열을 구분하는 수직 라인을 생성한다.
- 시작점 X좌표 : UR(0) − AddArr(cloumnw, 1) : Upper Right 지점의 X좌푯값 − 첫 번째 열의 넓이값
- 시작점 Y좌표 : LL(1) + AddArr(rowH, 4) : Lower Left 지점의 Y좌푯값 + 4개의 행의 높이를 모두 합한 값
- 끝점 X좌표 : 시작점 X좌푯값과 동일
- 끝점 Y좌표 : LL(1) + AddArr(rowH, 2) : Lower Left 지점의 Y좌푯값 + 1행과 2행의 높이를 합한 값

> *oLine.Name = prefix & oLine.Name*
> *Set oLine = oFac2D.CreateLine(UR(0) - AddArr(columnW, 2), LL(1) + AddArr(rowH, 4), _*
> *UR(0) - AddArr(columnW, 2), LL(1) + AddArr(rowH, 2))*
> *oLine.Name = prefix & oLine.Name*
> *Set oLine = oFac2D.CreateLine(UR(0) - AddArr(columnW, 3), LL(1) + AddArr(rowH, 4), _*
> *UR(0) - AddArr(columnW, 3), LL(1))*
> *oLine.Name = prefix & oLine.Name*

- 여기까지 실행하면 열을 구분하는 수직 라인 3개가 생성된다.

> *oSel.Clear*

- CATIA에서 어떤 요소를 생성하면, 기본적으로 그 **생성된 요소는 선택된 상태가 된다**. 이런 경우와 같이 의도와는 상관없이 선택된 요소가 있을 수도 있기 때문에, **Clear 메서드로 선택을 해제하고, 선택을 추가하는 실행문을 진행**하는 것이 안전하다.

```
oSel.Add oView
```
- 백그라운드뷰를 선택한다. 그리고, 그 **선택 내에서 찾기를 진행하면** 원하지 않는 요소 선택을 최소화할 수도 있고, 제한된 영역에서 찾기를 실행하기 때문에 **실행 속도가 더 빠르다.**

```
oSel.Search "NAME=" & prefix & "Line.*,sel"
```
- 코드에 의해 이름을 정리하고 진행하기 때문에 이름을 통한 검색이 쉽게 구현된다. 표제란 행과 열을 구분짓는 수평선과 수직선이 선택된다.

```
oSel.VisProperties.SetRealWidth 1, 0
```
- Selection 개체의 Visproperties 속성을 이용하여 VisPropertySet 개체를 호출하고, 그 VisPropertySet 개체의 SetRealWidth 메서드를 이용하여 선 두께를 설정할 수 있다.
- 첫 번째 입력 인자인 1은 선 두께를 의미한다.
- 두 번째 입력 인자로는 0 또는 1의 값이 가능하다. 0은 No heritance로 CATIA의 Spec. Tree의 상위 개체의 속성을 상속받지 않는다는 의미이고, 1은 Heritance로 상위 개체의 속성을 상속받는 것을 의미한다.
- 이 두 번째 입력 인자는 3D 요소의 색상 변경 등에는 의미가 있으나, 도면 요소의 선의 두께를 지정하는 경우에는 의미가 없다.

```
Set oText = oView.Texts.Add("Part Number", _
    UR(0) - AddArr(columnW, 3) + 1, LL(1) + AddArr(rowH, 1) - 1)
```
- 여기부터는 표제란에 들어갈 텍스트를 생성하게 된다. DrawingTexts 집합 개체의 Add 메서드를 이용하여 텍스트를 생성한다. 생성한 텍스트는 'oText' 이름의 변수에 할당한다.
- Add 메서드의 입력 인자 세 가지 : 입력할 문자열, X좌푯값, Y좌푯값
- X좌푯값 : UR(0) − AddArr(columnW, 3) + 1 : Upper Right 지점의 X좌표 − 3개의 열의 넓이를 모두 합한 값 + 1mm
- Y좌푯값 : LL(1) + AddArr(rowH, 1) − 1 : Lower Left 지점의 Y좌표 + 첫 번째 행의 높이 − 1mm
- 두 좌푯값을 계산한 후에 1mm의 이동량을 적용한다. 그 수치만큼 표제란의 선에서 떨어져서 텍스트가 생성된다.

```
TextFormat oText, prefix, 2, 1
```
- 'TextFormat' 이름의 프로시저를 실행한다.
- 입력 인자 1 : 'oText' 바로 앞의 코드에서 생성한 DrawingText 개체이다.
- 입력 인자 2 : 'prefix' 접두 문자열, 'oText'의 이름 수정에 사용된다.
- 입력 인자 3 : 'oText'의 폰트 사이즈의 변경에 사용된다.
- 입력 인자 4 : 'oText'의 기준점(Anchor point)을 설정하기 위해 사용된다. 1은 catTopLeft 항목에 해당한다.
- Object browser에서 catTopLeft를 검색 : **DRAFTINGITF 라이브러리 − CatTextAnchorPosition 클라스 − catTopLeft 구성원**
- 검색한 후에 Object browser에서 나타나는 하단 설명 : Const catTopLeft = 1 : 상수값으로 정수형 값 1과 같다.

```
Set oText = oView.Texts.Add("XXXXX", _
        UR(0) - AddArr(columnW, 3) / 2 + 8, LL(1) + AddArr(rowH, 1) / 2)
```
- X좌푯값 : UR(0) - AddArr(columnW, 3) / 2 + 8 : Upper Right 지점의 X좌표 - 3개의 열의 넓이를 모두 합한 값의 절반 + 8mm
- 수평 위치는 전체 표제란의 중간 지점에서 8mm 오른쪽으로 이동하는 위치이다.
- Y좌푯값 : LL(1) + AddArr(rowH, 1) / 2 : Lower Left 지점의 Y좌표 + 첫 번째 행의 높이값의 절반
- 수직 위치는 첫 번째 행의 중간 지점이다.

```
TextFormat oText, prefix, 5, 5
```
- 네 번째 입력 인자인 5는 catMiddleCenter에 해당한다.
- Object browser에서 catMiddleCenter를 검색 : DRAFTINGITF 라이브러리 - CatTextAnchorPosition 클래스 - catMiddleCenter 구성원
- Object browser에서 나타나는 하단 설명 : Const catMiddleCenter = 5 : 상수값으로 정수형 값 5와 같다.
- 여기까지 표제란의 Part Number 항목을 생성하는 코드이다.

```
Set oText = oView.Texts.Add("Part Name", _
        UR(0) - AddArr(columnW, 3) + 1, LL(1) + AddArr(rowH, 2) - 1)
TextFormat oText, prefix, 2, 1
Set oText = oView.Texts.Add("XXXXX", _
        UR(0) - AddArr(columnW, 3) / 2 + 8, LL(1) + AddArr(rowH, 1) + rowH(2) / 2)
TextFormat oText, prefix, 5, 5
```
- 여기까지 표제란의 Part Name 항목을 생성하는 부분이다.

```
Set oText = oView.Texts.Add("Designed", _
        UR(0) - AddArr(columnW, 3) + 1, LL(1) + AddArr(rowH, 4) - 1)
TextFormat oText, prefix, 2, 1
Set oText = oView.Texts.Add(VBA.Environ("Username"), _
        UR(0) - AddArr(columnW, 2) - columnW(3) / 2 + 4, LL(1) + AddArr(rowH, 3) + 3)
```
- Environ 메서드를 이용하여 윈도즈 환경 변수를 추출하여 사용할 수 있다.
- Object browser에서 Environ 검색 : **VBA 라이브러리 - Interaction 클래스 - Environ 메서드**
- 코드에서 "VBA."를 생략해도 동일한 작업이 가능하다.
- 윈도즈의 기본 검색창에서 **cmd 프로그램을 실행**하여 나타나는 **DOS창에서 Set 명령어를 실행**하면, 윈도즈에 설정된 환경 변수를 확인할 수 있다.

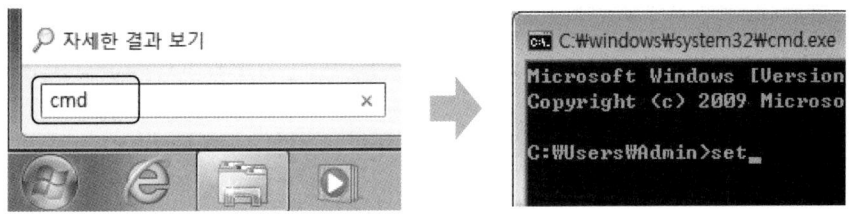

```
            TextFormat oText, prefix, 3.5, 5
            Set oText = oView.Texts.Add(Format(Now, "yyyy-mm-dd"), _
                    UR(0) - AddArr(columnW, 2) - columnW(3) / 2, LL(1) + AddArr(rowH, 2) + rowH(3) / 2)
```
- Format 함수와 Now 함수를 활용하여 코드가 실행되는 시점의 날짜를 텍스트로 표현한다.
- Object browser에서 VAB라이브러리에서 Format과 Now를 검색해 보자.

```
            TextFormat oText, prefix, 2.5, 5
```
- 여기까지 표제란에 설계자의 성명 및 설계 일자를 생성하는 부분이다.

```
            Set oText = oView.Texts.Add("Checked", _
                    UR(0) - AddArr(columnW, 2) + 1, LL(1) + AddArr(rowH, 4) - 1)
            TextFormat oText, prefix, 2, 1
            Set oText = oView.Texts.Add("XXX", _
                    UR(0) - AddArr(columnW, 1) - columnW(2) / 2, LL(1) + AddArr(rowH, 3) + 3)
            TextFormat oText, prefix, 3.5, 5
            Set oText = oView.Texts.Add("XXXX-XX-XX", _
                    UR(0) - AddArr(columnW, 1) - columnW(2) / 2, LL(1) + AddArr(rowH, 2) + rowH(3) / 2)
            TextFormat oText, prefix, 2.5, 5
```
- 여기까지 표제란에 검도자의 성명 및 검도 일자를 생성하는 부분이다.

```
            Set oText = oView.Texts.Add("Scale", _
                    UR(0) - AddArr(columnW, 1) + 1, LL(1) + AddArr(rowH, 4) - 1)
            TextFormat oText, prefix, 2, 1
            Dim strTemp As String
            strTemp = oSheet.Scale
```
- 'strTemp' 이름의 문자열 타입의 변수를 선언하고, 시트의 스케일값을 대입한다. Scale 속성에 의해 반환되는 값은 Double 타입이나, VB에서는 문자열 타입의 변수에 대입할 때 따로 데이터형의 변환 없이 가능하다.
- VBA 라이브러리의 CStr 함수를 이용하여 데이터형의 변환을 반영해도 된다. **strTemp = CStr(oSheet.Scale)**

```
            If Val(strTemp) >= 1 Then
                strTemp = strTemp & " : 1"
            Else
                strTemp = "1 : " & 1 / Val(strTemp)
            End If
```
- 데이터형의 변환에 필요한 Val 함수를 이용하여, 문자열을 Double형으로 변환한 후에 조건식에 사용하였다.
- 스케일값이 1보다 같거나 클 때는 'strTemp' 변수의 값을 그대로 사용하여 문자열을 만든다.
- 스케일값이 1보다 작을 때는 그 값의 역수를 사용하여 문자열을 만든다.

```
            Set oText = oView.Texts.Add(strTemp, _
                UR(0) - AddArr(columnW, 1) / 2 + 2, LL(1) + AddArr(rowH, 2) + (rowH(3) + rowH(4)) / 2 - 2)
            TextFormat oText, prefix, 3.5, 5
```

End Sub
- 표제란을 생성하는 프로시저를 종료한다.

Private Function AddArr(iArr() As Double, iNum As Integer) As Double
- Function 타입의 프로시저이므로, 출력값이 있다. 첫 번째 입력 인자는 Double 타입의 배열 변수이고, 두 번째 입력 인자는 정수형의 변수이다. 출력값은 Double 타입이고, 프로시저명인 'AddArr' 이름으로 반환된다. (프로시저명 : Add Array)

AddArr = 0
- 프로시저의 출력값을 0으로 초기화한다.

Do While iNum >= LBound(iArr)
- Do While 문으로 조건식을 만족하는 동안 반복하여 실행한다. 'iNum' 변수에 대입된 값이 배열의 최소 인덱스값보다 클 경우에 Do문 내부의 실행문을 진행한다.
- LBound 함수의 예제 – **Dim myArray(1 to 10) : LBound(myArray) 함수는 1을 반환한다.**
- LBound와 반대되는 함수는 UBound이다.

AddArr = AddArr + iArr(iNum)
- 기존 'AddArr' 값에 현재 인덱스의 배열값을 더한 값을 'AddArr' 변수에 대입한다.

iNum = iNum - 1
- 배열의 인덱스값에 해당하는 기존 'iNum' 값에서 1을 빼서 'iNum' 변수에 대입한다.

Loop
- Do문을 종료한다.

End Function
- 입력 인자로 'rowH' 배열 변수와 정수 3이 들어오면, 다음과 같이 계산된다.
- AddArr(rowH, 3) = rowH(3) + rowH(2) + rowH(1)

Private Sub TextFormat(iText As DrawingText, iStr As String, iSize As Double, iPos As Integer)
- 텍스트의 양식을 바꾸는 프로시저이다.

iText.Name = iStr & iText.Name
- 텍스트의 이름 속성을 변경한다.
- "Auto__TitleBlock_Text.XX" 형식으로 이름이 변경된다.

iText.SetFontSize 0, 0, iSize
- SetFontSize 메서드의 첫 번째 인자는 폰트 크기를 변경할 시작 문자열을 지정하는 것이고, 두 번째 인자는 변경할 대상이 몇 개의 문자인지 지정하는 것이다.
- 예를 들어, "abcd" 문자가 있을 때, "2, 2, 10" 으로 입력하면, "bc" 문자의 크기가 10으로 변경된다.

```
    iText.AnchorPosition = iPos
```
- 텍스트의 Anchor 위치(위치 기준점)를 변경한다.

```
    iText.SetFontName 0, 0, "Arial (TrueType)"
```
- 텍스트의 글씨체를 변경한다.

```
End Sub
```
- 텍스트의 양식을 변경하는 프로시저를 종료한다.

- CATMain 프로시저 내에 커서를 놓고 프로그램을 실행하면, 테두리 및 표제란이 생성되는 것을 확인할 수 있다.

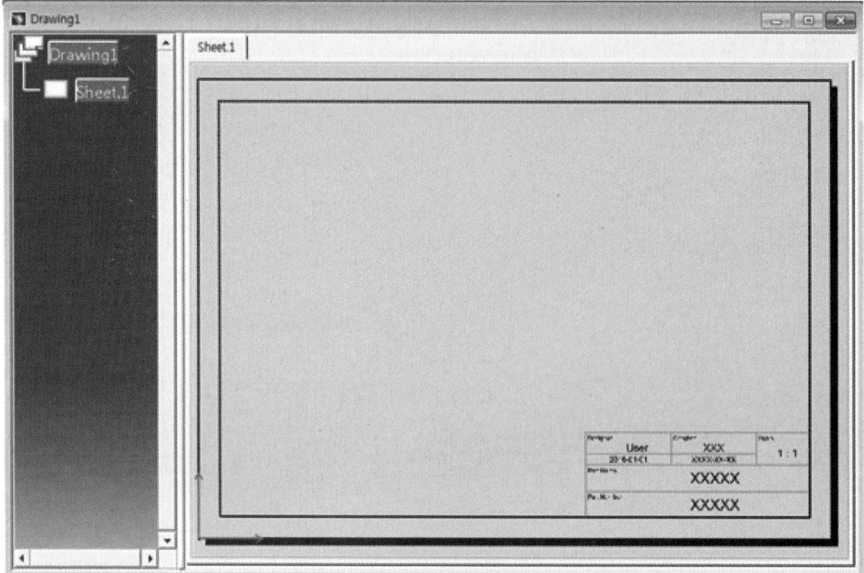

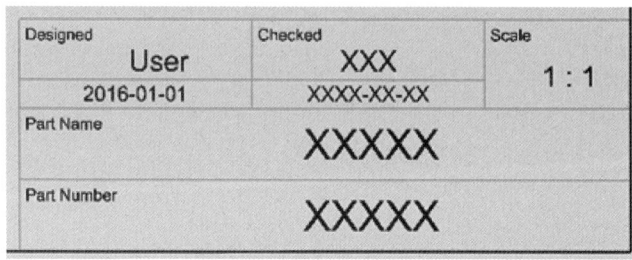

5) 도면 크기의 변경에 대한 테두리 및 표제란 수정

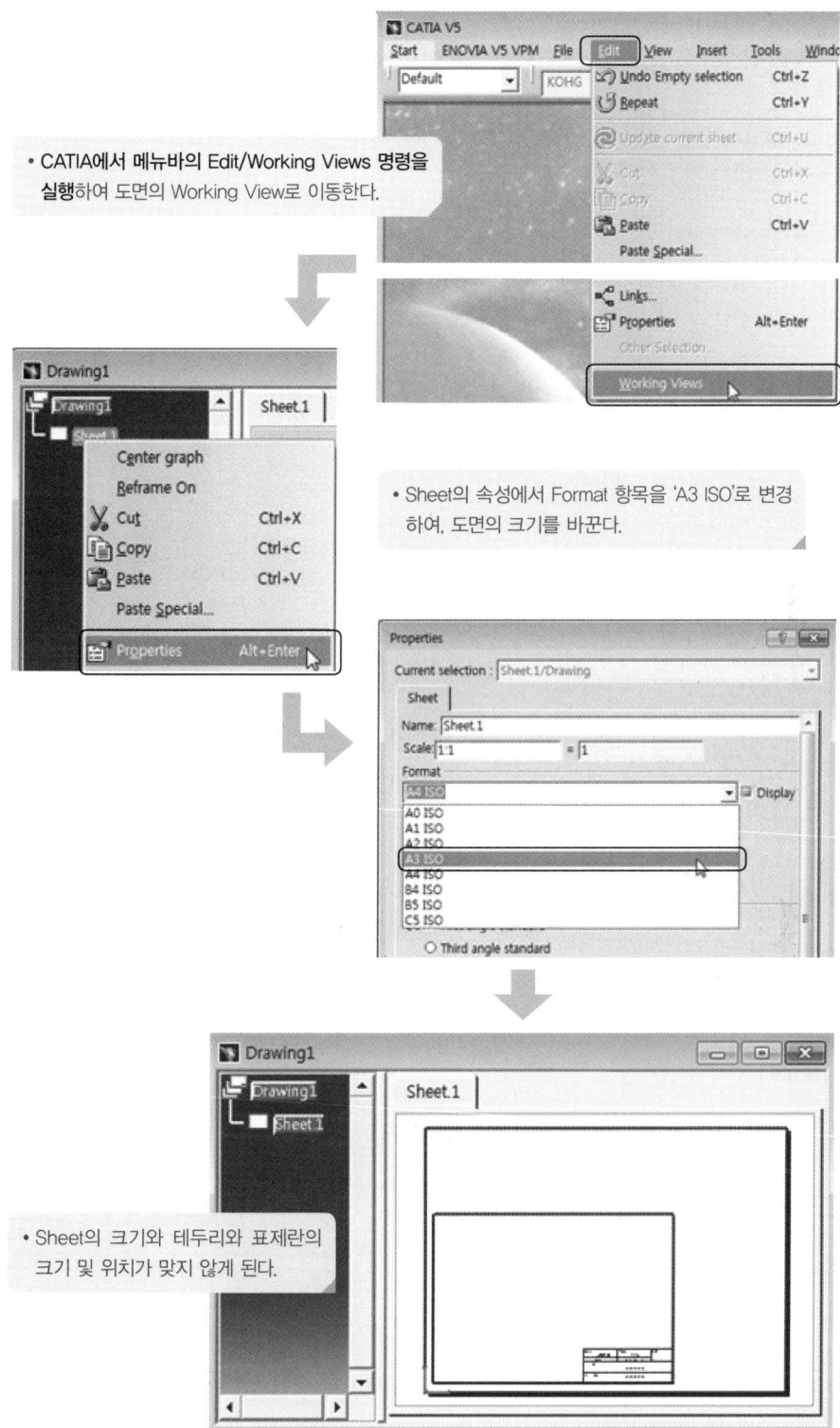

코딩 4

코드 수정 (타입 선언을 주석 처리)
GetEndPoints 메서드 진행에 오류 발생을 대응

```vb
Dim oView As DrawingView
Dim oText As DrawingText
Dim oFac2D As Factory2D
Dim oLine 'As Line2D
Dim oSel As Selection
Dim LL(1) As Double
Dim UR(1) As Double
Dim mainPrefix As String

Sub CATMain()

    PreProcess

    mainPrefix = "Auto"

    oSel.Clear
    oSel.Add oView
    oSel.Search "NAME=" & mainPrefix & "*,sel"

    If oSel.count = 0 Then

        CreateFrame

        CreateTitleBlock

    Else

        oSel.Search "NAME=" & mainPrefix & "_Frame_LWR" & ",sel"

        If oSel.count = 1 Then

            Set oLine = oSel.Item(1).Value

            Dim oldCoords(3) As Variant
            oLine.GetEndPoints oldCoords

            If oldCoords(2) <> UR(0) Then

                ResizeAndMove oldCoords

            Else

                MsgBox "No more work to do."

            End If

        Else

            MsgBox "Cannot find frame lower line."

        End If

    End If

End Sub
```

코드 입력

```
Private Sub TextFormat(iText As DrawingText, iStr As String, iSize As Double, iPos As Integer)

    iText.Name = iStr & iText.Name
    iText.SetFontSize 0, 0, iSize
    iText.AnchorPosition = iPos
    iText.SetFontName 0, 0, "Arial (TrueType)"

End Sub
```

— 코드 입력

```
Private Sub ResizeAndMove(iValue())

    oSel.Clear
    oSel.Add oView
    oSel.Search "NAME=" & mainPrefix & "_Frame_" & "*,sel"
    oSel.Delete

    CreateFrame

    Dim moveX As Double, moveY As Double
    moveX = UR(0) - iValue(2)
    moveY = LL(1) - iValue(3)

    oSel.Clear
    oSel.Add oView
    oSel.Search "NAME=" & mainPrefix & "_TitleBlock_Line." & "*,sel"

    Dim i As Integer, myDir(1) As Variant, myOrg(1) As Variant

    For i = 1 To oSel.count

        Set oLine = oSel.Item(i).Value
        oLine.GetDirection myDir
        oLine.GetOrigin myOrg
        oLine.SetData myOrg(0) + moveX, myOrg(1) + moveY, myDir(0), myDir(1)

    Next

    oSel.Clear
    oSel.Add oView
    oSel.Search "NAME=" & mainPrefix & "_TitleBlock_Text." & "*,sel"

    For i = 1 To oSel.count

        Set oText = oSel.Item(i).Value
        oText.X = oText.X + moveX
        oText.Y = oText.Y + moveY

    Next
End Sub
```

> 코딩 4 해설

```
Sub CATMain()
    실행문

    If oSel.count = 0 Then
        CreateFrame
        CreateTitleBlock
    Else

        oSel.Search "NAME=" & mainPrefix & "_Frame_LWR" & ",sel"
```
- 기준 요소인 테두리의 하단 라인을 찾아서 선택한다. 검색 구문은 "NAME=Auto_Frame_LWR,sle" 이다.
- 대소문자 구분하고, "Auto_Frame_LWR" 이름의 요소를 기존에 선택되어진 요소 내에서 찾는다.

```
        If oSel.count = 1 Then
```
- 만약, 찾은 요소의 개수가 하나이면 아래 실행문을 진행한다.

```
            Set oLine = oSel.Item(1).Value
```
- 선택된 요소를 'oLine' 변수에 할당한다. Selection 개체는 집합 개체와 같이 Item 메서드를 가진다. **Item 메서드에는 1부터 시작하는 숫자나, 개체의 이름을 문자열 형식으로 입력받는다.**
- 또한, 이러한 Item 메서드를 이용하여 할당되는 개체는 SelectedElement 타입의 개체이다.
- SelectedElement 개체의 Value 속성을 이용하면, 실질적으로 선택되어진 요소를 할당받을 수 있다.

```
            Dim oldCoords(3) As Variant
```
- Variant(가변) 타입의 배열 변수를 4개의 용량(0~3까지)으로 선언하다.

```
            oLine.GetEndPoints oldCoords
```
- 'oLine' 변수에 할당된 개체의 GetEndPoints 메서드를 이용하여, 'oldCoords' 변수에 시작점의 X좌푯값, Y좌표값과 끝점의 X좌푯값, Y좌푯값을 대입한다.

```
            If oldCoords(2) <> UR(0) Then
```
- 만약, 기존 테두리의 하단 라인에서 끝점의 X좌푯값이 현 시트의 크기에서 계산된 Upper Right 위치의 X좌푯값과 같지 않다면, 아래의 실행문을 진행한다. 두 개의 X좌푯값이 다르다는 것은, 시트의 크기가 달라졌다는 것을 의미한다.

```
                ResizeAndMove oldCoords
```
- 'ResizeAndMove' 이름의 프로시저를 호출한다. 입력 인자로 'oldCoords' 이름의 변수가 적용한다.

```
            Else
```
- "Auto_Frame_LWR" 이름의 라인에서 끝점의 X좌푯값과 새롭게 시트의 크기에서 계산된 X좌푯값이 같다면 Else 내부의 실행문을 진행한다. 이러한 조건은 기존에 생성된 테두리는 있으나, 시트의 크기가 변경되지 않았다는 것이다.

>   MsgBox "No more work to do."
- "더이상 진행할 작업이 없다."는 메시지를 띄운다. 따로 Exit나 End 구문을 사용하지 않은 이유는 이 실행문 뒤에 더이상 실행할 행이 없기 때문이다.

>   End If
- X좌푯값을 비교하는 조건에 대한 If문을 종료한다.

>   Else
- "Auto_Frame_LWR" 이름의 요소를 찾지 못했다면, 아래의 실행문을 진행한다.
- 이러한 조건은 "Auto" 문자열로 시작하는 요소를 찾았으나, 테두리의 하단 라인을 찾지 못한 경우이다.
- 이러한 상황에서는 위치를 추적할 요소가 없기 때문에 더이상 작업할 수 없는 상황이다.
- 사용자는 테두리 및 표제란 요소를 수작업으로 삭제하고, 다시 작업해야 하는 상황이 된다.

>   MsgBox "Cannot find frame lower line."
- "테두리의 하단 라인을 찾지 못했다." 라는 메시지를 띄운다. 이후 진행할 실행문이 없기 때문에, Exit 또는 End 구문을 사용할 필요가 없다.

```
            End If
        End If
End Sub

Private Sub PreProcess()
        실행문
End Sub

Private Sub CreateFrame()
        실행문
End Sub

Private Function AddArr(iArr() As Double, iNum As Integer) As Double
        실행문
End Function

Private Sub TextFormat(iText As DrawingText, iStr As String, iSize As Double, iPos As Integer)
        실행문
End Sub

Private Sub ResizeAndMove(iValue())
```
- CATMain 프로시저에서 Selection.Search 메서드로 기존에 생성된 "Auto_Frame_LWR" 이름의 요소를 찾고, 기존의 테두리와 현재 도면 사이즈를 비교하여 크기가 다르면 실행하게 되는 테두리의 크기 수정과 표제란의 이동에 대한 프로시저이다. 입력 인자인 'iValue' 배열 변수는 기존에 생성되어 있는 테두리의 하단 라인의 시작점 및 끝점의 좌푯값을 가지고 있는 변수이다.

```
oSel.Clear
```
- 선택을 해제한다.

```
oSel.Add oView
```
- 테두리와 표제란이 생성되는 "Background View"를 선택한다.

```
oSel.Search "NAME=" & mainPrefix & "_Frame_" & "*,sel"
```
- 선택 내에서 "Auto_Frame_" 문자열로 시작하는 요소를 찾아서 선택한다. 네 개의 테두리 라인이 선택된다.

```
oSel.Delete
```
- 선택되어진 네 개의 라인을 지운다.

```
CreateFrame
```
- 테두리를 생성하는 프로시저를 실행하여, 테두리를 다시 생성한다.

```
Dim moveX As Double, moveY As Double
```
- 표제란의 이동량을 대입할 두 개의 변수를 선언한다.

```
moveX = UR(0) - iValue(2)
```
- X좌표 이동량 : 현재 시트의 Upper Right 지점 X좌푯값 – 기존 생성된 테두리의 하단 라인의 끝점의 X좌푯값

```
moveY = LL(1) - iValue(3)
```
- Y좌표 이동량 : 현재 시트의 Upper Right 지점 Y좌푯값 – 기존 생성된 테두리의 하단 라인의 끝점의 Y좌푯값

```
oSel.Clear
oSel.Add oView
oSel.Search "NAME=" & mainPrefix & "_TitleBlock_Line." & "*,sel"
```
- "Auto__TitleBlock_Line." 문자열로 시작하는 요소를 선택한다.

```
Dim i As Integer, myDir(1) As Variant, myOrg(1) As Variant
```
- For문에서 사용될 변수를 선언한다. For문 내에서 변수를 선언하여 변수 선언을 여러 번 하게 되기 때문에 바람직하지 않다.

```
For i = 1 To oSel.count
```
- 선택 요소의 개수만큼 For문을 반복 실행한다.

```
Set oLine = oSel.Item(i).Value
```
- 'oLine' 이름의 Line2D 개체 타입의 변수에 선택 요소 중 i 번째 요소를 할당한다.

```
oLine.GetDirection myDir
```
- 'myDir' 이름의 배열 변수에 Line2D 개체의 방향 벡터에 해당하는 X, Y값 두 개를 대입한다. 이 두 값 역시 벡터에 대한 값이므로, 각 수의 제곱의 합은 1이 된다. GetDirection 메서드를 사용하기 위해서는 모듈의 가장 앞부분에서 'oLine' 변수의 타입을 선언해서는 안된다.

```
oLine.GetOrigin myOrg
```
- 'myOrg' 이름의 배열 변수에 Line2D 개체의 시작점의 X, Y좌푯값 두 개를 대입한다.

```
oLine.SetData myOrg(0) + moveX, myOrg(1) + moveY, myDir(0), myDir(1)
```
- Line2D 개체의 SetData 메서드를 통해 라인을 이동할 수 있다. 입력 인자는 4가지이며 아래와 같다.
- **X좌푯값 / Y좌푯값 / 방향 벡터의 X성분 / 방향 벡터의 Y성분**

```
Next
```
- 표제란 라인의 이동을 반복 진행하는 For문을 종료한다.

```
oSel.Clear
oSel.Add oView
oSel.Search "NAME=" & mainPrefix & "_TitleBlock_Text." & "*,sel"
```
- 표제란에서 텍스트 요소만 선택한다.

```
For i = 1 To oSel.count
```
- 텍스트 개체 각각에 대하여 아래의 실행문을 반복 실행한다.

```
Set oText = oSel.Item(i).Value
```
- DrawingText 개체를 할당한다.

```
oText.X = oText.X + moveX
```
- DrawingText 개체의 X좌표에 대한 속성에 이동할 X좌푯값을 대입하여, 텍스트의 이동을 반영한다.

```
oText.Y = oText.Y + moveY
```
- DrawingText 개체의 Y좌표에 대한 속성에 이동할 Y좌푯값을 대입하여, 텍스트의 이동을 반영한다.

```
Next
```
- 텍스트 이동에 대한 For문을 종료한다.

```
End Sub
```
- 테두리를 삭제한 후 다시 생성하고, 표제란을 옮기는 작업에 대한 프로시저를 종료한다.

• 마지막으로 프로그램을 실행하면, 도면 크기에 맞추어 테두리와 표제란이 변경되는 것을 확인할 수 있다.

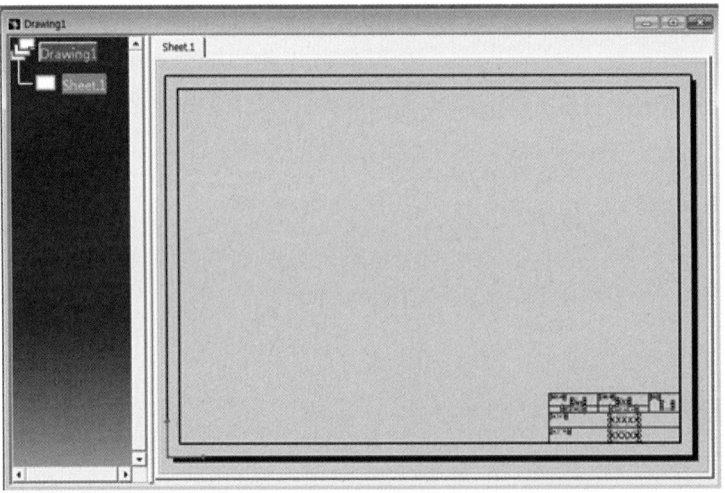

4 최종 코드 이해

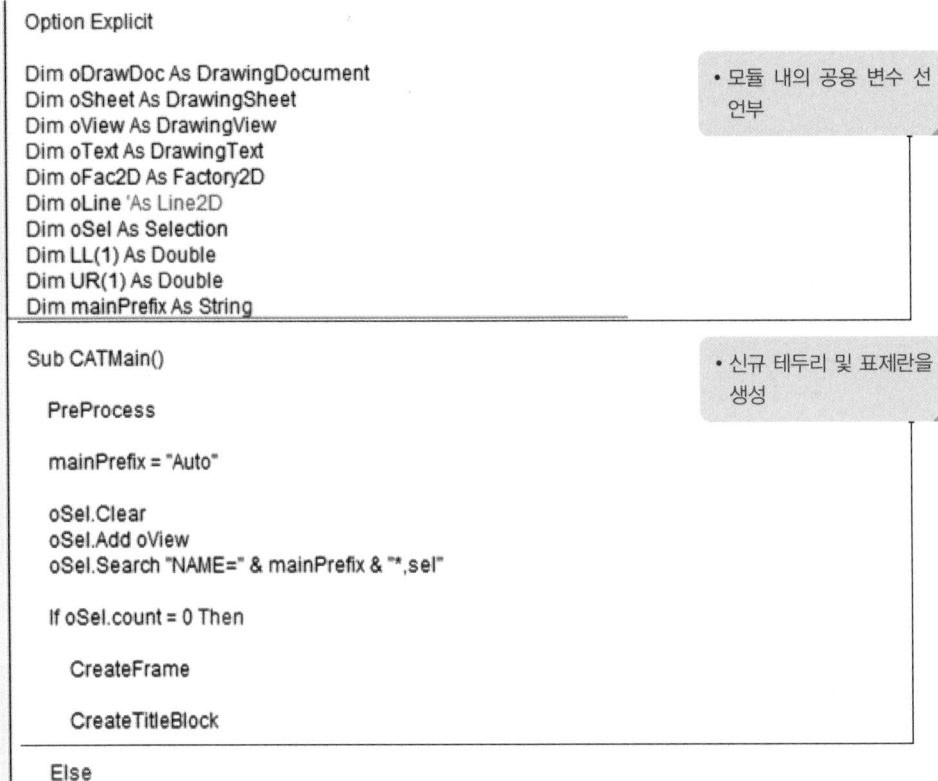

```
Option Explicit

Dim oDrawDoc As DrawingDocument
Dim oSheet As DrawingSheet
Dim oView As DrawingView
Dim oText As DrawingText
Dim oFac2D As Factory2D
Dim oLine 'As Line2D
Dim oSel As Selection
Dim LL(1) As Double
Dim UR(1) As Double
Dim mainPrefix As String
```
• 모듈 내의 공용 변수 선언부

```
Sub CATMain()

    PreProcess

    mainPrefix = "Auto"

    oSel.Clear
    oSel.Add oView
    oSel.Search "NAME=" & mainPrefix & "*,sel"

    If oSel.count = 0 Then

        CreateFrame

        CreateTitleBlock

    Else
```
• 신규 테두리 및 표제란을 생성

```
            oSel.Search "NAME=" & mainPrefix & "_Frame_LWR" & ",sel"

        If oSel.count = 1 Then

            Set oLine = oSel.Item(1).Value

            Dim oldCoords(3) As Variant
            oLine.GetEndPoints oldCoords

            If oldCoords(2) <> UR(0) Then

                ResizeAndMove oldCoords

            Else
                MsgBox "No more work to do."
            End If

        Else

            MsgBox "Cannot find frame lower line."

        End If
    End If
End Sub

Private Sub PreProcess()

    On Error Resume Next

    If UCase(Right(CATIA.ActiveDocument.Name, 11)) = ".CATDRAWING" Then _
        Set oDrawDoc = CATIA.ActiveDocument

    On Error GoTo 0

    If oDrawDoc Is Nothing Then
        MsgBox "A CATDrawing document has to be activated.": End
    End If

    Set oSheet = oDrawDoc.Sheets.ActiveSheet

    Set oView = oSheet.Views.Item("Background View")
    oView.Activate

    Set oFac2D = oView.Factory2D
    Set oSel = oDrawDoc.Selection

    Dim shWidth As Double, shHeight As Double
    shWidth = oSheet.GetPaperWidth
    shHeight = oSheet.GetPaperHeight

    Dim offset As Double
    offset = 10

    If shWidth > 700 And shHeight > 500 Then offset = 20

    LL(0) = offset: LL(1) = offset
    UR(0) = shWidth - offset: UR(1) = shHeight - offset

End Sub
```

- 기존 테두리를 체크한 후 수정 작업

- 프로그램 실행 전 준비 조건 체크

```vba
Private Sub CreateFrame()

    Dim prefix As String
    prefix = mainPrefix & "_Frame_"

    Set oLine = oFac2D.CreateLine(LL(0), LL(1), UR(0), LL(1))
    oLine.Name = prefix & "LWR"

    Set oLine = oFac2D.CreateLine(UR(0), LL(1), UR(0), UR(1))
    oLine.Name = prefix & oLine.Name

    Set oLine = oFac2D.CreateLine(UR(0), UR(1), LL(0), UR(1))
    oLine.Name = prefix & oLine.Name

    Set oLine = oFac2D.CreateLine(LL(0), UR(1), LL(0), LL(1))
    oLine.Name = prefix & oLine.Name

End Sub
```

• 테두리 생성부

```vba
Private Sub CreateTitleBlock()

    Dim rowH(1 To 4) As Double, columnW(1 To 3) As Double
    rowH(1) = 12: rowH(2) = 12: rowH(3) = 5: rowH(4) = 10
    columnW(1) = 25: columnW(2) = 40: columnW(3) = 40

    Dim prefix As String
    prefix = mainPrefix & "_TitleBlock_"

    Set oLine = oFac2D.CreateLine(UR(0) - AddArr(columnW, 3), LL(1) + AddArr(rowH, 1), _
            UR(0), LL(1) + AddArr(rowH, 1))
    oLine.Name = prefix & oLine.Name
    Set oLine = oFac2D.CreateLine(UR(0) - AddArr(columnW, 3), LL(1) + AddArr(rowH, 2), _
            UR(0), LL(1) + AddArr(rowH, 2))
    oLine.Name = prefix & oLine.Name
    Set oLine = oFac2D.CreateLine(UR(0) - AddArr(columnW, 3), LL(1) + AddArr(rowH, 3), _
            UR(0) - AddArr(columnW, 1), LL(1) + AddArr(rowH, 3))
    oLine.Name = prefix & oLine.Name
    Set oLine = oFac2D.CreateLine(UR(0) - AddArr(columnW, 3), LL(1) + AddArr(rowH, 4), _
            UR(0), LL(1) + AddArr(rowH, 4))
    oLine.Name = prefix & oLine.Name

    Set oLine = oFac2D.CreateLine(UR(0) - AddArr(columnW, 1), LL(1) + AddArr(rowH, 4), _
            UR(0) - AddArr(columnW, 1), LL(1) + AddArr(rowH, 2))
    oLine.Name = prefix & oLine.Name
    Set oLine = oFac2D.CreateLine(UR(0) - AddArr(columnW, 2), LL(1) + AddArr(rowH, 4), _
            UR(0) - AddArr(columnW, 2), LL(1) + AddArr(rowH, 2))
    oLine.Name = prefix & oLine.Name
    Set oLine = oFac2D.CreateLine(UR(0) - AddArr(columnW, 3), LL(1) + AddArr(rowH, 4), _
            UR(0) - AddArr(columnW, 3), LL(1))
    oLine.Name = prefix & oLine.Name

    oSel.Clear
    oSel.Add oView
    oSel.Search "NAME=" & prefix & "Line.*,sel"
    oSel.VisProperties.SetRealWidth 1, 0
```

• 표제란의 행과 열을 구분 짓는 라인 생성

```
    Set oText = oView.Texts.Add("Part Number", _
        UR(0) - AddArr(columnW, 3) + 1, LL(1) + AddArr(rowH, 1) - 1)
    TextFormat oText, prefix, 2, 1
    Set oText = oView.Texts.Add("XXXXX", _
        UR(0) - AddArr(columnW, 3) / 2 + 8, LL(1) + AddArr(rowH, 1) / 2)
    TextFormat oText, prefix, 5, 5

    Set oText = oView.Texts.Add("Part Name", _
        UR(0) - AddArr(columnW, 3) + 1, LL(1) + AddArr(rowH, 2) - 1)
    TextFormat oText, prefix, 2, 1
    Set oText = oView.Texts.Add("XXXXX", _
        UR(0) - AddArr(columnW, 3) / 2 + 8, LL(1) + AddArr(rowH, 1) + rowH(2) / 2)
    TextFormat oText, prefix, 5, 5

    Set oText = oView.Texts.Add("Designed", _
        UR(0) - AddArr(columnW, 3) + 1, LL(1) + AddArr(rowH, 4) - 1)
    TextFormat oText, prefix, 2, 1
    Set oText = oView.Texts.Add(VBA.Environ("Username"), _
        UR(0) - AddArr(columnW, 2) - columnW(3) / 2 + 4, LL(1) + AddArr(rowH, 3) + 3)
    TextFormat oText, prefix, 3.5, 5
    Set oText = oView.Texts.Add(Format(Now, "yyyy-mm-dd"), _
        UR(0) - AddArr(columnW, 2) - columnW(3) / 2, LL(1) + AddArr(rowH, 2) + rowH(3) / 2)
    TextFormat oText, prefix, 2.5, 5

    Set oText = oView.Texts.Add("Checked", _
        UR(0) - AddArr(columnW, 2) + 1, LL(1) + AddArr(rowH, 4) - 1)
    TextFormat oText, prefix, 2, 1
    Set oText = oView.Texts.Add("XXX", _
        UR(0) - AddArr(columnW, 1) - columnW(2) / 2, LL(1) + AddArr(rowH, 3) + 3)
    TextFormat oText, prefix, 3.5, 5
    Set oText = oView.Texts.Add("XXXX-XX-XX", _
        UR(0) - AddArr(columnW, 1) - columnW(2) / 2, LL(1) + AddArr(rowH, 2) + rowH(3) / 2)
    TextFormat oText, prefix, 2.5, 5

    Set oText = oView.Texts.Add("Scale", _
        UR(0) - AddArr(columnW, 1) + 1, LL(1) + AddArr(rowH, 4) - 1)
    TextFormat oText, prefix, 2, 1
    Dim strTemp As String
    strTemp = oSheet.Scale
    If Val(strTemp) >= 1 Then
        strTemp = strTemp & " : 1"
    Else
        strTemp = "1 : " & 1 / Val(strTemp)
    End If
    Set oText = oView.Texts.Add(strTemp, _
        UR(0) - AddArr(columnW, 1) / 2 + 2, LL(1) + AddArr(rowH, 2) + (rowH(3) + rowH(4)) / 2 - 2)
    TextFormat oText, prefix, 3.5, 5

End Sub
```

• 표제란의 텍스트 생성부

```
Private Function AddArr(iArr() As Double, iNum As Integer) As Double

    AddArr = 0

    Do While iNum >= LBound(iArr)

        AddArr = AddArr + iArr(iNum)
        iNum = iNum - 1

    Loop

End Function
```

- 표제란을 작업할 때, 행과 열의 크기의 합을 계산부

```
Private Sub TextFormat(iText As DrawingText, iStr As String, iSize As Double, iPos As Integer)

    iText.Name = iStr & iText.Name
    iText.SetFontSize 0, 0, iSize
    iText.AnchorPosition = iPos
    iText.SetFontName 0, 0, "Arial (TrueType)"

End Sub
```

- 표제란 텍스트의 양식 설정부

```
Private Sub ResizeAndMove(iValue())

    oSel.Clear
    oSel.Add oView
    oSel.Search "NAME=" & mainPrefix & "_Frame_" & "*,sel"
    oSel.Delete

    CreateFrame

    Dim moveX As Double, moveY As Double
    moveX = UR(0) - iValue(2)
    moveY = LL(1) - iValue(3)

    oSel.Clear
    oSel.Add oView
    oSel.Search "NAME=" & mainPrefix & "_TitleBlock_Line" & "*,sel"

    Dim i As Integer, myDir(1) As Variant, myOrg(1) As Variant

    For i = 1 To oSel.count
        Set oLine = oSel.Item(i).Value
        oLine.GetDirection myDir
        oLine.GetOrigin myOrg
        oLine.SetData myOrg(0) + moveX, myOrg(1) + moveY, myDir(0), myDir(1)
    Next

    oSel.Clear
    oSel.Add oView
    oSel.Search "NAME=" & mainPrefix & "_TitleBlock_Text" & "*,sel"

    For i = 1 To oSel.count
        Set oText = oSel.Item(i).Value
        oText.X = oText.X + moveX
        oText.Y = oText.Y + moveY
    Next

End Sub
```

- 기존 요소가 존재하고 시트의 크기가 변경된 경우, 크기 및 위치 조정 작업부

Chapter 10
프로그램 9. 도면 테이블 생성

Chapter 10

프로그램 9. 도면 테이블 생성

● 업무 시나리오 ●

엑셀에서 작업한 내용을 CATIA 도면의 Table로 생성하고자 한다.

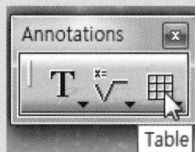

● 프로그램 요건 ●

1) 엑셀 작업 내용을 CATIA 도면의 Table로 자동 생성한다.
2) 엑셀의 양식을 반영한다. (병합, 셀 크기, 텍스트 배치 등)

시작하기 전에..

이번 장에는 또한번의 **엑셀 연동 프로그램**을 진행한다. 엑셀의 내용과 양식을 CATIA의 도면 내에서 Table로 자동 생성하는 방법을 연습하게 된다. 그리고 엑셀에서 **셀의 병합 상태를 인식하고 Table 에서 구현**하는 방법을 알게 될 것이다.

이번 장에서는 도움말 활용에 대해 집중해서 설명할 것이다. 그리하여 실제 코드 작업에 꼭 필요한 도움말 활용 역량을 확보하도록 돕고자 한다.

① 엑셀 파일 준비

• 아래와 유사하게 엑셀 내용을 입력하고 형식을 수정한다.

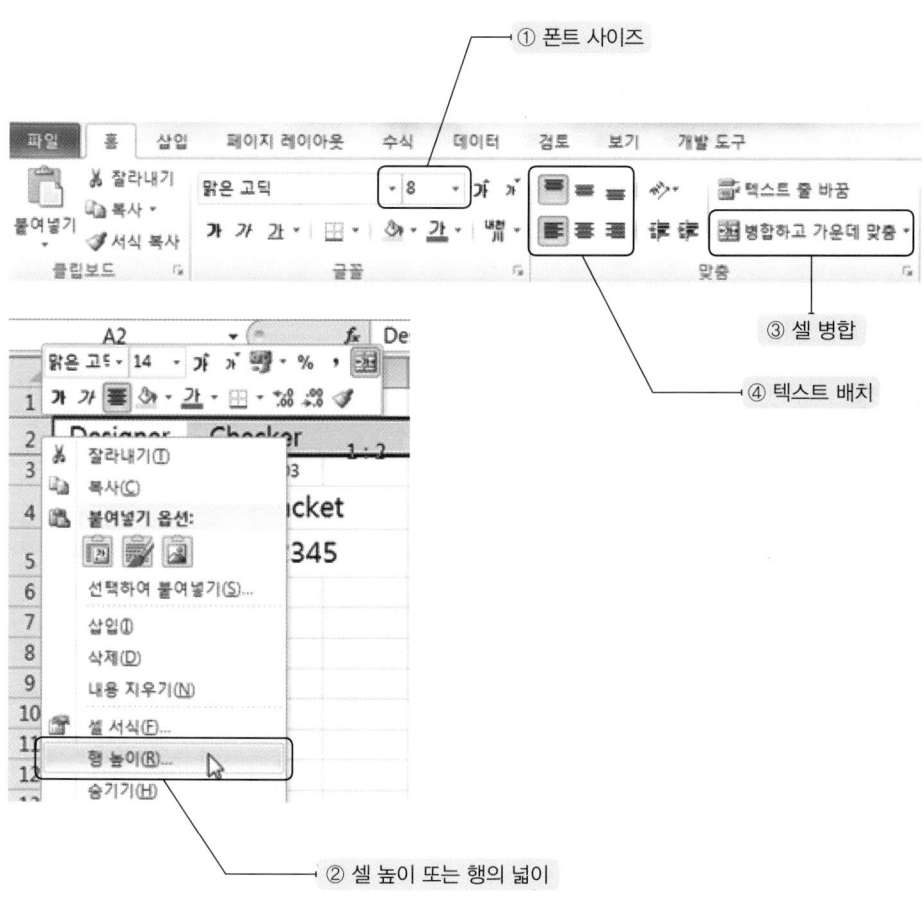

작업 내용
① 폰트 사이즈를 조절한다.
② 셀의 높이와 넓이를 조절한다.
③ 일부 셀을 병합한다.
④ 텍스트 배치를 수정한다.

① 폰트 사이즈
③ 셀 병합
④ 텍스트 배치
② 셀 높이 또는 행의 넓이

② CATIA 준비

CATDrawing을 'A4 ISO' Style로 생성한다.

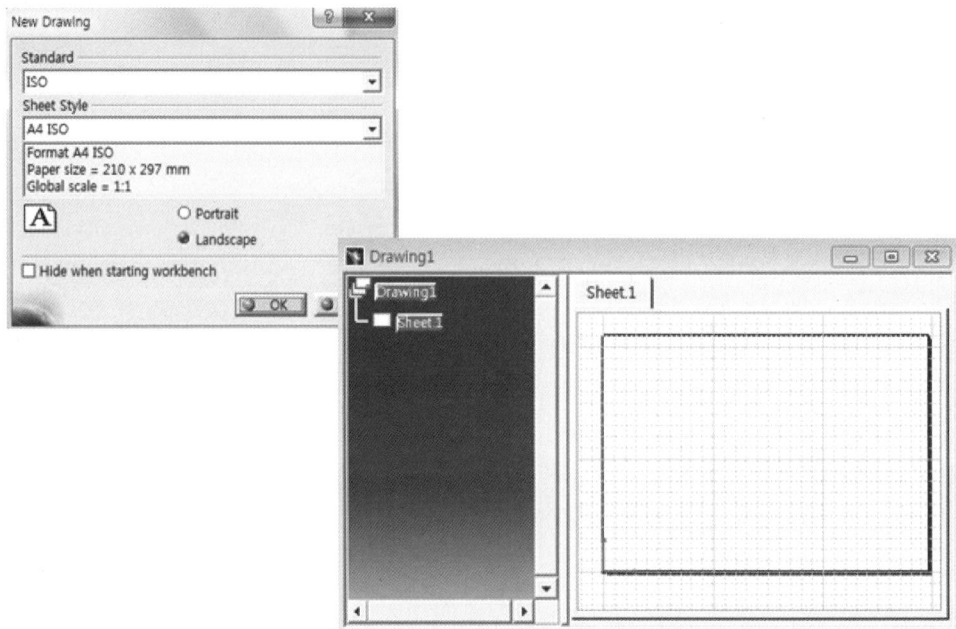

③ 코드 작업

① 메뉴바 Tools 또는 'Alt+F11' 단축키를 이용하여 VB Editor 실행

1) 모듈 생성

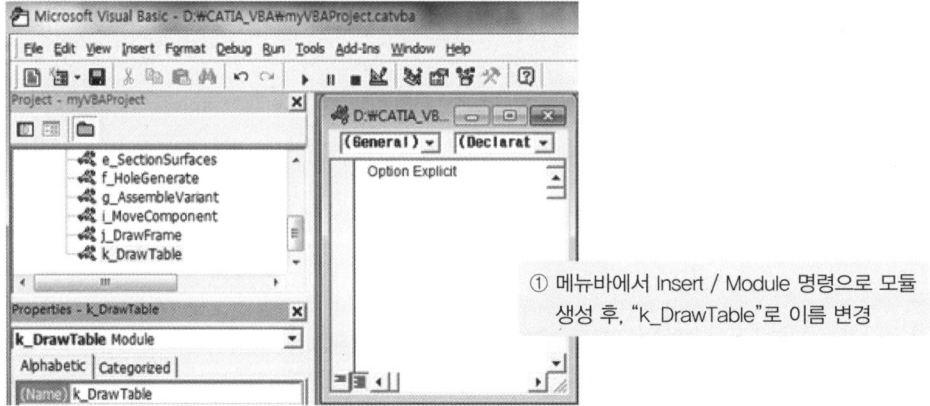

① 메뉴바에서 Insert / Module 명령으로 모듈 생성 후, "k_DrawTable"로 이름 변경

2) 프로그램 실행을 위한 사전 준비 단계

코딩 1   전체 코드 입력

```vb
Option Explicit

Dim oRange As Range
Dim oView As DrawingView
Dim oTable As DrawingTable

Sub CATMain()

  On Error Resume Next

  Dim oDrawDoc 'As DrawingDocument
  Set oDrawDoc = CATIA.ActiveDocument
  If Err.Number <> 0 Or TypeName(oDrawDoc) <> "DrawingDocument" Then
     MsgBox "You must activate a CATDrawing document."
     End
  End If

  Dim oExcel As Excel.Application
  Set oExcel = GetObject(, "Excel.Application")
  If Err.Number <> 0 Then
     MsgBox "The Excel application does not run."
     End
  End If

  Dim oWSheet As Worksheet
  Set oWSheet = oExcel.ActiveSheet
  If oWSheet Is Nothing Then
     MsgBox "There is no active sheet."
     End
  End If

  Dim isGoodInput As Boolean, strLastCell As String
  isGoodInput = True
  Do
     strLastCell = InputBox("Input the final cell. Ex) E5" & Chr(13) & _
                  "After this you must select a view in CATIA.")
     If strLastCell <> "" Then
        Err.Clear
        Set oRange = oExcel.Range("A1:" & strLastCell)
        If Err.Number <> 0 Then
           MsgBox "Your input is wrong. Ex) F6"
           isGoodInput = False
        Else
           isGoodInput = True
        End If
     Else
        Exit Sub
     End If
  Loop While Not isGoodInput

  On Error GoTo 0

End Sub
```

코딩 1 해설

```
Option Explicit

Dim oRange As Range
```
- Excel의 Range 개체 타입의 변수를 선언한다.

```
Dim oView As DrawingView
```
- 'oView' 이름의 DrawingView 개체 타입의 변수를 선언한다.

```
Dim oTable As DrawingTable
```
- DrawingTable 개체 타입의 변수를 선언한다. 모듈 도입부에 선언된 이 변수들은 모듈 내의 여러 프로시저에서 사용할 수 있는 변수이다.

```
Sub CATMain()

    On Error Resume Next
```
- 프로그램 시작 전에 사전 준비 상황을 체크하는 과정에서 On Error 구문을 적용한다. 개체의 존재 여부를 파악하는 과정에서 에러 발생 여부로 프로그램의 실행 준비 상황을 판단할 수 있다.

```
    Dim oDrawDoc 'As DrawingDocument
```
- 이후에 사용하게 되는 Indicate2D 메서드에서 오류가 발생하기 때문에 개체 타입의 선언을 주석 처리한다. 코드 작업 중에는 As 구문을 주석 처리하지 않고 진행하면, 구성원 자동 목록을 이용할 수 있어서 편리하다.

```
    Set oDrawDoc = CATIA.ActiveDocument
```
- CATIA에서 활성화된 문서를 'oDrawDoc' 변수에 할당한다. 만약, CATIA에 문서가 오픈된 것이 없다면 오류가 발생한다. CATPart나 CATProduct가 활성화되어 있다면, 오류가 발생하지 않는다. 왜냐하면, 'oDrawDoc'를 선언할 때, 개체 타입을 선언하지 않았기 때문이다.

```
    If Err.Number <> 0 Or TypeName(oDrawDoc) <> "DrawingDocument" Then
```
- 오류가 발생하여 Err(ErrObject) 개체의 Number 속성값이 0이 아니거나, 'oDrawDoc' 개체의 타입명이 DrawingDocument가 아닌 경우에는 아래 실행문을 진행한다.

```
        MsgBox "You must activate a CATDrawing document."
        End
    End If
```
- 여기까지 CATIA에 CATDrawing 문서가 활성화되어 있는지를 체크하는 내용이다.

```
    Dim oExcel As Excel.Application
```
- 'oExcel'이라는 이름의 변수를 Excel 라이브러리의 Application 개체 타입으로 선언한다. 'F2' 단축키를 누르면 나타나는 Object browser에서 Application을 검색하면, Excel 및 INTITF 라이브러리에 Application 개체가 존재한다. 이런 경우에는 라이브러리까지 입력하여 구체적인 개체를 선언하는 것이 바람직하다.

```
    Set oExcel = GetObject(, "Excel.Application")
```
- VBA 라이브러리 내에 있는 GetObject 함수를 이용하여 'oExcel' 변수에 윈도즈에 실행되어 있는 엑셀 프로그램을 할당한다.

```
    If Err.Number <> 0 Then
        MsgBox "The Excel application does not run."
        End
    End If
```
- 엑셀 프로그램이 실행된 것이 없어서 오류가 발생하면, 메시지를 띄우고 프로그램을 종료한다.

```
    Dim oWSheet As Worksheet
    Set oWSheet = oExcel.ActiveSheet
```
- 'oWSheet' 이름의 Worksheet 개체 타입의 변수를 선언하고, 엑셀에서 활성화되어 있는 시트를 할당한다.
- Excel 라이브러리의 Application 개체 내 속성에는 ActiveWorkbook, ActiveWindow, ActiveSheet 등이 있어서 Excel 개체에서 Workbook 개체를 건너뛰고 바로 WorkSheet 개체를 호출할 수 있다.

```
    If oWSheet Is Nothing Then
        MsgBox "There is no active sheet."
        End
    End If
```
- 'oWSheet' 변수에 올바른 개체가 할당되지 못하면, 그 값은 여전히 Nothing이다. 만약 이렇게 초기 선언된 상태 그대로 있는 경우에는 메시지를 띄우고 프로그램을 종료한다.

```
    Dim isGoodInput As Boolean, strLastCell As String
```
- 다음에 진행할 Do 반복문에 필요한 변수를 한꺼번에 선언한다. 'isGoodInput' 변수는 InputBox 함수를 실행할 때, 사용자가 입력창에서 입력한 값이 올바른지를 표현하는 Boolean 타입의 변수이다. 'strLastCell' 변수는 사용자가 입력한 문자열이 대입될 것이다.

```
    isGoodInput = True
```
- 'isGoodInput' 변수의 값을 True로 초기화한다.

```
    Do
```
- InputBox를 통해 사용자가 값을 입력할 때, 올바르지 못한 값을 입력하면 계속해서 InputBox를 실행하기 위하여 Do문을 사용한다.

```
        strLastCell = InputBox("Input the final cell. Ex) E5" & Chr(13) & _
                        "After this you must select a view in CATIA.")
```
- InputBox 함수를 실행하여 입력 대화창을 띄운다. InputBox 함수의 입력 인자는 한 개의 문자열로, Prompt에 해당한다. 입력 대화창에서 사용자가 입력한 문자열은 'strLestCell' 변수에 대입된다. **Chr(13)은 Carriage Return**으로 줄 바꿈을 뜻한다. Chr 코드에 커서를 놓고 'F1'을 눌러 도움말을 실행한 후에 그 내용을 확인하고 vbCr도 검색해 보자.

```
        If strLastCell <> "" Then
```
- 사용자가 입력한 문자열이 빈 문자열이 아니면, 아래 실행문을 진행한다.

```
            Err.Clear
```
- 혹시 발생되었을지 모르는 Err(ErrObject) 개체의 값을 0으로 변경한다.

```
            Set oRange = oExcel.Range("A1:" & strLastCell)
```
- 엑셀에서 특정 셀 영역을 호출하여 'oRange' 변수에 할당한다. 이 실행문에서 오류가 발생하면, 사용자의 입력값에 문제가 있는 것이다.

```
            If Err.Number <> 0 Then
                MsgBox "Your input is wrong. Ex) F6"
                isGoodInput = False
```
- 입력값이 잘못되어, 'oRange' 변수에 개체를 할당하는 실행문에서 오류가 발생하면, 메시지를 띄우고 'isGoodInput' 값을 False로 변경한다.

```
            Else
                isGoodInput = True
```
- 입력값이 올바르면, 'isGoodInput' 값을 True로 변경한다. 이 실행문이 없으면 Do문을 빠져나오지 못해 무한루프가 될 수 있다.

```
            End If
        
        Else
```
- 'strLastCell' 값이 빈 문자열일 경우에 해당하며, 이러한 경우는 사용자가 아무런 값을 입력하지 않았거나 대화창에서 'Cancel'(취소) 버튼을 클릭했을 때이다.

```
            Exit Sub
```
- 프로그램을 종료한다.

```
        End If
    
    Loop While Not isGoodInput
```
- Do ~ Loop While 구문이며, 조건식을 해석하면 다음과 같다. 'isGoodInput' 변수값이 False인 경우, Do문을 반복 실행한다.

```
    On Error GoTo 0
```
- 여기까지가 프로그램을 구동하기 전의 사전 점검 단계이다.

```
End Sub
```

- CATIA에 CATDrawing이 활성화되어 있고 엑셀에 표제란 내용이 작업되어 있는 상태에서 'CATMain' 프로시저를 실행하면, 아래 그림과 같은 입력 대화창이 나타나게 된다.

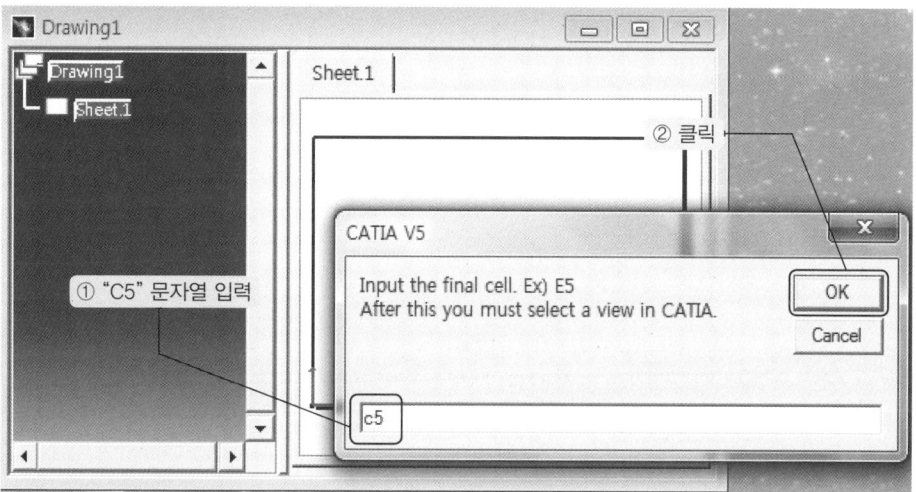

- 코드 작업이 올바르게 되었으면, 오류 없이 끝나게 된다.

- 'F2' 키를 눌러 Object browser를 실행하고, Application 개체를 검색하자.

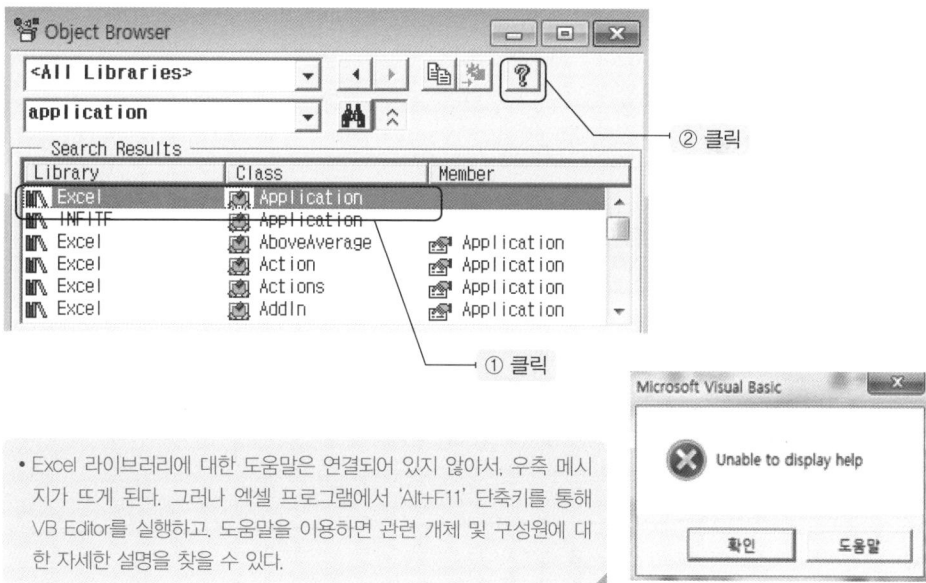

- Excel 라이브러리에 대한 도움말은 연결되어 있지 않아서, 우측 메시지가 뜨게 된다. 그러나 엑셀 프로그램에서 'Alt+F11' 단축키를 통해 VB Editor를 실행하고, 도움말을 이용하면 관련 개체 및 구성원에 대한 자세한 설명을 찾을 수 있다.

• 키워드 Nothing에 대한 Visual Basic 도움말을 찾아본다.

```
Dim oWSheet As Worksheet
Set oWSheet = oExcel.ActiveSheet
If oWSheet Is Nothing Then
    MsgBox "There is no active sheet."
    End
End If

Dim isGoodInput As Boolean, strLastCell As String
isGoodInput = True
Do
```

① 클릭하여 커서를 "Nothing" 위에 놓고, 'F1' 키를 누름

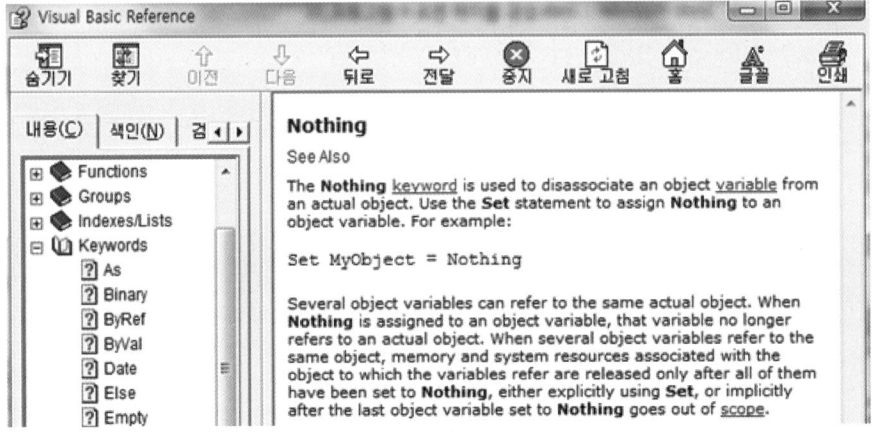

VB Editor 옵션

코드 초반에 'oDrawDoc' 변수는 타입 선언을 하지 않았다. 그러면 이후 코드 작업을 할 때 구성원 자동 목록 기능을 활용하지 못한다. 이러한 편집기의 보조 기능과 관련있는 옵션을 살펴보자.

Visual Basic Editor의 메뉴바에서 Tools / Options… 명령을 실행하여 코드 편집기의 환경을 설정할 수 있다.

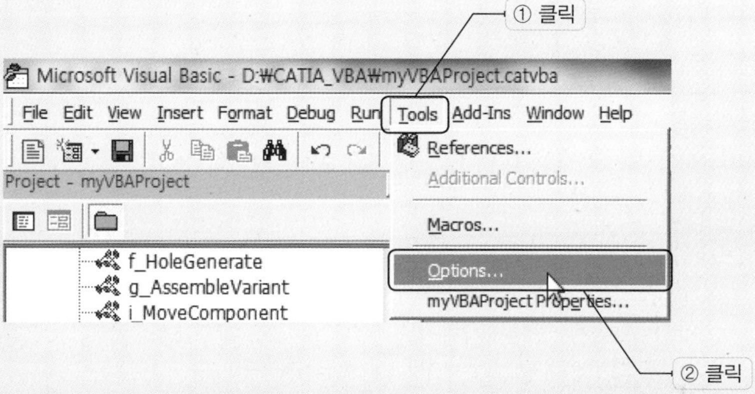

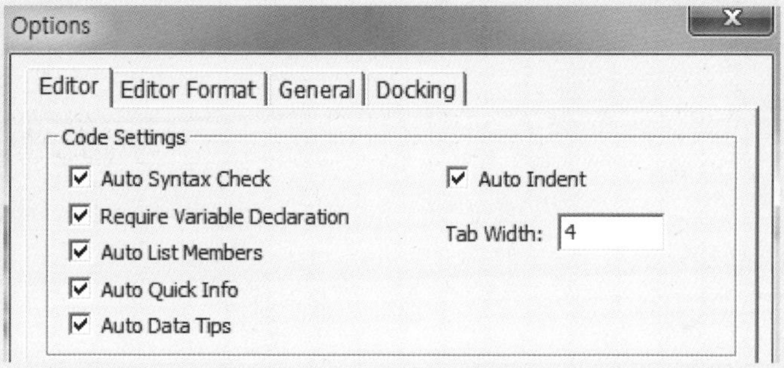

1) Auto Syntax Check : 커서가 행을 이동할 때 그 실행문에 오류가 있으면 메시지를 띄운다.

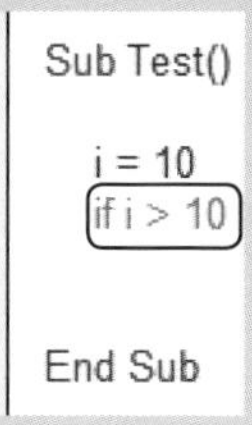

• 문제가 있는 행이 붉게 변하면서 오류 메시지가 나타난다.

2) Require Variable Declaration : 옵션이 체크되어 있을 때 모듈이나 폼을 생성하면, 항상 'Option Explicit" 구문이 자동으로 생성된다.

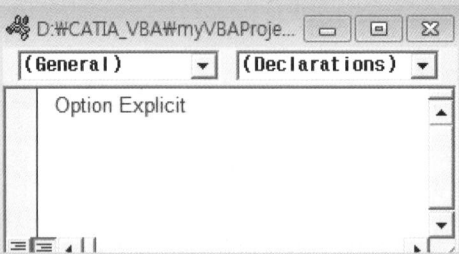

3) Auto List Members : 변수의 개체 타입이 선언되어 있으면, 코드 작업할 때 자동으로 해당 개체의 하위 구성원의 리스트를 보여 준다.

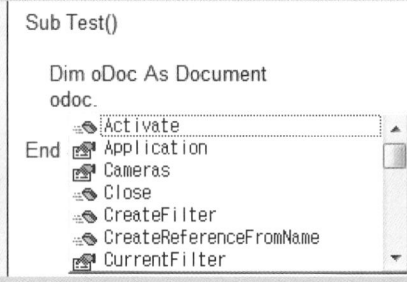

4) Auto Quick Info : 마우스를 키워드에 올려 놓으면, 함수에 들어가야 할 입력 인자에 대한 설명을 보여 준다.

```
Sub Test()
  msgbox|
        MsgBox(Prompt, [Buttons As VbMsgBoxStyle = vbOKOnly], [Title], [HelpFile], [Context]) As VbMsgBoxResult
End Sub
```

5) Auto Data Tips : 프로그램의 실행이 중단된 상태에서 변수에 마우스를 올려 놓으면, 그 변수에 대입되어 있는 값을 보여 준다.

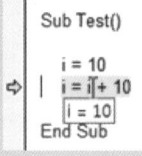

6) Auto Indent : 'Enter' 키를 눌러 행을 변경할 때, 자동으로 기존 행의 들여쓰기를 반영해 준다.

3) 테이블 생성 작업

코딩 2 • 'CATMain' 프로시저 내의 가장 아래에서 코드 추가 작업

코드 입력 1:
```
        End If
    Loop While Not isGoodInput

    On Error GoTo 0

    oDrawDoc.Sheets.ActiveSheet.Views.Item("Main View").Activate

    Dim strState As String, myLocation(1) As Variant
    strState = oDrawDoc.Indicate2D _
                ("Indicate where you want to locate a new view.", myLocation)
    If strState = "Normal" Then
        Set oView = oDrawDoc.Sheets.ActiveSheet.Views.Add("Table View")
    Else
        MsgBox "Failed to get the location of a new view.": End
    End If

    oView.X = myLocation(0): oView.Y = myLocation(1)

    CreateTable

End Sub
```

코드 입력 2:
```
Private Sub CreateTable()

    Dim rowCnt As Integer
    rowCnt = oRange.Rows.count
    Dim colCnt As Integer
    colCnt = oRange.Columns.count

    Set oTable = oView.Tables.Add(0, 0, rowCnt, colCnt, 10, 50)

    Dim i As Integer, j As Integer, mergeRange As Range

    For i = 1 To rowCnt

        For j = 1 To colCnt

            If Not oRange.Cells(i, j).MergeCells Then
                If oRange.Cells(i, j) <> "" Then FillTableCell i, j
            Else
                Set mergeRange = oRange.Cells(i, j).MergeArea
                On Error Resume Next
                oTable.MergeCells i, j, mergeRange.Rows.count, mergeRange.Columns.count
                If Err.Number = 0 And oRange.Cells(i, j) <> "" Then FillTableCell i, j
                On Error GoTo 0
            End If
        Next
    Next

End Sub

Private Sub FillTableCell(i As Integer, j As Integer)

End Sub
```

코딩 2 해설

```
On Error GoTo 0
```

```
    oDrawDoc.Sheets.ActiveSheet.Views.Item("Main View").Activate
```
- Main View를 활성화하지 않으면, 이후에 나오는 Indicate2D 메서드를 활용할 때, 사용자가 선택하는 지점의 X, Y 좌푯값을 도면 용지상에서 읽어오지 않고, 활성화되어 있는 뷰에서 좌푯값을 읽어오기 때문에, 뷰가 생성되는 지점이 사용자가 지시한 지점과 다른 경우가 발생한다.

```
    Dim strState As String, myLocation(1) As Variant
```
- Indicate2D 메서드의 실행 결과 상태에 대한 값이 'strState' 변수에 대입된다.
- 사용자가 지시한 지점의 X, Y 좌푯값이 'myLocation' 배열 변수에 대입된다.

```
    strState = oDrawDoc.Indicate2D _
            ("Indicate where you want to locate a new view.", myLocation)
```
- Indicate2D 메서드는 DrawingDocument 개체의 구성원이 아니라 Document 개체의 구성원이다. 도움말에서 확인하자.

```
    If strState = "Normal" Then
```
- 만약, CATIA에서 활성화된 도면의 어느 지점을 올바르게 지시했을 경우,

```
        Set oView = oDrawDoc.Sheets.ActiveSheet.Views.Add("Table View")
```
- "Table View"라는 이름으로 뷰를 생성하면서 'oView' 변수에 할당한다.

```
    Else
```
- 만약, Indicate2D 메서드의 실행 중에 'ESC' 키를 누르거나 CATIA 내의 다른 윈도우로 이동하는 등의 작업을 하여, Indicate 2D 메서드가 올바르게 수행되지 않은 경우,

```
        MsgBox "Failed to get the location of a new view.": End
```
- 메시지를 띄우고 종료한다.

```
    End If
```

```
    oView.X = myLocation(0): oView.Y = myLocation(1)
```
- 새롭게 생성된 뷰의 위치를 사용자가 지시한 지점으로 설정한다.

```
    CreateTable
```
- 'CreateTable' 프로시저를 실행한다.

```
End Sub
```


```
Private Sub CreateTable()
```

- CreateTable 프로시저를 Private문과 Sub문을 이용하여 선언한다.

    Dim rowCnt As Integer
    rowCnt = oRange.Rows.count
- 'rowCnt' 이름의 정수형 변수를 선언하고, 'oRange' 개체의 행의 수를 대입한다.

    Dim colCnt As Integer
    colCnt = oRange.Columns.count
- 'colCnt' 이름의 정수형 변수를 선언하고, 'oRange' 개체의 열의 수를 대입한다.

    Set oTable = oView.Tables.Add(0, 0, rowCnt, colCnt, 10, 50)
- 새롭게 생성된 View 개체에 Table을 생성한다. 입력 인자는 다음과 같다.
- X좌푯값 : 0, Y 좌푯값 : 0, 행의수 : rowCnt, 열의수 : colCnt, 행의 높이 : 10, 열의 넓이 : 50

    Dim i As Integer, j As Integer, mergeRange As Range
- 정수형 변수 'i'는 행의 수에 해당한다. 정수형 변수 'j'는 열의 수에 해당한다.
- 'mergeRange' 이름의 Range 개체 타입의 변수는 엑셀의 병합된 셀 영역을 할당받을 변수이다.

    For i = 1 To rowCnt
- 행의 수만큼 반복한다.

    For j = 1 To colCnt
- 열의 수만큼 반복한다.

    If Not oRange.Cells(i, j).MergeCells Then
- Range 개체의 MergeCells 속성을 이용하면 셀이 병합된 상태인지 아닌지 추적이 가능하며, 조건식을 해석하면 다음과 같다. 만약, 'oRange' 영역에서 i번째 행, j번째 열의 셀이 병합되어진 셀이 아닐 경우,

    If oRange.Cells(i, j) <> "" Then FillTableCell i, j
- 만약, 'oRange' 영역에서 i번째 행, j번째 열의 셀의 값이 비어 있지 않으면, 'FillTableCell' 이름의 프로시저를 실행한다.

    Else
- 만약, 'oRange' 영역에서 i번째 행, j번째 열의 셀이 병합되어진 경우,

    Set mergeRange = oRange.Cells(i, j).MergeArea
- 'mergeRange' 변수에 i번째 행, j번째 열의 셀이 병합되어진 영역을 할당한다.

    On Error Resume Next
- 다음 실행문은 상황에 따라 오류가 발생할 구문이므로, On Error 구문을 사용하여 강제 실행되도록 설정한다.

```
                oTable.MergeCells i, j, mergeRange.Rows.count, mergeRange.Columns.count
```
- Table 개체의 MergeCells 메서드를 실행한다. 입력 인자는 다음과 같다.
- i번째 행, j번째 열, 병합된 영역에서의 행의 수, 병합된 영역에서의 열의 수

```
                If Err.Number = 0 And oRange.Cells(i, j) <> "" Then FillTableCell i, j
```
- 만약, MergeCells 메서드 실행에 오류가 없고 해당 셀이 비어 있지 않으면, 'FillTableCell' 프로시저를 실행한다.

```
                On Error GoTo 0
            End If
        Next
    Next

End Sub

Private Sub FillTableCell(i As Integer, j As Integer)
```
- 'FillTableCell' 프로시저를 선언한다. 입력 인자는 정수형 변수 2개이다.
- 이 프로시저에서 Table의 i행, j열에 해당하는 셀에 내용을 입력할 것이다.

```
End Sub
```

• 여기까지 프로그램을 실행하면 병합된 상태만 반영된 테이블이 생성된다.

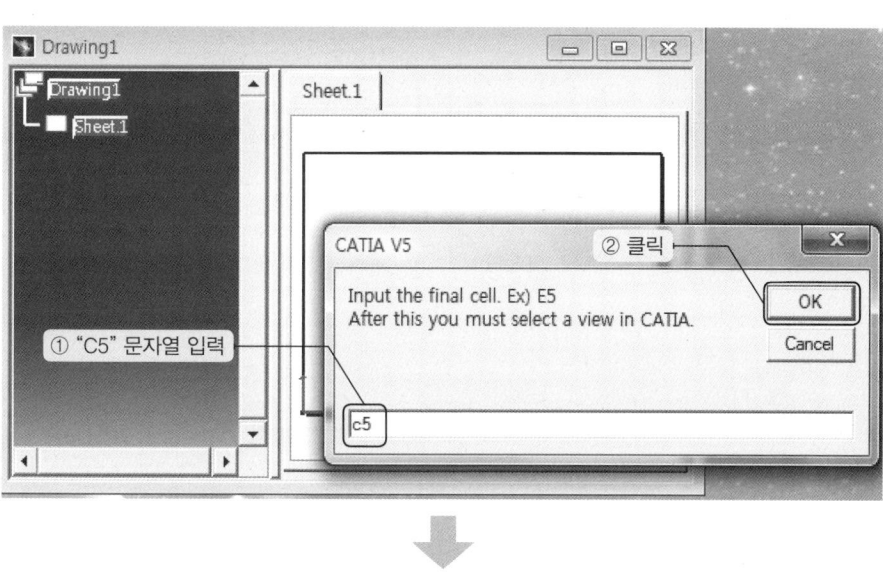

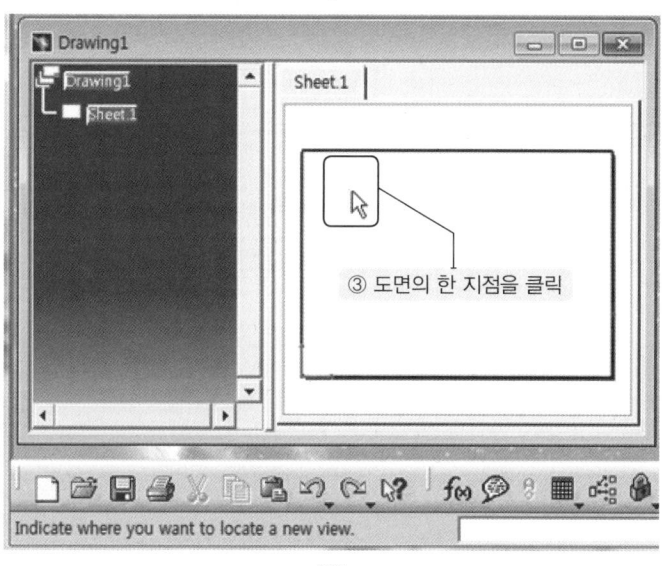

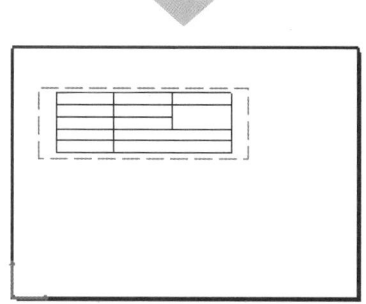

• 테이블이 생성된다.

• Indicate2D 코드에 커서를 놓고 'F1'을 누르면, CATIA VBA 도움말이 나타난다.

```
Dim strState As String, myLocation(1) As Variant
strState = oDrawDoc.Indicate2D _
              ("Indicate where you want to locate a new view.", myLocation)
If strState = "Normal" Then
    Set oView = oDrawDoc.Sheets.ActiveSheet.Views.Add("Table View")
Else
    MsgBox "Failed to get the location of a new view.": End
End If
```

① 커서를 놓고, 'F1'을 누름

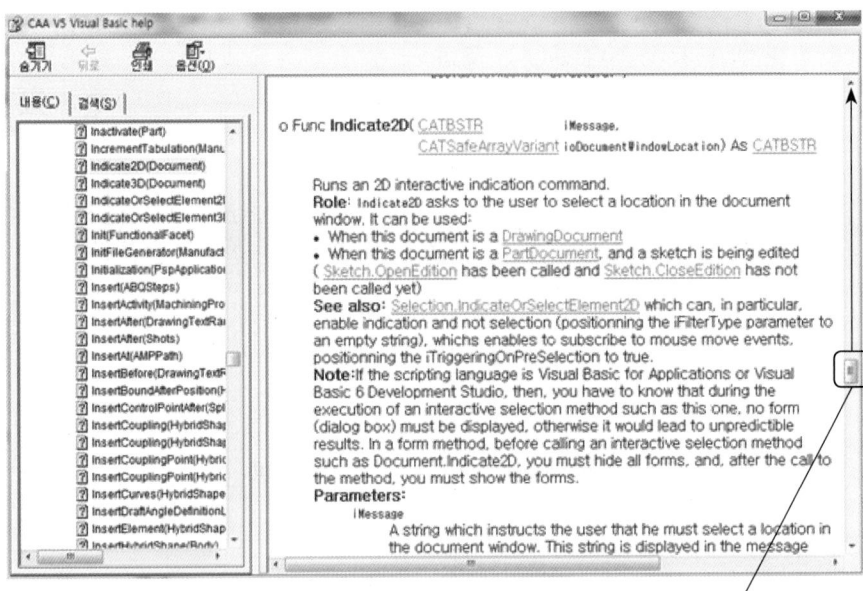

② 스크롤을 최상위로 올림

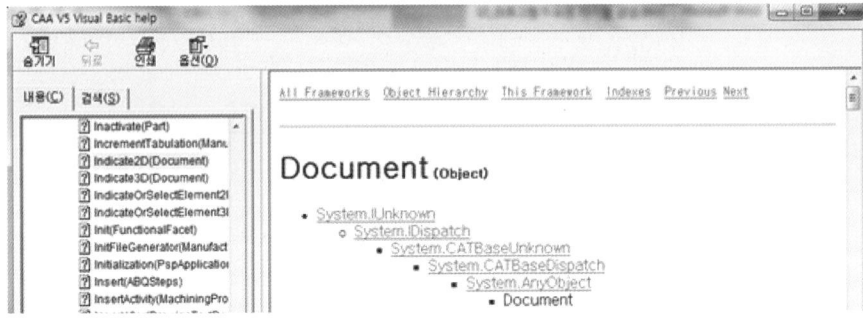

• Indicate2D 메서드는 Document 개체의 구성원임을 파악할 수 있다.

4) 테이블 내 텍스트 생성

코딩 3

```
        Else
            Set mergeRange = oRange.Cells(i, j).MergeArea
            On Error Resume Next
            oTable.MergeCells i, j, mergeRange.Rows.count, mergeRange.Columns.count
            If Err.Number = 0 And oRange.Cells(i, j) <> "" Then FillTableCell i, j
            On Error GoTo 0
        End If
    Next
Next

End Sub
```

코드 입력

```
Private Sub FillTableCell(i As Integer, j As Integer)

    Dim myRange As Range
    Set myRange = oRange.Cells(i, j)

    oTable.SetCellString i, j, myRange.Value
    oTable.SetRowSize i, myRange.Height
    oTable.SetColumnSize j, myRange.Width
    oTable.GetCellObject(i, j).SetFontSize 0, 0, Round(myRange.Font.Size, 0) / 2
    oTable.GetCellObject(i, j).SetFontName 0, 0, "Arial (TrueType)"

    Select Case myRange.HorizontalAlignment
        Case xlLeft
            If myRange.VerticalAlignment = xlTop Then
                oTable.SetCellAlignment i, j, CatTableTopLeft
            ElseIf myRange.VerticalAlignment = xlBottom Then
                oTable.SetCellAlignment i, j, CatTableBottomLeft
            Else
                oTable.SetCellAlignment i, j, CatTableMiddleLeft
            End If
        Case xlRight
            If myRange.VerticalAlignment = xlTop Then
                oTable.SetCellAlignment i, j, CatTableTopRight
            ElseIf myRange.VerticalAlignment = xlBottom Then
                oTable.SetCellAlignment i, j, CatTableBottomRight
            Else
                oTable.SetCellAlignment i, j, CatTableMiddleRight
            End If
        Case Else
            If myRange.VerticalAlignment = xlTop Then
                oTable.SetCellAlignment i, j, CatTableTopCenter
            ElseIf myRange.VerticalAlignment = xlBottom Then
                oTable.SetCellAlignment i, j, CatTableBottomCenter
            Else
                oTable.SetCellAlignment i, j, CatTableMiddleCenter
            End If
    End Select

End Sub
```

> 코딩 3 해설

```
Private Sub FillTableCell(i As Integer, j As Integer)

    Dim myRange As Range
    Set myRange = oRange.Cells(i, j)
```
- 'myRange' 이름의 Range 개체 타입의 변수를 선언하고, 'oRange' 영역에서 i번째 행, j번째 열에 해당하는 셀을 할당한다.

```
    oTable.SetCellString i, j, myRange.Value
```
- 새롭게 생성된 Table 개체의 SetCellString 메서드를 이용하여 문자열을 입력한다.

```
    oTable.SetRowSize i, myRange.Height
```
- i번째 행의 높이를 설정한다. 엑셀에서의 행의 높이와 도면에서의 행의 높이는 단위가 다르다. 필요하면 보조 수식으로 값을 보정할 필요가 있다.

```
    oTable.SetColumnSize j, myRange.Width
```
- j번째 열의 넓이를 설정한다.

```
    oTable.GetCellObject(i, j).SetFontSize 0, 0, Round(myRange.Font.Size, 0) / 2
```
- 폰트 사이즈는 엑셀 폰트 크기를 Round 함수를 이용하여 반올림하고, 그 절반의 값으로 설정한다. 이렇게 수식을 적용하면, 0.5 단위로 폰트 크기가 정해진다.

```
    oTable.GetCellObject(i, j).SetFontName 0, 0, "Arial (TrueType)"
```
- 폰트 종류는 "Arial (TrueType)" 이름의 폰트를 적용한다. 이 때 **서체 이름은 대소문자 및 띄어쓰기도 정확**해야 한다.

- 이후 구문은 Table의 각 셀에서 텍스트의 정렬 위치를 설정하기 위한 실행문이다. 엑셀의 Range 개체에서 HorizontalAlignment, VerticalAlignment 속성과 CATIA의 Table 개체에서 SetCellAlignment 메서드와 맞추어 작업한다. 가장 일반적인 정렬은 마지막에 작업한다. 즉, 수평 배치는 Center가 대표적인 경우이고, 수직 배치는 Middle이 대표적이기 때문에 Else 구문에서 Center와 Middle을 적용하는 것을 추천한다.
- xlLeft, xlTop, catTableTopLeft 등은 VBA에서 이미 선언되어 있는 상수값이며, 각각 특정 정수값을 가진다.

```
    Select Case myRange.HorizontalAlignment
        Case xlLeft
```
- 엑셀의 수평 정렬이 왼쪽이고,

```
            If myRange.VerticalAlignment = xlTop Then
```
- 엑셀의 수직 정렬이 윗쪽이면,

```
                oTable.SetCellAlignment i, j, CatTableTopLeft
```
- Table 개체의 i번째 행, j번째 열의 정렬을 상수 CatTableTopLeft값으로 적용한다.

```
            ElseIf myRange.VerticalAlignment = xlBottom Then
                oTable.SetCellAlignment i, j, CatTableBottomLeft
            Else
                oTable.SetCellAlignment i, j, CatTableMiddleLeft
            End If
        Case xlRight
```

• 엑셀의 수평 정렬이 오른쪽이면,

```
        If myRange.VerticalAlignment = xlTop Then
            oTable.SetCellAlignment i, j, CatTableTopRight
        ElseIf myRange.VerticalAlignment = xlBottom Then
            oTable.SetCellAlignment i, j, CatTableBottomRight
        Else
            oTable.SetCellAlignment i, j, CatTableMiddleRight
        End If
    Case Else
```
• 엑셀의 수평 정렬이 왼쪽도 아니고 오른쪽도 아니면,
```
        If myRange.VerticalAlignment = xlTop Then
            oTable.SetCellAlignment i, j, CatTableTopCenter
        ElseIf myRange.VerticalAlignment = xlBottom Then
            oTable.SetCellAlignment i, j, CatTableBottomCenter
        Else
            oTable.SetCellAlignment i, j, CatTableMiddleCenter
        End If
    End Select

End Sub
```

• Select 코드에 커서를 놓고 'F1'을 누르면, 도움말 항목을 선택하는 창이 나타난다.

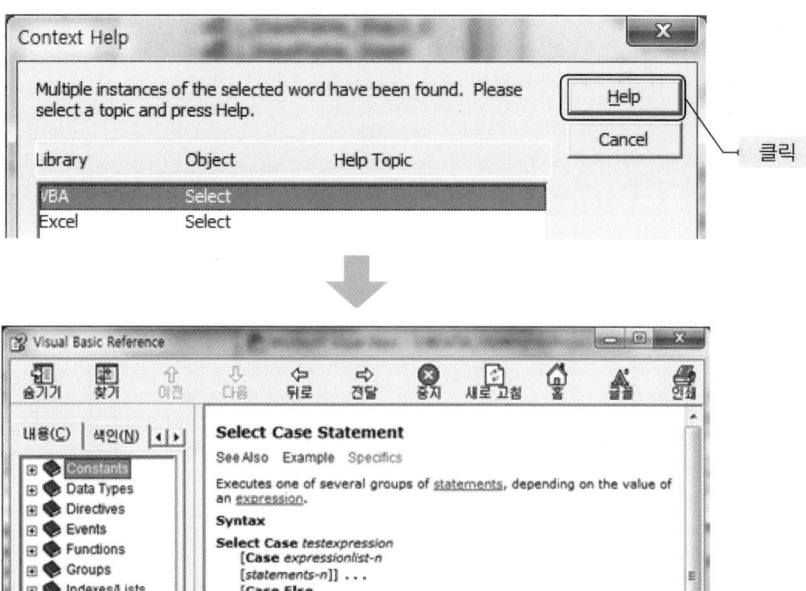

• 최종 프로그램을 실행하면 텍스트가 입력된 테이블이 생성된다.

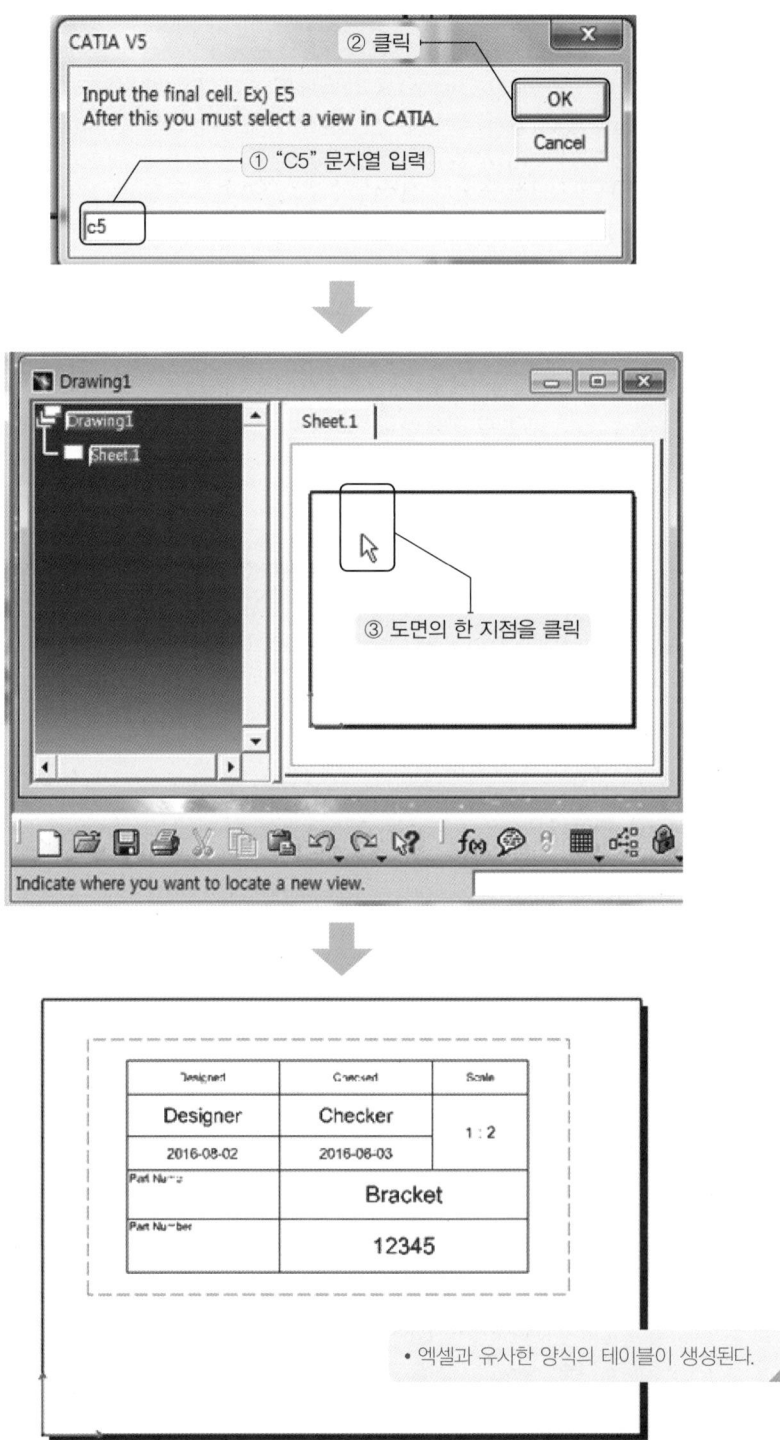

• 엑셀과 유사한 양식의 테이블이 생성된다.

- 텍스트를 정렬할 때 사용한 VBA 상수값을 검색해 보자.

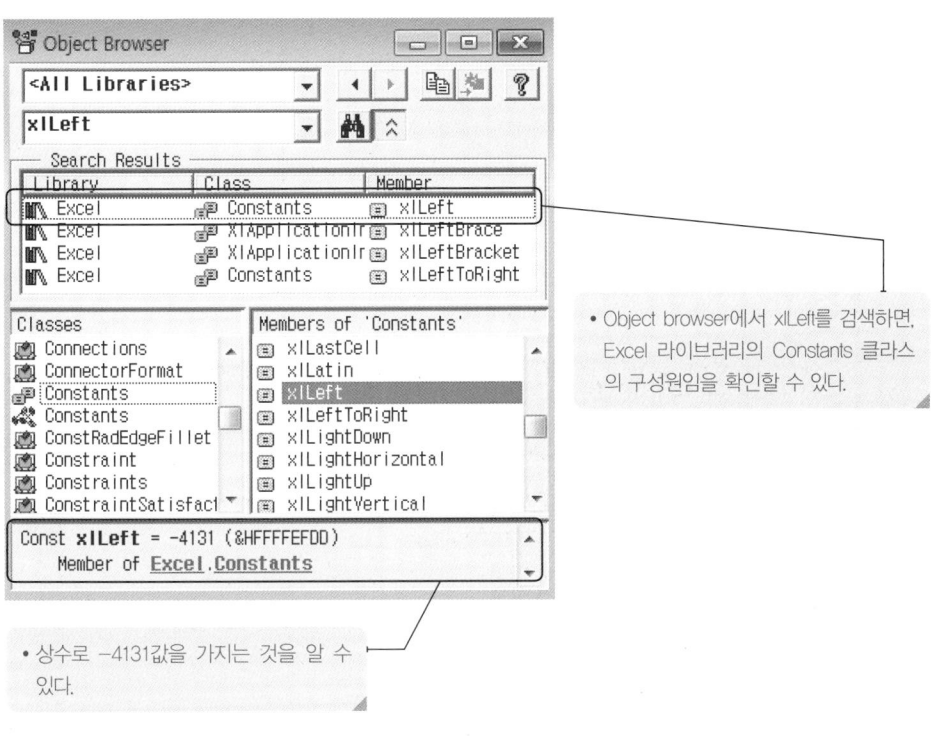

- Object browser에서 xlLeft를 검색하면, Excel 라이브러리의 Constants 클래스의 구성원임을 확인할 수 있다.

- 상수로 -4131값을 가지는 것을 알 수 있다.

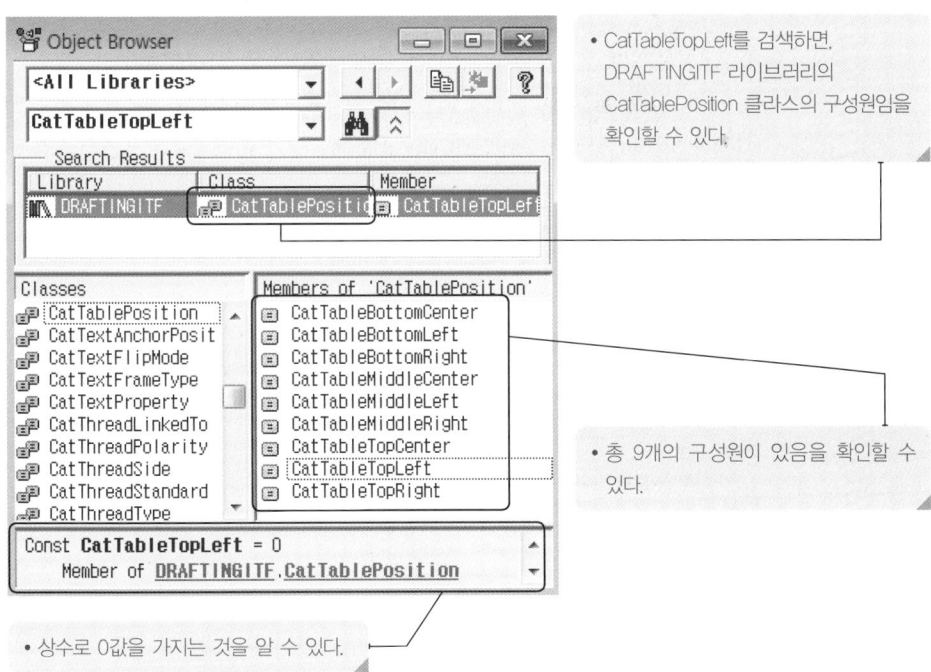

- CatTableTopLeft를 검색하면, DRAFTINGITF 라이브러리의 CatTablePosition 클래스의 구성원임을 확인할 수 있다.

- 총 9개의 구성원이 있음을 확인할 수 있다.

- 상수로 0값을 가지는 것을 알 수 있다.

④ 최종 코드 이해

```
Option Explicit

Dim oRange As Range
Dim oView As DrawingView
Dim oTable As DrawingTable
```
• 모듈 내의 공용 변수 선언부

```
Sub CATMain()

   On Error Resume Next

   Dim oDrawDoc 'As DrawingDocument
   Set oDrawDoc = CATIA.ActiveDocument
   If Err.Number <> 0 Or TypeName(oDrawDoc) <> "DrawingDocument" Then
      MsgBox "You must activate a CATDrawing document."
      End
   End If

   Dim oExcel As Excel.Application
   Set oExcel = GetObject(, "Excel.Application")
   If Err.Number <> 0 Then
      MsgBox "The Excel application does not run."
      End
   End If

   Dim oWSheet As Worksheet
   Set oWSheet = oExcel.ActiveSheet
   If oWSheet Is Nothing Then
      MsgBox "There is no active sheet."
      End
   End If
```
• CATIA 및 Excel의 프로그램 준비 상태를 체크 하는 단계

```
   Dim isGoodInput As Boolean, strLastCell As String
   isGoodInput = True
   Do
      strLastCell = InputBox("Input the final cell. Ex) E5" & Chr(13) & _
                   "After this you must select a view in CATIA.")
      If strLastCell <> "" Then
         Err.Clear
         Set oRange = oExcel.Range("A1:" & strLastCell)
         If Err.Number <> 0 Then
            MsgBox "Your input is wrong. Ex) F6"
            isGoodInput = False
         Else
            isGoodInput = True
         End If
      Else
         Exit Sub
      End If
   Loop While Not isGoodInput

   On Error GoTo 0
```
• 사용자에게 엑셀 시트에서 테이블로 만들 영역을 묻는 단계

```
        oDrawDoc.Sheets.ActiveSheet.Views.Item("Main View").Activate

        Dim strState As String, myLocation(1) As Variant
        strState = oDrawDoc.Indicate2D _
                    ("Indicate where you want to locate a new view.", myLocation)
        If strState = "Normal" Then
            Set oView = oDrawDoc.Sheets.ActiveSheet.Views.Add("Table View")
        Else
            MsgBox "Failed to get the location of a new view.": End
        End If

        oView.X = myLocation(0): oView.Y = myLocation(1)

        CreateTable

End Sub

Private Sub CreateTable()

    Dim rowCnt As Integer
    rowCnt = oRange.Rows.count
    Dim colCnt As Integer
    colCnt = oRange.Columns.count

    Set oTable = oView.Tables.Add(0, 0, rowCnt, colCnt, 10, 50)

    Dim i As Integer, j As Integer, mergeRange As Range

    For i = 1 To rowCnt

        For j = 1 To colCnt

            If Not oRange.Cells(i, j).MergeCells Then
                If oRange.Cells(i, j) <> "" Then FillTableCell i, j
            Else
                Set mergeRange = oRange.Cells(i, j).MergeArea
                On Error Resume Next
                oTable.MergeCells i, j, mergeRange.Rows.count, mergeRange.Columns.count
                If Err.Number = 0 And oRange.Cells(i, j) <> "" Then FillTableCell i, j
                On Error GoTo 0
            End If
        Next
    Next
End Sub
```

• 생성할 뷰의 위치를 사용자에게 묻고, 뷰를 만드는 단계

• 테이블을 생성하는 단계

```
Private Sub FillTableCell(i As Integer, j As Integer)          • 테이블 내의 텍스트를 입력하고
                                                                 엑셀의 양식을 반영하는 단계
    Dim myRange As Range
    Set myRange = oRange.Cells(i, j)

    oTable.SetCellString i, j, myRange.Value
    oTable.SetRowSize i, myRange.Height
    oTable.SetColumnSize j, myRange.Width
    oTable.GetCellObject(i, j).SetFontSize 0, 0, Round(myRange.Font.Size, 0) / 2
    oTable.GetCellObject(i, j).SetFontName 0, 0, "Arial (TrueType)"

    Select Case myRange.HorizontalAlignment
        Case xlLeft
            If myRange.VerticalAlignment = xlTop Then
                oTable.SetCellAlignment i, j, CatTableTopLeft
            ElseIf myRange.VerticalAlignment = xlBottom Then
                oTable.SetCellAlignment i, j, CatTableBottomLeft
            Else
                oTable.SetCellAlignment i, j, CatTableMiddleLeft
            End If
        Case xlRight
            If myRange.VerticalAlignment = xlTop Then
                oTable.SetCellAlignment i, j, CatTableTopRight
            ElseIf myRange.VerticalAlignment = xlBottom Then
                oTable.SetCellAlignment i, j, CatTableBottomRight
            Else
                oTable.SetCellAlignment i, j, CatTableMiddleRight
            End If
        Case Else
            If myRange.VerticalAlignment = xlTop Then
                oTable.SetCellAlignment i, j, CatTableTopCenter
            ElseIf myRange.VerticalAlignment = xlBottom Then
                oTable.SetCellAlignment i, j, CatTableBottomCenter
            Else
                oTable.SetCellAlignment i, j, CatTableMiddleCenter
            End If
    End Select

End Sub
```

Chapter 11
기 타

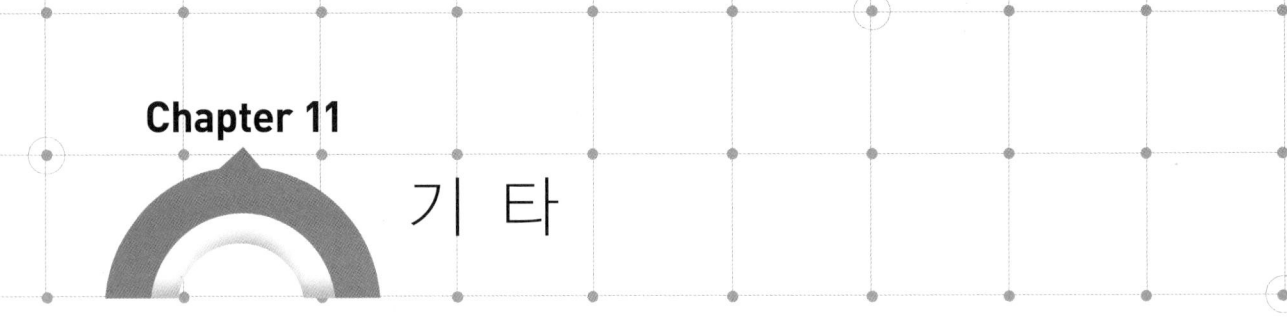

Chapter 11

기 타

1 ByRef. vs. ByVal.

함수를 선언할 때, 입력 인자(매개 변수)에 대하여 두 가지 종류의 옵션을 적용할 수 있다. 아래 두 가지 경우의 코드를 작성하여 테스트해 보자.

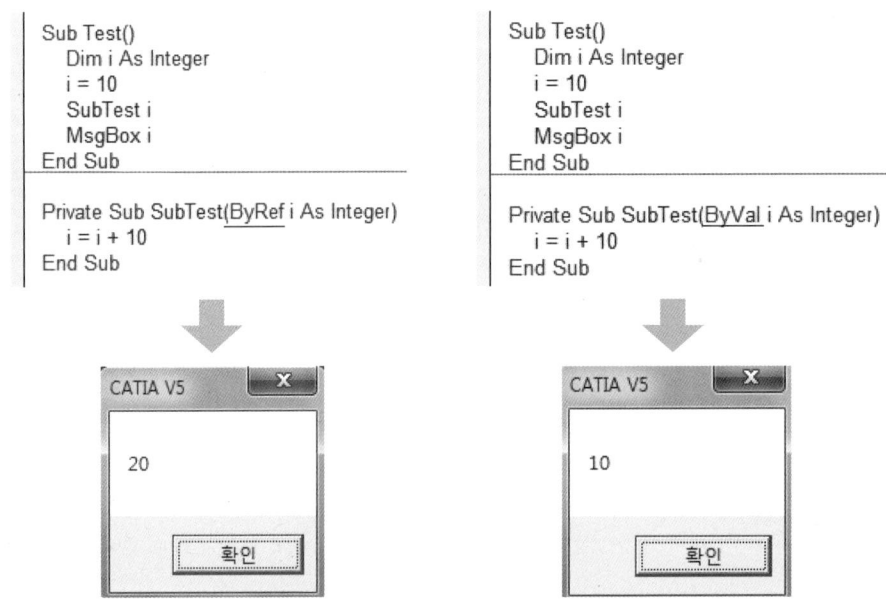

Visual Basic 도움말에서 검색하면 다음과 같은 내용을 확인할 수 있다.

ByVal   Optional. Indicates that the argument is passed by value.

ByRef   Indicates that the argument is passed by reference. **ByRef** is the default in Visual Basic.

함수의 매개 변수를 전달할 때, ByRef는 개체나 변수 그 자체를 전달하고 ByVal은 단지 변수가 가진 값을 전달한다. 그리고 이 **구문을 생략하면 기본적으로 ByRef를 적용**하게 된다.

② 직접 실행 창 활용

VB Editor의 메뉴바에서 View / Immediate Window를 실행하면 직접 실행 창이 나타난다.

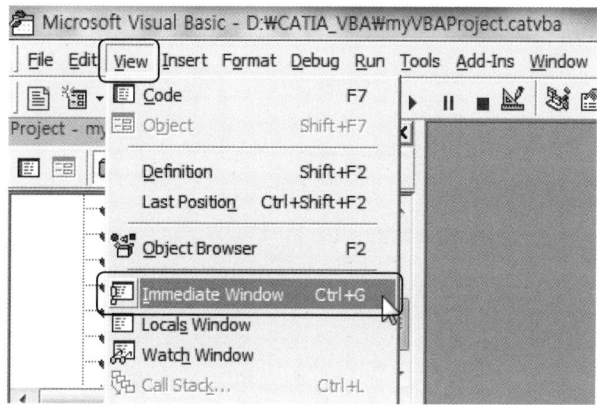

일반적인 구문을 테스트할 수도 있고, 디버깅 중에는 "?" 키워드를 이용하여 변수값을 알아볼 수도 있다.

• 일반적인 구문을 테스트할 수 있다.

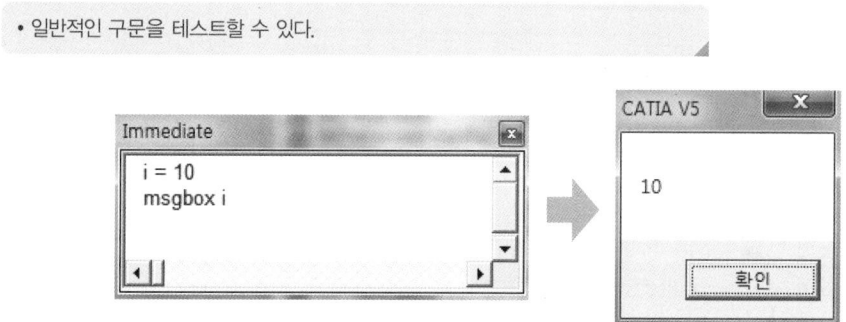

• 디버깅 중에 변수값을 알 수 있다.

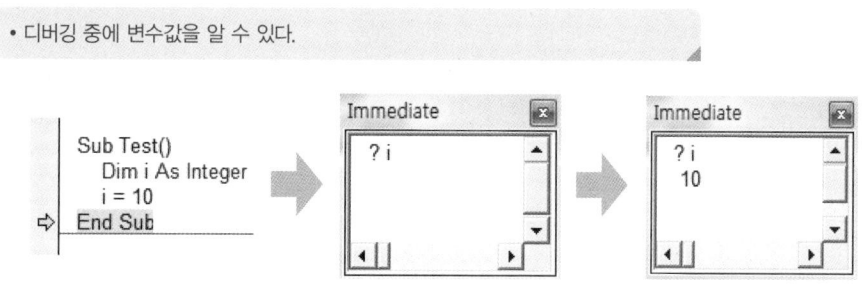

③ Parent 속성 활용

개체의 수직 계층적인 구조를 이용할 때 Parent 속성을 활용하면 효율적인 경우가 있다.

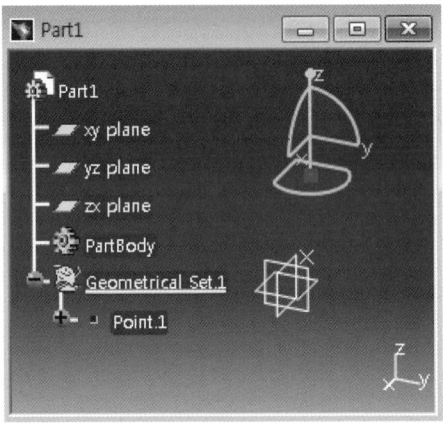

위와 같은 상황에서 사용자가 Point.1을 선택했을 때, 그 상위 개체인 Geometrical Set.1을 이용해야 하는 경우에 Parent 속성을 이용하여 호출할 수 있다. 여기서는 HybridBody – HybridShapes – HybridShape의 계층 구조이므로 두 단계 위의 개체를 호출하여야 한다. 아래와 같이 코드 작업을 하고 실행해 보자.

```
Sub Test()

    Dim oSel, selType(0), selObject
    Set oSel = CATIA.ActiveDocument.Selection
    selType(0) = "AnyObject"
    oSel.SelectElement2 selType, "Slect", False
    Set selObject = oSel.Item(1).Value.Parent.Parent
    MsgBox TypeName(selObject) & ", " & selObject.Name

End Sub
```

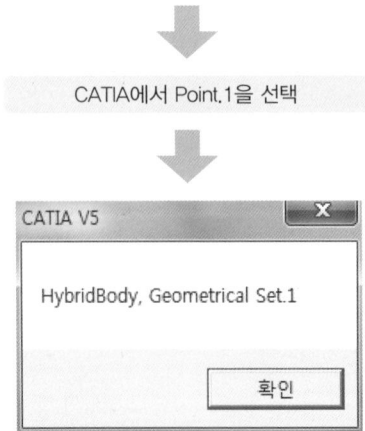

④ CATIA에서 선택하여 개체를 코드화하기

VB Editor의 메뉴바에서 Insert / Object resolution… 기능을 활용하면 CATIA에서 개체를 선택하여, 그 개체를 코드로 변환하는 것이 가능하다.

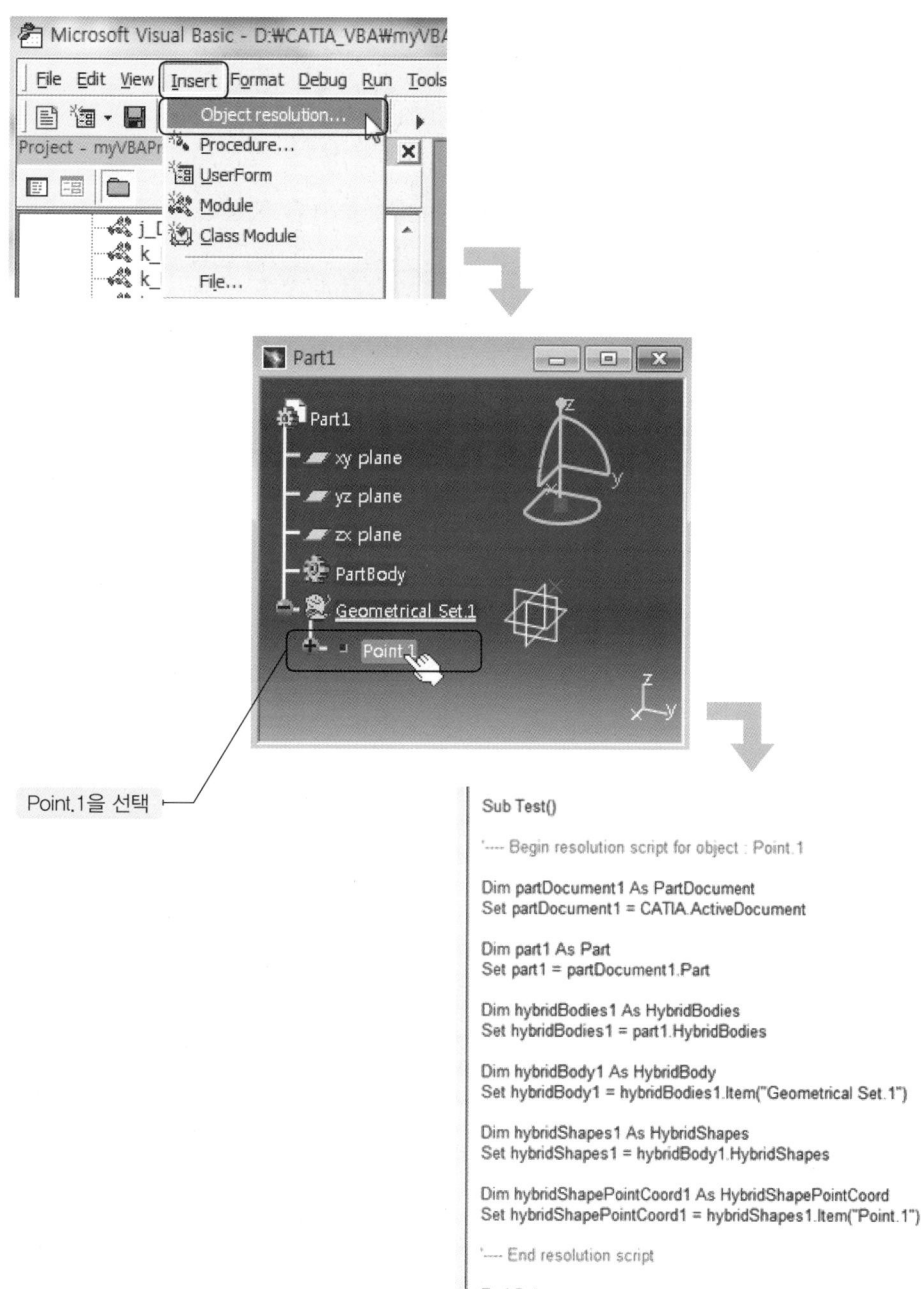

⑤ CATIA의 일반 명령 사용하기

INFITF 라이브러리의 Application 개체가 CATIA이며, 이 개체의 구성원 중에 StartCommand 메서드가 있다. 이 메서드를 이용하면 VBA 코드로 할 수 없는 CATIA 명령을 구현할 수 있다.

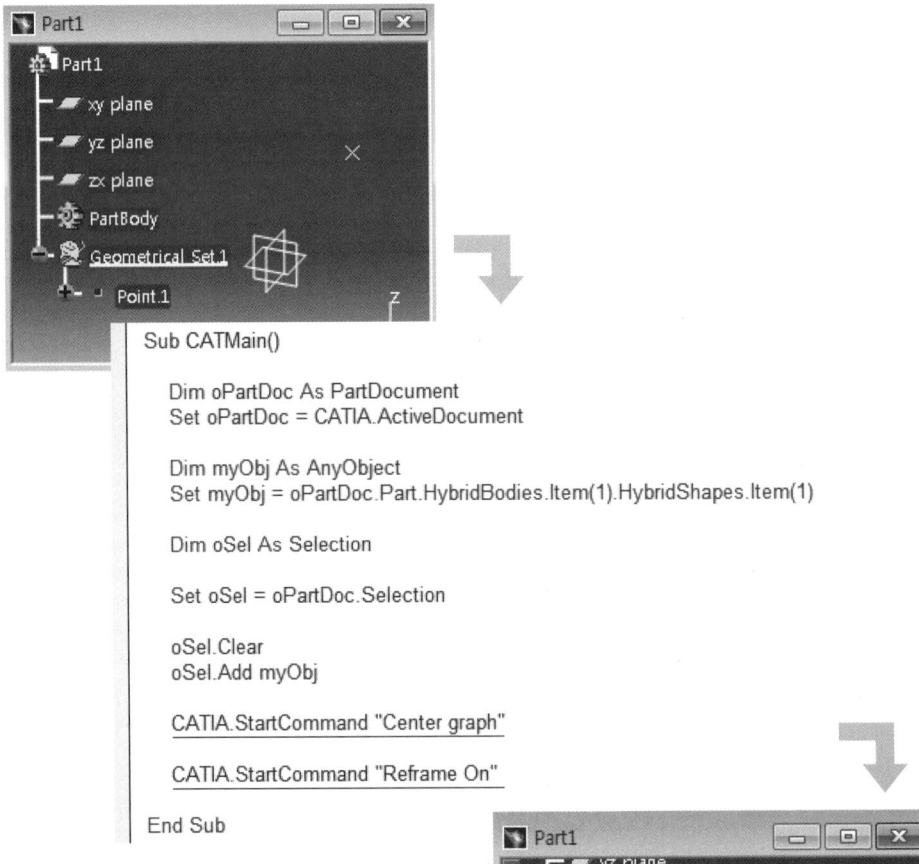

- 'Enter' 키를 눌러야 하는 명령 실행은 VBA 라이브러리의 메서드를 병행하여 사용해야 한다. 필자의 경우는 실제 적용할 때 실패하는 경우가 많아서 추천하지 않는 방법이다.

- Disassemble 적용 사례
CATIA.StartCommand "Disassemble"
AppActivate "CATIA V5", True
SendKeys "{ENTER}", True

⑥ VBA 기타 함수

1) Shell : 외부 실행 파일을 실행할 때 사용한다.

```
Sub Test()
    Shell "C:\windows\System32\calc.exe"
End Sub
```

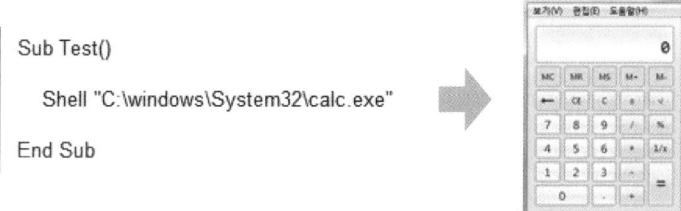

2) Me (Keyword) : 폼 코드에서 주로 사용되며, 이 때 그 폼을 가리킨다.

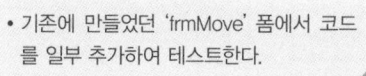

• 기존에 만들었던 'frmMove' 폼에서 코드를 일부 추가하여 테스트한다.

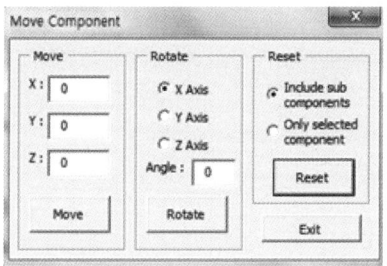

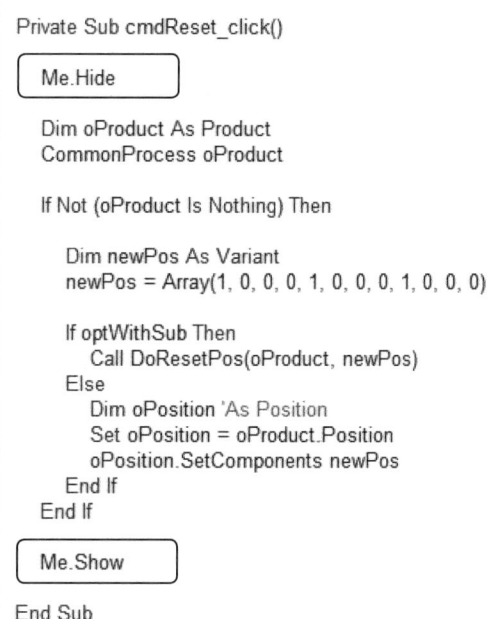

```
Private Sub cmdReset_click()

    Me.Hide

    Dim oProduct As Product
    CommonProcess oProduct

    If Not (oProduct Is Nothing) Then

        Dim newPos As Variant
        newPos = Array(1, 0, 0, 0, 1, 0, 0, 0, 1, 0, 0, 0)

        If optWithSub Then
            Call DoResetPos(oProduct, newPos)
        Else
            Dim oPosition 'As Position
            Set oPosition = oProduct.Position
            oPosition.SetComponents newPos
        End If
    End If

    Me.Show

End Sub
```

⑦ PasteSpecial

복사하고 붙여넣기를 코드로 실행할 수 있으며, 특히 Selection 개체의 PasteSpecial 메서드를 이용하면 부모 형상과의 관계를 다양하게 설정할 수 있다.

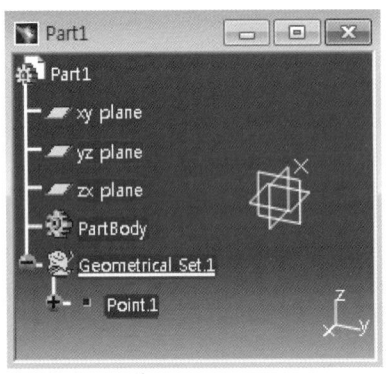

```
Sub Test()

    Dim oPartDoc As PartDocument
    Set oPartDoc = CATIA.ActiveDocument

    Dim oPoint As Point
    Set oPoint = oPartDoc.Part.HybridBodies.Item(1).HybridShapes.Item(1)

    Dim oSel As Selection
    Set oSel = oPartDoc.Selection

    oSel.Clear
    oSel.Add oPoint
    oSel.Copy

    oSel.Clear
    oSel.Add oPartDoc.Part
    oSel.PasteSpecial "CATPrtResultWithOutLink"

    oPartDoc.Part.Update

End Sub
```

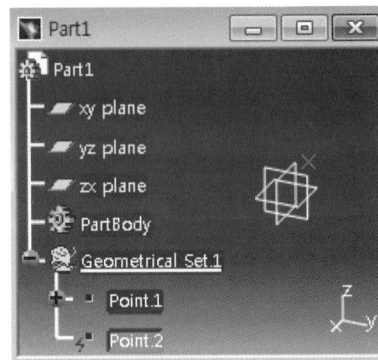

- 도움말에서 PasteSpecial을 검색하면 다양한 붙여넣기 방식의 키워드를 찾을 수 있다.

⑧ AddNewDatums

여러 영역으로 이루어진 형상을 영역별 개별 개체로 분리하고자 하는 경우에 활용할 수 있다.

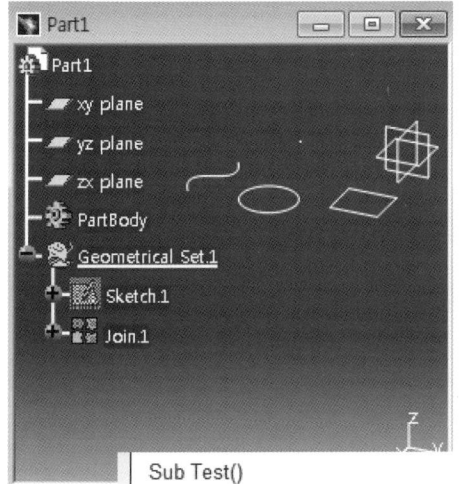

```
Sub Test()

    Dim oPartDoc As PartDocument
    Set oPartDoc = CATIA.ActiveDocument

    Dim oShape
    Set oShape = oPartDoc.Part.HybridBodies.Item(1).HybridShapes.Item(1)

    Dim oHSF As HybridShapeFactory
    Set oHSF = oPartDoc.Part.HybridShapeFactory

    Dim oDatums
    oDatums = oHSF.AddNewDatums(oShape)

    Dim i As Integer
    For i = 0 To UBound(oDatums)
        oPartDoc.Part.HybridBodies.Item(1).AppendHybridShape oDatums(i)
    Next

End Sub
```

- 개별 Datum 생성은 AddNew*Datum 메서드를 활용한다.

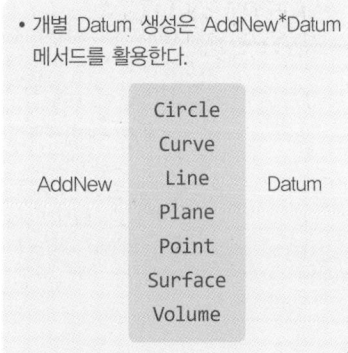

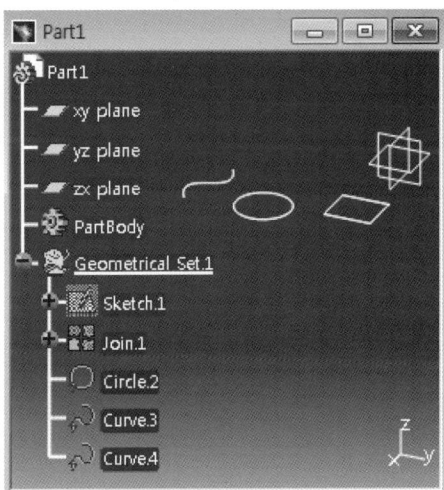

⑨ RefreshDisplay

프로그램 실행 속도 향상을 위해 코드 진행 중에 화면 갱신을 멈추게 할 수 있는 CATIA 개체의 속성이다.

```
Sub CATMain()
    CATIA.RefreshDisplay = False
    '실행문
    CATIA.RefreshDisplay = True
End Sub
```

⑩ DisplayFileAlerts

CATIA 문서를 닫을 때, "변경된 부분이 있으니 저장해야 합니다." 라는 메시지나, SaveAs 할 경우 "동일한 파일이 있습니다. 덮어쓰시겠습니까?" 등의 다양한 메시지가 나타날 수 있다. CATIA 개체의 DisplaFileAlerts 메서드를 이용하면, 이러한 메시지를 강제적으로 나타나지 않게 할 수 있다.

```
Sub CATMain()
    CATIA.DisplayFileAlerts = False
    '실행문
    CATIA.DisplayFileAlerts = True
End Sub
```

⑪ 기타 Select 방법

1) SelectElement3

다수의 개체를 한번에 선택할 때, Selection 개체의 이 메서드를 활용할 수 있다.

```
o Func SelectElement3( CATSafeArrayVariant   iFilterType,
                       CATBSTR               iMessage,
                       boolean               iObjectSelectionBeforeCommandUsePossibility,
                       CATMultiSelectionMode iMultiSelectionMode,
                       boolean               iTooltip) As CATBSTR
```

1) iFilterType : 선택 가능한 개체의 종류
2) iMessage : CATIA의 상태 표시줄에 나타나는 메시지
3) iObjectSelectionBeforeCommandUsePossibility : False이면 기존에 선택된 요소를 무시하고 작업, True 이면 기존의 선택 요소를 그대로 적용
4) iMultiSelectionMode : 0~2 세 가지 값. 값 2를 추천
5) iTootip : True로 하면 개체를 선택하기 위해 마우스을 올려놓으면 그 개체의 설명이 표시됨

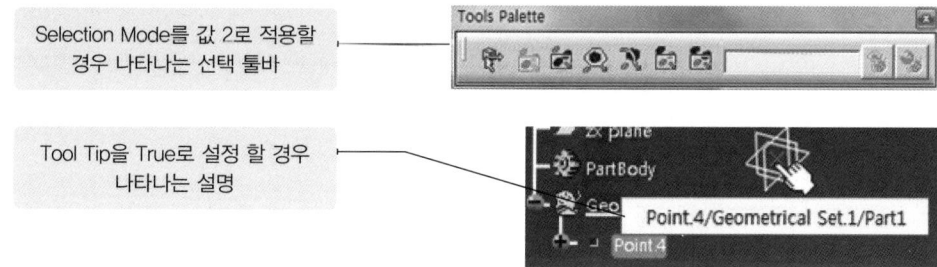

- Selection Mode를 값 2로 적용할 경우 나타나는 선택 툴바
- Tool Tip을 True로 설정 할 경우 나타나는 설명

2) SelectElement4

현재 작업 중인 활성화된 Document가 아닌 **다른 문서에서 개체를 선택**하고자 할 때, Selection개체의 이 메서드를 활용할 수 있다.

```
o Func SelectElement4( CATSafeArrayVariant iFilterType,
                       CATBSTR             iActiveDocumentMessage,
                       CATBSTR             iNonActiveDocumentMessage,
                       boolean             iTooltip,
                       Document            oDocument) As CATBSTR
```

1) iFilterType : 선택 가능한 개체의 종류
2) iActiveDocumentMessage : 작업 중인 활성화된 Document에서의 상태 표시줄에 나타나는 메시지
3) iNonActiveDocumentMessage : 선택하고자 하는 다른 Document에서의 상태 표시줄에 나타나는 메시지
4) iTootip : True로 하면 개체를 선택하기 위해 마우스을 올려놓으면 그 개체의 설명이 표시됨
5) oDocument : 선택을 하고 나면, 그 선택 요소가 있는 Document가 할당됨

⑫ HybridShapeFactory의 기타 메서드

AddNew~ 메서드가 대부분이지만 그 외 몇 가지 메서드가 더 있으며, 잘 활용하면 효과적인 코드를 작성할 수 있다.

1) ChangeFeatureName : HybridShape 개체의 이름을 변경할 수 있다.

   o Sub **ChangeFeatureName**(Reference iElem,
                               CATBSTR Name)

2) DeleteObjectForDatum : HybridShape 개체를 삭제할 수 있다.

   o Sub **DeleteObjectForDatum**(Reference iObject)

3) DuplicateGSMSpec : HybridShape 개체를 복사할 수 있다.

   ```
   Function DuplicateGSMSpec( iRef As Reference ) As HybridShape
       Member of HybridShapeTypeLib.HybridShapeFactory
   ```

4) GSMVisibility : HybridShape 개체의 Show / Hide 상태를 변경할 수 있다.

   Show 입력 인자 : 0은 No Show, 1은 Show이다.

   o Sub **GSMVisibility**(Reference iElem,
                           long   Show)

5) GetGeometricalFeatureType : HybridShape 개체의 종류를 파악할 수 있다.

   o Func **GetGeometricalFeatureType**(Reference iElem) As short

출력값
1 : Point
2 : Curve
3 : Line
4 : Circle
5 : Surface
6 : Plane
7 : Volume

⑬ 문제점 해결 방법의 검색 순서

VBA 코드를 작업할 때 풀리지 않는 부분은 다음 순서로 검색할 것을 추천한다.

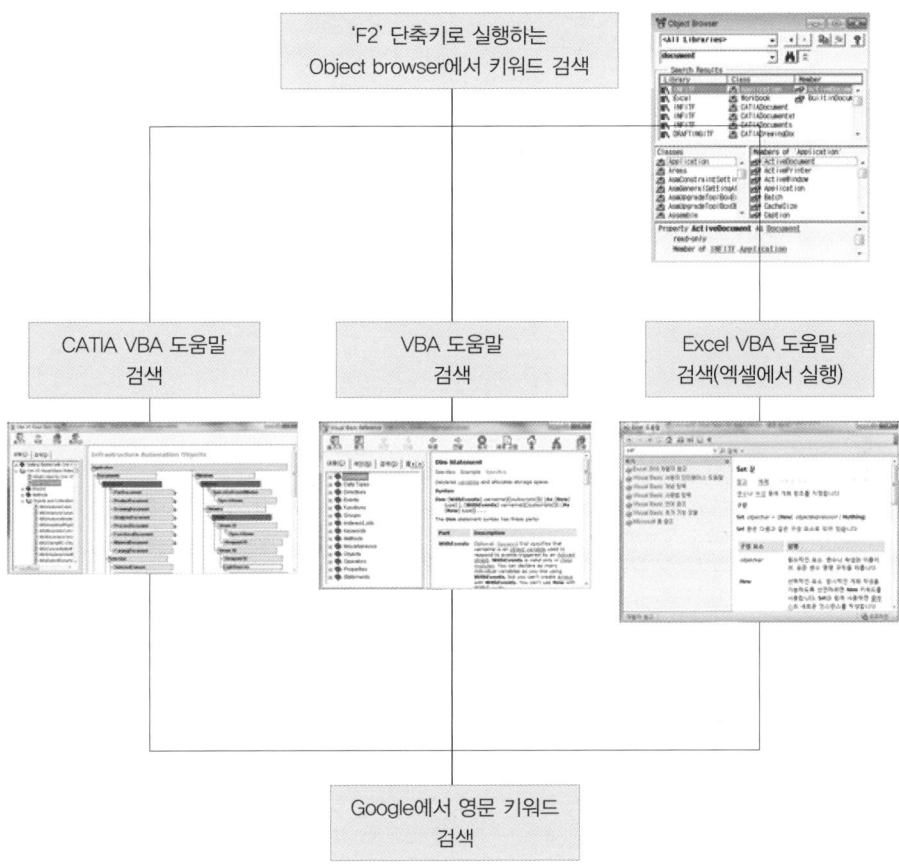

Chapter 11

INDEX

INDEX

기호

:= / 145
& (and) / 50
: (Colon) / 50
_ (Under Bar) / 50
" " (큰따옴표) / 50

A

Abstract object / 25
ActiveDocument / 106
ActiveViewer / 107
Add / 94
AddComponentsFromFiles / 228
AddNewComponent / 211
AddNewHoleFromPoint / 193
AddNewPointCoord / 31
AddNewPointOnCurveFromPercent / 151
Add Watch / 59
And / 68
AnyObject / 49
AppActivate / 334
AppendHybridShape / 28, 135
Application / 106
Apply / 252
Array / 252
AutoFilter / 205

B

Bodies / 172
Body / 172
Boolean / 78
Boundary / 190
Boundary Representation / 67
BRep. / 67
ByRef / 330

ByVal / 330

C

Call / 177
Caption / 77
CATMain / 27
CATScript / 116
CatTableTopLeft / 325
CatTextAnchorPosition / 286
Cells / 181
ChangeFeatureName / 340
CheckBox 컨트롤 / 81
Chr(13) / 50, 309
Clear / 47, 94
ClearContents / 206
Click 이벤트 / 89
Close / 204
Collection / 25
CommandButton 컨트롤 / 84
Copy / 94
Count / 53
CreateObject / 29, 184
CStr / 288
Cut / 94

D

Delete / 94
DeleteObjectForDatum / 340
Dim / 27, 87
Document / 46
Double / 78
DRAFTINGITF / 286
DrawingDocument / 270
DrawingSheet / 270
DrawingText / 270

DrawingView / 270
Dumps parameters values / 113
DuplicateGSMSpec / 340

E
Edge / 67
Enabled / 77
End / 181, 206
EntireColumn / 181
EntireRow / 181
Environ / 287
Excel.Application / 203
Excel Library / 176
Exit / 52

F
Face / 67
Factory2D / 270
File / 208
FileExists / 208
FileSystem / 208
Find / 206
Folder / 208
For Each / 259
Format / 288
Frame 컨트롤 / 83
Function / 22, 100

G
GetBackgroundColor / 109
GetDirection / 297
GetEndPoints / 294
GetFile / 208
GetGeometricalFeatureType / 340
GetObject / 29, 184
GSMVisibility / 340

H
Hole / 173
HorizontalAlignment / 322
HybridBodies / 134
HybridBody / 135

HybridShape / 136
HybridShapeFactory / 28, 133

I
If문 / 52
InfInterfaces(Infrastructure Interfaces) / 183
Initialize 이벤트 / 88
In Process / 29
InputBox / 140
InStr / 68, 121
InStrRev / 121
Integer / 78
InWorkObject / 28, 192
IsEmpty / 139
IsNull / 139
IsNumeric / 139
Item / 53

L
Label 컨트롤 / 79
LBound / 289
LCase / 121
Left / 121
Len / 121
Line2D / 271
Long / 78

M
Me / 335
MergeCells / 317
Mid / 121
Move / 210

N
Not / 90
Nothing / 312

O
Object Browser / 182
Object resolution / 333
On Error / 29
OptionButton 컨트롤 / 82

Option Explicit / 43
Or / 68
Out Process / 29

P

Parent / 67
Paste / 94
PasteSpecial / 94
Position / 210
Preserve / 49
Product / 210
ProductDocument / 209
Products / 211
Public / 87
PutBackgroundColor / 109

Q

Query 구문 / 74

R

Range / 181, 204, 206
ReDim / 49
Redim Preserve / 222, 256
Reframe / 109
RefreshDisplay / 338
Right / 121

S

SaveAs / 204
ScreenUpdating / 203
Search / 73, 94
SelectedElement / 61
SelectElement2 / 51
SelectElement3 / 339
SelectElement4 / 339
Selection / 46
SendKeys / 334
Set / 27
SetCellAlignment / 322
SetComponents / 259
SetRealColor / 94
SetShow / 94

SettingControllers / 111
Shape / 173
ShapeFactory / 171
Shell / 335
Single / 78
Sort / 205
SpecsAndGeomWindow / 27
StartCommand / 334
Sub / 22
SubFolders / 208
Sub(Subroutine) / 100

T

TextBox 컨트롤 / 80
TypeName / 68, 246

U

UCase / 121

V

V5Automation.chm / 61
Val / 251
Value / 61
Variant / 56
VBA / 15, 116
VBScript / 116
Vertex / 67
VerticalAlignment / 322
Viewer / 109
VisProperties / 94

W

Window / 107
With / 192
Workbook / 204
Worksheet / 181, 205

X

xlLeft / 325

ㄱ

개체 / 26

ㄴ
내부 요소 / 67

ㄷ
단축키 / 36

ㄹ
라이브러리 / 48

ㅁ
메서드 / 26
모듈 / 19

ㅂ
배열 / 49

ㅅ
상속 / 25
속성 / 26

ㅇ
이벤트 / 26

ㅈ
재귀함수 / 260
조건식 연산자 / 52
조사창 / 59
중단점 / 34

ㅍ
폼 / 19
프로시저 / 22

설계자를 위한
CATIA VBA
Visual Basic for Application
현업 적용 프로그램 만들기

초판 1쇄 발행 2017년 1월 25일
초판 2쇄 발행 2019년 1월 30일

저　자 이재섭 지음
발행인 유미정
발행처 도서출판 청담북스
주　소 (우)10909 경기도 파주시 하우3길 100-15(야당동)
전　화 031-943-0424
팩　스 031-600-0424
등　록 제406-2009-000086호
정　가 30,000원
ISBN 978-89-94636-78-8   93550

※ 이 책은 저작권법에 따라 보호를 받는 저작물이므로 무단 전재나 복제를 금지하며,
　 이 책 내용의 전부 또는 일부를 이용하려면 반드시 저작권자나 발행인의 서면동의를 받아야 합니다.

※ 잘못된 책은 구입하신 서점에서 바꾸어드립니다.